텔레비전드라마,
판타지를 환유하다

텔레비전드라마, 판타지를 환유하다

초판 인쇄 2020년 11월 5일 **초판 발행** 2020년 11월 12일
지은이 텔레비전드라마연구회 **펴낸이** 박성모 **펴낸곳** 소명출판
출판등록 제13-522호 **주소** 서울시 서초구 서초중앙로6길 15, 2층
전화 02-585-7840 **팩스** 02-585-7848
전자우편 somyungbooks@daum.net **홈페이지** www.somyong.co.kr

값 25,000원   ⓒ 텔레비전드라마연구회, 2020
ISBN 979-11-5905-535-5 93680

텔레비전드라마연구회 지음

텔레비전 드라마, 판타지를 환유하다

Televisiondrama, Evoking Sense of Reality via Fantasy

책머리에

참으로 지난한 시간이었다. 현실적이라 생각했는데 판타지였고, 판타지로 알고 즐겼는데 현실 그 자체였던 사례가 많아 현실과 판타지의 경계를 구분하기도 쉽지 않았다. 인류 역사와 함께 시작했음 직한 판타지는 오랜 세월에 걸쳐 다양한 관점으로 새로운 담론을 형성하면서 생각보다 대단히 두터운 층을 형성하고 있었다. 게다가 디지털 기술의 발달로 현실 세계가 무한 증강되는 현상까지 나타나면서 현실과 판타지의 경계를 나누는 것이 점점 더 무의미해지고 있었다. 그래서 텔레비전드라마가 '역사'를 '전유'하는 방식에 대한 탐색을 끝내고 선택한 '판타지'로 들어가는 문을 열기가 쉽지 않았다. 이처럼 『텔레비전드라마, 역사를 전유하다』(소명출판, 2014)를 통해 영상예술이자 사회문화적 기제로서 '텔레비전드라마'의 본질에 한 걸음 다가갔다는 성취감으로 선택한 '판타지'로 향하는 여정은 고난의 연속이었다.

'판타지드라마'의 개념 규정과 범주 설정 자체부터가 난항이었다. '판타지 같은 현실과 현실 같은 판타지'로 접근하기에는 그 대상이 대단히 광범위했기 때문이다. 여러 차례에 걸친 난상토론 끝에 내러티브 차원이 아닌, 양식과 기법 차원의 판타지로 연구 대상을 한정 지었다. 그리고 텔레비전 역사드라마를 함께 공부하면서 겪었던 시행착오를 되풀이하지 않겠다는 다짐으로 판타지와 판타지드라마, 그리고 판타지드라마가 환유하는 신자유주의 체제의 폐해를 천착하였다. "희망적이게도, 환상물들을 읽는 과정에서 일어나는 탈신비화 현상은 우리에게 무의식적으로 작용하는 많은 텍스트들을 무력화시킬 수 있는 가능성을 시사한다.

그리고 결국에는 이러한 작업이 실제 사회의 변환을 이끌게 될지도 모른다"는 로즈메리 잭슨의 주장처럼 판타지드라마를 보고 또 읽으면서 한국사회의 문제적 현실을 변화시킬 수 있는 실마리를 찾아나갔다.

캐스린 흄의『환상과 미메시스』와 로즈메리 잭슨의『환상성 – 전복의 문학』처럼 '판타지'의 본질과 특징을 논의한 책들은 물론, 이들의 논의를 원용하여 한국 현대문학과 대중문화 텍스트를 분석한 일련의 책과 논문들을 함께 읽고 토론하였다. 그 결과 지금 우리 시대의 '판타지드라마'를 제대로 파악하려면 무한생존경쟁을 당연하게 여기는 신자유주의 체제에서 비롯한 문제적 현실을 직시할 필요가 있다는 합의에 이르렀다. 그리고 문강형준의『혁명은 TV에 나오지 않는다』와 엄기호의『단속사회』, 한병철의『심리정치』처럼 2000년대 이후 한국사회를 이해할 수 있는 책들을 읽어나가면서 2010년 방영된〈시크릿 가든〉이후 성행한 판타지드라마를 신자유주의 체제와 연접하여 살펴보았다.

이런 과정을 통해 사회적 결여의 문제를 상상적으로 해결하는 것이 대중문화라는 프레드릭 제임슨의 관점을 전유하여, 2010년대 한국 텔레비전드라마의 판타지적 경향이 '누군가/무언가'에 의해 은폐된, 문제적 현실의 진실을 드러내기 위한 무의식적 욕망의 징후일지 모른다는 합리적 의심을 갖게 되었다. 이에 따라 초능력과 빙의라는 판타지 장치를 통해 낙태 문제를 다룬〈M〉(MBC, 1994)에서 상고 시대를 배경으로 국가와 민족의 탄생을 새롭게 상상한〈아스달 연대기〉(tvN, 2019)까지 지난 25년 동안 방영되었던 판타지드라마 목록을 추출하고, '상상적 쾌락', '비관적 현실 개조 욕망', '국가 안전망 해체와 개인의 위기', '차별과 배척의 사회적 약자·소수자' 등의 주제어를 도출하였다. 이 과정을 통해

2010년대 판타지드라마가 한국사회의 문제적 현실을 구체적이고 감각적으로 '환유'하는 사회문화적 기제임을 확인할 수 있었다.

그러나 2010년 이후 봇물 터지듯 쏟아져 나온 무수히 많은 판타지드라마 중에서 분석할 만한 텍스트를 선정하는 과정은 대단히 어려웠다. 여러 번 수정 보완한 목록을 놓고 심사숙고한 끝에 '상상의 쾌락과 현실 개조의 욕망', '안전망 해체의 불안과 개인의 위기', '경계의 모호함과 타자와의 소통'이라는 세 가지 유형화에 합의하였다. 하지만 문제는 또 있었다. 스터디 팀원 각자의 성향과 논쟁적이면서도 대중적인 화제작 사이의 접점을 찾기가 힘들었기 때문이다. 각자의 관심사를 반영한 프로포절 작성과 발표, 그리고 심도 있는 토의 끝에 '2010년대 한국사회의 문제적 현실을 환유하는 판타지드라마'라는 기획 취지에 부합하는 텍스트들을 최종적으로 선정할 수 있었다. 그럼에도 불구하고 또 다른 문제가 발생하였다. 단계적으로 진행된 예비 발표와 토의를 거치는 동안 다른 지면을 통해 발표된 논문과 변별되는 논점을 담보하지 못해 논의가 중단되는 경우가 발생한 것이다. 2010년대 한국 텔레비전 판타지드라마에 대한 논의의 장에서 결코 빼놓을 수 없는 〈마왕〉과 〈냄새를 보는 소녀〉 그리고 〈시그널〉과 〈신의 선물-14일〉은 물론 〈쓸쓸하고 찬란하神 도깨비〉와 〈푸른 바다의 전설〉 등에 대한 글이 누락되어 아쉽기 그지없다.

이상과 같은 지난한 과정을 거쳐 『텔레비전드라마, 판타지를 환유하다』의 체제를 총론과 각론으로 구성하였다. 총론에서는 2010년대 한국 텔레비전드라마에 나타난 판타지 요소/장치를 '시간', '공간', '육체', '인간', '역사' 등의 5가지 모티브로 유형화한 뒤, 이를 다시 14가지 모티브로 세분화하여 판타지가 구현되는 방식을 구체적으로 살펴보았다. 그 결과, 2010년대 한국 텔레비전드라마에서 판타지가 상당히 능동적으로 확장되어 활용되고 있음을 확인하였다. 2010년대 이전에 비해 판타지 장르가 텔레비전드라마의 중심부로 영역을 확장한 것인데, 문제는 판타지 장르에 내재된 전복적 가치의 발휘보다 텔레비전드라마 자체의 대중성 강화에 활용되고 있다는 점에서 아쉬움을 남긴다. 그럼에도 불구하고 판타지 요소·장치를 통해 문제적 현실이 은폐한 불편한 진실을 미약하게나마 보여주면서 '문제적 현실을 환유하는 판타지드라마'로 자리매김하고 있는 것 또한 분명하다는 것을 알 수 있었다. 따라서 총론을 통해 2010년대 한국 판타지드라마의 전체 지형을 파악할 수 있을 것이다.

　제1부 '상상의 쾌락과 현실 개조의 욕망'에는 〈너의 목소리가 들려〉, 〈별에서 온 그대〉, 〈W〉, 〈더킹 투하츠〉에 대한 글을 수록하였다. 〈너의 목소리가 들려〉와 〈별에서 온 그대〉는 초능력을 지닌 남성 주인공을 통해 신자유주의 체제하에서의 여성 시청자들이 욕망하는 완벽한 남성상을 재현한다. 남성 주인공들은 여성들의 '젊음'에 대한 욕망을 투영하여 미소년 이미지의 연하남으로 그려진다. 또한 여성들의 낭만적 사랑에 대한 욕망을 반영하여 여성 주인공만 바라보는 은둔형의 순정남 이미지로 형상화된다. 이처럼 여성 욕망의 대상으로서 초능력자 남성 주인공은 여성 시청자들에게 시각적 즐거움과 상상적 쾌락을 선사한다. 그러나 남성 주인공의 초능력은 공적 영역으로 확장되지 못한 채 사적인 멜로 영역에 머문다. 남성 주인공에게 부여된 초능력 판타지가 전복성을 띠지 못한 채 멜로드라마 장르 관습에 함몰된 것이다. 따라서 초능력이라는 판타지와 결합한 멜로드라마의 남성 주인공 캐릭터를 완벽한

남성상으로 진화한 것으로 보기는 어렵다.

〈W〉는 웹툰과 현실을 횡단하며 '맥락' 있는 삶을 되찾기 위해 피조물로서의 운명에 과감히 맞서는 캐릭터를 다룬다. 특히 창조주와 피조물의 관계, 인간의 자유 의지와 운명의 문제를 담아낸다는 점에서 주목할 만하다. 또한 이미지와 실사의 경계를 넘나드는 발랄한 상상력으로 감각적 볼거리를 선사한다. 그러나 로맨스물의 전형적 클리셰들이 일종의 유희로 나열되는 가운데 작품의 문제의식이 감각적 쾌락으로만 수렴되고, 그 결과 서사의 한계를 보이기도 하였다. 그럼에도 불구하고 보편적이고 철학적인 문제의식으로 주제 영역을 확장한 점과 CG 기술을 통해 새로운 상상력을 구현한 점은 높이 평가할 만하다.

〈더킹 투하츠〉는 대체 역사를 활용하여 새로운 멜로드라마를 구성한다는 점에서 다소 문제적이다. 조선 왕실의 계속된 독립운동 참여가 있었다는 설정과 함께, 남한 왕족과 북한 여군 장교의 애정이 서사의 중심축을 이룬다. 그러나 이들의 애정이 개인 차원을 넘어 국가와 국민의 문제와 연결된다는 점에서 여타의 멜로드라마와 구별된다. 이러한 서사는 '왕실' 판타지와 '분단' 리얼리티가 모순적으로 절합되어 구성된다. 남한사회의 왕실이 대체 역사로서 판타지의 산물이라면, 남북한의 분단 문제는 실제적인 현실이다. 문제는 정치권력과 자본권력의 비현실적인 관계 때문에 현실이 왜곡되어 있다는 것이다. 그 결과, 대체 역사를 활용하여 현실 문제를 다루고 있음에도 불구하고, 판타지 장치가 긍정적인 방향으로 현실을 전복하는 동력으로 작용하지 못한다. 따라서 〈더킹 투하츠〉는 판타지를 통해 오히려 현실을 은폐하고 강한 국가에 대한 열망을 드러내는 전근대적인 입장을 취한 드라마라 할 수 있다.

제2부 '안전망 해체의 불안과 개인의 위기'에는 〈뱀파이어 검사〉, 〈귀신 보는 형사 처용〉, 〈미래의 선택〉, 〈나인─아홉 번의 시간 여행〉에 대한 글을 수록하였다. 〈뱀파이어 검사〉와 〈귀신 보는 형사 처용〉은 공권력의 합리적 운용을 불신함으로써 현실을 모방하고, 환상을 경유함으로써 사법 정의를 복원하고자 하는 열망의 산물이다. 이 작품들은 수사물이라는 장르의 성격상 강력사건의 특정 가해자를 색출하고 제거하여 공동체의 일시적 안전을 확보하는 데 주안점을 둔다. 그 결과 미궁에 빠졌던 강력사건은 공권력을 대리하는 자들의 초능력으로 어렵게 해결되지만, 결정적 진실은 적절히 정리되거나 은폐되는 수순을 밟아간다. 특정 사건의 해결은 사회적으로 보호받지 못했던 약자 개인의 원한을 해소한다는 점에서 의미가 있으나, 현 제도 안에서 괴물이 될 수밖에 없었던 자들의 목소리는 집단의 경험으로 복원되지 못하며 애도와 반성, 사회의 근원적 변화를 꾀할 수 있는 계기로 작용하지 않는다. 결국 〈뱀파이어 검사〉와 〈귀신 보는 형사 처용〉에서 제도를 수호하려던 검사와 형사는 문제의 심연으로 들어갈 길을 교묘히 차단한 채 자신에게 주어진 초월적 능력을 활용하는 해결사, 공권력의 유능한 대리자 역할에 스스로를 한정하는 한계를 극복하지 못한다.

　〈미래의 선택〉은 타임머신 시간 여행과 평행우주론을 적용하지만, 시간 여행의 판타지를 효과적으로 실현시키지 못한다. 타임머신 모티브를 허술하고 작위적으로 사용했을 뿐 아니라, 현재의 네 젊은이들의 복잡한 애정관계와 여성 주인공의 성장담이 전면에 배치되면서 판타지 장치의 핵심인, 미래에서 현재로 온 시간 여행자가 주변 서사로 밀려났기 때문이다. 또한 여성 주인공을 주체적이고 자율적인 주체로 구현하는 것처럼 보이는 서사에는 신자유주의 체제의 주체 형성 원리로 작동하는 '자기계발 이데올로기'가 내포되어 있다는 점에서 문제적이다. 그래서 〈미래의 선택〉은 시간 여행이라는 판타지 도구들을 거둬내고 나면 신자유주의 체제를 유지하기 위한 지배 이데올로기 강화에 기여하는 드라마에 불과하다는 비판에서 자유롭지 못하다.

〈나인-아홉 번의 시간 여행〉은 근과거近過去로 시간 여행을 떠나 과거의 자기 자신과 대면하는 내용인데, 현재의 주인공이 과거를 바꾸는 과정을 중심으로 서사가 전개된다. 현재를 기준으로 20년 전의 과거에 집중하는 만큼 현재 재현은 상대적으로 소홀하게 취급된다. 주인공은 과거 여행을 통해 20년 전에 발생했던 가족의 비극을 막으려 시도하지만 성공하지 못한다. 이를 통해 과거에 개입하는 것의 위험성을 강조하면서 현재의 중요성을 역설한다. 따라서 〈나인-아홉 번의 시간 여행〉은 시간 여행 모티브를 통해 현재의 모순이나 부조리 등을 풍자하기보다, 시청자의 호기심과 지적 유희를 목표로 한 드라마라 할 수 있다.

제3부 '경계의 모호함과 타자와의 소통'에는 〈오렌지 마말레이드〉, 〈아랑 사또전〉, 〈오 나의 귀신님〉, 〈시크릿 가든〉에 대한 글을 수록하였다. 〈오렌지 마말레이드〉는 '뱀파이어(흡혈족/귀) 여성'을 통해 타자에 대한 불안과 공포 그리고 경청의 양상을 다룬다. 특히 뱀파이어 여학생과 인간 남학생이 대립과 갈등 그리고 교감과 사랑으로 공존에 이르는 과정에서 이중 삼중의 억압을 받는 여성이 사회적 소수자(약자)로 타자화되는 문제에 집중한다. 인간은 뱀파이어라는 타자를 만들어 알 수 없는 것들에서 기인하는 불안과 공포를 털어내려 했고, 〈오렌지 마말레이드〉는 사회적 소수자(약자)로서의 '뱀파이어 여성'에게 '생명의 근원'이라는 위상을

부여하면서 신성시한다. 그리고 뱀파이어와 인간의 공존이라는 낭만적 결말을 통해 백마리는 이제 더 이상 천한 백성의 딸도 아니고, 오염의 가능성이 농후한 피를 가진 여성도 아니며, 인간과 다른 종족인 뱀파이어도 아닌, 그저 남들과 아주 조금 다른 존재임을 강조하면서 사회적 소수자(약자)에 대한 차별 해소와 공존 방법을 모색한다. 결국 〈오렌지 마말레이드〉는 '뱀파이어'라는 이물의 환상 기제와 (성)차별은 물론 혐오의 시선에 시달리는 '여성'의 서사를 통해 사회적 소수자(약자)가 처한 문제적 상황을 환기하고 해결의 실마리를 모색한 드라마로 평가할 수 있다.

〈아랑 사또전〉과 〈오 나의 귀신님〉은 인간과 귀신의 관계성을 통해 당대의 현실을 우회적으로 드러낸다. 이들 작품에서 악귀는 개인의 욕망이 실현되지 못할 때 생성되어 인간에게 해를 가하는 존재로 등장한다. 악귀는 자신이 원하는 바를 얻기 위해 타인의 것을 착취하거나, 결핍에 의한 상처를 화풀이와 같은 분노 전가의 방식으로 회피한다. 특히 악귀와 대리인을 나누어 시각화하고, 인간의 욕망을 악귀로 은유한다. 악귀와 접촉하는 인물들은 상대적 약자였으나, 악귀를 통해 힘을 얻고 자기방어를 위해 다른 약자에게 해를 가한다. 이러한 방식은 공동체의 기본질서와 윤리의식에 균열을 일으킨다는 점에서 위험하다. 희생이 전제된 착취나 화풀이는 범죄로 이어지기 때문에 합리화될 수 없다. 피해자나 주변인에게 직접적인 사죄 없이 악귀만 퇴치하는 방식도 문제적이다. 또한 빙의자는 기억을 삭제하는 방식으로 악귀에게 죄를 돌린다. 이들은 빙의 직전의 상황을 연민으로 포장하여 희생자에게 충분한 애도가 진행되지 않는 현실을 묵과하도록 한다. 악귀 퇴치의 결말에는 불합리한 제도 개선 없이 개인에게 책임을 돌리는 신자유주의적 통제 시스템이 반영되어 있다. 결국 〈아랑 사또전〉과 〈오 나의 귀신님〉은 사회적 약자에게 벌어지는 범죄의 책임 회피와 문제 해결 지연의 한계를 드러낸 드라마라 할 수 있다.

〈시크릿 가든〉은 재벌가 사람들에 의해 경제적 타자로 규정된 여성이 삶의 주체로 자리매김하는 양상과 남녀 주인공의 경제적 격차에서 비롯한 물리적·심리적 거리감을 해소하기 위해 영혼 체인지라는 판타지 장치가 작동되는 과정을 보여준다. 주목할 것은 자본의 힘에 의해 경제적 타자로 대상화됐던 여성 주인공이 남성 주인공의 변화를 견인할 정도로 신데렐라 캐릭터의 정형성에서 탈피한다는 점이다. 또한 초자연적이고 비과학적인 영혼 체인지라는 판타지 장치가 남녀 주인공의 경제적 격차를 해소하면서 극적 현실성을 부여하기도 한다. 결국 〈시크릿 가든〉은 자본 주체에 의해 대상화된 경제적 타자의 실상을 보여주는 동시에 영혼 체인지라는 판타지 장치를 통해 남녀 주인공의 운명적인 사랑을 강조하면서도, 자본의 논리에 따라 형성된 경제적 위계질서의 문제에 대한 낭만적 해결을 시도하지 않는 방식으로 변화된 사회상을 반영한 드라마라고 할 수 있다.

총론 1편과 각론 9편의 글로 2010년대 한국 텔레비전 판타지드라마의 모든 것을 담아내기는 어렵다. 그럼에도 불구하고 이 책을 통해 판타지드라마가 상상의 쾌락은 물론 현실 변화에 대한 갈망을 담아내면서 문제적 현실을 환유한 사회문화적 기제라는 점은 확인할 수 있을 것이다. 2010년대 판타지드라마가 한국사회의 문제적 현실을 구체적이고 감각적으로 '환유'하는 사회문화적 기제라는 것에 초점을 맞춰 책 제목을 『텔레비전드라마, 판타지를 환유하다』로 결정한 점을 헤아려주기 바란다. 사물이나 개념의 명칭 대신 표현하고자 하는 원래 대상과 밀접한 관계를 갖고 있거나 그 대상이 시사하는 말을 사용하는 비유적 표현으로서의 '환유'에 상상적 쾌락의 의미를 덧붙였음을 밝혀둔다.

　주지하다시피, 텔레비전드라마는 일반적으로 '시적 정의'의 세계를 지향한다. 극적 세계에서 구현되는 '시적 정의'는 자본의 논리와 물질적 욕망이 지배하는 현실 세계에서는 좀처럼 이루어지지 않기에 종종 '판타지'라는 수식어가 붙기도 한다. 부조리와 모순이 넘쳐나는 현실 세계에 대한 은유로서 '현실적인 판타지'가 넘치고 있다면, 그것은 분명 우리 사회의 정의와 상식이 정상적으로 작동하지 않고 있다는 징후일 수 있다. 이것은 '판타지'를 현실 도피라는 부정적인 의미로 사용한다고 해도 달라지지 않는다. 판타지를 통해 잠시나마 현실로부터 벗어나고 싶은 심리가 작동한다면, 그 현실은 분명 추레함과 피폐함으로 가득 차 있을 것이기 때문이다. 실제 현실의 진실이 밝혀지고 소통이 이루어져서 일상생활의 추레함과 피폐함이 사라지기를 바라는 우리 시대의 바람과 기대가 한국 텔레비전드라마를 판타지의 바다에 빠지게 한 것이라고 믿고, 또 믿는다. 끝으로『텔레비전드라마, 역사를 전유하다』에 이어 이번 책까지 흔쾌하게 출판을 맡아주신 소명출판의 박성모 사장님과 편집부 여러분께 진심으로 감사의 마음을 전한다. 참으로 지난했던 여정을 이렇게 마무리하고, 새로운 다짐으로 '권력'을 향해 발걸음을 옮긴다.

'바이러스' 판타지가 일상을 잠식한 2020년 10월에
필자들을 대신하여 윤석진 씀

차례

총론

한국 텔레비전드라마 속 판타지의 유형과 의의

2010년대를 중심으로

백경선

---

1. (2010년대) 텔레비전드라마, 판타지와 가까워지다

2010년 말~2011년 초, 스턴트우먼과 백화점 사장의 남녀 영혼이 바뀌면서 벌어지는 이야기를 다룬 〈시크릿 가든〉(SBS, 2010~2011)이 크게 성공한 이후, 한국 텔레비전드라마에서 판타지가 유행처럼 번졌다. 리얼리즘의 강박에 사로잡혀 있던 한국 문화의 분위기 때문에 현실에 있음 직한 이야기를 '그럴듯하게' 보여줌으로써 극적 환상을 조장해야 한다는 것이 그간 텔레비전드라마의 불문율이었다. 이에 텔레비전드라마에서 판타지는 소외되어 왔던 것이 사실이다. 그런데 남녀의 영혼이 바뀐다는, 그럴듯함과는 거리가 먼 '말도 안 되는' 설정의 〈시크릿 가든〉이 시청자들에게 무리 없이 수용되고 심지어 높은 시청률을 획득하자, 텔레비전드라마들은 과감하게 판타지를 차용하기 시작하였다. 〈시크릿 가든〉에서 비롯된 판타지의 유행은, 조선 시대 가상의 왕과 비밀에 싸인 무녀의 사랑 이야기를 다룬 〈해를 품은 달〉(MBC, 2012)의 성공 이후 더욱 가세되었고, 〈푸른 바다의 전설〉(SBS, 2016~2017)과 〈쓸쓸하고 찬란하神 도깨비〉(tvN, 2016~2017, 이하 〈도깨비〉)로 이어졌다. 심지어 tvN 금토드라마는 〈도깨비〉의 뒤를 이어 〈내일 그대와〉(2017)와 〈시카고 타자기〉(2017)까지 3연속 판타지를 소환하였다.

　텔레비전드라마는 왜 리얼리티에 연연하지 않은 채 판타지를 반복해서 소구하고 있는 것일까? 그 이유는 제작과 수용이란 두 가지 측면에서 생각해 볼 수 있겠다. 〈시크릿 가든〉은 기억 상실과 신분 차이 같은 멜로드라마의 상투적인 요소가 등장하는 신데렐라 이야기이다. 그런데 〈시크릿 가든〉은 "신데렐라 모티브를 활용하면서도 경제적 타자성의 문제를 영혼 체인지라는 판타지 장치와 결합시킴으로써 로맨틱코미디 드라마의 새로운 전형을 만들어"[1]냈다는 윤석진의 평가처럼, 신데렐라 레퍼토리에 판타지적 요소가 결합되면서 '뻔한' 드라마가 되지 않았다. 판타지는 상투성과 소재의 고갈이라는 텔레비전드라마의 한계를 극복할 수 있는 대안이 된 것이다. 리얼리즘의 강박을 벗고 판타지를 활용하면서 작가들은 훨씬 더 자유롭게 상상력을 발휘할 수 있게 되었고, 그에 따라 텔레비전드라마의 내용도 한결 풍부해질 수 있었다. 이것이 제작의 측면에서 텔레비전드라마가 판타지를 적극적으로 소구하게 된 이유라 할 수 있다. 한편, 영화나 게임 등을 통해 판타지에 익숙해진 대중이 텔레비전드라마 속 판타지를 유연하게 받아들이게 된 지점, 즉 텔레비

1　윤석진, 「텔레비전드라마 〈시크릿 가든〉의 경제적 타자성과 판타지 장치」, 『대중서사연구』 45, 대중서사학회, 2018, 378쪽.

전드라마를 대하는 시청자들의 변화 역시 주요한 이유로 작용한다. 무엇보다 텔레비전드라마는 대중의 요구에 즉각적으로 반응하는 매체로서, 텔레비전드라마가 판타지를 계속해서 반복 소환하는 것은 대중의 욕망에서 기인한다. 그 대중의 욕망을 읽어내는 것은 텔레비전드라마에서 판타지가 확산되는 이유를 밝히는 중요한 열쇠가 될 것이다.

판타지란 일반적으로 "'실제 삶'이나 '현실 세계' 혹은 '불변의 일상적인 합법성' 속에 '신비', '설명할 수 없는 것', '받아들일 수 없는 일'이 침입해 들어오는 것"으로 "현실에서 일어날 가능성이 없는 사건들"과 "초자연적 존재들이 나타나는"[2] 것이라고 정의된다. 그런데 텔레비전드라마에서 판타지는 환상(성)이란 용어와 혼용되면서 그 의미의 진폭이 달라진다. 환상(성)은 비록 실현 가능성이 아주 미약하지만 그래도 가능성이 있고, 그래서 이루어지길 바라는 이상理想이나 대중 욕망으로서의 의미를 내포한다. 판타지의 개념을 이와 같이 넓게 확장한다면, 신데렐라 이야기를 비롯해 가족 판타지까지 거의 모든 텔레비전드라마에서 판타지를 찾을 수 있다. 텔레비전드라마 자체가 거대 판타지인 셈이다. 이 글에서는 대중 욕망으로서의 넓은 의미의 판타지는 제외하고, 토도로프의 정의에 기대어 다음과 같이 판타지 개념 및 범주를 한정한다. 판타지는 **초자연적인 현상을 비롯해 초능력을 지닌 존재 및 상상의 존재 등 과학적으로 설명할 수 없는 것, 자연법칙과 현실 원칙으로 이해될 수 없는 것, 현실 세계를 벗어나는 것**을 의미한다. 판타지의 그 설명할 수 없고 이해할 수 없는 현상을 제외하면 드라마 속 광경은 현실의 질서와 법칙을 따르고 있다. '만약에'라는 가정하에 역사를

---

2 츠베탕 토도로프, 최애영 역, 『환상문학서설』, 일월서각, 2013, 56·70쪽.

비틀면서 창조한 가상 역사 역시 현실 세계를 벗어난 것으로, 그것이 비록 현실의 논리와 상식을 따르고 현실의 모습과 닮아 있다 하더라도 판타지의 범주에 포함시킨다. 반면, 과학적으로 설명 및 이해가 가능하며 비록 현재에는 가능하지 않더라도 언젠가는 가능할 수 있음을 전제로 하는 SF(Science Fiction)는 판타지의 설명 및 이해 불가능성과 실현 불가능성에 위배되므로 판타지 범주에 포함시키지 않는다. SF를 판타지와 구별함으로써 살인 독거미를 활용한 테러 이야기를 다룬 1990년대의 〈거미〉(MBC, 1995)와 복제인간과 로봇을 등장시킨 2010년대 〈듀얼〉(OCN, 2017), 〈너도 인간이니〉(KBS2, 2018), 〈절대 그이〉(SBS, 2019) 등과 같은 드라마들은 논의에서 제외하기로 한다. 정리하자면, 이 글에서 판타지란 설명 및 이해 불가능하고 실현 불가능한 것을 말한다. 그리고 그것은 그 자체로 의미를 창출하기보다는 의미를 창출하는 장치와 기법으로 작용한다. 즉, 판타지는 기표로서 존재하며, 그 기의는 대중의 욕망과 현실의 문제이다.

이 글은 한국 텔레비전드라마에 나타난 판타지의 유형 및 양상을 살펴보되, 특히 2010년대를 중심으로 고찰할 것이다. 이를 통해 2010년대를 중심으로 한국 텔레비전드라마에 확산된 한국적 판타지의 특징 및 의의를 궁구하는 것이 궁극적인 목표이다. "한국 텔레비전드라마에서 현대적 환상물의 효시로 꼽히"[3]는 〈M〉(1994, MBC)부터 2019년 9월까지 방영된 텔레비전드라마 중 판타지 요소가 나타나면서, 앞서 정의한 판타지의 개념이 "텍스트의 끝까지 이어지는"[4] 조건과 판타지 요소가 서사 진행

---

3   박노현, 「한국 텔레비전드라마의 환상성 – 1990년대 이후의 미니시리즈를 중심으로」, 『한국학연구』 35, 인하대 한국학연구소, 2014, 338쪽.
4   대중서사장르연구회, 『대중서사장르의 모든 것 5. 환상물』, 이론과실천, 2016, 15쪽.

에 주요한 역할을 담당하는 조건을 충족시키는 것은 총 126편이다. 이것을 시대별로 살펴보면 90년대 총 7편, 2000년대 14편, 그리고 2010년대 105편이다. 2019년 9월 기준, 2010년대 방영된 판타지드라마 양은 1990년대의 15배, 2000년대의 7.5배이다. 이처럼 2010년대에 판타지드라마가 월등하게 증가하였다는 점이 2010년대를 주목하는 이유이다.

총 126편의 판타지드라마 목록은 '한국 텔레비전 판타지드라마 목록'이란 제목으로 별도로 정리하였다.(부록 참고) 판타지드라마 목록을 정리함에 있어 〈안녕, 프란체스카〉(MBC, 2005·2005~2006), 〈뱀파이어 검사〉 시즌1·2(OCN, 2011·2012), 〈귀신 보는 형사 처용〉 시즌1·2(OCN, 2014·2015) 등과 같이 시즌제로 방영된 드라마는 각 시즌을 독립적으로 구분하지 않고 전체를 한 편으로 보았다. 아울러 〈환상여행〉(MBC, 1996~1998), 〈환상거탑〉(tvN, 2013), 〈세 가지 색 판타지〉(MBC, 2017)와 같은 옴니버스 형식으로 방영된 드라마의 경우도 전체를 한 편으로 여겼다. 한편 〈베스트극장〉(MBC)이나 〈드라마 스페셜〉(KBS2) 및 〈전설의 고향〉(KBS2)과 같은 단막 시리즈 형식, 그리고 단막극 형식의 특집드라마와 그리고 어린이드라마 등은 목록에서 제외하였다. 〈베스트극장〉이나 〈드라마 스페셜〉 같은 단막 시리즈의 경우는 매회 판타지 요소가 나타나는 것이 아니라 몇몇 회(극소수)에 국한되어 있기 때문에 전체를 판타지드라마로 분류하는 것은 무리가 있기 때문이다. 〈전설의 고향〉의 경우는 판타지 요소가 거의 매회 보이긴 하지만, 그 예외(판타지 요소가 나타나지 않는 예) 또한 있기에 역시 목록에 포함시키지 않았다. 단막극 형식의 특집드라마와 어린이드라마의 경우도 각 장르들이 가지는 특수성을 고려한다면 논의의 장을 달리할 필요가 있다고 판단하여 목록에 포함시키지 않았고, 동시에 이 글의 논의에서도 제외하였다.

2. 텔레비전드라마 판타지 모티브의 유형들

텔레비전드라마에서 판타지는 드라마를 구성하는 하나의 요소·장치로 작동한다. 텔레비전드라마에 나타난 판타지 요소·장치를 시간, 공간, 육체, 인간, 역사 등 5가지 상위 모티브로 구분하고, 이를 다시 14가지 하위 모티브로 세분하였다. 상위 모티브는 유형화의 기준이 되며, 하위 모티브는 각 기준 아래 판타지가 구현되는 방식을 구체화한 것이다. 이때 시간과 육체를 통해 판타지를 구현하는 방식은 다시 초자연적 현상으로, 공간을 통해 판타지를 구현하는 방식은 초현실적 공간(이계)으로, 인간이 판타지로 구현되는 방식은 초인간적 존재로, 역사를 통해 판타지를 구현하는 방식은 초역사적 세계(관)로 치환이 가능하다. 이를 정리하면 〈표 1〉과 같다. 〈표 1〉에서 각 판타지 모티브의 유형에 해당하는 드라마는 2010년대 위주로 정리하되, 2010년대 이전의 것이라도 각 모티브의 효시로 중요하게 다뤄야 할 필요가 있는 드라마는 목록에 포함시켰다. 그리고 판타지 모티브가 중복되어 나타나는 드라마의 경우 글자를 굵게 표시하였고, 해당 드라마를 모두 표기한 경우 칸을 짙게 하였다.

〈표 1〉을 보면, 한국 텔레비전드라마에서 판타지는 시간과 인간 모티브가 유난히 선호되었음을 알 수 있다. 이제부터 판타지 모티브별로 각각의 특성에 대해 이야기하고자 한다.

---

5 〈사임당, 빛의 일기〉 제작진은 이 드라마가 시간 여행(특히 타임슬립)을 활용하고 있다고 설명하지만, 사실상 드라마에서 시간 여행 모티브는 잘 드러나지 않는다. 그나마 발견되는 판타지 모티브는 환생이다. 이처럼 제작진의 의도와 실제로 드라마에서 발견되는 것이 다르거나, 판타지 모티브가 중복되는 등의 문제들 때문에 판타지 모티브를 유형화하고 해당 드라마를 목록화하는 것이 쉽지 않았음을 밝힌다.

6 배선애는 〈시그널〉을 분석하면서 과거와 현재가 연결되고 상호 영향을 주는 시간 초월 판타

〈표 1〉 판타지 모티브의 유형 및 해당 드라마

판타지 모티브			해당 드라마
상위	하위		
초자연적 현상	시간	시간 여행	〈천년지애〉(SBS, 2003), 〈옥탑방 왕세자〉(SBS, 2012), 〈인현왕후의 남자〉(tvN, 2012), 〈닥터 진〉(MBC, 2012), 〈신의〉(SBS, 2012), 〈나인－아홉 번의 시간 여행〉(tvN, 2013), 〈미래의 선택〉(KBS2, 2013), 〈신의 선물－14일〉(SBS, 2014), 〈달의 연인－보보경심 려〉(SBS, 2016), 〈사임당, 빛의 일기〉(SBS, 2017),[5] 〈내일 그대 와〉(tvN, 2017), 〈터널〉(OCN, 2017), 〈맨홀－이상한 나라의 필〉(KBS2, 2017), 〈명불허전〉(tvN, 2017), 〈고백부부〉(KBS2, 2017), 〈라이프 온 마스〉(OCN, 2018), 〈아는 와이프〉(tvN, 2018), 〈웰컴2라이프〉(MBC, 2019)
		시간 교섭[6]	〈시그널〉(tvN, 2016)
		환생	〈천년지애〉(SBS, 2003), 〈옥탑방 왕세자〉(SBS, 2012), 〈별에서 온 그대〉(SBS, 2013~2014), 〈푸른 바다의 전설〉(SBS, 2016~2017), 〈쓸쓸하고 찬란하神 도깨비〉(tvN, 2016~2017), 〈사임당, 빛의 일기〉(SBS, 2017), 〈시카고 타자기〉(tvN, 2017), 〈계룡선녀전〉(tvN, 2018)
		타임루프	〈죽어도 좋아〉(KBS2, 2018)
	육체	영혼 전환	〈돌아와요 순애씨〉(SBS, 2006), 〈시크릿 가든〉(SBS, 2010~ 2011), 〈빅〉(KBS2, 2012), 〈울랄라 부부〉(KBS2, 2012), 〈돌아와요 아저씨〉(SBS, 2016), 〈나인룸〉(tvN, 2018), 〈봄이 오나 봄〉(MBC, 2019)
		빙의	〈M〉(MBC, 1994), 〈49일〉(SBS, 2011), 〈오 나의 귀신님〉(tvN, 2015), 〈투깝스〉(MBC, 2017~2018), 〈우리가 만난 기적〉(KBS2, 2018), 〈빙의〉(OCN, 2019)
		변신	〈두근두근 체인지〉(MBC, 2004), 〈아이러브 이태리〉(tvN, 2012), 〈꽃할배 수사대〉(tvN, 2014), 〈미스터 백〉(MBC, 2014), 〈뷰티 인사이드〉(JTBC, 2018), 〈커피야 부탁해〉(채널A, 2018), 〈퍼퓸〉(KBS2, 2019)
초현실적 공간	공간	설화적 상상 공간	〈아랑 사또전〉(MBC, 2012), 〈전우치〉(KBS2, 2012~2013)
		디지털 가상 공간	〈W〉(MBC, 2016), 〈알함브라 궁전의 추억〉(tvN, 2018~2019)

지를 "교섭"이라 명명하였다.(배선애, 「판타지를 결합한 수사물의 진화－TV드라마 〈시그널〉을 중심으로」, 텔레비전드라마연구회 발표 자료, 2018.1.22) 이 글에서 사용하는 시간 교섭이란 용어는 배선애의 논의에서 비롯된 것임을 밝힌다.

판타지 모티브		해당 드라마
상위	하위	
초인간적 존재	인간	**초능력자 (인간형)**: 〈히어로〉(OCN, 2012), 〈아랑 사또전〉(MBC, 2012), 〈전우치〉(KBS2, 2012~2013), 〈너의 목소리가 들려〉(SBS, 2013), 〈후아유〉(tvN, 2013), 〈주군의 태양〉(SBS, 2013), 〈귀신 보는 형사 처용〉 시즌1・2(OCN, 2014・2015), 〈아이언맨〉(KBS2, 2014), 〈냄새를 보는 소녀〉(SBS, 2015), 〈싸우자 귀신아〉(tvN, 2016), 〈힘 쎈 여자 도봉순〉(JTBC, 2017), 〈당신이 잠든 사이에〉(SBS, 2017), 〈블랙〉(OCN, 2017), 〈작은 신의 아이들〉(OCN, 2018), 〈그 남자 오수〉(OCN, 2018), 〈멈추고 싶은 순간―어바웃 타임〉(tvN, 2018), 〈손 the guest〉(OCN, 2018), 〈사이코메트리 그녀석〉(tvN, 2019)
		상상존재 (반/비 인간형): 〈구미호―여우누이뎐〉(KBS2, 2010), 〈내 여자친구는 구미호〉(SBS, 2010), 〈49일〉(SBS, 2011), 〈뱀파이어 검사〉 시즌1・2(OCN, 2011・2012), 〈빠담빠담 … 그와 그녀의 심장 박동소리〉(JTBC, 2011~2012), 〈아랑 사또전〉(MBC, 2012), 〈구가의 서〉(MBC, 2013), 〈별에서 온 그대〉(SBS, 2013~2014), 〈잉여공주〉(tvN, 2014), 〈블러드〉(KBS2, 2015), 〈오렌지 마말레이드〉(KBS2, 2015), 〈오 나의 귀신님〉(tvN, 2015), 〈밤을 걷는 선비〉(MBC, 2015), 〈마녀보감〉(JTBC, 2016), 〈싸우자 귀신아〉(tvN, 2016), 〈푸른 바다의 전설〉(SBS, 2016~2017), 〈쓸쓸하고 찬란하神 도깨비〉(tvN, 2016~2017), 〈시카고 타자기〉(tvN, 2017), 〈하백의 신부〉(tvN, 2017), 〈블랙〉(OCN, 2017), 〈러블리 호러블리〉(KBS2, 2015), 〈오늘의 탐정〉(KBS2, 2015), 〈손 the guest〉(OCN, 2018), 〈계룡선녀전〉(tvN, 2018), 〈단, 하나의 사랑〉(KBS2, 2019), 〈호텔 델루나〉(tvN, 2019), 〈악마가 너의 이름을 부를 때〉(tvN, 2019)
초역사적 세계(관)	역사	**대체 역사**: 〈궁〉(MBC, 2006), 〈궁S〉(MBC, 2007), 〈마이 프린세스〉(MBC, 2011), 〈더킹 투하츠〉(MBC, 2012), 〈황후의 품격〉(SBS, 2018~2019)
		가상 역사: 〈해를 품은 달〉(MBC, 2012)
		신화 역사: 〈태왕사신기〉(MBC, 2007), 〈아스달 연대기〉(tvN, 2019)

1) 시간 모티브 – 초자연적 현상

한국 텔레비전드라마에 나타난 판타지의 첫 번째 유형은 시간 모티브이다. 텔레비전드라마 속 가장 빈번하게 등장하는 판타지를 꼽으라면 단연 과거-현재-미래라는 선조적 시간(성)을 비틀고 해체하는 것이다. 시간 모티브는 시간 여행, 시간 교섭, 환생, 타임루프 등 네 가지로 세분된다.

시간 여행 모티브는 시간을 거슬러 다른 시간대로 여행을 하면서 선조적 시간 및 시간의 질서에서 벗어나는 것이다. 시간 여행은 그 의도성의 유무에 따라 다시 **타임슬립**Time Slip과 **타임리프**Time Leap로 구분된다. 타임슬립은 주인공이 자신의 '의지와는 상관없이' 통제할 수 없는 초자연적인 힘에 의해 우연히 과거나 미래로 '미끄러져' 들어가는 것이다. 텔레비전드라마에서 시간 여행이 처음 등장한 〈천년지애〉(2003, SBS)를 비롯해 시간 여행 드라마의 대부분이 이러한 타임슬립 모티브를 활용한다. 주인공의 의지와 상관없이 벌어지는 타임슬립과 달리 타임리프는 '의도적으로' 시간을 거스른다. 시간을 '뛰어넘어' 과거 혹은 미래의 특정 시간대로 거슬러 가는 타임리프는 과거 혹은 미래에 일어난 특정한 사건을 바꾸고자 하는 주인공의 의지와 의도가 시간 여행을 초래한다. 2013년 방영된 〈나인―아홉 번의 시간 여행〉(tvN, 2013, 이하 〈나인〉)과 〈미래의 선택〉(KBS2, 2013), 〈내일 그대와〉(tvN, 2017) 등에서 타임리프 모티브가 나타난다. 〈나인〉은 방송국 보도국 기자가 과거로 돌아갈 수 있는 신비의 향 9개를 얻게 되면서 비극적인 가족사를 교정하기 위해 과거로 9번의 시간 여행을 한다는 내용을 담고 있다. 〈미래의 선택〉은 타임머신을 타고 '미래의 나'가 찾아와 '현재의 나'에게 다른 운명을 개척할 수 있도록 새로운 선택의 방향을 제시해 준다는 이야기이다. 〈내일 그대와〉는 시간 여행자가 지하철을 타고 미래와 현재를 넘나들면서 미래의 불행을 막고 사랑을 완성하는 로맨스를 그리고 있다. 타임리프는 특히 시간 여행을 가능케 하는 매개체가 존재하는데, 〈나인〉의 경우 9개의 향이, 〈미래의 선택〉의 경우 타임머신이, 〈내일 그대와〉의 경우 지하철이 바로 그것이다. 타임슬립의 시간 여행이 대개 일회성에 그친다면, 타임리프는 시간대를 초월하는 매개체나 원리를 인물 스스로가 터득하고 그것을 이용해 과거와 현재를 수차례 오가기도 한다. 즉, 타임리프는 주인공이 매개체를 통해 시간 여행을 통제할 수 있는 것이다. 〈미래의 선택〉의 경우 시간 여행이 타임슬립처럼 일회성에 그치지만, 〈내일 그대와〉에서는 수차례, 〈나인〉에서는 향의 수만큼 9번의 시간 여행이 이루어진다. 그것은 마치 9번의 기회가 주어지고 재실행repaly되는 게임과 같은 서사 구조를 만들어낸다.

시간 여행은 현재에서 과거로 가는 경우가 가장 많다. 과거로 돌아가 과거를 바꾸려는 것은 "불만족스러운 현실을 타개해 보고자 하는 욕망"[7]에서 기인한다. 〈고백부부〉(KBS2, 2017)에서는 현재의 삶이 고통스럽고 불만족스러운 남녀 주인공이 '잘나가던' 대학생 시절로 돌아가고(타임슬립), 〈나인〉에서 주인공은 현재 삶을 바로잡기 위해 모든 일의 시발점이 된 20년 전으로 돌아간다.(타임리프) 과거로 돌아간 그들은 과거를 변화시킴으로써 현재를 변화시키고자 하나, 운명을 바꾸는 일은 예상치 않은 또 다른 일들을 인과적으로 발생시킨다. 결국 드라마들은 시간 여행을 통해 현재를 되돌아보게 만들고 중요한 것은 바로 '현재'라고 역설한다. 이는 긍정적 계몽의 메시지로 받아들일 수도 있지만, 한편으로는 현실 개조의 불완전성 혹은 불가능성을 의미하기도 한다. 과거를 변화시킴으로써 현재를 변화시키려던 애초의 욕망은 현재의 소중함을 깨닫는 것으로 치환되고 이로써 드라마는 현실에 안주하게 만든다는 지적을 피할 수 없는 것이다. 한편 시간 여행 모티브를 활용한 드라마는 주로 2012년과

---

7   박명진, 「텔레비전드라마 〈나인〉에 나타난 시간 여행의 의미 연구」, 『어문론집』 59, 중앙어문학회, 2014, 280쪽.

2017년에 방영되었다. 시간 여행이 "불만족스러운 현실을 타개해 보고자 하는 욕망"의 반영이라고 한다면, 2012년과 2017년은 그 어느 때보다 현실 개조 욕망이 강했던 시기라고 읽어낼 수 있다. 2012년과 2017년 공통적으로 대선이 있었다는 것은 그런 추측을 뒷받침해 준다.

시간 교섭 모티브는 현재의 시간을 '휘게 만들어' 과거 혹은 미래와 연결되게 함으로써 시간의 흐름을 왜곡시키는 것이다. **타임워프**Time Warp 라고도 한다. 시간 교섭 모티브는 2000년에 상영된 〈동감〉이나 〈시월애〉 같은 영화로 이미 대중에게 익숙해졌음에도 불구하고, 텔레비전드라마에서는 시간 여행이나 환생에 비해 여전히 낯선 것이었다. 그러다 2016년 초 방영된 〈시그널〉(tvN, 2016)을 통해 처음으로 텔레비전드라마에 활용되었다. 과거로부터 걸려온 신호(무전)로 연결된 현재와 과거의 형사들이 오래된 미제 사건들을 파헤치는 내용을 담고 있는 〈시그널〉은, 시간 모티브를 활용한 기왕의 드라마들과 달리 새로운 가능성을 선보였다는 호평을 받았다. 고선희는 〈시그널〉이 "시간 초월 상황 자체로 흥미를 유발하거나 새로운 스토리를 구성해내려는 여타의 드라마들과는 차별화되어 있다"면서 "흥미 위주의 장르드라마에서는 기대하기 어려운 인간 존재에 대한 보다 본질적인 사유를 불러 일으킨다"[8]라고 하였다. 이영수는 "〈시그널〉이 그간 비현실적인 공상의 하나로 치부되어 왔던 시간초월 서사를 접촉 모티브를 통해 대중에게 새로운 서사적 가능성을 각인시킨 영상서사작품"[9]이라고 하였다. 시간 교섭의 경우 시간 여행

---

8 고선희, 「텔레비전 장르드라마 〈시그널〉의 시간과 역사관」, 『한국언어문학』 99, 한국언어
    문학회, 2016, 204~205쪽.
9 이영수, 「시간초월 접촉 모티프 영상서사의 추리 분기구조 연구―tvN 드라마 〈시그널〉을
    중심으로」, 『인문콘텐츠』 41, 인문콘텐츠학회, 2016, 102쪽.

처럼 실제 주인공의 육체가 과거나 미래의 다른 시간대로 여행하지는 않더라도, 과거나 미래의 인물과 접촉함으로써 두 시간대가 공존하게 된다. 이때 현재의 주인공이 다른 시간대의 인물과 접촉하고 교섭하면서 두 시간대를 이어주는 연결고리가 존재하는데, 이는 시간 교섭 모티브의 중요한 핵심이 된다. 〈시그널〉의 경우 무전기가 바로 그 연결고리 역할을 한다. 시간 교섭은 평행우주론과 관계하면서도, 두 시간대를 이어주는 연결고리는 과학적으로 설명되지 않는다. 설명할 수 없는 초자연적 힘에 의해 선조적 시간의 흐름이 해체되었다는 점에서 판타지적이다.

환생 모티브는 주로 로맨스–멜로 장르에서 시간을 초월한 운명적 사랑과 영원한 사랑이라는 메시지를 담아내는 데 활용된다. 특히 환생 모티브는 단독으로 활용되지 않고 주로 타임슬립이나 상상의 존재(불사의 존재) 모티브와 빈번하게 결합한다. 남녀 주인공 중 한 명이 환생하면, 다른 한 명은 타임슬립을 하거나 혹은 불사의 존재로 몇백 년 이상을 살아남아 전생의 연인은 재회하게 된다. 이렇게 남녀 주인공의 운명적 사랑과 영원한 사랑을 강조하는 것이다. 〈천년지애〉와 〈옥탑방 왕세자〉(SBS, 2012)의 경우 환생과 타임슬립이 결합하고, 〈별에서 온 그대〉(SBS, 2013~2014)와 〈푸른 바다의 전설〉, 〈도깨비〉의 경우 환생과 상상의 존재 모티브가 결합한다. 〈천년지애〉는 현대로 타임슬립을 한 남부여의 공주와 전생에 그녀의 호위무사였다가 건달로 환생한 남자의 사랑을, 〈옥탑방 왕세자〉는 21세기로 타임슬립을 한 조선의 왕세자와 전생에서 그와 사랑을 이루지 못하고 환생한 여인의 사랑을 그린다. 〈별에서 온 그대〉와 〈푸른 바다의 전설〉, 〈도깨비〉의 경우 외계인, 인어, 저승사자라는 불사의 존재가 각각 환생한 과거의 연인과 재회하고 인연을 이어간다. 한편

〈시카고 타자기〉(tvN, 2017)의 경우도 환생과 상상의 존재 모티브가 결합하지만, 남녀 주인공이 모두 환생하여 인연을 이어가고 제2의 남성 주인공이 유령으로 등장한다는 설정으로, 두 가지 모티브의 결합이 남녀 주인공의 운명 같은 사랑을 이어주는 앞의 세 드라마와 구별된다. 이처럼 환생 모티브는 타임슬립, 상상의 존재 모티브와 결합하여 로맨스-멜로 서사를 더욱 강화할 뿐만 아니라, 한편으로는 오랜 시간의 간극을 통해 역사드라마와 현대극의 결합을 유도한다. 판타지 모티브와 장르의 상관성에 대해서는 이후에(3장에서) 구체적으로 이야기하기로 한다.

시간 모티브의 마지막 유형인 **타임루프**Time Loop는 동일한 시간대가 계속해서 반복되는 것이다. 타임루프는 반복되는 시간 속에서 상황이 매번 조금씩 달라지고 그것을 타임루프 주체인 주인공만 인지하고 기억한다. 한국 텔레비전드라마에서 타임루프를 활용한 것은 2019년 9월 기준, 〈죽어도 좋아〉(KBS2, 2018)가 유일하다. 동명의 웹툰이 원작인 〈죽어도 좋아〉는 여성 주인공이 이름처럼 진상 짓을 하는 직장 상사(남성 주인공)에게 죽으라고 저주했던 것이 현실이 되고, 남성 주인공이 '죽으면' 똑같은 하루가 반복된다는 설정을 전제로 한다. 여성 주인공이 타임루프를 벗어날 수 있는 방법은 남성 주인공이 진상 짓을 하지 않게 만드는 것이다. 반복되는 시간 속에서 여성 주인공은 다른 내일과 미래를 맞이하기 위해 상사를 바꾸고 상황을 바꾸려고 노력한다. 이것이 이 드라마가 담고 있는 메시지이다. 여성 주인공이 바꾸고자 하는 상사와 상황은 직장과 사회 구조의 문제점들을 내포하고 있으며, 드라마는 그 문제들을 바꾸기 위한 선택지를 타임루프를 활용해 보여준다. 한편, 이 드라마에서 타임루프는 다람쥐 쳇바퀴 돌아가듯 지루하게 반복되는 직장인들의 하루하루를 은유하기도 한다.

이상 시간 여행, 시간 교섭, 환생, 타임루프 등의 시간 모티브는 공통적으로 과거를 '완료형'에서 '진행형'으로 전환한다. 과거는 바뀔 수 있으며 그에 따라 현재도 바뀔 수 있고, 과거의 완성되지 못한 인연은 현재로 이어져 완성되기도 한다. 시간 모티브는 과거와 현재와 미래는 일방향의 고정적인 것이 아니라 상호적이고 유동적인 것이라는 사유를 전제한다.

2) 육체 모티브 – 초자연적 현상

텔레비전드라마에 나타난 판타지의 두 번째 유형은 육체를 모티브로 한다. 정신과 육체, 마음과 몸의 상호관계를 통해 판타지가 드러나는 육체 모티브는 다시 영혼 전환, 빙의, 변신 등의 모티브로 세분된다. 이 중 시각적 재현의 측면에서 육체의 변화가 두드러지게 나타나는 것은 변신 모티브이며, 그에 반해 영혼 전환과 빙의는 영혼이 바뀐 육체라는 설정을 전제할 뿐 시각적 재현은 두드러지게 나타나지 않는다.

영혼 전환은 남성과 여성의 전환과 노老와 소少의 전환처럼 두 인물 사이에서 쌍방향으로 발생한다. 이때 영혼의 전환은 필수적으로 육체의 전환을 동반한다는 점에서 영혼과 육체의 전환이라 해야겠지만, 육체의 주인보다는 영혼의 주인을 주체로 설정한다는 점에서 영혼 전환이라 지칭하기로 한다. 〈시크릿 가든〉, 〈울랄라 부부〉(KBS2, 2012), 〈돌아와요 아저씨〉(SBS, 2016)에서는 영혼 전환에 의해 남녀의 성이 전환되고, 〈빅〉(KBS2, 2012)에서는 18살 남고생과 30살 성인 남성의 영혼이 전환되면서 노소가 바뀐다. 영혼 전환의 효시인 〈돌아와요 순애씨〉(SBS, 2006)에서는 40대 주부가 남편과 불륜관계인 '젊고 아름다운' 20대 스튜어디스와 영혼이 뒤바뀌면서, 노소의 전환과 함께 미추美醜의 전환을 내포하고 있다. 영혼 전환은 쌍방향의 자리바꿈으로서 '타자성'과 '소통'이란 메시지를 전달하는 판타지적 장치로 적합하다. 남녀가, 부부가, 노소가, 미추가, 빈부가 자리바꿈을 함으로써 서로를 이해할 수 있게 된다는 것이 영혼 전환이라는 판타지가 추구하는 궁극의 메시지이다.

영혼 전환이 두 인물 사이에 일어나는 쌍방향의 자리바꿈이라면 **빙의**는 한 영혼의 일방향적 침입이라 할 수 있다. 침입당한 영혼은 빙의가 끝나는 순간까지 배제되고 소거된다. 빙의는 혼수상태에 있는 사람의 영혼 혹은 죽은 사람의 영혼이 살아 있는 사람의 육체를 빌려 나타난다는 점에서 영혼이 원래 모습으로 구현되는 귀신 모티브와 구별된다. 현대적 판타지 드라마의 효시로 꼽히는 〈M〉에서 활용한 판타지 장치가 바로 빙의이다. 2010년대에는 〈49일〉(SBS, 2011), 〈오 나의 귀신님〉(tvN, 2015), 〈투깝스〉(MBC, 2017~2018), 〈빙의〉(OCN, 2019) 등에서 빙의가 나타난다. 빙의는 귀신을 보는 초능력자 모티브와 함께 영혼의 해원을 위해 소구되곤 한다. 〈오 나의 귀신님〉에서는 뺑소니 사고의 목격자라는 이유로 억울하게 살해된 처녀귀신의 기억을 되찾아주면서 그녀의 원한을 풀어주고, 〈투깝스〉의 경우 살인 용의자로 몰렸던 빙의된 영혼의 억울함을 해결해 준다. 그 과정에서 빙의된 영혼의 개인 문제는 사회 문제로 연결되고 확장된다.

변신은 주로 노소와 미추를 초월하는 육체의 변화로, 변화 주체의 정신/영혼은 변하지 않고 유지된다. 〈아이러브 이태리〉(tvN, 2012), 〈꽃할배 수사대〉(tvN, 2015), 〈미스터 백〉(MBC, 2014)은 어느 날 갑자기 '젊은' 혹은 '늙은' 육체로 변신한다는 설정에서 드라마가 시작된다. 〈아이러브 이태리〉에서는 14살 소년이 하루아침에 25살 성인으로 변하고,

〈꽃할배 수사대〉에서는 20대 경찰과 형사들이 하루아침에 70대 노인이 되며, 〈미스터 백〉에서는 70대 재벌 회장이 우연한 사고로 30대가 된다. 이 중 〈미스터 백〉의 70대 재벌 회장은 모든 것을 가졌지만 외로운 삶을 살던 인물이다. 가족들은 그를 모두 두려워할 뿐 사랑하지는 않았다. 그러다 우연한 사고로 30대로 젊어진 그는 자신의 숨겨둔 아들 행세를 한다. 젊어진 그는 비록 가진 것 없고 하루하루를 근근이 버텨내지만, 그럼에도 불구하고 살면서 처음으로 진정한 사랑과 행복을 느끼게 된다. 주인공이 진정한 사랑과 행복을 찾고 깨닫게 되는 이 지점이 이 드라마가 변신 모티브를 활용해 전하고자 하는 메시지이다. 드라마 시작과 함께 육체의 변화를 전제하는 변신 모티브는 드라마가 끝날 즈음 정신의 변화, 곧 성숙/성장을 이끌어낸다. 결국 변신 모티브는 정신의 성숙/성장이란 메시지를 창출하기 위한 장치로 작동하는 것이다.

위에서 살펴본 것처럼 〈아이러브 이태리〉, 〈꽃할배 수사대〉, 〈미스터 백〉 등 2010년대 변신 모티브는 주로 노소를 초월한다. 〈퍼퓸〉(KBS2, 2019)의 경우 노소와 미추의 초월을 동시에 보여주고 있기는 하지만, 40세 가정주부가 자살 직전 택배로 온 마법의 향수를 뿌리고 23세 패션모델 몸으로 되돌아간다는 설정의 이 드라마 역시 아름다운 몸보다는 젊음에 방점을 두고 있다. 반면 2000년대의 변신 모티브는 주로 미추를 초월하는 것에 주력한다. 2004년 방영된 시트콤으로 변신 판타지의 효시라 할 수 있는 〈두근두근 체인지〉(MBC, 2004)가 대표적인 예이다. 이 드라마는 못생긴 여고생이 신비한 마술 샴푸로 머리를 감으면 4시간 동안 미녀로 변신한다는 설정을 전제한다. 이처럼 2000년대의 변신이 아름다움에 대한 욕망에서 기인한다면, 2010년대 이후의 변신은 젊음에 대한 욕망을 투영한다는 점이 흥미롭다. 돈으로 아름다움까지 살 수 있는 신자유주의 시대에도 돈으로 살 수 없는 것이 바로 젊음이다. 물론 노화를 지연시킬 수는 있지만 젊음을 완전하게 살 수는 없기에 젊음을 좇는 욕망은 변신 판타지를 소환하는 것이다. 한편, 변신 모티브는 모두 단독으로 활용되며, 변신 모티브를 활용한 드라마들은 영혼 전환이나 빙의에 비해 대중에게 그리 호응을 얻지 못하였다. 어느 날 갑자기 주인공의 몸이 변신하는 것에서 드라마는 시작되고 그 이후의 서사는 에피소드 위주로 전개되는데, 그것들이 서로 긴밀하게 연계되지 못하고 그저 가벼운 웃음만 주는 경우가 많기 때문이다.

3) 공간 모티브 – 초현실적 공간

세 번째 유형인 공간 모티브는 현실 세계와 다른 세계가 등장하는 것으로, 그 이계異界는 설화적 상상 공간과 디지털 가상 공간으로 구분된다. **설화적 상상 공간**은 구전설화 등 대중의 공유된 경험 및 기억이 만들어내는 상상의 세계로 과학적 혹은 합리적 근거가 부재한다. 〈아랑 사또전〉(MBC, 2012)의 천상과 〈전우치〉(KBS2, 2012~2013)의 율도국이 이러한 설화적 상상 공간에 해당한다. **디지털 가상 공간**은 실제로 존재하지 않는 것을 디지털에 의해 만들어낸 공간으로, 가상/가짜이지만 실재보다 더 실재 같다는 점이 특징이다. 〈W〉(MBC, 2016)의 웹툰 세계와 〈알함브라 궁전의 추억〉(tvN, 2018~2019)의 게임 세계가 이에 해당한다. 설화적 상상 공간과 디지털 가상 공간은 현실에 존재하지 않고 상상/가상 속에 존재한다는 측면에서 같다. 하지만 설화적 상상 공간은 현실(의 이미지)을 기반으로 하지 않은 채 주로 비현실적인 이미지로 재현되는 반면,

디지털 가상 공간은 현실(의 이미지)을 기반으로 하면서 미래 지향적인 이미지로 재현된다는 점에서 차이가 있다. 그래서 전자는 주로 자연 공간으로, 후자는 도시 공간으로 재현되곤 한다.

설화적 상상 공간인 〈아랑 사또전〉의 천상은 상상의 존재 모티브와 결합한다. 옥황상제나 염라대왕, 저승사자 등의 상상의 존재는 인간과 다르게 표현되고, 그들이 머무는 천상 또한 인간이 살고 있는 지상, 즉 현실과 뚜렷한 차이를 보인다. 또 하나의 설화적 상상 공간인 〈전우치〉의 율도국은 초능력자 모티브와 결합한다. 초능력자이지만 인간이기에 그들이 살고 있는 율도국은 〈아랑 사또전〉의 천상처럼 현실 세계와 뚜렷한 차이를 보이지는 않는다. 다만 이상 세계를 상징하는 이미지로 자연을 활용한다는 점에서 천상의 이미지와 닮았다. 반면 〈W〉의 웹툰 세계와 현실 세계는 크게 다르지 않다. 갑자기 생겨난 미지의 통로를 넘거나 혹은 컴퓨터 화면을 뚫고 오가는 장면화를 통해 웹툰과 현실을 경계 지을 뿐이다. 현실과 디지털 가상 공간을 나누지만 아이러니하게도 어느 것이 현실이고 어느 것이 가상 공간인지 구분하지 못하게 구현되는 것이다. 이는 온라인과 오프라인의 경계가 허물어지고 점점 더 온라인이 오프라인을 대신해가는 '디지털로 확장된' 우리 현실을 담아내는 방법이기도 하다. 〈W〉의 작가인 송재정의 또 다른 드라마인 〈알함브라 궁전의 추억〉에서도 이 같은 온라인과 오프라인의 경계 허물기가 나타난다. 유명 투자회사 대표가 현실과 게임 속 가상현실을 오가며 게임의 비밀을 파헤친다는 내용을 담고 있는 〈알함브라 궁전의 추억〉은 현실 세계와 디지털 가상 공간인 게임 세계가 연결되어 있고, 그것은 수시로 경계를 넘나든다. 이 드라마는 스페인 남부 그라나다의 이색적인 풍경을 통해 판타지적 이미지를 구현하지만 결국 현실과 게임 속 가상현실은 크게 다르지 않다.

공간 모티브는 시각적 구현이 중요하다. 그럼에도 불구하고 텔레비전 드라마의 경우(의도적으로 현실과 판타지 공간의 구분을 모호하게 만든다 하더라도) 판타지 공간의 시각적 구현에 한계를 보이는 것이 사실이다. 이는 2017년 상영한 〈신과 함께-죄와 벌〉과 같은 영화와 비교할 때 더욱 두드러진다. 이 같은 한계는 텔레비전드라마가 일반적으로 서사의 힘에 의지하는 바가 크고 일상성을 중시한다는 매체상의 특성에서 비롯되기도 하지만, 무엇보다 제작비의 한계에서 기인한다. 〈표 1〉에서 공간 모티브를 활용한 드라마의 수가 월등히 적은 이유 또한 이 지점에서 찾을 수 있지 않을까 싶다.

4) 인간 모티브 – 초인간적 존재

네 번째 유형은 인간 모티브이다. 인간 모티브는 초자연적인 힘(초능력)을 지닌 인간형과 반인반수와 뱀파이어 같은 반半/비非인간형으로 나뉜다. 이때 텔레비전드라마의 특성, 특히 일상성으로 인해 반/비인간형도 인간의 모습으로 재현된다는 측면에서 인간 모티브로 구분하였다. 반/비인간형의 대부분이 초능력을 지니고 있다는 점에서 인간 모티브는 초능력이라는 교집합을 갖는다. 예를 들어 〈뱀파이어 검사〉의 뱀파이어 검사 민태연은 죽은 자의 피를 맛보고 살해 당시의 마지막 상황과 피의 동선을 보는 초능력을 지니고 있으며, 〈별에서 온 그대〉의 외계인 도민준은 불멸의 존재로서 인간보다 감각이 7배나 예민하고(매의 시력과 늑대의 청력을 지녔고), 시간을 멈추거나 순간이동을 하는 등의 초능력을 소유하고 있다. 초능력이라는 공통 조건 아래 인간이냐, 인간이 아니냐의 기준으로 인간형과 반/비인간형으로 구분하고, 인간형은 초능력을 지닌 점에 초점을 맞추어 초능력자 모티브로, 반/비인간형은 실재하는 인간이 아닌 구전설화 등을 통해 대중의 상상 속에 존재한다는 점에 초점을 맞추어 상상의 존재 모티브로 명명하기로 한다.

우선 **초능력자** 모티브를 성별로 살펴보면 다음과 같다. 남성은 〈히어로〉(OCN, 2012)의 신체 재생 능력을 지닌 초능력자, 〈아랑 사또전〉과 〈귀신 보는 형사 처용〉, 〈싸우자 귀신아〉(tvN, 2016), 〈손 the guest〉(OCN, 2018)의 귀신 혹은 악령을 보는 초능력자, 〈전우치〉(KBS2, 2012~2013)의 도사, 〈너의 목소리가 들려〉(SBS, 2013)의 타인의 마음을 읽는 초능력자, 〈아이언맨〉(KBS2, 2014)의 몸에 칼이 돋는 초능력자, 〈멜로홀릭〉(OCN, 2017)의 여자의 맨살에 손이 닿으면 속마음을 파악할 수 있는 초능력자, 〈그 남자 오수〉(OCN, 2018)의 사람들의 연애 감정을 읽을 수 있고 그 연애 감정을 이어주거나 끊어줄 수 있는 초능력자, 〈사이코메트리 그녀석〉(tvN, 2019)의 사람들의 비밀을 읽어내는 초능력자(사이코메트리)가 있다. 여성은 〈후아유〉(tvN, 2013)와 〈주군의 태양〉(SBS, 2013), 〈작은 신의 아이들〉(OCN, 2018)의 귀신 혹은 악령을 보는 초능력자, 〈냄새를 보는 소녀〉(SBS, 2015)의 후각을 시각으로 전환하는 초능력자, 〈힘쎈여자 도봉순〉(JTBC, 2017)의 선천적으로 엄청난 괴력을 타고난 초능력자, 〈당신이 잠든 사이에〉(SBS, 2017)의 누군가에게 닥칠 불행을 꿈으로 미리 볼 수 있는 초능력자, 〈블랙〉(OCN, 2017)의 저승사자와 죽음을 볼 수 있는 초능력자, 〈멈추고 싶은 순간―어바웃 타임〉(tvN, 2018)의 수명 시계를 볼 수 있는 초능력자 등이 있다. 이 외에도 2000년대 〈마왕〉(KBS2, 2007)에서는 여성 사이코메트리가 등장하고 〈과거를 묻지 마세요〉(OCN,

2008)에서는 후각을 통해 과거를 볼 수 있는 여성 초능력자가 등장한다.

초능력(자) 모티브는 주로 수사물이나 (공포)추리물과 결합하는데, 〈귀신 보는 형사 처용〉, 〈블랙〉, 〈작은 신의 아이들〉, 〈손 the guest〉 같은 OCN 드라마들이 대표적이다. 이 외에 대부분의 초능력(자) 모티브는 주로 로맨스-멜로와 결합한다. 〈아랑 사또전〉, 〈너의 목소리가 들려〉, 〈싸우자 귀신아〉 등은 수사물이나 (공포)추리물과도 결합하지만 그것들은 로맨스-멜로 서사에 의해 후경화된다. 로맨스-멜로 서사에 수렴된 남성 초능력자들은 공적 영웅이 아닌 한 여성의 '왕자님'으로 그려지는 것이 대다수이다. 〈너의 목소리가 들려〉의 남성 주인공(박수하)이 대표적인 예이다. 위험에 처해 도움을 요청하는 사람들의 소리를 들으면 곧바로 날아가 그들을 구하는 슈퍼맨 같은 할리우드 영웅과 달리, 박수하는 타인의 마음을 읽는 초능력으로 인해 세상의 소리를 듣고도 어떠한 행동도 취하지 않는다. 그런 그가 능동적으로 타인의 속내를 읽고 움직이기 시작한 것은 여성 주인공을 보호하거나 그녀가 재판에서 이길 수 있도록 돕기 위해서다. 그렇게 남성 주인공의 초능력은 여성 주인공을 위해 발현된다. 여성 초능력자들의 경우도 크게 다르지 않다. 여성 초능력자들 또한 남성 주인공을 위해 초능력을 발휘하며 남성 주인공의 테두리 안에 머무는 것이 대부분이다. 〈냄새를 보는 소녀〉의 여성 주인공(오초림)이 대표적인 예이다. 〈냄새를 보는 소녀〉의 여성 주인공은 드라마 제목처럼 냄새를 시각적 입자로 보는 초능력/초감각을 지니고 있고, 그 능력은 남성 주인공의 수사를 돕는 데 발휘된다. 그 과정에서 초능력자임에도 불구하고 여성 주인공은 남성 주인공의 보호를 받아야 하고 자신의 꿈까지 포기하는데, 그 모든 것은 남성 주인공과의 결혼으로 보상되는 듯이 그려진다.

이처럼 (OCN 드라마를 제외한) 대부분의 드라마들에서 초능력(자) 모티브는 사회적 메시지를 담은 공적 서사가 아니라 남녀의 로맨스를 담은 사적 서사를 형성한다.

2010년대 가장 많이 소구된 초능력자는 귀신 혹은 악령을 보는 인간이다. 〈아랑 사또전〉과 〈후아유〉, 〈주군의 태양〉, 〈귀신 보는 형사 처용〉, 〈싸우자 귀신아〉, 〈작은 신의 아이들〉, 〈손 the guest〉 등에서 그들을 발견할 수 있다. 귀신 혹은 악령을 보는 초능력자는 귀신과 악령의 등장을 전제한다. 귀신과 악령이란 상상의 존재와 그것을 보는 초능력자, 이 두 가지 인간 모티브 유형이 결합할 때 드라마는 주인공인 초능력자에게 중심을 맞춘다. 드라마 속 귀신들은 주로 원혼들인데, 이들은 불합리한 구조 안에서 억울하게 죽임을 당한 희생자/약자들로 초능력자 판타지를 통해서만 그 존재가 드러난다. 원혼들은 드라마 서사 내에서 약자로 그려지는 동시에 캐릭터 비중 면에서도 주인공인 초능력자에 비해 약자로 배정되는 이중성을 지닌다. 결국 귀신이란 모티브는 귀신을 보는 초능력자 모티브에 의해 후경화된다. 귀신을 보는 초능력자와 귀신이란 상상의 존재가 결합된 유형은 초능력자가 억울하게 죽임을 당한 원혼의 한을 풀어준다는 방식으로 해원의 메시지를 추구한다. 이는 빙의 유형과 유사하다. 개인, 특히 약자들의 원한은 주로 사회 구조에서 기인한다는 측면에서 원혼들의 등장은 사회의 부조리함을 은유한다. 그런데 초능력과 빙의 등의 판타지를 동원해야 그 부조리함이 해결될 수 있다는 것은 현실적으로 그것이 해결되는 것이 판타지라는 점, 그 실현 불가능성을 역설적으로 말해 준다고 할 수 있다.

반/비인간형의 **상상의 존재** 모티브를 살펴보면, 특히 구미호와 뱀파이어가 가장 자주 호출된다. 〈구미호—여우누이던〉(KBS2, 2010, 이하 〈여우누이던〉), 〈내 여자친구는 구미호〉(SBS, 2010), 〈뱀파이어 검사〉, 〈블러드〉(KBS2, 2015), 〈오렌지 마말레이드〉(KBS2, 2015), 〈밤을 걷는 선비〉(MBC, 2015) 등에서 찾아볼 수 있다. 구미호와 뱀파이어 외에 반인반수, 천사, 신, 마녀, 요괴 등의 상상의 존재 등도 나타난다.(부록 참고) 특히 상상의 존재에 대한 상상의 범위는 확장되어 기왕의 텔레비전드라마에서는 찾아 볼 수 없었던 캐릭터가 등장하고 있다. 〈별에서 온 그대〉와 〈써클〉의 외계인, 〈푸른 바다의 전설〉의 인어, 〈도깨비〉의 도깨비가 그것이다.

인간 모티브는 주로 일상의 시공간을 배경으로 "현실 세계(특히 도시) 일반인과 초자연적 힘을 가진 선한 영웅이나 악마, 도인들이 같이 살고 있고, 모든 사람들이 그들의 존재를 알고 있거나 혹은 주인공만 그것을 알고 있는 이야기로 나타난다."[10] 그런데 인간 모티브 중 인간형인 초능력자가 일상의 시공간에서 활동하는 것은 차치하더라도, 상상의 존재가 일상적 시공간에서 인간의 모습으로 그려진다는 점은 주목을 요한다. 실제로 〈아랑 사또전〉에서 옥황상제 및 염라대왕, 저승사자 등의 상상의 존재 모티브가 천상이라는 상상 공간의 모티브와 결합하여 그나마 인간과 다르게 묘사되는 것을 제외하면, 상상의 존재는 대부분 너무나도 인간적으로 그려진다. 예를 들어 〈별에서 온 그대〉의 외계인 모티브는 명확하게 시각적 이미지로 드러나지 않는다. 외계에서 와 400년 동안 지구에서 살고 있는 외계인은, 초능력을 발휘할 때를 제외하면 거의 인간의 모습으로 그려지기 때문이다. 귀신 또한 대부분 인간의 모

---

10 김희경, 『판타지, 현대 도시를 걷다』, 스토리하우스, 2014, 89쪽. 김희경은 이 같은 판타지를 "현대형 도시 판타지 콘텐츠"라고 명명하였다.

습으로 이승에 머물러 있다. 상상의 존재 모티브가 시각적으로 재현될 때 그 이미지는 인간과 별반 다르지 않은 것이다. 이처럼 판타지의 낯섦이 익숙함으로 치환되어 재현된다는 것은 한국 텔레비전드라마가 아직 사실주의에서 완벽하게 자유로울 수 없음을 시사한다고 볼 수 있다.

5) 역사 모티브 – 초역사적 세계(관)

텔레비전드라마에 나타나는 판타지의 다섯 번째 유형은 역사 모티브이다. 역사 모티브는 기록된 역사, 즉 우리가 인식하고 있는 사실로서의 역사를 비틀고 역사의 자리에 판타지를 채워 넣음으로써 "인식 체계를 넘어서 세계를 재정의하고 근본적으로 재구성하려는"[11] 것이다. '만약에'라는 가정을 전제로 실재하는 역사를 다시 쓰는 대체 역사, 실재하지 않은 역사를 가상으로/가짜로 창조하는 가상 역사, 신화를 중심으로 과거를 재구성하는 신화 역사 등 세 가지로 세분된다. 특히 기존의 논의에서는 대체 역사를 '만약에'라는 가정을 전제로 가상의 역사를 창조해내는 것으로 보면서 대체 역사와 가상 역사라는 용어를 혼용하였다.[12] 하지만 이 글에서 대체 역사는 '유有'에서 '유-다시'를 만들어내는 반면, 즉 '유'를 다른 것으로 대체하는 반면 가상 역사는 '무無'에서 '유'를 창조한다는 점에서 둘을 구별하였다.

대체 역사는 만약에 역사적인 사건이 달라졌다면 현재가 어떻게 변화했을까를 가정하는 방식으로 현재를 '다시 쓰는' 것이다. 따라서 역사

---

11 최기숙, 『환상』, 연세대 출판부, 2010, 32쪽.
12 류철균·서성은, 「영상 서사에 나타난 대체 역사 주제 연구」, 『어문학』 99, 한국어문학회, 2008; 이승현, 「텔레비전드라마의 국민국가에 대한 전근대적 '판타지' – 〈더킹 투하츠〉를 중심으로」, 『한국극예술연구』 59, 한국극예술학회, 2018.

드라마가 아닌 현대극의 스타일을 갖추는 것이 보통이다. 〈마이 프린세스〉(MBC, 2011)와 〈더킹 투하츠〉(MBC, 2012), 〈황후의 품격〉(SBS, 2018~2019)을 비롯해 2000년대 〈궁〉(MBC, 2006)과 〈궁S〉(MBC, 2007)가 대체 역사 유형에 해당한다. 〈마이 프린세스〉는 대통령제라는 현재의 모습을 따르되 공주의 존재와 왕실 재건이라는 가정을 전제로 현재를 다시 쓴다. 〈마이 프린세스〉를 제외한 드라마들은 모두 대한민국이 해방 이후 국왕을 중심으로 입헌군주제를 채택하였다는 가정하에 현재를 다시 쓴다. 다른 드라마들이 북한은 주목하지 않은 것에 비해, 남북한 남녀의 사랑 이야기를 그린 〈더킹 투하츠〉는 남한의 역사는 다시 쓰되 남북 분단과 북한의 체제는 현실 그대로 반영하였다. 드라마 속 대체 역사는 시청자가 알고 있는 진짜 역사와 다르고, 그로 인해 현재/현실의 모습도 다르게 그려진다. 하지만 시청자는 그 달라진 지점에 연연하지 않는다. 역사를 소거하고 드라마 속 역사를 가장한 이야기, 바로 남녀 주인공의 사랑 이야기만 따라갈 뿐이다. 〈마이 프린세스〉는 왕실 재건을 막으려는 재벌 상속남과 공주의 사랑 이야기, 〈더킹 투하츠〉는 남한의 왕자와 북한 특수부대 여장교의 사랑 이야기가 역사를 압도한다. 대체 역사는 로맨스-멜로 서사의 배경으로 활용될 뿐이다. 대체 역사를 다룬 드라마는 "역사로부터 착안하되 역사(혹은 역사의식)를 소거하는 아이러니를 보여준다는 점에서 탈역사적 혹은 초역사적"[13]이다.

실재하지 않은 역사를 가상으로 창조하는 가상 역사 모티브는 〈해를 품은 달〉(MBC, 2012)에서 발견된다. 〈해를 품은 달〉은 매회 시작할 때

---

13 박노현, 「텔레비전드라마의 '王政'과 '復古' – 미니시리즈의 타임슬립과 복고 선호 양상을 중심으로」, 『한국학연구』 30, 인하대 한국학연구소, 2013, 291쪽.

마다 자막을 통해 드라마의 배경이 '조선의 가상 왕 시대'라고 밝힌다. 조선 시대를 배경으로 역사드라마의 외피를 입고는 있지만, 드라마에서 역사는 무의미하다. 대체 역사와 마찬가지로 〈해를 품은 달〉의 가상 역사도 로맨스-멜로 서사의 배경으로서 의미를 지닐 뿐 어떠한 메시지를 생산하지는 못한다.

신화 역사 모티브는 2007년 〈태왕사신기〉(MBC, 2007)를 통해 처음 활용되었고, 12년이 지난 2019년 〈아스달 연대기〉(tvN, 2019)를 통해 재소환되었다. 신화를 텔레비전드라마로 옮길 경우 판타지는 휘발되고 역사만 남게 된다. 신화의 판타지는 역사드라마의 자장 안에서 재현 가능한 것이다. 그럼에도 불구하고 "중원의 사신四神 신앙과 단군신화의 삼사三師를 판타지적 상상력으로 접목하여 흥미로운 캐릭터로 변형·재창조"[14] 한 〈태왕사신기〉와 단군왕검이 도읍으로 정했다는 아사달을 연상시키는 〈아스달 연대기〉가 구현한 신화 세계는 기왕의 역사드라마에서 과거를 재현한 모습과 분명히 구별된다.

2010년대 텔레비전드라마에서 판타지가 적극적으로 소환되고 있는 가운데 역사 모티브의 소환은 그다지 적극적이지 않은 편이다. 특히 신화 역사 모티브는 〈아스달 연대기〉로 단 한 번 소환되었다. 이는 텔레비전드라마를 통해 신화적 상상력을 재현하는 것의 한계를 방증하는 것이다. 신화는 그 자체가 판타지의 진수라 할 수 있다. 그런데 텔레비전드라마는 신화 속 판타지의 황당함과 웅장한 스케일을 감당하는 것이 어려워 보인다. 신화적 상상력의 한계와 제작비의 부족이 그 원인이라 할

---

14 백소연, 「TV드라마 〈태왕사신기〉에 나타난 역사성 배제와 판타지 구축의 전략」, 『한국극예술연구』 43, 한국극예술학회, 2014, 302쪽.

수 있다. 그 두 가지가 마련되지 않는 한 앞으로도 텔레비전드라마에서 신화 역사는 가장 만나기 어려운 판타지 모티브가 아닐까 생각한다.

대체 역사와 가상 역사, 신화 역사 내에는 그것을 지배하는 질서가 존재하고 그 질서 안에서 이야기가 운용된다. 그 질서는 현실의 질서와 닮아 있고, 따라서 역사 모티브를 활용한 드라마들은 다른 유형에 비해 판타지적 색채가 짙게 드러나지 않는다. 이로 인해 "시청자가 자칫 허구적인 가상의 서사를 실제로 인지하고 이를 현실의 문제와 연결할 가능성도 존재하기 때문"에 역사 모티브는 "역사적 사실과 전혀 다른 현실 인식을 시청자들에게 제시할 수 있다는 점에서 문제적"[15]일 수 있다.

이상 크게 다섯 가지 모티브로 나누어 살펴본 판타지 유형은 한 마디로 '경계 허물기'라고 정리할 수 있다. 한국 텔레비전드라마에 나타나는 판타지는 과거와 현재 및 미래의 시간 경계, 육체와 영혼 및 자기와 타자의 경계, 현계와 이계의 공간 경계, 인간과 비인간의 경계, 그리고 역사와 허구의 경계를 허물고 해체한다. 이 같은 경계 허물기는 적극적이고 주도적으로 장르의 경계 허물기를 유도하는데, 이에 대해서는 다음 장에서 구체적으로 이야기하고자 한다.

---

15 이승현, 앞의 글, 194쪽.

3. 판타지 모티브와 장르의 능동적 결합

한국 텔레비전드라마에서 판타지는 그동안 독자적인 하나의 장르로 인정받지 못한 것이 사실이다. 서사의 핵으로 작용하기보다는 서사의 수단/장치로 활용되었고, 그러다 보니 판타지는 홀로 의미를 생산하지 못하고 다른 장르에 의존할 수밖에 없었다. 독립된 장르로 인정받지 못한 판타지는 그만의 집을 소유하고 있지 못해 다른 집(장르)에 기생할 수밖에 없었고, 그 의존성 때문에 다른 장르와 결합함에 있어 판타지는 소극적으로 관여할 수밖에 없었다. 그런데 2010년대 이후 주객의 힘이 역전된다. 판타지는 장르 결합을 능동적으로 주도하게 되고, 판타지에 의해 장르 결합은 더욱 자유롭고 활발해졌다. 판타지 모티브와 다양한 장르와의 결합을 분석함으로써 이를 확인하고자 한다. 판타지가 로맨스-멜로드라마, 추리드라마, (범죄)수사드라마, 역사드라마, 공포드라마 등 다양한 장르와 결합하는 양상을 살펴보되, 판타지와 가족-멜로드라마의 결합은 논의에서 제외하기로 한다. 일상성을 중시하는 가족-멜로드라마의 특성상 판타지와 결합하는 경우는 극히 드물기 때문이다.[16]

장르는 논자에 따라 그 개념과 범주를 달리 하기 때문에 장르 결합에 대한 논의는 장르에 대한 규정을 전제해야 한다. 이 글에서는 로맨스-멜로드라마, 추리드라마, (범죄)수사드라마, 역사드라마, 공포드라마의 개념을 다음과 같이 규정한다. 음악이 혼합된 연극에서 기원한 멜로드라마

---

16 판타지 모티브가 가족-멜로드라마와 결합한 것은 1990년대 방영된 김수현의 〈사랑하니까〉(SBS, 1997~1998)가 유일하다. 이 드라마는 귀신이란 상상의 존재 모티브를 활용하지만, 그것이 서사에 그다지 영향력을 행사하지는 못한다.

는, 일반적으로 "사건의 변화가 심하고 통속적인 흥미와 선정성이 있는 대중극"[17]을 가리킨다. 멜로드라마 중 특히 남녀 간의 사랑 이야기를 다룬 것을 로맨스-멜로드라마라고 하는데, 최근에는 로맨스-멜로드라마를 멜로드라마와 동일시하는 경향이 짙다. 추리드라마와 (범죄)수사드라마는 추리 서사를 내포하고 있다는 점에서 자주 혼용되고 있다. 이 글에서는 비밀을 밝혀내는 "추리 자체가 서사의 중심이 되는" 추리드라마와 "추리 서사가 포함되기는 하지만, 궁극적으로 지향하는 것은 추리 그 자체가 아니라, 수사의 과정을 거쳐 범인을 검거하는 것에 있"[18]는 (범죄)수사드라마를 구별한다. 역사드라마는 "역사적 사건이나 인물을 소재로 하거나 과거를 배경으로 한 드라마"[19]를 의미하되, "'시대극' 또는 '신화, 전설, 민담' 등을 소재로 한 드라마 등도 넓은 범위의 '역사드라마'에 포함"[20]시킨다. 공포드라마는 동양적으로 귀신과 같은 영적인 존재가 등장하여 공포심을 유발하거나 혹은 서양적으로 괴기스러운 괴물이나 좀비, 살인마 등이 등장하여 공포심을 유발하는 개념으로 사용할 것이다. 장르의 개념은 논의의 중심이 아니기에 이상 간략하게 설명을 마무리하고 본격적으로 판타지 모티브와 장르의 결합 양상에 대해 논하고자 한다.

우선 한국적 판타지는 공적 영역보다 사적 영역에 머무르면서 주로 **로맨스-멜로드라마** 장르와 능동적으로 결합한다. 초능력자라는 판타지가 로맨스-멜로드라마 장르와 결합할 때, 초능력자는 인류의 질서와

17 국립국어원, 『표준국어대사전』.
18 권양현, 「텔레비전 수사드라마에 나타난 캐릭터 유형의 변화 양상 연구-〈싸인〉, 〈유령〉을 중심으로」, 『한국극예술연구』 42, 한국극예술학회, 2013, 252쪽.
19 윤석진, 「2000년대 텔레비전 역사드라마의 지형도」, 텔레비전드라마연구회, 『텔레비전드라마, 역사를 전유하다』, 소명출판, 2014, 436쪽.
20 박명진, 「책머리에」, 위의 책, 5쪽.

행복을 위해 악과 싸우는 할리우드식 공적 영웅이 아닌 사적 존재가 된다. 초능력자 모티브에서 언급한 바 있듯, 〈너의 목소리가 들려〉에서 남성 주인공의 타인의 마음을 읽는 초능력은 주로 사랑하는 여성을 위해 발휘되면서 남성 주인공은 공적 영웅 대신 순정남이 된다. 이 드라마에서 초능력 판타지는 남성 주인공의 매력을 강화하고 남녀 주인공의 사랑을 완성하는 요소로 작동하는 것이다. 이로써 남성 주인공의 초능력은 로맨스-멜로드라마 장르에 갇혀 오히려 현실의 안정과 질서를 꾀하는 수단으로 전락한다.

〈마이 프린세스〉나 〈더킹 투하츠〉는 대체 역사가 로맨스-멜로드라마와 결합한 예이다. 왕족과 입헌군주제에 대한 판타지는 2000년대의 욕망을 반영한다. 신자유주의 체제의 폐해 중 절정은 더 이상 국가는 없고 개인만 존재한다는 것이다. 개인의 안전을 국가가 책임지지 않는, 국가 안전망이 해체된 이 시대에 국민들은 무한 경쟁 속에 허덕이면서 스스로의 안전을 책임져야 할 짐까지 떠안고 있다. 대체 역사를 담고 있는 드라마는 강력한 국가 혹은 안전한 국가에 대한 대중의 욕망에서 기인한다. 그런데 문제는, 드라마가 진행되면서 역사라는 거대 담론이 남녀의 사랑이라는 사적 담론으로 치환된다는 점이다. 대체 역사를 활용한 이들 드라마는 남녀 주인공의 로맨스에 초점을 맞춤으로써 왕족과 입헌군주제는 후경화된다. 대체 역사라는 판타지는 의미를 상실한 채 단순히 로맨스-멜로 서사의 배경으로 전락하면서 신데렐라 이야기의 확장에 기여할 뿐이다.

다음으로 판타지 모티브와 **추리드라마**의 결합에 대해 살펴보고자 한다. 이 경우에 해당하는 대표적인 드라마는 〈나인〉이다. 〈나인〉은 "시간과 공간 속의 인간행동이 촘촘히 인과적으로 엮여 있음을 보여주는" 시간 모티브가 "추리물의 잘 짜인 인과성의 법칙"[21]과 만날 때 더 큰 효력을 발휘한다는 점을 증명하였다. 〈나인〉에서 아홉 번의 시간 여행은 추리의 분기 구조를 만든다. "실패와 재시도를 담보"하는 "분기구조는 이야기 속의 사건조사자뿐만이 아닌 분기적 실험을 지켜보며 그 실패와 재시도 과정에 동참하게 된 수용자들까지 탐정으로 끌어들이게" 되는데 "여기에서 서스펜스 효과가 조성되며, 시청자들은 적극적 수용자로서 추리의 과정에 동참하"[22]게 된다. 추리드라마와의 능동적 결합에서 판타지는 의문의 사건/현상에 대한 수수께끼 풀기 및 진실 찾기를 더욱 혼란스럽게 하여 문제 해결을 지연시키는 한편 결국 문제를 해결하는 열쇠로 작동하면서 이중적 역할을 한다.

과학과 이성, 논리로 설명할 수 없는 판타지 모티브와 과학과 이성, 논리로 설명되어야 하는 (범죄)**수사드라마**와의 결합은 그 자체가 모순적이라 할 수 있다. 그런데 이 같은 판타지 모티브와 '범인 찾기'가 주 목적인 수사드라마의 결합이 빈번한 것은 판타지를 통해서라도 범인을 찾고 정의를 실현하고자 하는 대중의 욕망에서 기인한다. 판타지가 개입되어 수사가 진전되고 해결되는 드라마에는 시간 교섭과 수사드라마가 결합한 〈시그널〉을 비롯해 상상의 존재와 수사드라마가 결합한 〈뱀파이어 검사〉, 초능력자와 수사드라마가 결합한 〈귀신 보는 형사 처용〉, 빙의와 수사드라마가 결합한 〈투깝스〉 등이 있다.

〈뱀파이어 검사〉에는 상상의 존재인 뱀파이어가 검사로 등장하는데

---

21 이영미, 「타임슬립과 현재를 바꾸고 싶은 욕망」, 『황해문화』 83, 새얼문화재단, 2014, 423쪽.
22 이영수, 앞의 글, 117쪽.

그가 초능력을 지니고 있다는 점에서 〈귀신 보는 형사 처용〉, 〈냄새를 보는 소녀〉와 함께 이야기하기로 한다. 〈뱀파이어 검사〉의 뱀파이어 검사(민태연)는 죽은 자의 피를 맛보고 살해 당시의 마지막 상황과 피의 동선을 보는 초능력을 지니고 있으며, 〈귀신 보는 형사 처용〉의 형사(윤처용)와 〈냄새를 보는 소녀〉의 여성 주인공(오초림)은 각각 귀신을 보는 초능력과 냄새 입자를 보고 그것을 조합해 실체를 알아내는 초능력을 지니고 있다. 이들 초능력은 범인을 찾는 데 적극적으로 활용된다. 특히 초능력(자) 판타지가 수사드라마와 결합할 때, 초능력(자)은 국가가 개인을 보호하지 못하는 신자유주의 시대에 국가와 사법부를 대신해 정의를 실현해 줄 '누군가'에 대한 열망을 내포한다. 그런데 〈뱀파이어 검사〉와 〈귀신 보는 형사 처용〉에서 초능력자 주인공이 검사와 형사라는 점은 주목을 요한다. 물론 수사드라마답게 검사, 형사, 경찰이 등장하는 것은 당연한 설정이다. 문제는 두 드라마에서 검사와 형사는 판타지를 통해 국가와 사법부를 부정하는 듯하지만, 결국 국가와 사법부 안에 갇혀서 기존 제도를 수호하는 결과를 보인다는 것이다. 〈뱀파이어 검사〉와 〈귀신 보는 형사 처용〉의 경우 "공권력의 합리적 운용을 불신"하고 "사법 정의를 복원하고자 열망"하나 "수사물이라는 장르의 성격상 이들은 강력사건의 특정 가해자를 색출하고 제거하여 공동체의 일시적 안전을 확보하는 데 주안점을 둔다." 그 결과 "결정적 진실은 적절히 정리되거나 은폐되"고 주인공 검사와 형사는 초능력을 활용하여 "공권력의 유능한 대리자 역할에 스스로를 한정"[23]하는 것이다. 반면 〈냄새를 보

---

23   이상 〈뱀파이어 검사〉와 〈귀신 보는 형사 처용〉에 대한 설명은 다음을 참고하였다. 백소연,
     「OCN 수사드라마에 나타난 '환상'의 의미―〈뱀파이어 검사〉와 〈귀신 보는 형사 처용〉을

는 소녀〉의 경우 초능력자 여성 주인공은 일반인으로 설정되어 (남성) 경찰의 무능력함을 은유하고 있다.[24] 초능력자 모티브는 사회적으로 공유되고 논의되어야 할 책임조차 개개인에게 부여한 신자유주의 시대를 살면서 느끼는 좌절과 절망을 어느 정도 해소시켜줄 거라고 기대했지만, 그들은 공권력의 유능한 대리자 역할에 머물거나, 공적 영웅을 버리고 사적 영역에 머무르며 그 기대를 배반하였다.

〈투깝스〉는 빙의 판타지가 살인 사건의 진실을 파헤치는 수사드라마와 결합한다. 드라마는 타자의 영혼이 빙의되면서 본래 육체의 영혼은 사라진다는 단순한 빙의가 아니라, 하나의 육체에 본래 주인의 영혼과 빙의된 영혼이 공존하며 수시로 두 영혼이 교체된다는 설정을 취한다. 하나의 육체에서 영혼이 교체되는 것은 영혼과 육체가 동시에 서로 뒤바뀌는 영혼 전환과는 구분된다. 그렇게 두 영혼이 교체되면서 공조수사가 진행되는 가운데 한 배우(조정석 분)가 두 캐릭터를 넘나드는 모습을 통해 웃음이 야기되는데, 이는 〈투깝스〉의 빙의 판타지가 수사드라마뿐만 아니라 코미디 장르와 결합되는 지점이기도 하다. 판타지 모티브가 수사드라마와 함께 코미디 장르와 결합하는 것은 2008년 방영된 〈과거를 묻지 마세요〉에서 먼저 발견된다.

판타지가 **역사드라마** 장르와 결합한 것은 〈해를 품은 달〉, 〈아랑 사또전〉 등이 대표적이다. 무엇보다 역사드라마와 판타지의 결합은 역사드

중심으로」, 『한국극예술연구』 55, 한국극예술학회, 2017, 283쪽.

24 김태연은 〈마왕〉, 〈과거를 묻지 마세요〉, 〈냄새를 보는 소녀〉 등에 등장하는 "경찰이 아니면서 강력사건 수사에 개입하고 있는 여성" 초능력자들은 "상대적으로 위기에 몰린 남성들이 가질 만한 방어적 무의식"과 "초능력자로 인해 간신히 유지되는 공권력의 무능력"을 상징한다고 보았다. 김태연, 「초능력자와 결합한 수사물의 양상 연구」, 텔레비전드라마연구회 발표자료, 2018.1.22, 1~2쪽.

라마의 영역 확장을 야기하였다. 판타지와 결합한 역사드라마는 "역사드라마의 이중적 요구"[25] 중 역사성보다는 허구성/상상력을 우위에 둔다. 판타지를 기반으로 상상력, 특히 멜로적 상상력을 발휘한 대표적인 작품이 〈해를 품은 달〉이다. 〈해를 품은 달〉은 '과거의' 시간과 공간을 배경으로 한다는 점에서 넓은 의미의 역사드라마에 포함된다. 그런데 이 드라마의 배경이 되는 과거는 역사에 기록되지도 않고 존재하지도 않은 '가상의' 과거이다. 가상 역사라는 판타지는 역사성의 틀을 벗어나 상상력을 자유롭게 발휘함으로써 역사드라마의 창조적 영역을 확장하는 데 기여하였다. 그것은 역사드라마의 외피를 입었을 뿐 사실상 로맨스-멜로드라마 장르에 더욱 가깝다.

환생 모티브에서 잠깐 언급했듯이, 판타지 중 환생 모티브는 역사드라마와 현대극의 장르 결합을 이끈다. 2003년 방영된 〈천년지애〉부터 2010년대 〈별에서 온 그대〉, 〈푸른 바다의 전설〉, 〈도깨비〉 등은 환생을 통해 몇백 년이라는 오랜 시간의 간극이 생기면서 역사드라마와 현대극 두 가지 외피를 입는다. 전생의 이야기는 역사드라마로 그리고 환생한 현세의 이야기는 현대극으로 그리는 것이다. 소위 퓨전 역사드라마라 불리는 유형은 현대적 색채를 가미하면서 정통 역사드라마와 구별되지만, 그 역시 역사를 중심에 둔다. 그런데 판타지가 역사드라마와 결합하면 역사는 후경화되고 나아가 장르의 경계도 허물어버린다. 판타지는 역사드라마와 로맨스-멜로드라마의 경계, 역사드라마와 현대극의 경계를 초월하는 것이다.

---

25 주창윤, 『텔레비전드라마— 장르·미학·해독』, 문경, 2005, 43쪽.

판타지가 **공포드라마**와 결합하여 공포심을 유발하는 데 초점을 맞춘, 즉 공포드라마의 목적에 부합한 것으로는 〈여우누이뎐〉, 〈블랙〉, 〈작은 신의 아이들〉, 〈손 the guest〉 같은 드라마들이 있다.[26] 이들을 제외하면 2010년대 이후 판타지와 결합한 공포드라마는 대부분 공포심을 유발하지 않는다. 예외성(판타지 요소가 나타나지 않는 회) 때문에 이 글의 논의에서는 제외하였지만 귀신이란 판타지 모티브를 공포드라마에 적합하게 활용한 것으로 손꼽히는 〈전설의 고향〉 시리즈 또한 공교롭게도 2010년 이후로 방영되지 않았다.[27] 2010년대 이후 구미호나 귀신과 같은 공포심을 유발하는 상상의 존재 판타지는 대부분 로맨틱코미디 장르와 결합한다. 〈내 여자친구는 구미호〉, 〈주군의 태양〉, 〈오 나의 귀신님〉, 〈싸우자 귀신아〉 등이 그렇다. 이들 드라마는 구미호나 귀신이 등장함으로써 공포드라마의 스타일을 차용하지만 그것은 로맨틱코미디에 가려진다. 드라마는 공포보다는 웃음과 재미를 강조하고, 그로 인해 귀신이 등장함에도 불구하고 공포심을 유발하지 않는다.

귀신이라는 공포 판타지는 수사드라마, 그리고 로맨스-멜로드라마 장르와 복합적으로 결합하기도 한다. 그 대표적인 예가 〈후아유〉이다. 미국의 인기 드라마 〈고스트 위스퍼러〉[28]를 표방한다고 밝힌 〈후아유〉

---

26 〈여우누이뎐〉을 제외한 세 드라마 모두 OCN에서 방영되었다. 공중파보다는 케이블 채널이 과감하고 실험적인 주제의식 및 표현 양식을 선보이는 데 있어 보다 자유롭기 때문에 장르 드라마의 새로운 지평을 열 수 있었던 것과 관련이 있다.

27 〈전설의 고향〉은 1977년부터 1989년까지는 매주 방영되었으며, 1996년부터 1999년까지는 6월에서 10월 사이 납량 특집으로 기획하여 시리즈로 방영되었고, 이후 한동안 방영되지 않다가 2008년에 8편, 2009년에 10편이 방영되었다. 그러고 나서 2010년 이후로는 방영되지 않았다.

28 〈고스트 위스퍼러(Ghost Whisperer)〉는 2005~2006년 시즌1을 시작으로 2009~2010년 시즌5까지 CBS에서 방영한 드라마이다. 유령을 보고 의사소통을 할 수 있는 능력을 가진 멜린다 고든(제니퍼 러브 휴이트 분)이 유령들을 반대편의 빛으로 넘어갈 수 있도록 도와주는 에피소드

는 귀신을 볼 수 있는 여성 경찰관이 귀신의 억울함을 풀어주는 이야기이다. 여성 주인공이 경찰이라는 설정은 자연스레 수사 장르와 연결되고, 그녀가 귀신을 볼 수 있다는 설정은 공포 장르와 연결된다. 여성 경찰이 경찰청 유실물센터에 남겨진 물건 속 귀신들의 사연을 풀어간다는 독특한 설정으로 〈후아유〉는 수사드라마와 공포드라마의 성공적인 결합을 보여주는 듯하다. 하지만 드라마 후반부에 가서는 여성 주인공의 사고와 죽은 남자 친구와의 관계를 통해 로맨스-멜로드라마 장르와 결합하면서 로맨스-멜로드라마의 익숙한 관습에 젖어들게 된다. 이 익숙함은 드라마가 대중성을 추구하는 방식이지만, 결국 그로 인해 드라마에서 공포스러운 분위기는 증발된다. 이처럼 판타지 모티브가 공포드라마와 결합할 때는 복합적 결합이 나타난다. 그리고 판타지가 공포드라마의 외피를 두를 때 타 장르가 덧입혀지면서 공포드라마의 색채는 흐려지고 타 장르의 색채가 더욱 강하게 드러나게 된다. 공포감을 조성하는 대신 코믹성이나 멜로 서사를 더욱 강화시키는 것이다.

2010년대 판타지는 완전하게 장르로 인정되진 못하였더라도, 주도적이고 능동적으로 장르의 결합을 이끄는 구심점이 된다는 것을 확인하였다. 판타지를 중심으로 한 장르의 결합은 장르의 경계도 허물고 중심과 주변의 경계도 무의미하게 만든다. 물론 이러한 특징이 판타지가 배제된 기존의 장르 결합 관습과 크게 다르지 않다고 할 수 있다. 하지만 판타지 혹은 판타지적 상상력이 장르 간 결합을 보다 자유롭게 유도하고 이로써 텔레비전드라마의 재현 영역과 표현 방식이 풍성해지고 있음

가 그녀의 일상과 함께 그려진다. 귀신을 보는 일반인(경찰이 아닌) 여성이 귀신들의 억울함을 들어주고 해결해 준다는 측면에서 〈주군의 태양〉이 〈고스트 위스퍼러〉와 더욱 유사하다.

은 분명하다. "칸트에 따르면 상상력의 바탕은 놀이에 있다. 상상력은 확고하게 한정되지도 않고 분명한 윤곽선도 없는 놀이 공간을 전제한다."[29] 판타지야말로 상상력을 북돋아주는 그 "놀이 공간"이며, 2010년대 한국 텔레비전드라마는 판타지라는 공간에서 재현 영역과 표현 방식을 자유롭게 확장시키는 놀이 중이라 할 수 있다.

4. 텔레비전드라마에서 판타지의 한계와 의의

애초에 판타지라는 것은 과학적 혹은 논리적으로 해명될 수 없기에 판타지 모티브를 활용한 드라마들은 개연성 측면에서 허점을 드러낼 수밖에 없다. 시간 여행을 가능케 하는 아홉 개의 향(〈나인〉), 시간 교섭을 가능케 하는 무전기(〈시그널〉), 영혼이 바뀔 때마다 오는 비(〈시크릿 가든〉), 미녀로 변신하게 해주는 샴푸(〈두근두근 체인지〉)나 반지(〈세 가지색 판타지〉 3회 〈반지의 여왕〉) 등 판타지적 설정만 있을 뿐 그것들이 '어떻게' 해서 그렇게 작동하는가에 대한 개연성은 생략된다. 우연히 신비한 물건을 발견하거나 우연한 사고로 신비한 힘/능력을 얻게 되는 등 '우연'이라는 것을 내세워 드라마는 논리적 설명을 은근슬쩍 넘어간다. 놀라운 것은 시청자들이 판타지 설정으로 인해 드라마에 발생한 빈틈, 즉 개연성의 허점을 묵인하고 무리 없이 드라마를 수용한다는 점이다.

---

29 한병철, 김태환 역, 『투명사회』, 문학과지성사, 2014, 40쪽.

〈시그널〉의 판타지가 성공했던 건 무전기 설정 그 자체 때문이 아니고 그런 판타지를 통해서라도 과거로 돌아가 미제사건을 해결하고픈 강렬한 현실적 열망이 그 동인이 되어 주었기 때문이다. 실제로 〈시그널〉의 김원석 감독은 무전기라는 판타지 설정에 대한 현실적 근거를 자세히 넣으려고 굳이 애쓰지 않았다고 한다. 결국 중요한 건 판타지 설정 자체가 아니라, 이런 이야기가 하려는 현실적인 정서나 갈망이 더 중요했기 때문이라는 것.[30] (강조는 인용자, 이하 동일)

〈시그널〉 연출자의 "무전기라는 판타지 설정에 대한 현실적 근거를 자세히 넣으려고 굳이 애쓰지 않았다"라는 말은 위의 놀라움에 대한 답변이 될 수 있다. 중요한 것은 판타지 설정 자체가 아니라 판타지 설정을 통해 드라마가 전하고자 하는 "현실적인 정서나 갈망"이라는 것이다. 이에 대해 고선희는 〈시그널〉에서 "낡은 무전기를 매개로 과거와 현재의 인물이 접속한다는 설정"은 "시간 속에 은폐된 것 혹은 잊힌 것을 기억해내는 인간의 인식 행위를 재현해낸 것이며, 그러한 판타지적 상황은 이 드라마의 핵심 소재인 장기미제사건들이 결코 과거의 것이 아니라 현재도 계속되고 있는 지금 이곳의 사건들이라는 사실을 강조하기 위한 극적 장치"라고 말한다. "즉 이 드라마에서의 판타지는 '현실'을 보다 강력히 적시하게 만드는 기능을 하고 있다는 것이다."[31]

판타지 설정이 드러내는 개연성, '어떻게'의 허점은 그것을 소구한 이유, '왜'라는 메시지에 의해 가려질 수 있다. 반대로 판타지를 소구한

30 정덕현, 「타임리프 판타지, 왜 어떤 건 설레고 어떤 건 식상할까」, 『엔터미디어』, 2017.2.2.
31 고선희, 앞의 글, 205쪽.

이유가 불분명할 때 혹은 설득되지 않을 때 그것의 허점은 가려질 수 없게 된다. 설명/이해할 수 없는 일들이 현실에서 수없이 일어나는 상황에서 판타지에 대한 "망설임"[32]은 축소된다. 이에 텔레비전드라마들은 갈수록 판타지의 논리에 대한 구구절절한 설명을 생략하고, 상상력을 끝없이 확장시킨다. 단, 그 상상력이 판타지를 소구한 분명한 이유를 전제해야 대중들은 상상력의 허점을 묵인할 수 있다. 그리고 판타지를 소구한 이유는 지금-여기 현실에 있는 것이다. "과거를 이야기하되 언제나 현재적으로 해석될 수밖에 없는 것이 역사드라마의 숙명"[33]이라면, 판타지를 그리되 언제나 현실적으로 해석될 수밖에 없는 것이 판타지드라마의 숙명이라 할 수 있겠다.

현실이 살기 어려워질수록, 현실에 대한 불만이 커질수록 판타지는 자주 소환된다. 이는 판타지를 매개하지 않으면 현실의 문제를 절대 해결할 수 없는 현실의 암울함, 혹은 판타지를 통해서라도 현실의 문제를 해결하고 불만을 해소하고 싶은 대중의 욕망이 반영된 것이다. 로즈메리 잭슨Rosemary Jackson에 의하면 판타지는 불쾌한 현실이나 불편한 진실, 즉 숨기고 싶거나 가려진 것을 드러내는 은유이다. 그것은 보기 불편하고 불쾌한 것으로 전복성을 띤다.[34] 하지만 한국 텔레비전드라마 속 판타지는 불편하거나 불쾌하지 않다. 판타지는 숨기고 싶은 진실을 드러낸다기보다는 오히려 궁극에 가서 진실을 은폐한다. 한국 텔레비전드라마 속 판타지는 궁극에는 전복성보다 대중성을 추구한다. 3장에서

---

32 츠베탕 토도로프, 최애영 역, 앞의 책, 53쪽.
33 윤석진, 「2000년대 텔레비전 역사드라마의 지형도」, 텔레비전드라마연구회, 『텔레비전드라마, 역사를 전유하다』, 소명출판, 2014, 481쪽.
34 로즈메리 잭슨, 서강여성문학연구회 역, 『환상성-전복의 문학』, 문학동네, 2004 참고.

살펴본 판타지 모티브와 장르 결합 양상은 이 같은 2010년대 한국 텔레비전드라마에 나타난 판타지의 특성을 말해준다. 그것을 다시 한번 정리하면 다음과 같다. 초능력자 모티브가 로맨스–멜로드라마와 결합함으로써 사적 영역에 머무른다. 대체 역사 모티브 역시 로맨스–멜로드라마와 결합함으로써 역사라는 거대 담론이 남녀의 사랑 이야기라는 사적 담론으로 치환된다. 초능력자 모티브가 수사드라마와 결합함으로써 국가와 사법부를 초월하고자 하나 아이러니하게도 드라마는 오히려 그 제도권·공권력 안에 머물러 있다. 빙의 모티브가 수사드라마와 결합하면서 진지함보다는 코믹성을 강조한다. 가상 역사 모티브가 역사드라마와 결합하면서 역사는 거세되고 로맨스만 부각된다. 귀신이나 괴물 같은 공포심을 유발하는 판타지 모티브가 로맨틱코미디 장르와 결합하여 가볍고 재미있게 그려진다. 이러한 특성들은 한국 텔레비전드라마 속 판타지가 전복성보다 대중성을 추구하는 경향을 뒷받침해준다.

한국사회도 이미 후기 산업사회의 폐해를 경험하고 있다. 지금까지 공적으로 관리되던 위험이 개인의 책임으로 치환되고, 어떤 형태의 외부적 간섭도 거부하는 개인주의적 태도가 고착되고 있는 것이다. (…중략…) 미취업은 취업에 필요한 '스펙'을 쌓지 못한 자기관리의 실패일 뿐이고, 대부분의 대학생들은 오늘도 스펙을 쌓는 작업에 몰입한다. 사회는 더 이상 불확실한 세계에 내던져진 이들에게 위로와 안도를 주는 곳이 되지 못한다. 왜냐하면 이들에게는 개개인에게 무관심한 세계로부터 스스로를 지키기 위해 부여하는 '삶의 의미(Bedeutsamkeit)'가 더 이상 개개인을 초월한 정치사회적 영역에 자리를 잡을 수 없기 때문이다. 그 결과 중압감을 주는 '어려운' 이야기보다

'쉬운' 이야기가 반갑고, 의식적이든 무의식적이든 '선호'와 '재미'가 일상의 정치적·도덕적 판단의 잣대로 자리를 잡게 되었다.[35]

판타지의 가벼움은 텔레비전드라마라는 매체의 특성에서 비롯되었을 수도 있다. 혹은 "중압감을 주는 '어려운' 이야기보다 '쉬운' 이야기가 반갑고, 의식적이든 무의식적이든 '선호'와 '재미'가 일상의 정치적·도덕적 판단의 잣대로 자리를 잡게" 된 사회 전반의 분위기에서 비롯되었을 수도 있다. 이유가 무엇이든 판타지의 가벼움은, 한국 텔레비전드라마에서 판타지가 2010년대 이전에 비해 어느 정도 주류로 정착하고 확산되었을지라도 그것이 대중성을 구축하는 데 머문다는 지적에서 자유로울 수 없게 한다.

2010년대 한국 텔레비전드라마에 나타나는 판타지는 여전히 전복성의 의미를 생산하는 측면에서는 불완전하지만, 그럼에도 불구하고 가능성이 없진 않다. 판타지가 전복성을 전적으로 드러내지는 않더라도 불쾌한 현실과 불편한 진실을 미약하게나마 조금씩 보여주기 때문이다. 전복해야 할 대상, 즉 "돈 있고 빽 있으면 무슨 개망나니 짓을 해도 잘 먹고 잘 살" 수 있고 "힘으로 덮고 돈으로 입 막고 범죄를 조작하"[36]는 부조리함을 보여주는 것만으로도 드라마는 현실을 돌아보게 만들고 더 나은 세상을 갈망하도록 촉구할 수 있다. 〈시그널〉 같은 드라마가 그런 가능성을 제시하고 있다. 비록 아직은 미약하고 불완전하더라도 그 시도는 의미가 있다 하겠다.*

---

35 곽준혁, 「피로사회 - '피로사회'인가, '피곤사회'인가?」, 『네이버북캐스트』, 2014.2.10.
36 〈시그널〉 6 · 16회, 이재한 형사의 대사 중.
*   이 글은 「한국 텔레비전드라마에 나타난 판타지의 유형과 의의 - 2010년대를 중심으로」(『한국문예비평연구』 58, 한국문예비평학회, 2018)를 수정하여 재수록한 것임.

멜로드라마 남성 주인공, 초능력을 캐스팅하다

〈너의 목소리가 들려〉와 〈별에서 온 그대〉를 중심으로

백경선

---

1. 판타지와 결합한 멜로드라마 남성 주인공

로라 멀비Laura Mulvey는 「시각적 즐거움과 서사 영화」라는 글을 통해 주류 할리우드 영화에서 보는 즐거움은 남성의 것이라고 주장한다. 그녀에 따르면 남성은 보는 것에서 즐거움을 취하는 반면 여성은 보는 대상이 되기 위해 스크린 앞에 있다고 한다. 보는 것과 즐거움의 과정에서 남성이 적극적인 역할을 취하는 반면, 여성은 수동적인 역할을 취한다는 것이다.[1] 이 같은 멀비의 논의대로라면 "모든 관극성은 남성 전유물처럼 보인다."[2] 하지만 멜로드라마에서는 사정이 다르다. 애정담론으로서의 멜로드라마는 여성 관객들을 주 대상으로 한 "여성용 장르"[3]인 만큼 그것의 대다수 소비자는 여성이다. 여성 시청자들은 적극적으로 멜

---

[1] 로라 멀비의 논의에 대한 부분은 다음을 참고하였다. 리차드 러쉬튼 · 개리 베틴슨, 이형식 역, 『영화이론이란 무엇인가』, 명인문화사, 2013, 99~105쪽.

[2] 위의 책, 105쪽.

[3] 유지나 외, 『멜로드라마란 무엇인가』, 민음사, 1999, 9쪽.

로드라마를 소비하며, 특히 남성 주인공을 대상화하여 보는 주체로서 즐거움을 취한다. 멜로드라마의 남성 주인공은 '백마 탄 왕자님'에 대한 여성 시청자들의 "욕망의 현현"[4]으로서, 여성 시청자들은 멜로드라마의 남성 주인공을 통해 대리만족을 느끼고 현실의 결핍을 보상받는다. 때때로 여성 주인공의 캐릭터가 허술할 때, 여성 시청자들은 여성 주인공에게 감정이입/동일시를 생략한 채 마치 게임을 즐기듯 남성 주인공과 직접적으로 접속하기도 한다. 그만큼 텔레비전 멜로드라마의 여성 관극성과 즐거움은 상당 부분 남성 주인공에 의존한다.

여성 시청자들에게 제공된 즐거움의 근원인 멜로드라마 속 남성 주인공은 크게 두 가지 캐릭터로 구분된다. 하나는 정통 멜로에 등장하는 재벌 2·3세들이다. 〈파리의 연인〉(SBS, 2004)의 한기주(박신양 분)에서 〈시크릿 가든〉(SBS, 2010~2011)의 김주원(현빈 분), 〈상속자들〉(SBS, 2013)의 김탄(이민호 분)으로 이어지는 '김은숙 작가표' 재벌 2·3세들이 대표적이다. 그들은 대부분 오만하고 까칠하고 차갑지만, 그 자신이 사랑하는 한 여성에게만큼은 다정한 '순정남'으로 그려진다. 또 다른 하나는 멜로드라마와 전문직드라마가 결합된 장르에 등장하는 능력 있는 전문직 종사자이다. 남성 주인공들은 주로 의사, 변호사, 요리사(셰프) 등 소위 '사'자가 들어가는 직업에 종사하며, 각 분야에서 최고의 실력을 갖춘 '능력남'으로 묘사된다. 가장 빈번하게 활용되는 직업은 의사로, 〈외과의사 봉달희〉(SBS, 2007)의 안중근(이범수 분), 〈뉴하트〉(MBC, 2007~2008)의 이은성(지성 분), 〈닥터스〉(SBS, 2016)의 홍지홍(김래원 분) 등이 대표적인 예이다. 그들은 모두

---

4   로즈메리 잭슨, 서강여성문학연구회 역, 『환상성 – 전복의 문학』, 문학동네, 2004, 241쪽.

최고의 실력과 함께 따뜻한 인간미까지 갖춘 완벽한 남성으로 등장한다.

그런데 2010년대 이후 텔레비전 멜로드라마는 재벌 2·3세나 능력 있는 전문직 종사자를 뛰어넘는 더욱 완벽하고 이상적인 남성 주인공을 소환한다. 〈해를 품은 달〉(MBC, 2012)의 이훤(김수현 분), 〈너의 목소리가 들려〉(SBS, 2013)의 박수하(이종석 분), 〈별에서 온 그대〉(SBS, 2013~2014)의 도민준(김수현 분), 〈아이언맨〉(KBS2, 2014)의 주홍빈(이동욱 분), 〈W〉(MBC, 2016)의 강철(이종석 분), 〈쓸쓸하고 찬란하神 도깨비〉(tvN, 2016~2017, 이하 〈도깨비〉)의 김신(공유 분) 등이 그렇다. 이들은 가상 시대의 왕, 초능력자, 외계인, 만화 속 주인공, 도깨비 등으로 역사를 초월하고 심지어 인간(의 조건)을 초월한다. 멜로드라마 속 남성 주인공은 점점 더 과감하게 현실과 상식을 뛰어넘어 '판타지'와 결합한 것이다.

"리얼리티만으로 도저히 해결할 수 없는 욕망과 캐릭터를 다뤄 수용자를 만족시키는 시대가 왔다."[5] 여성 시청자들은 보다 완벽하고 멋지고 잘난 남성 주인공을 보기 위해 '현실에 있을 법한'이라는 틀을 고집하지 않는다. 시청자는 "멜로드라마를 보며 자신의 현실과의 관련 속에서 받아들일 만큼만 받아들이기 때문"[6]이다. 여성 시청자들은 멜로드라마 속 남성 주인공(과 같은 남성)을 만나 사랑할 수 있다는 헛된 기대는 하지 않는다. 멜로드라마는 그저 환상극장이라는 인식이 이미 여성 시청자들의 마음에 내장되어 있기 때문이다. 여성 시청자들이 실현 가능성에 대한 기대를 버리고 환상을 통한 대리만족을 원할수록, 멜로드라

5   박은아, 「TV드라마 속 남성 캐릭터 연구－〈별에서 온 그대〉 인물을 중심으로」, 동국대 석사논문, 2016, 6쪽.
6   윤석진, 『한국 멜로드라마의 근대적 상상력－멜로드라마, 스캔들 혹은 로맨스』, 푸른사상, 2004, 42쪽.

마의 남성 주인공은 더욱더 멋지고 완벽하고 특별하게 그려져야 한다. 그들은 욕망이 상승된 여성 시청자들에게 선택받기 위해 초능력자가 되었다.[7] 이 글은 멜로드라마 속 판타지 요소가 부여된 남성 주인공 중 특히 초능력을 지닌 남성 주인공에 주목한다. 그리고 초능력자 남성 주인공이 등장하는 멜로드라마 중 〈너의 목소리가 들려〉[8]와 〈별에서 온 그대〉[9]를 대상으로 논의를 전개할 것이다.

한편 〈내 여자친구는 구미호〉(SBS, 2010), 〈주군의 태양〉(SBS, 2013), 〈냄새를 보는 소녀〉(SBS, 2015), 〈푸른 바다의 전설〉(SBS, 2016~2017) 등에는 여성 주인공이 초능력자로 등장한다. 구미호(신민아 분), 태공실(공효진 분), 오초림(신세경 분), 심청(전지현 분)이 바로 그 주인공들이다. 이들 드라마에서는 초능력을 지닌 여성 주인공에 의해 남성 주인공이 성장하는 모습을 보이는데, 이는 〈너의 목소리가 들려〉와 〈별에서 온 그대〉가 초능력을 지닌 남성 주인공의 도움으로 여성 주인공이 성장하는 것과 대조적이다. 남성의 성공/성장에 방해가 되거나 남성의 도움만 받던 여성 주인공이 남성의 성장을 돕는다는 측면에서 여성 캐릭터가 진화하였다고 할 수 있다. 하지만 한편으로는 여성 주인공의 역할이 내조(헌신과 희생)의 영역에 한정되어 있다는 측면에서 한국적 현모양처의 모델을 제시한 과거 가족-멜로드라마의 여성 캐릭터로 퇴보하였다고도 볼 수 있다.

〈너의 목소리가 들려〉와 〈별에서 온 그대〉는 초능력이란 판타지 요

---

7 최지운은 상속자 캐릭터나 천재 캐릭터에 변주를 가한 초능력 캐릭터가 최근 멜로드라마 남성 주인공으로 자주 등장하고 있으며, 이는 "보다 완벽한 형태의 신데렐라 드라마를 표방하기 위한 계산에서 비롯된다"라고 보았다. 최지운, 「로맨스드라마 속 남자주인공의 재력 획득 방법 분류 및 함의 연구」, 『영상문화콘텐츠연구』 13, 동국대 영상문화콘텐츠연구원, 2017, 47쪽.
8 박혜련 극본, 조수원 연출, SBS, 2013.6.5~8.1(18회).
9 박지은 극본, 장태유 연출, SBS, 2013.12.18~2014.2.27(21회).

소를 다루고 있으면서도 현실의 질서와 법칙을 크게 벗어나지 않는 범위 내에서 개연성을 구축하고, 그로 인해 현실 세계와 이질감이 크게 없다는 점에서 유사하다. 〈별에서 온 그대〉는 남성 주인공이 외계인, 즉 초월적 존재라는 점에서 〈도깨비〉와 유사하다. 다만 〈별에서 온 그대〉가 비록 외계인을 등장시키지만 그를 초월적 존재보다는 초능력을 지닌 인간처럼 현실적으로 그리는 반면, 〈도깨비〉는 현실의 질서와 법칙을 벗어나 신의 세계를 전제하면서 비현실적으로 남성 캐릭터를 그리고 있다는 점에서 차별성을 갖는다.

무엇보다 두 드라마는 남성 주인공이 초능력자라는 점 외에 다음과 같은 두 가지 공통점을 지니고 있어 함께 논의하기에 적합하다. 먼저 두 드라마는 다양한 장르가 결합된 형태를 보인다. 〈너의 목소리가 들려〉와 〈별에서 온 그대〉는 남녀 주인공의 로맨스를 기본으로 하되, 거기에 남성 주인공의 초능력을 통해 판타지가 결합되고, 남성 조연의 악한 행동을 통해 추리와 공포 장르가 결합된다. 〈너의 목소리가 들려〉의 경우, 법정을 주 무대로 하면서 법정 장르도 추가 결합된다. 둘째, 두 드라마에는 여성 주인공을 사이에 두고 남성 주인공과 라이벌 관계를 형성하는 '제2의' 남성 주인공이 등장하는데, 그들의 캐릭터에서도 유사점을 발견할 수 있다. 그들은 남성 주인공과 동일하게 여성 주인공을 욕망한다는 측면에서 남성 주인공의 적대자이지만, 기존 멜로드라마의 삼각관계에서 보여주는 악역의 모습과는 다르다. 두 드라마를 추리와 공포 장르이게 하고 극적 긴장감을 형성케 하는 반동인물이자 악역은 제2의 남성 주인공이 아니라 또 다른 남성 조연이 맡는다. 두 드라마에서 제2의 남성 주인공들은 기존 멜로드라마 속 제1 남성 주인공의 조건을 갖추고 있다. 〈너의 목소리가 들려〉의 차관우(윤상현 분)는 능력 있고 인간성까지 좋은 변호사이며, 〈별에서 온 그대〉의 이휘경(박해진 분)은 한 여자를 향한 지고지순한 사랑을 펼치는 재벌 2세이다. 제1 남성 주인공의 조건을 갖추고 있음에도 불구하고 차관우와 이휘경은 그들보다 더 완벽하고 잘난 남성들에게 밀려나 '제2의' 자리에 머물게 된 것이다.

이와 같은 두 드라마의 공통점을 바탕으로, 이 글은 〈너의 목소리가 들려〉와 〈별에서 온 그대〉가 이 시대 여성들이 꿈꾸는 이상적인 남성상을 어떻게 형상화하고 있는지를 살펴보고, 더불어 멜로드라마의 남성 주인공에게 부여된 초능력 판타지의 의미와 한계가 무엇인지 고찰하려고 한다. 이를 통해 초능력이란 판타지 요소와 결합한 텔레비전 멜로드라마 남성 주인공의 캐릭터가 진정으로 진화한 것인지에 대해 검증하는 것이 이 글의 궁극적인 목표이다. 물론 〈너의 목소리가 들려〉와 〈별에서 온 그대〉만 가지고 멜로드라마 남성 주인공의 캐릭터에 대해 단정 짓는 것은 무리가 있겠지만, 대중성과 화제성을 기반으로 두 드라마를 통해 대푯값을 도출할 수는 있으리라 기대해 본다.

한편, 텔레비전드라마에서 판타지의 개념은 그 의미의 진폭이 크다. 이 글에서 판타지는 이상理想과 대중 욕망으로서의 넓은 의미의 판타지(환상성)와 구분하고, "현실적 법칙과는 무관하"며 "과학이나 이성으로 설명할 수 없는 비합리적 현상이 등장하는 경우"[10]로 한정한다. 판타지의 개념을 이상이나 대중 욕망으로 바라본다면, 텔레비전드라마 자체가 판타지로 '텔레비전드라마=판타지'라는 공식이 성립하기 때문이다.

---

10 최기숙, 『환상』, 연세대 출판부, 2010, 13·14쪽.

2. 초능력자 남성 주인공의 형상화 방식

"프로이트에 따르면, 예술품의 창조는 본능적인 충족을 포기하는 데 대한 보상으로 인간에게 제공되는 '환상을 만들어내는' 행위"[11]라고 한다. 텔레비전드라마야말로 보상으로써의 환상을 만들어낸 최적의 결과물이다. 여성들은 백마 탄 왕자님을 욕망하지만, 애석하게도 현실에 백마 탄 왕자님은 존재하지 않는다. 그래서 텔레비전드라마 속에서 그 왕자님을 좇으며 현실의 결핍을 보상받는다. 〈너의 목소리가 들려〉의 박수하와 〈별에서 온 그대〉의 도민준은 초능력이라는 판타지 요소가 부여되면서 그야말로 현실의 결핍에 대한 '환상적인' 보상이 된다. 그들은 판타지와 결합하면서도 할리우드 스타일의 영웅이 아닌 멜로 서사의 왕자님으로 소환된다.

1) 어리고 부유한 초능력자, 업그레이드된 왕자님

〈너의 목소리가 들려〉의 박수하와 〈별에서 온 그대〉의 도민준은 여성 시청자들의 욕망을 어떻게 대상화하였을까? 이 물음에 대한 답을 찾기 위해 먼저 두 인물의 유사점을 외모, 재력財力, 능력, 가족관계 및 인간관계 등 4가지 항목으로 나누어 〈표 1〉로 정리해 보았다.

〈표 1〉의 4가지 항목 중 가족관계 및 인간관계에 대해서는 이후에 이야기하기로 하고 여기에서는 먼저 외모와 재력, 능력에 주목하기로 한다. 프랑스를 중심으로 한 유럽의 한국 텔레비전드라마 팬 사이트에 '한

---

11 로즈메리 잭슨, 서강여성문학연구회 역, 앞의 책, 231쪽.

외모	젊고 잘생김	고등학생 박수하는 여성 주인공보다 9살 연하로 미소년의 외모를 지님
		도민준은 400년 동안 늙지 않고 20대의 몸을 유지하는 불멸의 존재
재력 (財力)	부유함	박수하는 아버지의 사망 보험금과 부모님의 유산을 소유하고 있어 비록 어리지만 경제적으로 어렵지 않음
		도민준은 초능력을 통해 얻은 정보를 활용해 일찍이 사둔 잠실벌과 압구정 땅으로 재벌급의 재산을 소유하고 있음
능력	능력자로 심지어 초능력을 지니고 있음	박수하는 마음만 먹으면 경찰 대학도 문제없을 정도로 머리가 좋음
		도민준은 4백 년 동안 의사, 변호사, 대학 강사 등 전문직을 두루 섭렵하면서 지성과 교양과 예술적 감수성까지 쌓음
가족관계 및 인간관계	가족관계 및 인간관계 無. 특히 초능력은 두 인물이 사람들로부터 소외되는 데 결정적 요소로 작용함	박수하는 어려서 고아가 되어 가족이 없고, 어릴 적 아버지의 죽음을 목격한 트라우마로 인해 인간관계 역시 거의 없음
		도민준은 외계에서 홀로 지구에 왔기에 가족이 없을뿐더러 지구에서 떠날 날만 고대하고 있기에 인간관계는 그를 돕는 변호사가 유일함

국 텔레비전드라마의 십계명'이 올라온 바 있다. 그에 따르면 남성 주인
공의 십계명 중 1번이 '미남, 부자, 까칠함'이었으며, 3번이 '재벌 2세,
외국에서 경영학을 전공, 악기와 스포츠에 능함, 모델 같은 몸매'였다.[12]
이처럼 미모와 재력, 능력은 멜로드라마 속 남성 주인공들의 필수조건
이다. 그런데 두 드라마에서는 남성 주인공의 매력이 더욱 강화되었다.
박수하는 여성 주인공보다 9살 연하이고, 도민준은 400년 동안 늙지 않
고 20대의 몸을 유지하며 영원한 젊음을 보유하고 있는 등 외모에 '젊음'
이란 요소가 더해진 것이다. 무엇보다 능력이 '초능력'으로 업그레이드
되었다.

---

12 유럽의 '한국 텔레비전드라마의 십계명'에 대한 것은 홍석경, 『세계화와 디지털 문화 시대의
    한류』, 한울아카데미, 2013, 258~260쪽을 참고하였다.

외모의 '젊음'에 대해 논하기 위해서는 박수하와 도민준을 연기한 이종석과 김수현이란 배우에 대해 이야기하지 않을 수 없다. 이종석과 김수현은 고전적인 미남형이 아니다. 동안에 작은 얼굴과 마른 체격을 지닌 두 배우는 순정만화 속 미소년 같은 분위기를 발산하는데, 이는 남성보다는 여성 시청자의 욕망과 관계한다. 다음은 배우 이종석의 판타지적인 성향에 대해 언급한 글의 일부분을 인용한 것이다.

새하얀 피부와 분홍빛 입술, 기다란 키와 마른 편에 가까운 몸까지 이종석은 입체감이 돋보이는 대신 놀라울 정도로 2D에 가까운 이미지를 그려내는 배우였고, 때문에 지금까지 대부분의 드라마에서 판타지적인 설정을 연기해왔다. (…중략…) 겉모습은 앳된 소년이지만 마음을 읽는 능력 덕분에 굳이 말하지 않아도 혜성의 심정을 알아주고, 철은 들 만큼 들었지만 혜성을 위해 작은 곰인형에 메시지를 녹음했다가도 부끄러워 건네주지 못하는 등 연애와 사랑에는 아직 서툰 박수하의 캐릭터는 연하남 판타지를 완벽하게 충족시킨다.[13]
(강조는 인용자, 이하 동일)

위의 인용문에 명시된 것처럼, 박수하를 연기한 이종석은 "새하얀 피부와 분홍빛 입술"에 "기다란 키와 마른 편에 가까운 몸"을 지녔다. 그는 외모 자체가 판타지에 어울리는 이미지이고, 특히 "앳된 소년" 같은 겉모습 때문에 여성 시청자들이 쉽게 꿈꿀 수 없는 9살이나 어린 "연하남 판타지"를 완벽하게 만들어낸다. 한편, 〈별에서 온 그대〉의 연출을

---

13 황효진, 「〈시크릿 가든〉부터 〈W〉까지, 이종석의 판타지」, 『아이즈(ize)』, 2016.8.11.

맡은 장태유 감독은 배우 김수현에 대해 "젊음과 아름다움이 돋보이면서도 내적인 카리스마와 깊이가 있다"라고 평한 바 있다. 김수현은 기본적으로 이종석과 마찬가지로 "앳된 소년" 같은 겉모습을 지녔다. 특히 울거나 웃을 땐 꼭 아기 같기도 하다. 그런데 무표정일 때 그는 차갑고 진중한 모습을 띠기도 하면서 소년과 남성, 귀여움과 진중함 사이를 묘하게 오간다.

박수하와 도민준의 남성성은 소년성에 가깝다. 그들을 연기한 배우 이종석과 김수현의 미소년 같은 외모는 그 특성을 배가시킨다. 미소년의 신비로운 이미지는 그들을 '어린 왕자'로 소환한다. '어린 왕자' 이미지는 남성 주인공을 성적性的 대상화로 만드는 것을 약화시킨다. 두 드라마에도 남성 주인공의 몸을 노출시킴으로써 성적 대상화로 소구하는 장면, 이를테면 샤워 장면 등이 등장한다. 샤워 장면을 통해 보여준 박수하와 도민준의 몸은 미소년의 얼굴과 달리 완벽한 어른 남성의 것이지만, 남성의 몸은 미소년의 얼굴에 의해 후경화된다. 그들은 선이 굵고 남자답고 어른스러운 남성 이미지보다는 선이 여리고 아름답고 미소년 같은 이미지를 지닌다. 고등학생과 교복이라는 기표는 박수하를 그야말로 '어린' 연하남의 이미지로 각인시킨다. 날씬한 슈트 라인과 자전거, 백팩은 영원히 20대의 몸을 유지하는 도민준의 '불로不老'의 젊음을 이미지화한다.

자본주의 시대는 돈이면 다 된다. 성형수술을 통해 외모의 아름다움까지도 돈으로 살 수 있게 되었다. 그런데 여전히 돈으로도 살 수 없는 것이 있다. 바로 영원한 젊음이다. 돈으로 노화를 지연시킬 수는 있지만 그것은 한계가 있다. 따라서 아름다움에 대한 욕망보다 젊음에 대한 욕

〈표 2〉 주 여성 시청층 순위(TNmS 시청률 조사 결과)

	〈너의 목소리가 들려〉			〈별에서 온 그대〉		
순위	주 여성 시청층 및 시청률	평균 시청률	순위	주 여성 시청층 및 시청률	평균 시청률
1	40대−18.9%		1	40대−25.3%	
2	50대−13.9%	19.1%	2	10대−20.7%	22.6%
3	10대−13.0%		3	30대−20.0%	

망이 훨씬 간절하다. 그것은 나이가 들수록 더욱 강해진다. 그런 점에서 9살이나 어린 남성이나 영원히 늙지 않고 20대로 살아가는 남성은 특히 중장년의 여성 시청자들에게 매력적일 수밖에 없다. 〈너의 목소리가 들려〉와 〈별에서 온 그대〉의 주요 여성 시청층이 40대라는 것이 이를 방증한다. 〈너의 목소리가 들려〉의 주 시청층은 여성 40대가 18.9%로 가장 높고, 그 다음으로 여성 50대가 13.9%, 여성 10대가 13.0%를 차지한다. 또한 〈별에서 온 그대〉의 주 시청층은 여성 40대가 25.3%, 여성 10대가 20.7%, 여성 30대가 20.0%를 차지한다.(〈표 2〉 참고) 1위와 2위의 시청률 격차가 2위와 3위의 격차보다 두드러지게 나타나는 것을 봐도 40대 여성 시청자의 위상을 짐작할 수 있다.

여성, 특히 젊음에 대한 욕망이 간절한 중장년층 여성 시청자에게 있어 어린 연하남과 불로의 남성 주인공을 '바라보는' 즐거움은 두 드라마를 시청하는 주요 동기로 작동한다. 그리고 바라보는 시각적 즐거움이 어린 남성 주인공과 가상의 연애에 빠지는 상상적 즐거움으로 이어지는 순간, 중장년의 여성 시청자들은 남성 주인공 혹은 여성 주인공과 상응해 그만큼 젊어지는 극적 환상에 빠진다.

박수하와 도민준의 '어린' 외모에서 발산되는 소년성은 그들의 재력과 초능력을 통해 남성성으로 치환된다. 9살이나 연하인 데다가 극중 대부분 고등학생으로 등장한 박수하와 20대 후반의 젊은 시간 강사 도민준은 어리고 젊은데 재력까지 겸비하고 있다. 박수하는 어린 나이에 고아가 되지만, 부모님의 유산과 아버지의 사망 보험금 덕분에 경제적 문제에서 자유롭다. 도민준은 초능력으로 얻은 정보를 이용해 부동산을 비롯한 막대한 부를 쌓았다. 대학 강사임에도 불구하고 톱스타인 여성 주인공이 사는 고급 빌라에 살고 있는 도민준은 재벌 2·3세에 견주어도 손색이 없게 그려지며, 특히 도민준의 고급스럽고 멋진 집은 그의 매력을 상승시키는 효과를 가진다. 이와 같은 박수하와 도민준의 재력은 소년의 이미지에 안정적인 성인 남자의 이미지를 덧씌운다.

박수하와 도민준의 능력은 그들을 완벽한 남자로 만드는 데 결정적인 역할을 한다. 박수하는 태권도 유단자로 싸움도 잘하고 머리도 좋다. 고등학교를 자퇴했지만 마음만 먹으면 경찰 대학도 단번에 붙을 정도로 그는 유능하다. 4백 년 동안 의사, 변호사, 대학 강사 등 전문직을 두루 섭렵하면서 지성과 교양을 쌓은 도민준은 그야말로 능력자 중의 능력자이다. 특히 도서관을 방불케 하는 서재가 상징하듯 도민준의 지적 능력은 탁월하다. 그런데 박수하와 도민준의 능력 중 최고는 단연 '초능력'이다. 박수하는 상대의 눈을 통해 그 마음을 읽어내는 초능력을 지니고 있다. 도민준은 더욱 막강하다. 400년 전 UFO를 타고 지구에 온 외계인인 도민준은 존재 자체가 판타지이다. 지구에 처음 왔을 때 모습 그대로 10년마다 신분을 바꾸며 살아가고 있는 불로·불멸의 존재인 그는 뱀파이어를 연상케도 한다. 게다가 인간보다 감각이 7배나 예민한 그는 매의 시력과 늑대의 청력을 지녔으며, 시간을 멈추거나 순간

이동을 하는 등의 초능력까지 발휘한다.

외모의 소년성과 초능력이란 판타지를 통한 남성성이 결합됨으로써 박수하와 도민준은 멜로드라마의 완벽한 남성 주인공이 된다. 현실에 존재하지 않는 완벽한 남성 캐릭터는 바라보는 것만으로도 즐거움을 선사한다. 마치 진열창 너머의 명품처럼, 그것은 여성들의 시선을 끌어당기고 매혹시킨다. 그렇다면 박수하와 도민준은 기존 멜로드라마의 남성 캐릭터에서 한 단계 진보한 것이라고 말할 수 있을까? 이에 대한 답을 잠시 유보한 채, 남성 캐릭터들의 초능력에 대해 더욱 깊이 있게 접근해 보도록 하자.

2) 은둔형 순정남, 사적 범주에 머무른 초능력

현실에 있을 수 없는 박수하와 도민준은 현실 너머 '저기'에 존재한다. 그런 그들은 여성 주인공 장혜성(이보영 분)과 천송이(전지현 분)의 불완전함과 만나면서 현실의 '여기'로 편입된다. 〈너의 목소리가 들려〉와 〈별에서 온 그대〉의 여성 주인공인 장혜성과 천송이는 각각 변호사이고 톱스타(여배우)다. 기존 신데렐라형 멜로드라마 속 여성 주인공들의 조건이 평범하거나 혹은 그 이하였다면, 두 드라마 속 여성 주인공은 신분 상승을 하였다. 하지만 그녀들은 여전히 완벽하지 않고 빈틈을 지니고 있다. 천송이의 경우 아름다운 외모를 뽐내는 최고의 여배우지만 단순하고 무식하며, 장혜성은 국선 전담 변호사지만 속물근성이 다분하다. 이 같은 여성 주인공의 불완전함은 남성 주인공의 초능력으로 인해 완전함으로 탈바꿈한다. 변호사 혹은 최고의 여배우이더라도 남성의 도움을 받아 성장한다는 것은, 본질적으로는 기존 신데렐라형 멜로드라마 속 여성 주인공들과 별반 다르지 않음을 시사한다. 남성 주인공의 초능력은 여성의 불완전함으로 말미암아 기능을 발휘하면서 사랑이라는 사적 범주 안에 머무르는 것이다. 즉, 초능력자 남성 주인공은 기존 신데렐라형 멜로드라마의 발전된 왕자 형태라고 할 수 있다.

앞에서 박수하와 도민준의 공통점 중 언급하지 않았던 네 번째 항목, 가족관계 및 인간관계의 단조로움을 논의의 장으로 불러오자. 박수하와 도민준이 세상과 단절된 채 살아왔음은 흥미로운 지점이다. 박수하가 거리를 돌아다닐 때 항상 '헤드폰'을 착용한다는 점, 도민준이 대부분의 시간을 그의 '서재'에서 보낸다는 점 등이 그들의 고립과 단절을 대변한다. 고등학교를 다니다 그만두고 검정고시를 본 박수하의 인간관계는 단조롭기 그지없고, 지구를 떠나는 날만 고대하는 도민준의 인간관계 역시 장영목 변호사(김창완 분)가 유일하다. 그들은 초능력 때문에 세상과 철저히 단절되어 살아왔다. 세상과 단절된 '은둔형' 초능력자들에게 사랑하는 여인은 유일한 세상이 된다. 그렇게 그들은 여성들의 로망인 '순정남'이라는 또 하나의 타이틀을 얻게 되는 것이다. '은둔형' 순정남인 그들이 초능력을 발휘하게 되는 것도 운명의 여인을 만났을 때이다. 박수하는 어릴 적 장혜성의 도움으로 목숨을 구하고, 도민준은 지구에 도착했을 적에 어린 과부(천송이의 전생)를 위기에서 구하지만 결국은 그녀를 살리지 못한다. 이 같은 과거의 운명은 각각 10년과 400년이 지나 계속된다.

그런데 10년 동안 한 여인을 기다리며 순애보적인 면모를 보여준 박수하와 달리 도민준은 사랑에 대해 회의적이었다. 대학에서 사랑에 대한 사회심리학을 강의하고 있는 그는 아이러니하게도 인간들이 말하는 남녀 간의 사랑이라는 건 결국 호기심, 질투, 성욕, 소유욕, 연민, 의리, 습관 내지는 착각 같은 거라고 믿는다. 그런 그가 지구를 떠날 날이 얼마 남지 않은 상황에서 천송이를 만나 진정한 사랑을 시작한다. 그리고 그의 초능력이 비로소 발휘된다.

도민준의 초능력은 철저하게 400년 만에 환생한 운명의 여인인 천송이만을 위해 사용된다. 치킨을 먹던 천송이가 휴지를 필요로 하자 손 안대고 휴지를 그녀 근처로 옮겨 놓고, 벽 너머로 그녀의 앓는 소리를 듣고는 병원에 데려다 주고, 그녀에게 키스하기 위해 시간을 정지시킨다. 스파이더맨이 멈추지 않고 폭주하는 지하철을 세우고 슈퍼맨이 추락하는 비행기를 무사히 착륙시킴으로써 수많은 인명을 구한다면, 도민준은 순간이동을 해서 절벽으로 떨어지려는 천송이의 차를 맨손으로 세워 그녀를 구한다. 무엇보다 천송이가 루머로 인해 욕을 먹고 심지어 누군가를 자살하게 만들었다는 음해까지 받게 되는 상황에서 그녀의 매니저가 되어 그녀의 곁을 지킨다. 이때 대학 강사로서 도민준의 삶은 소거된다. 도민준의 세상은 온통 천송이를 중심으로 돌아가며, 직장(직업)도 사랑 앞에선 의미를 갖지 못한다.

마치 슈퍼맨처럼 초능력을 이용해 천송이를 구하는 도민준과 달리 박수하가 여성 주인공 장혜성을 지키는 모습은 보다 인간적이다. 박수하는 장혜성을 지키기 위해 살인자가 되려고 하지만, 민준국을 칼로 찌르려는 순간 장혜성이 대신 맞는다. 박수하가 살인범이 되지 않게 지켜준 것이다. 이어 민준국이 칼로 찌르려고 하자 이번에는 박수하가 대신 맞으며 장혜성을 보호한다. 박수하의 초능력은 장혜성을 지키기엔 약하고 유용하지도 않다. 그래서 그는 온몸으로 그녀를 지켜낸다. 그럼에도 불구하고 박수하의 하나밖에 없는 초능력, 즉 타인의 마음을 읽는 초능력은 소통 부재의 현실에서 중요한 의미를 갖는다. 무엇보다 장혜성의 속마음을 들을 수 있는 박수하의 초능력은 여성 시청자들에게 매력적인 능력으로 다가온다. 이 같은 매력은 도민준에서도 찾을 수 있다. 늑대의 청력을 가진 그는 벽 너머로 천송이의 소리를 들을 수 있다. 말하지 않아도 여자의 마음을 알아주고 말하기 전에 행동하는 박수하와 도민준의 초능력은, 현실의 남성들에게 여성들이 간절히 바라는 것 중의 하나이다.

이처럼 박수하와 도민준의 초능력은 사랑하는 여성을 위해 발현되고, 따라서 그들은 기존 할리우드 영화 속 초능력자들처럼 전 지구적 위기와 맞서 인류를 구원하는 공공의 영웅으로 그려지지 않는다. 고등학생과 성인 여성의 사랑은 정서적으로 허용되지 않기에 박수하는 교복을 벗고 학교라는 제도권 밖에 위치한다. 도민준은 초능력을 이용해 부를 축적하는 과정에서 제도권(법적 영역)을 벗어나며 이미 영웅이기를 거부한다. 제도권, 즉 공적 영역 밖에 위치한 그들은 사랑이라는 사적 영역에 머무른다.

한 여성을 위해서만 초능력을 발휘하는 것은 여성 시청자의 욕망이 투영된 바이다. 일반적으로 남성은 사랑이라는 사적 욕망보다 사회에서 업적을 쌓는 공적 욕망이 더욱 강하다. 공공의 영웅이 되기 위해 사랑을 희생하는 것, 그리고 그것을 묵묵히 견디어 주는 여성의 희생이야 말로 남성들의 욕망이다. 그런데 그러한 남성 욕망의 서사에서 사랑은 완성되기가 쉽지 않다. 때문에 여성 장르라 할 수 있는 멜로드라마에서는 남성의 공적 욕망을 거세한다. 멜로드라마 속 남성 주인공들에게는 남성의 욕망이 아니라 여성의 욕망이 투사되며, 이로써 초능력자인 박수하와 도민준에게 부여된 것은 공공의 영웅이 아닌 오직 한 여성만을 향한 '순정남' 역할이다. 그리고 그 역할을 위해 그들은 '은둔형'으로 그려진다.

한편, 도민준의 초능력이 철저하게 천송이의 영역 안에서 발휘되는 반면 박수하의 초능력은 공적 영역으로 확대하려는 시도를 보인다. 억울한 이들의 마음을 읽고 그들의 문제를 해결하는 데 발휘되기도 한 것이다. 오로지 벽 너머 천송이의 소리만 듣는 도민준에 비해 박수하는 세상과 타인의 소리를 듣는다. 그런데 문제는, 그가 듣는 것에서 멈춘다는 것이다. 자신의 세상이 너무 시끄럽다고 표현하는 것처럼, 박수하는 타인의 속내를 듣고 싶어서 듣는 것이 아니라 그저 들리는 것뿐이다. 능동적으로 '듣는' 것과 수동적으로 '들리는' 것은 다르다. 그래서 그는 세상의 소리를 듣고도 어떠한 행동도 취하지 않는다. 그런 그가 능동적으로 타인의 속내를 읽고 움직이기 시작한 것은 장혜성을 보호하거나 그녀가 재판에서 이길 수 있도록 돕기 위해서다. 박수하의 행동/움직임은 드라마 마지막에 가서 경찰 대학에 입학하는 것으로 확대된다. "그 사람 때문에 전 누군가를 지키는 게 얼마나 귀한 일인지 알게 됐습니다. 그 사람 때문에 누군가의 말을 들어주는 게 얼마나 중요한지도 알게 됐고요. 그래서 전 아마 좋은 경찰이 될 수 있을 거라고 생각합니다."(18회) 박수하의 고백처럼, 드라마 너머에서 그는 좋은 경찰이 될지도 모른다. 하지만 그의 행동은 "그 사람 때문에" 비롯된 것으로 '장혜성의 남자로서' 당당하기 위해서라는 사적 동기는 좋은 경찰의 순수성과 진정성을 해친다. 그렇게 박수하 역시 멜로드라마의 틀에서 크게 벗어나지 못한다.

박수하가 멜로드라마의 틀 안에 갇혀 있는 반면, 오히려 여성 주인공인 장혜성은 그 틀을 벗어나려고 한다. "〈너의 목소리가 들려〉에서 타인의 속내를 읽어내는 능력이란, 거짓과 소통 부재의 사회가 만들어내는 갈증의 표현"[14]이라고 할 때, 남성 주인공의 초능력이 은유하고 있는 이러한 갈증은 남성 주인공이 아닌 여성 주인공을 통해 해소된다. 이는 다음과 같은 박수하의 내레이션을 통해서도 알 수 있다.

> 세상을, 관계를 평화롭게 만드는 건 진실보다 거짓일 때가 많다. 거짓은 잠시 갈등을 봉합하고 불안을 잠재운다. 진실은 거짓보다 불편하기에 대부분의 사람들은 진실을 외면하고 싶어 한다. 진실을 전하는 건 늘 고통스럽다. 그래서 나는 진실 앞에서 눈을 감는다. 그러나 어느새 나의 잔다르크는 진실을 보는 나보다 더 진실을 좇고 있었다.(14회)

"편하니까" 국선 전담 변호사가 되었다며 "월급도 꼬박꼬박 나오겠다, 대충 선처해 달라고 몇 마디만 하면 땡이겠다, 완전 거저먹기"(2회)라고 하던 장혜성은 마지막 회에 이렇게 말한다. "나는 이제 당신의 이야기를 모두 들어줄 겁니다. 당신의 입장에서 당신의 이야기를 듣겠습니다. 나는 당신의 국선 전담 변호사입니다."(18회) 박수하를 마주한 채 흘러나오는 장혜성의 이 같은 내레이션에서, '당신'은 박수하를 향한 2인칭 단수가 아니라 시청자를 향한 2인칭 복수이다. 남성 주인공의 관

14 　정덕현, 「슈퍼히어로, 어쩌다 소시민이 됐을까」, 『이투데이』, 2013.12.31.

심이 오직 여성 주인공 단수에 갇혀 있는 것과 달리 여성 주인공의 관심은 시청자를 내포한 복수로 확대된다. 초능력자 남성 주인공 대신 불완전한 여성 주인공이 성장하면서 공적 영역으로 나아가는 시도를 한 것이다. 장혜성의 이 같은 성장이 소통을 상징하는 박수하의 초능력에서 기인하였다는 점은 유의미하다.

3. 남성 주인공에게 부여된 초능력 판타지의 의미와 한계

〈너의 목소리가 들려〉와 〈별에서 온 그대〉에서 남성 주인공은 초능력이란 판타지와 결합해 여성 시청자들에게 더욱더 이상화된 남성상을 제공한다. 박수하와 도민준은 낯선 초능력자의 모습을 보여주는 한편 익숙한 인간(남성)의 모습을 보여준다. 그러한 이미지 사이에서 발생한 "망설임"[15]은 멜로 정서가 강해짐에 따라 익숙한 인간(남성)의 이미지로 기울어진다. 판타지를 통해 낯선 자극을 만들어내지만 멜로 장르가 그것을 포섭함으로써 그러한 낯섦은 익숙함에 전유되는 것이다. 또한 어리고, 심지어 영원히 늙지 않고 젊음을 유지하는 남성 주인공들은 초능력이라는 판타지를 덧입고 어른 남자로 탈바꿈한다. 기존 멜로드라마의 남성 주인공이 어른 이미지에 고착된 것과 비교할 때 낯선 자극을 만들어낸다. 그 낯선 자극 역시 초능력을 지닌 능력자이면서 오로지 한 여

---

15 츠베탕 토도로프에 따르면 환상은 "자연법칙만을 알고 있는 한 존재가 겉보기에 초자연적인 사건에 직면하여 경험하는 망설임이다." 츠베탕 토도로프, 최애영 역, 『환상문학서설』, 일월서각, 2013, 53쪽.

성만을 사랑하는 지고지순한 순정남에 의해 멜로드라마로 귀착된다.

앞서 이야기했듯이 두 드라마에서 남성 주인공의 초능력은 오직 사랑(하는 여성)을 위해 발휘되고 공적 영역으로 확산되지는 않는다. 남성 주인공은 공적 영웅이 되는 대신 한 여성을 향한 순정남이 되는 것을 택한다. 초능력이 공적 영역과 만나는 순간 사랑의 안정과 질서는 흔들리고 (여성의) 멜로 서사는 (남성의) 영웅 서사로 탈바꿈된다. 〈너의 목소리가 들려〉와 〈별에서 온 그대〉는 초능력자 남성 주인공이 사적 테두리 안에 머물면서 멜로 서사를 유지한다. 이로써 여성 시청자들의 낭만적 사랑에 대한 환상과 욕망을 수호한다. 텔레비전 멜로드라마의 주 소비자인 여성 시청자들의 영향력은 크다. 그들의 안정과 질서에 대한 욕망은 드라마의 메시지에 우선한다. 시청률의 숙명에서 자유로울 수 없는 텔레비전드라마의 특성이자 한계이다. 결국 〈너의 목소리가 들려〉와 〈별에서 온 그대〉에서 초능력이라는 판타지는 남성 주인공의 매력을 강화하고, 남녀 주인공의 사랑을 낭만화 혹은 이상화함으로써 멜로 서사의 결정적인 요소로 작용하는 것이다.

〈너의 목소리가 들려〉와 〈별에서 온 그대〉에서 현실을 초월하는 남성 주인공의 초능력은 멜로 장르에 갇혀 오히려 현실의 안정과 질서를 꾀하는 수단으로 전락한다. 초능력을 지닌 남성 주인공들이 결국 현실의 테두리 안으로 회귀하는 과정은, 두 드라마에서 악역을 담당하는 남성 조연인 민준국(정웅인 분)과 이재경(신성록 분)을 통해 확인할 수 있다.

〈너의 목소리가 들려〉에서 민준국의 악은 복수심에서 비롯된다. 민준국은 낮에는 공사장에서 일하고 밤에는 포장마차를 하면서 아내의 수술비를 마련한 성실하고 착한 서민이었다. 그런데 수술만 하면 아내가 살 수 있다는 희망을 순식간에 도둑맞는다. 박수하의 아버지가 자신의 아내(박수하의 어머니)를 살리기 위해 민준국의 아내에게 돌아갈 심장을 빼돌렸고, 그 바람에 예정된 심장 이식 수술을 받지 못한 민준국의 아내는 숨을 거둔 것이다. 희망을 도둑맞고 분노한 민준국은 박수하의 아버지를 살해하고 감옥에 들어간다. 그가 감옥에 있는 동안 남겨진 그의 어머니와 아들마저 아사하면서, 평범한 서민이던 민준국은 잔인한 "짐승"이 된다. 그는 자신이 감옥에 가는데 증인으로서 결정적 역할을 했던 장혜성에 대한 복수심으로 그녀의 어머니를 잔인하게 살해하고 그녀의 주위를 끊임없이 맴돈다. 그런데 민준국이 정작 바란 것은 장혜성에 대한 복수가 아니었다. 소중한 것(장혜성)을 잃었을 때 박수하 또한 자신과 똑같은 "짐승"이 되는 것을 보는 것이었다. "너는 단지 짐승, 살인자"라는 박수하의 말에 민준국은 이렇게 응수한다. "난 이렇게 짐승이 될 수밖에 없었다"며 "나도 너처럼 사람이었다"고. 신자유주의 체제는 점점 더 양극화를 만들고 그 속에서 약자는 점점 더 소외되어 간다. 그런데 〈너의 목소리가 들려〉에서는 가진 자의 술수에 희망을 도둑맞고 짐승이 되어버린 약자의 분노와 그로 인한 복수를 단지 사적인 복수로 그리고 있다. 무엇보다 민준국의 사적 복수는 사회 대다수 구성원들이 용인할 수 있는 절차적 방법이 아니라는 이유로 비난하고 법적 처벌을 두둔한다. 그렇게 민준국을 '약翳'이 아닌 '악惡'으로 규정해 버림으로써 정작 모든 것의 근원인 사회 구조의 모순은 은폐된다. 〈너의 목소리가 들려〉에서 강자인 서대석(정동환 분)보다 약자인 민준국을 악의 중심에 놓은 것은 그래서 불편하게 느껴지기도 한다. 강자가 자신의 가진 것을 지키기 위해 악을 저질렀다면 그에 대한 응징은 시청자들에게 카타르시스를 제공한다. 하지만 약자가 약자라는 이유로 가진 것을 빼앗기고 그에 분노하여 악을 저질렀다면 그에 대한 응징은 아쉬움과 답답함을 동반한다. 정작 본질인 잘못된 사회 구조를 간과한 이 같은 설정은, 〈너의 목소리가 들려〉가 〈별에서 온 그대〉와 달리 사회적 문제를 내포하고 있음에도 불구하고 사회적 메시지를 담아내지 못하는 이유로 작동한다. 박수하는 장혜성과 약속한 대로 민준국과 똑같은 짐승이 되지 않는다. 어떠한 상황에서도 인간으로서의 이성을 놓지 않은 박수하는 민준국을 체포하고 장혜성을 구하기 위해 경찰(법)과 연계한다. 법 앞에 인간은 평등하지 않음을 보여주고는, 그럼에도 불구하고 모든 것을 법에 의해 해결하는 것이다.

한편, 〈너의 목소리가 들려〉의 제2 남성 주인공 차관우도 주목할 만하다. 민준국의 변호를 맡으며 진심으로 그의 이야기를 들어준 차관우는 박수하처럼 사람의 마음을 읽는 초능력을 가지진 못했지만, 사람의 마음에 귀 기울이고 들어주는 능력을 지니고 있다. 마지막 회에서 차관우가 서도연(이다희 분) 검사에게 박수하와 민준국의 차이를 아느냐며 이렇게 말한다.

민준국은 아무도 없었어요. 민준국의 말을 믿어주는 사람도, 그의 말을 들어주는 사람도, 그를 사랑해주는 사람도, 그리고 그가 지켜야 할 사람도 없었습니다. 그 한 사람만 있었더라도, 민준국은 다르게 살았을지도 모릅니다. 박수하처럼요. 그래서 난 민준국이 아주 조금은 불쌍합니다.(18회)

차관우처럼 드라마 전체가 좀 더 민준국에게 귀 기울였다면, 〈너의 목소리가 들려〉는 사적 영역에만 머물지 않고 공적 영역으로 확대될 가능성이 있었다. 하지만 이 드라마는 박수하의 초능력이 멜로드라마의 자장 안에 머물면서 사랑의 메시지가 공적 메시지를 전유하고 멜로드라마의 스펙트럼을 확장시킬 따름이다.

〈별에서 온 그대〉의 이재경은 재벌 후계자로서 유능한 경영인처럼 보이지만, 그 가면 속에 가려진 그의 정체는 연쇄 살인범이자 소시오패스sociopath이다. 후계자가 되기 위해 친형마저 살해한 그는 자신의 앞길에 방해가 된다고 생각한 이를 아무렇지 않게 살해한다. 이처럼 이재경이 "짐승"이 된 이유는 모든 것을 "돈으로 무마하는" 아버지의 잘못된 교육에서 기인한다. 민준국과 달리 이재경의 악은 사적이고 심리적인 문제에서 비롯된 것이다. 이재경은 자신의 비밀을 알고 있는 천송이의 생명을 위협하고 그때마다 도민준은 초능력을 이용해 그녀를 구한다. 그런데 흥미로운 것은 도민준이 자신의 초능력을 이용해 충분히 이재경을 처단할 수 있음에도 불구하고 사적으로 그를 응징하지 않는다는 것이다. 도민준은 검사 및 형사와 연계하여 법적으로 이재경을 처벌한다.

이상 살펴본 것처럼 민준국과 이재경이라는 악을 처벌하는 과정에서 박수하와 도민준은 초능력을 사용하지 않는다. 박수하의 경우 타인의 속내를 듣는 초능력만으로 민준국을 응징할 수 없다고 하더라도, 도민준은 그의 초능력으로 충분히 이재경을 응징할 수 있음에도 불구하고 그 역시 합법적으로 이재경을 해결한다. 현실을 초월하는 그들이 스스로 법이라는 현실의 테두리로 들어온 것이다. 이 같은 초능력자 남성 주인공의 마지막 선택은, 어떠한 부당한 상황에서도 사회 구조에 반反하지 말며 사회 질서를 어지럽히지 말고, 모든 것은 법과 현실이 용인하는 범위 안에서 해결하라는 보수적 메시지를 내포한다. 이 같은 관점에서 볼 때, 두 드라마는 판타지를 통해 현실을 전복하는 것이 아니라 오히려 현실 질서를 더욱 공고히 하는 것이다. "한 개인에 온전히 자신을 던지는 운명적 사랑에 충실한 슈퍼히어로로는 그래서 굉장한 판타지를 제공하지만 사회적으로는 그다지 건강한 존재일 수는 없다"[16]는 지적처럼, 두 드라마에서 남성 주인공에게 부여된 판타지인 초능력은 여성 시청자들에게 더욱 멋진 남성상을 소개하는 데 기여할 뿐 사회적 메시지(현실 전복과 개조의 메시지)를 생산하지는 못한 것이다. 사랑의 완성이라는 해피엔딩을 지향하는 멜로 관습이 그것을 압도하기 때문이다. 판타지가 멜로 장르와 결합했을 때 판타지의 전복성은 멜로 장르의 안전성과 보수성에 의해 전유되는 것이다.

텔레비전 멜로드라마는 초능력을 지닌 남성 주인공을 통해 신자유주의 체제 여성 시청자들이 욕망하는 보다 멋지고 완벽한 남성상을 재현하고 있다. 그런데 과연 판타지와 결합한 멜로드라마 속 남성 주인공의 캐릭터는 완벽한 남성상답게 진화한 것이라고 말할 수 있는가? 이 같은 문제제기에서 이 글은 시작되었고, 마지막으로 다시 그 원점으로 돌아가기로 하자. 〈너의 목소리가 들려〉와 〈별에서 온 그대〉에서 남성 주인공 박수하와 도민준이 초능력이란 판타지와 결합해 보다 매력적인 남성상을 보여준 것은 부정할 수 없는 사실이다. 그런데 그들의 초능력은 한 여성만을 향한 지고지순한 순정남을 형상화하는 데에만 기여함으로써 기존 멜로드라마의 남성 주인공 관습에서 크게 벗어나지 못했다. 결

---

16 정덕현, 앞의 글.

국 멜로드라마의 남성 주인공에게 부여된 초능력이란 판타지는 캐릭터의 진화보다는 캐릭터의 변주 및 확장, 나아가 멜로드라마의 확장과 관계한다.*

---

*   이 글은 「초능력자 남성 주인공과 멜로드라마 캐릭터의 확장— 텔레비전드라마 〈너의 목소리가 들려〉와 〈별에서 온 그대〉를 중심으로」(『한국극예술연구』 61, 한국극예술학회, 2018)를 수정하여 재수록한 것임.

〈W〉에 나타난
서사적 삶에 대한 열망과 상상의 쾌락

백소연

---

1. 가상과 실재의 횡단, 그 이면의 열망

문학에 편재하는 보편적 요소에 주목했던 캐스린 흄은 "주어진 것을 변화시키고 리얼리티를 바꾸려는 욕구", "등치적 리얼리티로부터의 일탈"을 통해 판타지의 특성을 설명하였다.[1] 이와 달리, 로즈메리 잭슨은 판타지가 지닌 전복성에 보다 주목하였다. 판타지는 현실 너머에 존재하는 것이 아니라 "현실 이면에 감춰진 틈새의 공간"이며 이는 "현실에서 소외되고 억압된 존재들이 현실 질서를 위반하면서 출몰하는 곳"이다. 그리고 이 "틈새 공간에 거주하는 억압된 존재란 다름 아닌 숨겨진 욕망의 현현"이라고 설명할 수 있다.[2] 이런 관점에서 보자면 판타지는

---

[1] 캐스린 흄은 미메시스의 충동과 환상에의 충동을 문학의 두 가지 충동으로 파악하면서 후자의 충동을 "주어진 것을 변화시키고 리얼리티를 바꾸려는 욕구", "등치적 리얼리티로부터의 일탈"로 설명한다. 캐스린 흄, 한창엽 역, 『환상과 미메시스』, 푸른나무, 2000, 55~57쪽.
[2] 로즈메리 잭슨, 서강여성문학연구회 역, 『환상성─전복의 문학』, 문학동네, 2004, 241쪽.

"사회적 맥락 안에서 생산되고 사회적 맥락에 의해 결정"[3]되며 "세계를 재정의하고 근본적으로 구성하려는"[4] 욕망에 기반을 둔, 역설적으로 현실의 문제와 매우 가까이 밀착해 있다고 볼 수 있다.[5]

2010년대 이후 한국에서 판타지드라마의 제작이 급증한 데에는 여러 요인이 존재할 것이다. 박노현의 분석처럼, 우선은 한국드라마의 생산과 소비에 있어서 일종의 참고서 역할을 해온 1980~1990년대 외국드라마의 영향을 고려할 수 있다.[6] 또한 판타지의 시각적 재현을 가능케 하는 기술적 여건의 개선과 2010년 SBS의 〈시크릿 가든〉의 성공 이후 방송계에 일어난 일시적 유행을 그 원인으로 파악할 수도 있다. 그럼에도 이러한 외적 영향관계나 제반 조건을 넘어 이 드라마들이 다수의 대중에게 강력한 소구력을 지녔던 상황에 주목해야 할 필요가 있다. 높은 시청률을 기록하며 일종의 사회, 문화적 신드롬까지 불러왔던 최근의 드라마들 다수—〈시크릿 가든〉(SBS, 2010), 〈해를 품은 달〉(MBC, 2012), 〈별에서 온 그대〉(SBS, 2013), 〈시그널〉(tvN, 2016), 〈쓸쓸하고 찬란하神 도깨비〉(tvN, 2016~2017) 등등—가 판타지 장르로 분류된 드라마였다는 사실은, 결국 이러한 장르

---

3   위의 책, 11쪽.
4   최기숙, 『환상』, 연세대 출판부, 2003, 32쪽.
5   환상의 작동 효과에 따라 현실과의 관계는 달라진다. '내부와 외부', '순응과 저항' 식의 이분법적 대립관계만이 아니라 환상은 현실에 대해 반(反)할 수도, 피(避)할 수도 초월(超越)할 수도 있다. 또한 때로는 환상 장치를 통해 보수적인 현실 논리가 강화될 수도 있다. 박유희, 「한국 환상서사의 매체 통합적 장르 논의를 위한 서설」, 『한민족문화연구』 51, 한민족문화학회, 2015, 237쪽.
6   박노현은 "1990년대에 접어들어 현실 불가능한 환상이 간헐적으로 형상화되면서 2000년대까지 이어지다가 2010년대인 현재에 이르면 일종의 유행이라고 해도 무방할 만큼 급격하고도 뚜렷한 증가를 보이고 있다"는 점에 주목한다. "이국이라는 우회로를 통한 학습의 성과", 즉 1980년대 이후 다양한 장르의 외국 드라마를 접한 것에서 그 유행의 주원인을 찾는 것이다. 박노현, 「한국 텔레비전드라마의 환상성-1990년대 이후의 미니시리즈를 중심으로」, 『한국학연구』 35, 인하대 한국학연구소, 2014, 331~336쪽 참조.

선호의 이면에는 특정의 이유가 존재한다고 가정할 수 있기 때문이다. 즉 현시대의 문제들과 대중의 특정 욕망이 드라마 안에서 조우했기에 이러한 유행이 가능했으리라는 것이다.[7]

김용석의 표현처럼 "세상은 이제 더 이상 대문자로 쓰여진 유아독존의 현실The Reality이 아니라, 어떤 개개의 현실a reality이 모여서 '현실들realities'을 구성하는 세계가 되었다. 그래서 '현실들 사이'에 '환상들'이 자리를 잡기도 하고, 그 사이를 환상들이 자유롭게 드나들"기도 한다. "다시 말해 현실은 이제 그 자체로 현란한 '복잡계複雜界'"를 이루는 것이다.[8] 이러한 진단은 다양한 가치관이 서로 공존 가능한 시대가 도래되었다는 사실만을 의미하지는 않는다. 달라진 디지털 환경의 변화는 우리의 일상 안에서 가상과 실재의 경계마저 무너뜨리며 인간 존재와 정체성의 문제를 근원적으로 되돌아보게 만들었기 때문이다. 그러나 이러한 기술의 진보와 디지털 패러다임으로의 전환의 한편으로는 외환위기 이후 심화된 사회적, 경제적 양극화에 따른 불평등이 엄존한다.[9] 이는 사회 전반에 깊은 분노와 패배감, 무력감을 일으키는 동시에 부조리한 현실을 개조하고 새로운 세계를 구성하고자 하는 열망을 자극하게 된다.

이러한 현실을 두고 본다면 2016년 방영된 MBC 드라마 〈W〉[10]는 달

---

7 이지행은 2000년 이후 전세계적으로 나타나는 판타지물의 유행을 두고 이 장르가 현시대의 일상화된 테러나, 경제적 양극화, 생태적 위기, 인공지능의 위험 등의 묵시록적 분위기를 재현하는 데 최적화된 방식일 수 있다고 본다. 이지행, 「한국 판타지드라마의 현재ー초인과 타인슬립 모티프의 명암」, 『문화과학』 90, 문화과학사, 2017, 304~305쪽.

8 김용석, 『서사철학』, 휴머니스트, 2009, 467쪽.

9 한국의 양극화는 외환위기 이후 급격하게 심화되기 시작했으며 2000년대 초반에는 양극화의 심화 속도가 소득 불평등의 악화 속도보다 빨랐으며 다른 나라와 비교해서도 상당히 빠른 속도로 진행되었다. 그 결과 2000년에서 2010년 사이 중산층은 11% 감소하였으며 중간소득 계층에서 이탈한 사람들 중 62%는 저소득 계층으로 하락했다. 장하성, 『한국의 자본주의』, 헤이북스, 2014, 27쪽.

라진 시대의 분위기를 반영하는 매우 흥미로운 작품이다.[11] MBC 시트 콤 〈하이킥〉 시리즈와 tvN 드라마 〈나인〉 등을 통해 작품성을 널리 인 정받아온 송재정 작가는 드라마 〈W〉의 주인공으로 웹툰 속 인물 '강철' 을 내세운다. 그는 이유 없이 파괴된 자기 삶의 복원 가능성을 찾기 위 해 가상과 실재의 경계를 과감히 횡단하는 캐릭터로 그려진다. 이처럼 웹툰과 현실 세계를 넘나든다는 독특한 설정 외에도 웹툰이 영상화되 는 과정 등에서 동원된 다양한 CG 기술 활용은 그 자체만으로도 방영 전부터 큰 화제를 불러 모으며 대중의 이목을 끌었다. 게다가 판타지물 제작이 급증하는 가운데에서도 '공간성'을 환상성의 요소로 삼은 드라 마는 〈해를 품은 달〉이나 〈더킹 투하츠〉처럼 환상성의 수위가 낮은 경 우를 포함한다 해도 한국 텔레비전드라마의 흐름에서는 좀처럼 보기 어려운 유형이었다.[12] 웹툰이라는 가상 세계로의 차원 이동 모티브를 활용한 〈W〉는 그런 점에서도 매우 이례적인 작품이다. 더불어 주어진 운명에 저항하며 현실을 개조하고자 하는 인간의 자유의지 문제를 전 면화했다는 점, 이러한 철학적이고 심오한 주제를 가상 세계와의 관계 하에서 감각적으로 풀어냈다는 것을 보더라도 드라마 〈W〉는 연구 대 상으로 다루어질 만한 가치를 지닌다. 그러므로 이 글은 〈W〉가 지니는 이러한 희소성과 작품성에 일차적으로 주목하면서 이 드라마 전반의

---

10 송재정 극본, 정대윤·박승우 연출, MBC, 2016.7.20~9.14(16회).

11 고선희는 "디지털 사회로 접어들기 시작하면서부터 지속적으로 예측하고 이론화해 온 디지털적인 것, 디지털적인 세계관의 특징과 매우 유사한 양상들이 드라마의 스토리텔링에서도 확인된다"라고 밝히며 2013년 이후 지상파 드라마에서의 변화 양상을 분석한 바 있다. 고선희, 「한국의 문화 디지털 방송 추진기 텔레비전드라마의 스토리텔링 특성」, 『한국사상과 문화』 77, 한국사상문화학회, 2015, 463쪽.

12 이신영, 「차원 이동 모티프 드라마 〈W〉 연구」, 중앙대 석사논문, 2017, 8~9쪽.

의미와 의의에 분석적으로 접근하고자 한다. 동시에 판타지가 작동되는 방식을 통해 현실과의 관계 속에서 작품이 드러내는 특이점들 역시 함께 짚어 나가려 한다.

2. 가상 세계로 전가된 서사적 삶에 대한 열망

지그문트 바우만은 근대에 이르러 공공의 영역이 사적 영역으로 빠르게 대체되면서 개인의 삶은 준거틀을 잃은 채 파편화되고 불연속적으로 변모하였다고 진단하였다. 인간 조건을 해명해 오던 삶의 견고한 모든 영역이 이른바 "액체화"된 것이다.[13] 리처드 세넷 역시 인간의 삶이 서사적으로 구축되기 위해서는 연속적 시간의 흐름 속에서의 사건과 경험의 축적이 보장되어야 하지만 새로운 자본주의 체제하에서 "서사적 삶"[14]의 가능성은 쉽사리 박탈당한다는 점을 지적한다. 그리고 이처럼 삶이 잘 짜여진 이야기가 될 수 없을 때, 더 이상 나 자신이 되지 못한다는 것을 깨달을 때 인간은 존재론적, 실존적 위기와 맞닥뜨리게 된다.[15]

드라마 〈W〉의 주인공인 강철은 영문을 모르는 연이은 불행 속에서도 자기 삶의 "맥락"을 찾기 위해 부단히 투쟁하는 캐릭터로 설정된다.

---

13 지그문트 바우만, 이일수 역, 『액체근대』, 강, 2009 참조.
14 리처드 세넷은 새로운 자본주의 체제에서는 시간의 틀이 짧고 불규칙한 첨단 조직들이 구성원들에게서 서사적 삶을 앗아간다고 지적한다. 여기서 그가 말하는 서사적 삶이란 연속적인 시간의 흐름 속에서 사건과 경험들이 축적되는 것을 의미한다.(리처드 세넷, 유병선 역, 『뉴 캐피털리즘』, 위즈덤하우스, 2009, 218쪽) 그러나 이 글의 2절에서는 서사적 삶을 자본주의 체제하의 과도한 능력주의와의 관계를 통해서만 설명하기 보다는 인과성이 확보되는 개인 삶의 의미로 확장하여 사용하고자 한다.
15 엄기호, 『나는 세상을 리셋하고 싶습니다』, 창비, 2016, 26~27쪽.

물론 강철이 겪는 불행과 그로 인해 삶의 맥락이 상실되는 상황은 리처드 세넷이 설명하듯 자본주의 사회가 요구하는 과도한 능력주의의 결과 때문은 아니다. 그러나 고통의 환부는 존재하지만 그 진짜 원인을 파악하여 근원적 문제와 마주할 수 없다는 점에서, 강철 캐릭터는 개인의 의지로 해결 불가능한 현실에 놓여 있을 동시대 다수의 시청자들에게 충분한 호소력을 지닐 수 있다. 사격 부문 올림픽 금메달리스트로 국민적 스타였던 강철이 어느 날 괴한에게 가족 전부를 잃고 범인으로까지 몰리게 되는 것은 예측도, 제어도 할 수 없는 재앙과도 같은 불행이기 때문이다. 그는 결국 법적으로 누명을 벗은 후 진범을 잡기로 결심하지만 일개 소시민으로서 맥락 있는 삶을 되찾기란 현실적으로 매우 어려운 일이다. 이를테면 사업가로서의 큰 성공처럼 막대한 자본이 전제될 때 시도 가능한 일이기 때문이다. 가족을 살해한 범인이 검거되지 않고서는 자신의 "인생은 회복될 수 없"(2회)다고 판단했던 그는 탁월한 능력으로 성공한 후 방송국을 인수하여 〈W〉라는 미결 사건의 범인을 추적하는 프로그램을 만들게 된다.

강철   요즘 저한테 일어나는 일이 전부 이래요. 맥락이 없습니다. 살인에는 동기와 범인이 있어야 마땅한데 그게 빠져 있고요. 꼭 10년 전 그때처럼요. (4회)[16]

강철   채널 이름은 더블유. 미리 정해뒀습니다. 더블유 Who와 Why

---

16 작가 송재정은 인터넷을 통해 전회의 대본 파일을 시청자들에게 무료 공개한 바 있으나 이 글은 실제 방영된 드라마 내 대사를 중심으로 인용하였음을 밝혀 둔다.

의 약자죠. 누가, 왜, 범죄를 저질렀는가를 밝혀내는 게 목표입니다. 누가, 왜, 내 가족을 죽였을까요? 그것도 알아내야죠. 이제.(3회)

평범한 사람들은 도무지 따라갈 수 없는 어마어마한 능력을 발휘하여 진범을 추적해 가며 자기 삶의 인과관계를 이해하기 위해 노력하던 강철은 해답을 찾지 못한다. 그러나 그렇게도 찾았던 진실의 실체, 자신이 오성무라는 작가가 만든 웹툰 속 주인공에 불과하다는 사실을 자각하고는 큰 충격을 받는다. 그의 분노는 창조주인 오성무가 그가 겪은 고통과 환난에 대해 어떠한 계획도, 의미도, 마무리도 마련해 두지 않았다는 사실에 있다. 무책임한 창조주를 향한 그의 분노는 신과 인간의 관계, 부조리한 세계를 향한 철학적 물음을 떠올리게 한다. 나아가 당대 현실의 구체적 문제들, 개인의 온전한 삶을 파괴하는 재앙과도 같은 사회 구조의 비합리성과 폭력성의 문제를 환기하려는 듯 보이기도 한다. 그러나 강철은 '납득할 엔딩'이 존재하지 않는 상황에 좌절하지 않고 이를 가능하게 만드는, 그리하여 '평범하게 일상'을 지켜나갈 수 있는 방법을 개인의 차원에서 스스로 만들어 나가기로 결심한다.

강철   내가 납득할 만한 엔딩이 뭔지는 잘 알잖아? 간단해. 진범을 잡고, 그놈 죗값을 치르게 하고, 그리고 일상을 평범하게 살고 싶어. 그게 다야. 진범이 누군지만 알려주면 돼. 당신 말대로 그걸 알고 싶은 의지가 너무 강해서 죽지도 못하고 여기까지 온 것 같으니까.(5회)

작가 오성무 또한 무작정 강철을 죽여 웹툰을 종결하고자 했던 무책임한 태도를 버리고 현실과 가상 세계의 교란을 막고 인과적 관계 안에서의 합리적 마무리를 위해 자신의 얼굴을 한 '한상훈'이라는 인물을 범인으로 새로이 창조한다. 그러나 구체적 실체를 부여받은 진범은 강철과 마찬가지로 자각의 과정을 통해 웹툰을 벗어나 현실로 나오게 된다. 심지어 작가 오성무의 얼굴을 빼앗고 위협해 웹툰 세계의 사건들을 조작해 나가기까지 한다. 엉켜버린 문제를 해결하기 위해 애쓰던 작가 오성무는 마침내 악당으로서의 "설정값"을 벗어남으로써 웹툰 세계 안에서 스스로 소멸해 가는 길을 선택한다. 이는 강철을 죽이려고 했으며 딸인 연주를 위험에 몰아넣었던 일들에 대한 일종의 속죄였다. 그리고 강철은 마침내 웹툰 속 주인공으로서의 역할을 다하고 가상 세계를 떠나 현실 세계의 오연주 곁으로 돌아오게 된다. 이는 오성무에 의해 설정되고 조작되었던 강철에게 비로소 스스로 만들어 가는 진짜 삶이 시작됨을 의미한다. 강철은 본인의 노력을 통해 "완전한 자유의지"의 세계에 스스로 서게 된 것이며 이는 복잡한 내러티브에도 불구하고 드라마 〈W〉가 일관되게 추구하는 궁극적 주제의식과 맞닿아 있는 부분이다.[17]

동시에 흥미로운 것은 이와 같은 삶의 인과성, 서사성을 회복하려는 열망이 가상 세계로만 전가되고 있다는 점이다. 드라마 속 현실 세계를 살아가는 오연주에게 삶은 오로지 가상의 웹툰 〈W〉와의 관계, 웹툰 속

---

17 작가 송재정은 인터뷰를 통해 이 작품의 주제가 "완전한 자유의지"에 관한 것임을 밝힌 바 있다. "〈나인〉의 박선우(이진욱 분)가 결국 정해진 운명에 굴복할 수밖에 없었던 인물이라면, 강철은 더 강한 의지를 지닌 캐릭터를 만들고 싶다는 내 바람을 표현한 거다. (…중략…) 내가 하고 싶었던 이야기는 완전한 자유의지에 대한 거니까." 김윤정, 「아직도 궁금한 게 많은 〈더블유〉, 송재정 작가가 답했다」, 『오마이뉴스』, 2016.9.21.

인물 강철과의 로맨스로 제한된다. 오성무의 외동딸인 오연주는 그가 만든 현실 속 또 하나의 피조물로 강철과 대응되는 인물이기도 하다. 그러나 오히려 가상 세계 속 피조물이 자신의 삶을 찾기 위해 총력을 기울이는 것과 달리, 현실 세계의 피조물은 그를 지지하기 위한 역할에 한정된다. 오연주 삶의 정체성은 웹툰과의 관계를 벗어나 독자적으로 설명되지 못하기 때문이다.

강철에게 가족 살해의 비극과 현실-가상의 정체성 문제가 중층적으로 작용하고 있었다면 오연주에게 풀어내야 하는 설정값과 맥락의 문제는 강철의 의문을 해결하는 "비밀의 문을 열어줄 존재", "인생의 키" 이상으로 다루어지지 못한다. 오연주는 웹툰의 세계로 처음 빨려 들어갔던 1회에서부터 괴한의 습격으로 죽어가던 강철을 극적으로 살려낸다. 그 이후에도 그녀는 위기의 순간마다 웹툰으로 소환되면서 강철을 구원하고 아버지 오성무가 내리려는 맥락 없는 엔딩을 필사적으로 저지하여 강철이 자신의 문제를 해결하는 데 결정적 역할을 수행한다. 납득할 만한 "맥락"의 설정, 의미 있는 "해피엔딩"을 향한 오연주 의지의 근간에는 강철을 향한 깊은 애정이 존재하며 이는 극적 상황을 추동해 나가는 주요 동력이 된다.

물론 남녀 주인공을 중심으로 하는 대중적 애정물로서의 멜로드라마적 특성은 서사성을 지닌 어느 곳에나 존재할 수 있는 요소로서[18] 거의 대부분의 텔레비전드라마 내에서 장르와 무관하게 결합되며 활용되어 왔다. 그러기에 가족 살해에서 비롯된 강철의 의문들과 문제의 인과적

---

18 이다운, 「멜로드라마의 관습적 장르 규정에 대한 비판적 고찰」, 『현대문학이론연구』 45, 현대문학이론학회, 2011, 336~339쪽.

해결을 원하는 욕망이 오연주와의 애정관계 안에서 움직이는 것은 제작의 관습상 그리 낯선 풍경만은 아니다. 다만 강철 스스로 자신이 웹툰에 속해 있다는 사실을 인지하면서도 그 세계가 창조주인 오성무 단독으로 좌지우지할 수 없는 독자적 원리 위에 존재한다고 밝히는 부분에 주시할 필요는 있다.

> **강철** 오성무는 신이 아니었어요. 본인이 신이라고 착각했다가 당한 거죠. 당신 아버지가 그 세계를 모두 창조했을 수가 없죠. 수십억의 사람들을 작가가 모두 설정해? 그건 말이 안 돼요. 오성무가 결정할 수 있었던 건 본인이 만든 등장인물 몇 명뿐이에요. 그래서 난 이렇게 결론 내렸어요. 만화는 두 세계를 연결하는 매개체일 뿐 여기와 거기는 독립된 세계인 거죠. 두 개의 세계.(12회)

이는 웹툰의 창조주인 오성무가 세계의 일부를 창조할 수는 있어도 모든 부분을 관장할 수 없기에 사건들의 인과관계와 의미는 해당 세계 내에서 자체적 원리를 통해 독자적으로 규명 가능하다는 것을 보여준다. 그럼에도 강철의 비극적 개인사가 파국으로 치닫게 된 다른 원인들, 이를테면 한철호로 대변되는 권력의 부당한 작동이나 언론의 선정적 보도 양태와 조작 등 사회 구조적 한계는 제대로 다루어지지 않는다. 그것이 가상의 세계라 해도 단 한 명의 인물에 의해 완벽하게 제어되어 날조된 것이 아니라면, 사건의 부조리가 자살이나 폭로와 같은 극단적 방법에 의존하여 해결되더라도 이후 그 경과만큼은 좀 더 자세히 다루어질 수도 있다. 그러나 드라마 〈W〉는 한철호의 자살(로 가장된 피살), 오연주마저 인지하지 못한 오성무의 회개와 소멸로 마무리 될 뿐, 그것이 세계 내에서 지니는 여타의 의미를 보여주지 못한다.

물론 드라마 〈W〉에서의 행위와 사건의 향방이 어김없이 남녀의 애정 문제로 수렴되며 특정의 요소들이 심도 있게 규명되지 못하는 한계를 지니나 분명 강철에게 오연주와의 사랑은 로맨스적 관습, 그 이상의 의미를 지니는 것도 사실이다.[19] 강철은 오연주의 존재가 자신에게 "스스로 선택한 운명"이라는 점을 강조하며 둘의 관계 안에서 자기 존재의 비밀을 풀어나가려 노력한다. 또한 웹툰 〈W〉의 종결과 더불어 강철은 삶을 관통해 온 문제를 해결하고 주어진 설정값에서 벗어나면서 가상의 세계로부터 온전히 자유로워진다. 현실로 나온 강철은 창조주인 오성무가 사라진 자리에서 고정된 역할로부터 벗어나 새로운 "설정값"을 스스로 만들어내야 하는 진짜 삶에 직면하게 되며 이는 오연주 곁으로 돌아온 그의 위치로 상징적으로 드러난다. 수봉의 내레이션으로 풀어나가는 마지막 회의 대사처럼 "진짜 살아 있는 강철과 오연주의 엔딩은 아직 미지수"이며 그 미지수를 풀어나가는 것이야말로 강철이 선택한 앞으로의 자기 인생이며 자유의지의 발현인 것이다.

강철　　　　연주 씨는 제 유일한 가족입니다. 당신이 가상으로 만들어 준
　　　　　　　가족이 아니라 진짜 실체가 있는 가족이요. 조작된 추억 말고

19　작가 송재정은 공개된 대본을 통해 드라마 〈W〉를 "서스펜스 멜로"로 명명하고 있다. 일반적으로 작품의 전개 과정에서 관객에게 불안과 긴장감을 주는 기법적 요소를 서스펜스라 한다면, 결국 작가 본인이 이 드라마를 규정하는 근간은 남녀의 사랑을 부각하는 "멜로"드라마라할 수 있을 것이다.

정말로 함께 한 추억들이 있고요, 설정된 운명이 아니라 내가 스스로 선택한 운명입니다. 처음으로 오로지 내 의지로요. 그래서 전 포기할 수 없어요. 연주 씨는 내가 당신들과 같은 사람이라는 증명입니다. 내가 인간이라는. 그래서 전 반드시 따님을 살리고 함께 행복해질 겁니다. 이번엔 절대 물러서지 않아요. 그 누구도 날 좌절시키지 못해요. 전 반드시 역전승할 겁니다. 그리고 그 끝은 무조건 해피엔딩이고요. (14회)

반면, 작가 스스로 오연주 캐릭터가 지닌 문제점을 어느 정도 인정하였듯이[20] 그녀의 삶의 문제는 좀처럼 강철이라는 범주를 벗어나 존재하지 못한다. 앞서 언급한 대로 그녀가 실존하는 현실의 세계는 오로지 강철과의 관계 안에서만 해명된다. "엄마에게 떠밀려 의대에 진학한 후 지금까지 단 한 번도 재능이 있거나 적성에 맞는다고 생각한 적"이 없었다는 홈페이지 내 인물 설명[21]과 마찬가지로 흉부외과 2년 차 레지던트에 서른이라는 적지 않은 나이임에도 오연주에게 의사로서의 직업적 소명이나 특수성은 위기에 처한 강철을 살려내는 기술 이상으로 활용되지 못한다. 부모님 사이의 갈등, 가정과 직장 내에서의 위치나 상황 등에 대한 나름의 고민도 비교적 전무한 채 오로지 강철로 인한 충동적 선택

---

20 다음의 인터뷰 내용은 오연주 캐릭터에 대한 문제를 작가 역시 충분히 인지함을 보여주는 부분이다. "사실 오연주 캐릭터에 대해서는 할 말이 없다. 강철과 오연주의 순정만화 같은 로맨스와 피조물과 창조자의 대립관계를 억지로 엮다 보니 혼란이 왔고, 그 부작용으로 오연주의 감정선이 너무 어려워졌다. 어떤 엔딩이 나더라도 오연주의 희생은 불가피해진 거다. 연기하는 입장에서도 고통스럽지 않았을까? 이건 어디까지나 내 실수다. 쫑파티에서도 한효주 씨에게 미안하다고 했다. 빚을 진 기분이다."(김윤정, 앞의 글의 인터뷰 인용)

21 MBC 드라마 〈W〉 공식 홈페이지 등장인물 소개 참조.

과 행동을 거듭할 뿐이다. 웹툰의 세계로 들어가 마침내 소멸을 선택한 아버지의 부재가 오연주의 삶에 끼친 영향이 비교적 무심히 처리되며 지나가는 것도[22] 이러한 그녀의 특성을 단적으로 증명하는 부분이다.

그러나 이를 단순히 작가의 극작술의 한계로만 보기에는 미진한 부분이 있다. 오히려 "자기 삶을 추구하는 게 불가능해진 파산한 현실의 일본 오타쿠들이 이 이야기를 추구하기 위한 현실로의 도피가 만화나 애니메이션에 몰입하는 것으로 나타"[23]났다는 기존의 분석을 떠올려 보면 오연주는 같은 맥락에서 설명 가능한 캐릭터일 수 있다. 아버지의 웹툰에 열광하며 웹툰 안의 모든 정보를 꿰고 있으며 웹툰이 곧 자기 삶과 마찬가지인 오연주에게 현실 속 아이덴티티의 문제는 크게 중요해 보이지 않는다. 강철과의 관계, 웹툰의 성공적 엔딩을 위해 고군분투하는 그녀에게 현실의 문제란 언제든 버리고 떠날 수 있는 것에 불과하다. 물론 이 작품에서는 웹툰과 현실 세계의 경계를 구분 짓는다는 것 자체가 무의미한 것이기도 하다. 디지털 기술에 기반을 둔 현대인의 삶에서 한 개인의 정체성 문제가 가상 세계와의 관계로부터 온전히 벗어나 설명되기 어려운 것처럼 말이다. 그러나 현실과의 관계 안에서가 아닌 가상의 관계, 심지어 그것이 실제의 현실마저 압도할 수 있는 상황[24]은 지

---

22 오성무의 실종 후 전단지가 붙여지는 장면 등을 통해 그의 생사 여부를 확인하려는 듯한 장면이 연출된다. 이후 현실 세계로 돌아온 강철은 오연주에게 오성무가 웹툰 세계에서 정신 병동에 있다고 해명한다. 그리고 오연주는 이러한 소식에 크게 의문을 제기하거나 사실관계를 꼼꼼하게 따지지 않은 채 수긍하며 강철과의 만남을 이어간다.
23 엄기호는 트위터에서 활동하는 '쓺'이라는 논객의 글과 분석에 일정 정도 동의하며 오타쿠의 문제에 접근하고 있다. 엄기호, 앞의 책, 22~23쪽.
24 작가 송재정은 고야의 〈아들을 잡아먹는 사투르누스〉의 그림을 드라마에서 매우 상징적인 장치로 활용한다. 이는 오성무와 강철이 창조주와 피조물이라는 관계를 반영하는 것이면서 동시에 실재와 가상의 관계를 암시하는 것이기도 하다.

금 현재 우리 삶의 조건을 반영하는 것이기도 하다. 이는 동시에 삶에 대한 맥락과 인과율을 찾고자 하나 현실에서 그것이 쉽게 좌절될 수밖에 없는, 그리하여 가상의 세계에 전적으로 몰입할 수밖에 없는 현실에 대한 하나의 반영일 수도 있을 것이다.

3. 경계 넘기의 상상력과 유희로서의 클리셰

웹툰은 순서대로 나열된 칸의 배치를 따라 인물의 행동과 대사가 만화적 기호와 함께 이어지는 만화의 특성을 그대로 따르고 있다는 점에서 만화예술의 한 장르에 속한다. 하지만 디지털 환경에서 읽기에 적합한 세로 스크롤 방식의 표현 양식을 만들어내면서 출판문화와는 확연히 구별되는 새로운 만화의 장을 구축하였다. 더불어 웹툰은 세대적 관심사와 취향을 널리 섭렵하면서 폭넓은 독자층을 기반에 두고 영상매체와의 혼합, 캐릭터 산업으로의 확장을 통해 한국 대중문화 산업의 중요 축을 담당하게 되었다.[25]

자신의 자유의지로써 피조물로서의 운명에 대항한다는 설정은 드라마 〈W〉의 작품성을 평가하는 데 있어 가장 핵심적인 부분이다. 그러나 막상 시청자들의 이목을 끌었던 것은 서사의 인과성이나 주제의식의 깊이라기보다는 경계를 넘나드는 상상력과 감각적 이미지들의 재기발랄한 표현 그 자체라고 할 것이다. 물론 허구와 현실 사이의 경계 넘나들기

---

25 김예지, 「일상툰의 대중화와 감정 재현에 관한 연구」, 서울대 석사논문, 2016, 1~3쪽 참조.

는 이미 많은 장르에서 활용되어 온 소재이지만 흥미로운 것은 드라마
〈W〉가 포괄하는 허구의 세계가 최근의 젊은 세대에게 가장 소구력 있는
장르로서의 웹툰이라는 점이다.

웹툰이, 연재되고 있는 인터넷 공간을 넘어 드라마나 영화를 비롯한
타 장르의 원작이 되어 성공했던 여러 전례를 떠올려 본다면 드라마 내
웹툰 〈W〉는 시청자에게 실제 웹툰의 존재 유무에 대한 관심과 호기심
을 일차적으로 유발한다. 웹툰이 영화화 혹은 드라마화될 때 등장인물
과의 '싱크로율'에 따른 가상 캐스팅의 문제가 제작 전부터 팬들 사이
에서 가열되는 논란거리임을 고려해 보면, 배우의 모습과 똑같은 만화
속 주인공의 외양은 감탄을 자아내기에 충분하다. 물론 이는 드라마
〈W〉만을 위해 윤태호 작가의 감수를 받아 제작, 구성된 이미지들이기
에 가능한 일이었다.[26]

또한 웹툰 원작이 전제되어 있으리라는 추측은 작품성에 대한 사전
기대와 신뢰를 높여주며 드라마 홍보에도 적극 활용되어 왔다. 일례로
2014년 비정규직 문제에 대한 사회적 공론화를 가능케 했던 tvN의 드
라마 〈미생〉의 경우, 웹툰을 원작으로 두고 있지만 웹이라는 환경 자체
가 작품의 소재가 아니었음에도 웹툰과 실사가 겹쳐 있는 대표 이미
지[27]가 홍보용으로 제작되었다. 이는 두터운 팬층을 확보하며 높은 인
지도와 작품성을 보장받아야만 드라마로 제작될 수 있다는 관행과 무
관하지 않다. 즉 웹툰 원작의 존재는 작품성에 대한 시청자들의 기대를

---

26 조현주, 「[W에게 묻다①] – 웹툰 'W'는 어디서 볼 수 있는 건가요?」, 『텐아시아』, 2016.7.21;
    김지원, 「〈미생〉 윤태호 작가…… 웹툰 vs 현실 그린 드라마에 자문」, 『경향신문』, 2016.7.17.
27 tvN 드라마 〈미생〉 공식 홈페이지 사진첩 참조.

자극하기 위한 전략이며 드라마를 홍보하기 위한 효과적 수단이 되는 것이다. 그렇게 본다면 실제 인물과 배우의 싱크로율을 따져보게 만드는 홍보 이미지는 물론, 드라마 〈W〉에서 출판된 웹툰이 서점에 전시되어 있으며 모니터의 프레임 안에서 웹툰의 장면을 지켜보게 만드는 설정 등은 웹툰 〈W〉의 실제 존재를 믿게끔 유도하는 의도적 장치로, 전술한 맥락에서 이해할 수 있다.

한편, 웹툰은 웹에서 보는 만화라는 사전적 의미와 같이 매체적 특성을 극대화하며 효과적으로 콘텐츠를 전달하기 위해 다양한 IT 기술을 도입하였고, 특히 모바일 환경으로 변화하는 스마트 디바이스에 적합한 여러 콘텐츠를 개발해 왔다. 이를 통해 시각만이 아니라 오감을 통해 콘텐츠에 대한 몰입감을 높이는 데 주력하고자 한 것이다. 스마트툰, 효과툰, 무빙툰과 같이 정지된 화면의 단조로움을 탈피할 수 있는 기술(페이드인/아웃, 디졸브, 이미지 확대/축소, 배경음악 등)이 바로 그 예들이다.[28] 그렇게 본다면 웹툰 〈W〉가 드라마 〈W〉의 소재로 도입되는 상황은, 역으로 단조로움을 극복하며 몰입감을 높이는 확실한 수단이 될 수 있다. 상대적으로 전통적이며 보수적인 매체로 보이는 텔레비전드라마 내에서의 2차원의 그림과 3차원 실사의 병존·전환의 과정 등의 신선한 촬영기법과 첨단 CG의 적극적 결합은 "색다른 볼거리"만으로도 충분히 흥미로운 상황을 만들어낸다. 이러한 부분은 다음의 기획의도를 통해서도 분명히 표명되고 있다.

---

28 김정연·이하나, 「웹툰에 적용된 최근 IT기술의 동향에 관한 연구」, 『한국디자인문화학회지』 22, 한국디자인문화학회, 2016.

■ 장르와 차원을 넘나드는 묘미

그러나 우리 드라마는 여기에 머물지 않는다. 각기 분리되어 있던 두 세계는 연주와 강철 두 사람으로 인해 서로 통하기 시작한다. 현실 세계와 가상 세계를 넘나들며 펼쳐지는 사건들은 예측 불허의 위기와 갈등을 불러일으키며 한시도 긴장을 늦출 수 없는 스릴 넘치는 재미를 선사할 것이다. 또한, 차원을 뛰어넘은 두 주인공의 사랑은 그렇기에 더욱 설레고, 그렇기에 더욱 애틋하게 시청자들의 마음을 사로잡을 것이다. 우리 드라마는 만화와 실사를 넘나드는 과감한 시도를 통해 기존에 본 적 없는 색다른 볼거리를 선사할 것이다.[29]

이처럼 "색다른 볼거리"로 다양한 CG 기술을 도입한 한편으로, 드라마 〈W〉는 웹툰 장르의 특성을 활용하여 진부하고 과장된 장치들을 유희의 요소로 적극적으로 활용한다. 텔레비전드라마에서의 재현 양상과 비교해 본다면 만화 장르에서의 남녀의 연애 양상은 상대적으로 과장되는 경우가 많다. 그럼에도 매체의 특수성으로 인해 이러한 표현 방식은 독자들에게 큰 거부감 없이 수용된다. 특히 웹툰 안에서 이루어지는 강철과 오연주의 연애는 기시감을 주는 각종의 클리셰[30]를 매우 의도적으로 반복하며 과장하는 방식으로 연출된다.

강철은 캐릭터 설정에서부터 지극히 비현실적으로 제시되고 있다.

---

29 MBC 드라마 〈W〉 공식 홈페이지 기획의도 참조. 강조는 인용자.

30 클리셰에 대한 기존 정의는 크게 두 개의 내용으로 구성된다. 첫째는 어떤 표현이나 생각, 예술적 요소가 자주 반복 사용되어서 원래의 참신함을 상실했다는 것이며 둘째는 앞선 표현 방식을 모방한 탓에 예측 가능하다는 것이다. 특히 대중문화 텍스트 중에서도 텔레비전에 대해서는 창의성에 대한 기대가 약하기 때문에 그러한 상투적 표현이 자주 나타남에도 그에 대한 학술적 관심은 낮은 편이다. 손병우, 「상투적인 TV에서 찾는 함의」, 『언론정보연구』 52(1), 서울대 언론정보연구소, 2015 참조.

그간 많은 텔레비전드라마가 완벽한 조건의 이상적 남성상을 그려내 온 것은 사실이나 〈W〉는 그 정도 면에서 지나치게 과장되어 있다. 아테네 올림픽 사격 권총 금메달리스트 출신으로 살인범의 누명을 썼던 그가 30세의 나이에 시가총액 1조 5,000억 원에 달하는 벤처기업의 창업자로 변신하며 개인 자산만 8,000억 원을 보유한다는 설명은 현실적 개연성의 문제를 웹툰이라는 매체의 특수성 안에서 무마해 버리고 있다. 심지어 최근 드라마들에서 남자 주인공 캐릭터에 현실성을 확보하기 위해 성격이나 환경 등에서의 약간의 결함을 가미한다는 점을 환기한다면 이러한 강철 캐릭터는 상대적인 수준에서 비교해 보더라도 매우 이례적이다.

각종의 우연적 요소들 역시 웹툰이라는 틀 안에서는 자유자재로 활용되는 수준을 넘어 의도적으로 과장된다. 태블릿 안으로 빨려 들어간 순간부터 현실에서의 자기 정체성을 박탈당한 오연주는 최소한의 신분, 경제력조차 보증받을 수 없는 무력한 존재로 일순간 전락한다. 그러나 완벽한 외모와 재력을 지닌 강철은 위기에 처한 그녀를 때마침 정류장에서 발견하며 극적으로 구조한다. 빨간색 고급 스포츠카로 오연주를 에스코트하는 강철의 모습이나 최고급 의상실에서 남자를 관객으로 둔 여자가 머리부터 발끝까지 여러 옷을 바꿔 입는 모습은 지극히 진부하기만 하다. 그런데 이러한 상황은 웹툰 세계에서 현실 세계로 전환되는 순간 그동안 벌어진 일이 특수한 조건 안에서 한정적으로 가능한 일이라는 사실이 인물 스스로에게 분명히 자각된다. 이뿐만 아니라 현실 세계로 돌아오기 위해 강철의 뺨을 느닷없이 치거나 키스를 하는 행위 등은 오연주 자신이 "이 정도면 엔딩감"(2회)이라고 말하듯 일종의 장르 관습을 계산하고 즐기며 가상의 공간에서 하나의 유희적 일탈을 즐긴 것이라 볼 수 있다.

자신의 취향이 "달달한 로맨스물"이라는 사실을 당당히 밝히는 오연주에게 강철과의 만남은 그간 독자로서 지녀온 취향과 상상을 적용하여 구체적으로 실행해 보는 기회가 되기도 한다.[31] 연주의 요구를 고려하여 강철은 그러한 로맨스물들의 관습을 충실히 조사하여 섭렵하며 매우 비현실적이고 상투적인 연애방식을 기꺼이 선보인다. 8회에서 신데렐라 콘셉의 국빈 만찬에 초대받게 되는 일 등이 그 대표적 예이다. 오연주 본인도 이 세계가 지닌 클리셰를 인지하며 앞으로 벌어질 상황을 스스로 예견할 정도이다. 그리하여 때로는 드라마 전체의 흐름과 좀처럼 어울리지 않을 정도로 각종의 진부한 연애 장면들이 의도적으로 이어지기도 한다.

오연주　　　지금부터 당신 인생은 아빠 작품이 아니에요. 그건 끝났어요. 완전히. 지금부턴 우리가 같이 만드는 속편이라고 생각해요. 난 아빠 취향하고 달라요. 난 살인 사건, 복수, 총싸움, 스릴러 이딴 거 정말 싫어하거든요. 내 취향은요, 달달한 로맨스물이에요.(7회)

강철　　　　여자들이 좋아하는 달달한 로맨스라는 게, 알아보니까 종류

---

31 오연주가 학창시절 가지고 있던 이상형에 대한 구상은 아버지 오성무에게 깊은 영향을 주었고 이것이 바로 강철 캐릭터 탄생의 직접적 초안이 되었다고 볼 수 있다. 그렇다면 강철은 애초에 연주의 생각과 의도대로 만들어진 인물이라 할 것이다.

가 한두 가지가 아니더라고.

서도윤   뭐?

강철   빚을 갚고 싶어도 엄두가 안 나니까 범주를 좀 좁혀달라고 해.
1번, 화려한 파티가 동반된 신데렐라 컨셉. 2번, 전원에서 둘만
의 로맨틱한 여행. 3번, 일상 속의 소박한 로맨스. 아, 하나만
더 추가할까? 4번. 도발적이고 파격적인 19금 컨셉, 후우.(7회)

강철   처음 해 보는 거라 될까 모르겠네.

오연주   뭘요?

강철   아니, 이 책에 보니까 머리 묶어주는 게 있길래.

오연주   네?

강철   여직원들한테 리서치 시켰더니 이 책 사다주던데. 여자들이
좋아하는 달달하고 소박한 로맨스는 다 있다고.(7회)

강철   파티도 궁금하다면서요.

오연주   네?

강철   1번. 화려한 파티가 동반된 신데렐라 컨셉. 그거랑 갈등했다
던데. 드레스 입을 만한 자리 찾아 보랬는데 마침 국빈 만찬
에 초대받아서요.

오연주   국빈 만찬이요?

강철   청와대 행사니까 잘 골라 봐요.

오연주   청와대요?(8회)

한상정은 순정만화의 텍스트적 주요 특성으로서 '연극성'을 꼽는데, 이는 두 가지의 모순된 성향들 사이의 놀이라고 볼 수 있다. 움직임이나 소리가 부재한 만화 텍스트는 감상자에게 분리된 칸들을 연결하며 생략된 내용을 이해하고 종이 속 인물들에 생명을 부여하는 등의 심리적이고 물리적인 활동을 요구한다. 동시에 자신만 제외된 어떤 픽션이 상연되는 무대를 일방적으로 지켜본다는 수동적 착각을 불러일으키려고 한다.[32] 그렇게 본다면 웹툰의 세계에 들어가 주인공을 만나 직접 연애를 이어간다는 드라마의 설정은 2차원의 세계에서 재현된 상황을 수용자가 보다 적극적으로 상상하며 체험하는 색다른 쾌락을 맛볼 수 있게 만든다고 하겠다.

더불어 순정만화 특유의 장식성[33]을 환기해 봤을 때 강철의 역할을 맡은 이종석의 우월한 외모는 그 자체만으로 감상자에게 시각적 즐거움을 주기 위한 주요한 장치로 작용한다. 순정만화의 페이지들은 독특한 코드들로 가득 차 있는데 특히 등장인물들은 커다란 눈과 작은 얼굴, 8등신을 뛰어넘는 이상적 신체를 지닌 인물로 표현되고 있다. 실제로 186cm의 큰 키에 작고 흰 얼굴을 지닌 이종석의 외모는 웹툰의 페이지로 표현되는 이미지와 실사의 자유로운 전환을 조금의 어색함 없이 연결해 준다. 게다가 현실에서 한 캐릭터가 고루 입어 보기 어려운 각종의

---

32 한상정, 「감성만화의 이미지 서사의 주 특성으로서의 연극성(théâtralité)」, 『미학 · 예술학 연구』 26, 한국미학예술학회, 2007, 155쪽.
33 한상정은 순정만화의 장식성을 '시각적 즐거움을 주기 위한' 장치로 명명하면서 등장인물의 표현 방식, 묘사에 있어서의 다양한 장식적 요소들, 일러스트 페이지의 삽입, 페이지 구성 양식이라는 네 가지 특성을 꼽아 설명하고 있다. 한상정, 「'장식성'의 반복적 출현에 대한 소고─순정만화와 타 장르(포스터, 일러스트, 서정화, 소조망가)를 중심으로」, 『만화애니메이션 연구』 12, 한국만화애니메이션학회, 2007.

의상들은 웹툰이라는 특수한 설정 안에서 자연스럽게 연출되며 마치 만화 속 '일러스트 페이지'를 현실화한 듯 독자들의 시선을 즐겁게 만들어준다. 동시에 이러한 즐거움은 웹툰을 지켜보는 드라마 속 현실을 통해 이것이 허구에 불과하며 수용자가 즐길 수 있는 일종의 유희거리라는 점을 분명히 하고 있다.

김 간호사   지금 댓글 난리 났어요. 처음 나오는 키스씬이 왜 하필 또라이 한테 당하는 거냐고 막 사람들 분개하고. 윤소희가 아니라고 또 분개하고. 근데 나 이런 거 너무 좋아하잖아요. 뜬금없는 러브라인. 아버님께 완전 설렌다고 꼭 전해주세요. (2회)

이상적 남성을 향한, 그야말로 과도한 판타지적 이미지와 상황의 나열은 결과적으로 창조주와 피조물의 관계, 인간의 운명과 자유의지와 같은 이 드라마에서 담아냈던 진중한 문제의식들을 희석해 버리는 결과를 낳는다. 즉 매체가 갖는 특수성으로 인해 극적 개연성은 관습적 장치의 테두리 내에서 그 오류마저 무마되지만 시청자는 현실성이 탈각되는 이러한 과정을 기꺼이 용인하게 되는 것이다. 물론 작품성에 대한 종래의 평가 기준을 바탕으로 본다면 이는 명백한 한계가 된다. 그러나 오히려 〈W〉는 웹툰과 텔레비전드라마의 사이를 넘나드는 상상의 쾌락, 그 자체를 마음껏 작동하게 만드는, 그리하여 개연성을 넘어서는 감각적이며 효율적 장치에 결과적으로 더 큰 무게를 둔다고 볼 수 있다. 이러한 점은 드라마 〈W〉가 지닌 특수성이기도 하다.

4. 판타지가 던진 궁극적 질문

츠베탕 토도로프는 판타지 양식의 핵심 조건을 "자연적인 해석과 초자연적인 해석 사이에서"의 망설임으로 파악하였다.[34] 드라마 〈W〉의 즐거움은 물리적 법칙을 거스르는 상상의 영역이 발전된 기술을 토대로 시각적으로 재현되면서, 그것이 마치 현실인 듯 느끼게 되는 것에서 출발한다. 또한 드라마를 통한 이러한 상상의 과정은 존재론적 이유와 목적을 찾고자 하는 인간 고유의 욕망과 맞닿아 있으며 현재의 구체적 현실로 확장하여 적용, 해석할 수 있게 만든다. 그렇기에 내용적 측면에서 이 작품은 폭넓은 설득력을 지닐 수 있게 되었다. 그러면서도 자기 정체성에 대한 본질적이고 현실적인 질문, 그리고 그 해답에 대한 갈구가 주로 가상의 세계를 매개로 하여 구현된다는 점 역시 빠르게 변화하는 디지털 환경과 변화된 시대의 특수성을 반영하는 부분이기도 하다.

영화에 비해 적은 예산이 투입되는 텔레비전드라마의 제작 환경상, 그리고 남녀의 로맨스만이 주로 부각되는 한국드라마의 흐름 속에서 판타지드라마의 제작 역시 일정의 방향성을 지니고 제한되어 온 것이 사실이다. 드라마 〈W〉는 이러한 기존 관습을 도리어 과장하여 일종의 유희로 활용하면서도 동시에 과거 보지 못했던 고유의 특이점들을 충분히 선보이고 있다. 작가가 제기한 문제의식과 상상력의 발현 방식은 "낭만적 사랑의 신화"와 "계급차 로맨스"[35]의 범주를 넘어서 인간 존재의 의미와 자유의지라는 심오한 질문에 기반을 두고 있기 때문이다. 더

---

34 츠베탕 토도로프, 최애영 역, 『환상문학서설』, 일월서각, 2013, 68쪽.
35 이지행, 앞의 글, 297쪽.

불어 판타지가 작품 소재와 주제 전반에 깊숙이 개입한다는 점은 두드러진 차별성을 드러낸 부분이기도 하다. 나아가 달라진 디지털 환경 속에서 가상과 실재의 궁극적 의미를 우리에게 되묻고 있다는 점에서도 드라마 〈W〉는 한국 판타지드라마의 새로운 가능성을 확장하였다고 평가할 수 있을 것이다.[*]

---

[*] 이 글은 「텔레비전드라마에 나타난 서사적 삶에 대한 열망과 상상의 쾌락」(『한국극예술연구』 60, 한국극예술학회, 2018)을 수정하여 재수록한 것임.

〈더킹 투하츠〉, 국민국가라는 전근대적 '판타지'

이승현

1. 어두운 과거와 대체 역사

'판타지fantasy'는 이야기가 가지는 현실과의 거리를 전제한다. 따라서 일어날 수 있는 일과 일어날 수 없는 일에 대한 공통적 인식에 한정했을 때, 작가들은 판타지를 통해 현실에 일어날 수 없는 일을 이야기한다.[1] 이러한 판타지는 다양한 방식으로 영상 서사와 만나고 있는데, 영상 서사가 추구하는 시각적 자극과 판타지물이 가지는 낯섦이 만나면서 만들어내는 시너지가 크기 때문일 것이다. 오늘날 텔레비전드라마에서 볼 수 있는 시간 이동, 외계 생명체, 초능력, 초자연적 현상 등은 모두 판타지의 장점을 텔레비전으로 옮긴 결과물이라고 할 수 있다.

다양한 텔레비전드라마 중에 그 형식적 특징에서도 확연히 '현실'과

---

1   츠베탕 토도로프, 최애영 역, 『환상문학서설』, 일월서각, 2013, 70쪽 참조.

다른 측면을 가지기에, 쉽게 판타지라는 범주 내에서 설명할 수 있는 작품들이 있다. 특히 등장하는 인물이 괴물, 귀신, 도깨비, 외계인 등과 같이 인간과 다른 기이한 존재이거나 특별한 능력을 가진 존재, 혹은 우리의 경험 세계와는 확연히 다른 상황 및 배경에 놓여 있는 경우가 그렇다. 이에 비해 역사적 사건 혹은 그 배경의 사실성에 대한 문제를 역사적 사실과는 다른 방식으로 전개하는 경우, 그 서사를 판타지 개념과 연관시키기는 쉽지 않다. 그럼에도 불구하고 이러한 서사 또한 '현실'과는 다른 내용을 전제하고 거리를 둔다는 점에서 마찬가지다.

대체 역사alternative history는 일종의 '사실과 판타지의 융합'으로, 만약 역사적인 사건이 달랐다면 현재가 어떻게 변화했을까를 가정하여 가상의 역사를 창조해내는 서사유형이다.[2] 이처럼 불가능한 과거를 바꾸려는 서사 전략은 "불만족스러운 현실을 타개해 보고자 하는 욕망"[3]에서 비롯되기에, 현실을 전복하려는 목적을 가지는 판타지는 대체 역사와 잘 어울리는 방법이라고 하겠다.[4] 따라서 대체 역사라는 역사에 대한 판타지는, 서사를 만들어내는 주체가 보여주고자 하는 현실의 가능성을 통해 가상적 이면을 드러낸다고 할 수 있다. 그러므로 대체 역사를 활용한 텔레비전드라마는 시청자로 하여금 현실의 문제를 직면하게 할 수도 있으며, 그들에게 현실에 대한 위안을 줄 수도 있다.[5] 대체 역사

---

2 류철균·서성은, 「영상 서사에 나타난 대체 역사 주제 연구」, 『어문학』 99, 한국어문학회, 2008, 422쪽 참조.
3 박명진, 「텔레비전드라마 〈나인〉에 나타난 시간 여행의 의미 연구」, 『어문론집』 59, 중앙어문학회, 2014, 280쪽.
4 이숙, 「한국 대체 역사소설 연구」, 전북대 박사논문, 2013, 39쪽.
5 이와 관련하여 나병철은 환상과 현실의 관계를 '이데올로기적 환상-현실'과 '미학적 환상-현실'로 나누어 살피고 있다. 나병철, 『환상과 리얼리티』, 문예출판사, 2010, 30∼39쪽 참조.

를 활용한 텔레비전드라마의 이러한 효과는 현실의 결핍을 어디에서 찾느냐에 따라 달라진다. 이 글에서는 대체 역사물의 하나인 〈더킹 투하츠〉[6]를 통해 텔레비전드라마에서 드러나는 현실 인식의 한 양상과 판타지 활용의 성과를 살펴보고자 한다.

〈더킹 투하츠〉는 일제강점기 이후 조선 왕실을 중심으로 독립운동이 이루어졌고 이에 따라 해방 이후 자연스럽게 국왕을 중심으로 입헌군주제의 형태로 독립하였다는 전제로부터 출발한다. 이처럼 역사적 사실과 다른 "'입헌군주제'라는 가상의 배경"[7]을 두고 이야기가 진행되기에, 〈더킹 투하츠〉는 대체 역사라는 판타지를 기반으로 성립된다. 이후 더 구체적으로 논의하겠지만 역사에 대한 이러한 판타지는 국가에 대한 강력한 이미지에 대한 욕망으로 이어진다. 세계적으로 국왕이라는 존재와 입헌군주제라는 제도는, 근대 식민지 시기 식민지를 운영했던 국가나 당시 독립을 유지했던 국가, 예를 들면, 영국, 일본, 태국 등과 같은 나라에 유지되고 있다. 그러니 이러한 판타지는 식민지를 경영했거나 독립을 유지할 수 있을 만큼 힘이 강했던 국가에 대한 일종의 동경으로 읽을 수 있다. 〈더킹 투하츠〉는 강력한 국가적 이미지와 함께, 왕이라는 절대 권력자를 통해 국가에 대한 사회 지도층의 의무인 노블레스 오블리주의 문제를 같이 그려낸다.

대체 역사로서 이러한 판타지는 역사적 사실과 전혀 다른 현실 인식을 시청자들에게 제시할 수 있다는 점에서 문제적이다. 형식적 특징을 통해 판타지임을 쉽게 인식할 수 있는 드라마의 경우와는 달리, 대체 역

---

6 홍진아 극본, 이재규 연출, 〈더킹 투하츠〉, MBC, 2012.3.21~5.24(20회).
7 강석봉, 「'더킹 투하츠' 결말까지 개념으로 채웠다」, 『스포츠경향』, 2012.5.25.

사의 경우 시청자가 자칫 허구적인 가상의 서사를 실제로 인지하고 이를 현실의 문제와 연결할 가능성도 존재하기 때문이다. 이와 함께 고려해야 할 사항은 왕권과 입헌군주제라는 대체 역사를 활용한 텔레비전드라마가 2000년대 이후라는 한정된 기간 동안 제한된 편수만 제작되었다는 사실이다. 〈더킹 투하츠〉와 유사한 방식으로 대체 역사를 활용한 작품을 살펴보면, 당시 연재 중이던 동명의 만화[8]를 기반으로 궁중 로맨스를 다룬 〈궁〉[9]과 그 후속작으로 제작된 〈궁S〉,[10] 두 작품과 유사하게 멜로드라마적 성격이 강했던 〈마이 프린세스〉, 그리고 이 글에서 다루고자 하는 〈더킹 투하츠〉 정도가 전부이다.

그럼에도 불구하고 이 글이 〈궁〉과 〈궁S〉 그리고 〈마이 프린세스〉를 제외하고 〈더킹 투하츠〉라는 하나의 드라마를 다루고자 하는 이유는 명백하다. 앞선 세 드라마가 왕궁과 왕족이라는 가상의 역사적 설정을 신데렐라 신드롬에 맞게 활용하고 있다면, 〈더킹 투하츠〉는 국가권력과 자본권력의 대결뿐만 아니라 분단 상황과 같이 공적이며 역사적인 문제들을 다루고 있기 때문이다. 물론 〈더킹 투하츠〉 역시 멜로드라마적 요소를 가지고 있지만, 남북한의 분단 문제와 자본권력의 비리를 영웅적 지도자와 강한 국가의 이미지[11]를 통해 해결해 간다는 점은 특징적이다.

---

8 원작 만화는 박소희 작가의 〈궁〉으로 드라마가 만들어지는 시점에서는 아직 연재 중이었다. 평범한 여학생이 황태자와 정략결혼을 한다는 설정으로부터 출발한 판타지 멜로물이다.
9 인은아 극본, 황인뢰 연출, 〈궁〉, MBC, 2006.1.11~3.30(24회).
10 이재수・도영명 극본, 황인뢰・김수영 연출, 〈궁S〉, MBC, 2007.1.10~3.15(20회).
11 영웅적 지도자와 강한 국가의 이미지는 계몽의 관점에서 인식되었다고 할 수 있다. 특히 민족의 발전을 내세웠던 군사정권 시기에 박정희는 근대화라는 당대의 가치에 어울리는 역사적 영웅들을 활용함으로써 자신이 원하는 방식으로 국가에 충성한 국민(민족)을 만들어냈다고 할 수 있다. 최연식, 「박정희의 '민족' 창조와 동원된 국민통합」, 『한국정치외교사논총』 28(2), 한국정치외교사학회, 2007 참조.

따라서 〈더킹 투하츠〉에 대한 분석은 텔레비전드라마를 통해 드러나는 불만족스러운 현실의 단면과 이를 표현하고 극복하는 방식으로 활용된 판타지에 대한 의의를 확인할 수 있다는 점에서 의미가 있다.

2. 전근대적 신분관계와 멜로드라마적 판타지

〈더킹 투하츠〉는 남녀 주인공의 애정 문제를 중심으로 사건을 진행시킴으로써 멜로드라마적 구성을 취한다. 일반적으로 멜로드라마의 이야기 전개를 고려한다면,[12] 사랑하는 남녀 주인공이 사랑을 얻거나 이별하는 과정으로 순차적으로 나아간다. 즉, 남녀 주인공을 포함한 다른 인물과의 관계에서 서로 사랑을 확인하고, 이어 서로의 사랑을 이루는 과정에 외부로부터 위기가 발생하지만, 결과적으로는 위기를 극복하고 사랑을 성취하게 된다. 그러나 〈더킹 투하츠〉에서 남녀 주인공이 보여주는 사랑은 다른 멜로드라마에서 볼 수 있는 남녀 주인공의 사랑과는 다소 차이를 보인다. 일반적으로 남녀의 사랑에 위기를 초래하는 원인이 개인이나 가문과 같은 사적 영역에서 나타난다면, 〈더킹 투하츠〉에서 주인공들의 사랑은 국가와 국제사회라는 공적 영역에 의해 발생하기 때문이다. 〈더킹 투하츠〉에서 이재하는 왕인 재강에 의해 남북단일팀으로 이루어진 세계장교대회WOC에 참여할 준비를 하게 된다. 이 과정에서 만난 김항아와 우여곡절 끝에 서로 사랑을 확인하게 되지만, 남북의 평

---

12   순수 멜로드라마의 전형에 관해서는 벤 싱어의 『멜로드라마와 모더니티』(이위정 역, 문학동네, 2001, 63~65쪽)를 참조할 것.

화를 막고 경제적인 이득을 취하려는 클럽M의 김봉구에 의해 계속 방해 받는다. 하지만 둘의 사랑에 대한 반응은 단순히 경제권력의 견제나 국제적 분쟁에만 있는 것은 아니다. 둘의 결혼 소식이 알려지면서 이에 대한 시민들의 반응도 나타나는데, 이들의 결혼은 계획 단계이고 김항아가 단지 후보 중 한 명일 뿐이지만 여론은 극단적인 반응을 보인다.

기자	오늘 아침, 왕제비 후보로 북한 특수부대원이 포함됐다는 소식에 충돌이 계속되고 있습니다. 왕실은 지금 이 시간까지 침묵을 지키고 있습니다. 시민들 의견 들어 보겠습니다. 어서 오십시오.
시민1	경제도 안 좋은데 왜 저러는 거예요 진짜. 근데 그 북한여자, 정말 암살조래요?
시민2	뭐. 간첩이다, 새터민이다. 소문이 너무 많더라고요. 근데 왜 왕실은 암말도 안 하는 거래요? 민주주의 시댄데 알아야죠 좀. 싹 다.(5회)

이재하의 결혼과 그 상대인 북한 여자 김항아에게 보내는 위와 같은 국민들의 반감은 두 사람의 사랑과 결혼에 있어 하나의 장애물로 작용한다. 간혹 두 사람의 사랑에 응원을 보내는 듯한 국민들의 반응도 있지만, 그것은 어디까지나 이재하에 대한 지지이다. 반대로 두 사람의 사랑과 결혼에 불만을 느끼는 국민들은 김항아가 북한 출신이며, 특수훈련을 받은 공작원이라는 사실에 거부감을 보인다. 대비마마인 영선이 이동급식 자원봉사를 하는 장면에서 이러한 국민들의 반응은 직접적으로

나타난다. 중년의 여성은 재하가 북한여자와 결혼을 하지 않도록 말려달라고 하는가 하면, 노년의 남성은 북한에 대한 부정적 의견을 폭력을 통해 노골적으로 드러내기도 한다.(6회) 이러한 현상은 김항아의 유산과 관련된 반응에서도 이어진다. 이재하와 김항아가 술에 취해 하룻밤을 보낸 이후 김항아는 임신을 하게 된다. 둘은 전혀 이러한 상황을 모른 채 원래의 계획대로 서로 헤어진다. 북에 돌아간 후 김항아는 유산을 하게 되는데, 이러한 과정에서 분단이라는 공적 상황은 다시 이들의 개인적 문제를 폭력적으로 다룬다. 북한의 호위사령부 부총국장은 항아에게 인터뷰를 강요하기 위해 유산에 관한 남한 국민들의 부정적인 반응을 보여준다.(11회) 사실 이는 항아와 북한에 대한 남한의 부정적인 인식의 연속이지만, 한편으로는 국가가 두 사람의 애정 문제를 어떻게 이용하고자 하는지를 보여주는 방식이기도 하다. 두 사람의 문제가 국가적인 차원에서 이용되는 과정은 남한에서도 그대로 나타난다. 클럽M에 의해 이재강이 살해당하고 북한의 소행으로 의심을 받는 상황에서 항아는 조사위원회에 출석하여 다음과 같이 말한다.

항아   공화국에서 맨날 방송으루 하는 말이 있씁다. 남조선은 온 동네가
               사창가에 거지굴이라구요. (미소로) …… 아니디요? 마찬가짐
               다. 남조선이나 공화국이나, 기사 다 믿으시믄 안됩미다.(9회)

항아의 위와 같은 발언을 통해 이 드라마에 숨겨진 국가권력에 대한 감정적 인식이 드러난다. 남한과 북한, 두 국가는 믿을 수 없는 말들로 상대를 폄하하며 각자의 체제를 공고히 해 왔던 것이다. 또한 이러한 체

제 경쟁이 재하와 항아의 개인적인 애정의 문제에도 영향을 미치고 있는 셈이다. 물론 이들의 문제를 각기 다른 체제에서 출생하고 자란 배경의 문제로 인지한다면, 이러한 설정은 극적 재미를 위한 것으로 이해할 수도 있다. 그러나 재하와 항아의 문제는 이와는 확연히 다르다. 공적 영역은 이들의 사적 영역에 영향을 미칠 뿐 아니라, 체제 경쟁과 이를 둘러싼 국제사회의 대결과도 연관되어 있다. 이는 재하와 항아가 각자 왕과 엘리트 장교로서 각자의 나라에서 공적인 위치를 완전히 배제하기 어려운 입장에 있는 인물들이기 때문이다. 따라서 그들의 행동과 결정은 이미 국가적인 혹은 국제적인 차원에서 영향을 미치게 된다.

위와 같이 〈더킹 투하츠〉에서 남녀의 애정 문제가 국가적이고 국제적인 차원의 문제들과 연결될 때, 이 드라마의 멜로드라마적 판타지는 극에 달한다. 이는 서로가 사랑하는 사람을 위해 할 수 있는 일이 다른 멜로드라마의 주인공들과는 차원이 달라지기 때문이다. 즉, 두 사람의 애정 문제와 관련한 개인적 결정이 국가 혹은 국민의 문제와 연결될 수 있다는 것이다. 약혼관계에 있다가 임신 후 유산을 한 항아의 소식을 들은 재하는 북한에 가고자 한다. 이 과정에서 재하는 인테리어 공사를 한다고 주위를 속이고 자신의 입장을 방송으로 밝힌 후 항아를 만나기 위해 북한으로 떠난다. 이 때 재하는 "한 남자가 자기 아이를 유산한 여자를 만나러 가는 것뿐"(11회)이라고 말한다. 이러한 재하의 발언은 반대로 재하의 행동이 국가적 혹은 국제적 분쟁으로 발전할 수 있다는 사실을 반증한다. 재하는 그의 방북이 개인적인 문제임을 강조하지만 그의 행동이 갖는 파장은 이미 사적인 영역을 벗어나 수용될 수밖에 없는 것이다. 재하의 방북이 국가적 혹은 국제적으로 큰 영향을 미침에도 불구하고 그가 개인적인 '사랑'을 얻기 위해 행동을 단행한다는 사실은 중요하다. 이 과정에서 주목해야 하는 사실은, 이러한 재하의 행동이 사랑을 위해 자신을 희생하는 '인간적인 면모'로 강조된다는 점이다.

공적인 영역에까지 자신의 행동이 큰 영향을 미칠 수 있다는 사실을 알면서도 한 여자를 위해 행동을 결의하는 남자의 모습은 굉장히 로맨틱하게 보일 수 있다. 그러나 재하의 상황은 기존의 인물들이 보여주는 멜로드라마의 남자주인공들과는 다르다. 재하의 결정은 한 국가와 그 국민에 관한 문제와 연결된다. 그의 잘못된 결정은 그가 통치하는 국민의 생명과 재산을 위협할 수도 있기 때문이다. 물론 드라마 속에서 주인공의 신분이 곧 이러한 문제를 유발하는 원인으로 이어지는 것은 아니다. 대체로 이와 유사한 설정을 가진 드라마의 경우 주인공들의 사랑이 공적인 영역에 영향을 미치기는 하지만, 그 영향의 파급력은 국가적 차원이 아닌 개인 혹은 가족의 차원에서 한정되어 나타난다.[13] 그에 비해 〈더킹 투하츠〉는 이미 국가 및 국제적 문제가 서사의 중심을 이루는 만큼 왕이라는 신분은 두 인물의 신분상의 격차를 보여주는 장치 이상으로 작동할 수밖에 없다.

〈더킹 투하츠〉에서 남녀 주인공의 신분상의 격차가 공적인 영역에서 어떻게 작동하는지는 먼저 두 인물을 통해 드러나는 의미로 알 수 있다. 독립된 한 국가의 왕자에서 왕으로 성장해 가는 재하가 정통성을 가진

---

13 1절에서 언급한 〈궁〉 시리즈나 〈마이 프린세스〉에서 왕과 왕가를 중심으로 한 대체 역사의 활용은, 극에 등장하는 남녀 주인공의 신분 차이를 극대화하기 위한 장치로 주로 활용되었다. 그리고 이들 작품의 경우는 두 주인공의 신분 차이로 인해 벌어지는 적응 과정이 로맨스의 이야깃거리로 등장함으로써 밝고 즐거운 분위기를 연출하기도 한다. 따라서 이 글에서 다루는 〈더킹 투하츠〉와는 설정의 기능에서 차이를 보인다고 하겠다.

한 국가를 상징적으로 대표한다면, 항아는 이러한 의미와는 크게 대비된다. 북한을 대표하는 인물인 항아는 남한 주요 인사를 살해할 수 있는 특수부대 소속으로 등장하는데, 이러한 설정은 북한을 '호전적' 이미지로 연상하는 방식과 유사하다.[14] 두 사람의 관계도 이러한 북한에 대한 이미지와 연관된다. 재하와 항아가 연애와 결혼을 하지만 두 사람의 관계가 평등한 모습으로 나타나지는 않는다. 재하가 왕으로서 존재한다면, 항아는 부인이면서도 왕의 가족인 대비마마를 보호하는 경호원처럼 보이기도 한다. 이러한 두 사람의 관계는 북한을 긍정적이든 부정적이든 동등한 입장이 아니라 우월한 입장에서 하나의 대상으로 바라보는 방식과 같다.[15] 이러한 북한에 대한 이미지는 남북한 군인들이 선물을 주고받는 장면(5회)에서도 나타난다. 남한 군인들이 전기면도기와 화장품 등 공산품을 선물하는데 비해, 북한 군인들은 떡을 선물함으로써 남북한의 사회적 여건을 대비시켜 보여준다.

남북한 사이에 나타나는 이러한 대비는 다음과 같이 드라마의 화면

---

14 이는 특히 〈더킹 투하츠〉가 방영된 시기와 함께 고려할 필요가 있다. "이명박 대통령과 역대 통일부장관들의 이념성향은 보수적이면서 국제관계에 대한 독특한 경험을 토대로 '국제화된 실용적 보수'라고 할 수 있"는데, "북한에 대해서는 '북한 불변론'에 입각해서 북한의 호전적 본질을 고려해서 국가안보와 북한의 변화를 강조"(김형석, 「역대정부별 북한인식과 대북정책 상관성에 관한 연구」, 경기대 박사논문, 2011, 106쪽)하였다. 따라서 북한을 바라보는 시선은 '호전적'인 힘의 이미지를 벗어나지 않는다고 하겠다.

15 대북인식에 관한 설문에서 가장 우호적인 입장을 '지원대상'으로, 가장 적대적인 인식을 '적대대상'으로 파악해온 방식(이러한 설문조사 변화에 관해서는 정세영·김용호의 「대북인식의 변화와 연속성」, 『한국과 국제정치』 85, 경남대 극동문제연구소, 2014, 120~122쪽을 참조할 것) 자체가 이미 북한에 대한 남한의 우월적 지위를 전제하는 방식이라고 할 수 있다. 이는 정권별로 나타나는 북한에 대한 프레임의 유형에서도 드러난다. 김대중 정권이 생필품이나 식량 부족이라는 프레임을 통해 북한의 지원을 강조했다면, 이명박 정권에서는 억압의 프레임을 통해 북한에 대한 불신과 반공 이데올로기를 고조시켰다. 정권별 프레임 및 정책과 관련해서는 하승희의 「북한주민 생활에 대한 국내언론보도 프레임연구」, 중앙대 석사논문, 2012, 46~47쪽을 참조할 것.

에 드러나는 미장센[16]을 통해서도 확인할 수 있다. 드라마에서는 세계 장교대회에 참여하기 위해 구성된 남북단일팀이 남과 북을 오가며 훈련하는 모습이 그려진다. 이 때, 남과 북의 환경은 발전하거나 정체되어 있는 이미지로 극명하게 나뉜다. 특히 장교대회를 위해 남북한 군인들이 머물게 되는 남북의 숙소는 인상적이다. 대비되는 두 장면에서는 영상의 효과를 통해 이미지를 만들고 있기 때문이다. 심리학적으로 영화의 색상은 분위기를 묘사한다.[17] 따라서 남한의 숙소와 북한의 숙소는 시청자들에게 다르게 전달될 수밖에 없다. 남한의 숙소를 보여주는 장면은 북한의 숙소를 보여주는 장면에 비해 밝은 조명을 활용한다. 거기다가 푸른 계열의 색상을 활용하면서도 현대적인 느낌의 가구와 소도구를 사용함으로써 밝고 긍정적인 이미지를 드러낸다. 이에 비해 북한의 숙소는 어두운 조명에 낡은 가구와 소도구를 사용하는 동시에 갈색 계열이 중심을 이루어 무겁고 음침한 느낌을 준다. 따라서 북한 숙소는 남한 숙소에 비해 낙후된 인상을 준다. 거기다가 화면에 보이는 선전문구와 인물 사진이 억압적이고 폐쇄적인 사회 분위기를 함께 보여주는 듯하다.

위의 분석에서 살펴본 바와 같이 남녀 주인공을 중심으로 남과 북을 고정된 이미지로 투사하면서도, 두 사람의 역경에서 왕이 자신의 힘을 개인적 문제에 활용하는 것처럼 로맨틱하게 그려내는 방식은 문제적이다. 이는 시청자로 하여금 고정된 이미지를 통해 북한을 대상화하도록

---

16 영화에서 미장센은 한 장면에서 세트, 의상, 분장, 소도구, 연기, 조명, 의상 등의 요소들의 관계를 통해 의미를 획득하는 방식이라고 할 수 있다. 한양대 연극영화과 편, 『영화예술의 이해』, 한양대 출판부, 2000, 76쪽 참조.
17 루이스 자네티, 김학용 역, 『영화 형식과 이해』, 한두실, 1991, 43쪽 참조.

하는 동시에, 왕이라는 신분과 그가 가진 권력이 작동하는 방식을 이해하도록 하기보다는 그를 한 사람의 개인으로 인식하도록 만들기 때문이다. 즉, 남한이라는 한 국가의 관점에서 왕이라는 신분이 가지는 공적 의미와 영향은 지워지고 개인적인 측면을 통해 멜로드라마의 남성 주인공의 매력이 강조되는 것이다. 따라서 시청자들은 쉽게 주인공에게 감정이입하며 가깝게 느낄 수 있게 된다.

앞서 언급했듯이 왕을 내세운 대체 역사물은 멜로드라마의 구성을 취함으로써 남녀의 사랑을 통해 보다 시청자들에게 쉽게 다가가려는 전략을 취한다. 그런데 이러한 전략은 단순히 두 주인공의 관계에서만 엿보이는 것은 아니다. 왕족들 또한 멜로드라마를 통해 공적인 존재감보다 인간적인 면모가 강조되어 그려진다.

시경	우리 때문에 놀고먹으면서, 우리 덕 보면서. 왜, 우리를 그렇게 비웃죠?
재신	노래…… 불러줄까요?
시경	(한숨)
재신	아니야. 지금 놀리는 거 아니에요, 빈정도 아니구. 진심으로 미안한데, 그냥 말로만 미안하다 그러면 안될 거 같아서.(7회)

재신	보는 거랑 밥 먹는 거랑은 다르지. 우리 새언니 음식 얼마나 잘하는지 모르죠? 왕비가 직접 해준 밥을 얻어먹으면서 왕이랑 공주랑 겸상하는 거, 아무 때나 이런 기회가 오는 게 아니에요. 일생일대의 출세할 수 있는 절호의 찬스니까 잡아요 빨리, 덥석.

시경	몇 시까지 계실 겁니까?
재신	시간 되는구나? 나도 눈치가 있어서 밥만 먹고 빠질 거니까. 한 일곱 시?
시경	그때 연락하세요. 모시러 가겠습니다. (탁 끊고)
재신	아, 잠깐. 뭐야 다들 이렇게 착한 척이야.(7회)

위의 인용에서 보듯, 공주인 재신의 경우도 재하와 마찬가지로 멜로드라마의 구성 속에서 애정 문제를 통해 인물이 형상화된다. 드라마 초반의 재신은 공주와는 어울리지 않게 가수로서 자유로운 모습을 보이고, 이 때문에 시경과 충돌하기도 한다.(6회) 이러한 모습은 왕족들이 가질 수 있는 공식적인 모습에서 벗어나기 때문에, 한 사람의 인간적인 면모를 엿본다는 느낌을 줄 수도 있다. 그것은 마치 재하와 마찬가지로 재신의 자유로운 성격이 그녀에게 주어진 신분의 무게와 대비되어 드러나는 것처럼 보이기 때문이다. 그러나 그녀의 자유분방함과 신분적 운명의 충돌이 공적인 삶을 사는 이의 내적 갈등으로 보이지는 않는다. 인용에서 보듯, 오히려 그녀의 성격과 운명의 대비는 시경과 남녀관계로 부딪치는 상황 속에서 빛을 발한다. 재하의 공적인 문제가 개인적인 연애의 문제로 치환되었듯이, 재신의 경우도 그녀가 불구가 되고 시경이 그녀를 도와주는 과정에서 공적인 문제는 점차 애정 문제로 수렴하게 된다.

왕과 왕족을 멜로드라마의 주인공으로 그려내는 방식은, 시청자들이 절대적인 권력을 가진 이들을 보다 친근하고 가깝게 느낄 수 있도록 한다. 그러나 멜로드라마의 구성을 통해 그려지는 절대 권력자들은, 시청자들에게 다른 방식으로 이해될 수 있다. 시청자들은 왕으로 상징되는 절대적 권력과 그것이 가지는 부정적 측면을 직시하기는 어려워지는 반면, 멜로드라마에 나타나는 '백마 탄 왕자'의 주인공과 같은 방식으로 왕과 그의 절대 권력을 이해하게 된다는 점에서 문제적이다. 〈더킹 투하츠〉가 판타지에 근거한 대체 역사에 기반하고는 있지만, '왕'과 같은 존재는 외계인이나 도깨비와 같은 '백마 탄 왕자'의 변형과 사회적 함의가 다르다. 판타지에 기반한 멜로드라마의 남성 주인공이 어떠한 능력이나 위치를 가지고 있더라도, 그의 사회적 관계망은 여성 주인공을 비롯한 주변 인물들에 한정되는 것이 일반적이다. 그러나 왕이라는 존재는 그가 가지는 권력 자체가 대사회적인 관계에서 얻어지고 나타나기 때문에, 가장 공적이고 대사회적일 수밖에 없는 인물의 공적 문제를 통해 사적인 애정 문제를 다루는 방식은 문제적이다. 특히 〈더킹 투하츠〉의 경우 유사한 형태의 텔레비전드라마와 비교할 때, 그 공적 문제가 자본권력과의 투쟁이나 분단 현실과 같은 현실 문제와 연관된다는 점에서 더욱 그렇다. 따라서 이러한 인물을 중심으로 한 멜로드라마의 구성은, 이 드라마가 국민이나 국가와 같은 거대담론의 문제를 대중적 코드에 맞게 풀어가면서 우리 사회 일반의 무의식에 드리워진 국가의 이미지를 드러낸다는 점에서, 보다 세밀한 분석을 필요로 한다.

3. '왕실' 판타지와 '분단' 리얼리티의 모순

〈더킹 투하츠〉가 우리 사회의 무의식에 존재하는 국가의 이미지를 드러낸다고 할 때, 이에 대한 가장 확실한 기표는 '왕실'이라는 '판타지'

와 '분단'이라는 '리얼리티'의 기계적인 결합이라고 하겠다. 이 드라마의 판타지적 기반은 왕의 존재와 입헌군주제를 전제함으로써 성립된다. 그러나 이러한 판타지는 우리 현실에 비추어서는 상상하기 어려운 조건이다. 특히 강대국의 틈바구니에서 식민지가 되어버린 과거 조선의 역사는 이러한 판타지가 얼마나 실제와 동떨어져 있는지를 보여준다. 〈더킹 투하츠〉와 유사한 방식으로 왕실을 그리는 드라마들은, 모두 왕실이 적극적으로 독립운동에 나섰고 이에 국민들이 왕실을 인정해 준다는 설정을 전제하고 있다. 그러나 실제 역사는 이와 크게 다르다.

조선이 식민지가 되면서 고종과 순종이 천황의 신하가 되었기 때문에, 일제강점기 대한제국의 황실은 억압을 받았다고 인식되고 있다. 그러나 실제적으로 일제는 대한제국 황실에 대한 예우를 아끼지 않았으며, 이는 당시 다른 식민지들과 비교했을 때 매우 이례적인 일이었다.[18] 또한 구황실(이왕가)의 재정 문제를 살펴보면 그 재정은 왕공가王公家를 보존하고 유지하기 위한 성격을 강하게 띠고 있었는데, 이를 조선총독부가 통제하고 있었다는 사실을 통해 일제가 이왕가를 내세워 식민지 지배에 협력하는 세력을 보호했음을 확인할 수 있다.[19] 이렇게 본다면, 역사적으로 대한제국 황실은 일제에 의해 탄압을 받거나, 국가의 독립을 위해 애를 쓴 존재는 아니다. 오히려 조선의 왕가는 일제강점기 전 기간 동안 과거의 지위와 예우를 유지했다. 더욱이 역사적인 연구들을 통해 본다면, 이왕가는 다른 식민지 왕족들과는 다르게 협력을 통해 자

---

18 이왕무, 「대한제국 황실의 분해와 왕공족의 탄생」, 『한국사학보』 64, 고려사학회, 2016, 26쪽 참조.
19 김명수, 「1915~1921년도 구황실(李王家) 재정의 구성과 그 성격에 관한 고찰」, 『장서각』 35, 한국학중앙연구원, 2016, 37쪽 참조.

신들의 지위를 유지하는 한편 그 세력을 보호받았다고 할 수 있다.

　바로 이 지점에서 이 드라마가 대체 역사물로서 '판타지'라는 조건에 부합한다. 〈더킹 투하츠〉에서는 '왕실'이 독립운동에 앞장섰다고 전제함으로써 실제의 역사적 전제로부터 벗어나 있다. 그러니 이 드라마의 설정은 판타지로서, 현실과는 완전히 동떨어져 있다고 하겠다. 그러나 이러한 판타지의 조건은 조선이라는 전근대적인 국가를 오늘날의 민주공화국과 연결시키는 방식인 동시에 전근대적인 절대 권력의 속성을 오인하게 만드는 방식이라는 점에서 문제적이다. 가라타니 고진의 말처럼, '자본-네이션-스테이트'의 관계에서 네이션이 자본에 의해 해체된 공동체의 상상적 회복으로서 작동한다[20]고 한다면, 식민지를 통해 상처받은 민족 역사에 대한 통탄은 해방 이후 '네이션'을 중심으로 한 새로운 국민국가에 대한 열망으로 이어진다고 할 수 있다. 이 때 드라마를 통해서 전혀 다른 왕권국가와 민주공화국의 차이는 상쇄된 채, 공동체에 대한 상상을 통해 강력한 국가에 대한 이미지를 중심으로 서로 다른 시대의 국가 체제가 연결되는 것이다.

　강력한 국가에 대한 이미지는 〈더킹 투하츠〉의 '왕실' 판타지를 통해 여과 없이 드러난다. 드라마의 시작 또한 이와 다르지 않다. 통일 문제를 차치하더라도 왕이자 형인 재강이 재하를 속여서까지 남북단일팀으로 세계장교대회에 출전시키고자 하는 배경도 강한 국가에 대한 욕망에서 출발한다. 통일 문제를 차치하더라도 외세와 대등하게 맞서겠다는 의지가 이를 잘 보여준다. 이처럼 드라마가 판타지를 통해 한국사회

20　가라타니 고진, 조영일 역, 『네이션과 미학』, 비, 2009, 22쪽 참조.

의 잠재된 욕망을 구현해내고 있다면, 판타지 속에 잠재된 강력한 국가에 대한 이미지는 현실적 인식과 결합되어 있을 수밖에 없다. 이 지점에서 드라마의 표현에 주목해야 할 부분은 드라마 속 한국이 교류하거나 대결하는 국가들의 성격이다.

다른 국가들과의 대결은 주로 세계장교대회라는 대회를 배경으로 이루어진다. 그러나 이 대회가 국가 간의 정정당당한 대결로 보이지는 않는다. 남북단일팀이 북한에서 훈련을 하던 와중에 러닝머신에 폭탄이 설치되는 일이 발생한다.(3회) 이 상황에서 남북한단일팀의 대회 참가에 문제를 제기하는 쪽은 미국과 중국이다. UN군이라는 이름하에 이들은 북한에 위치한 훈련시설을 점검하며 거만한 태도를 보이지만, 왕인 재강이나 수상은 별 대응을 하지 못한다. 오히려 이러한 문제에 강하게 대응하는 인물은 재하이다. 어떤 의미에서 세계장교대회는 왕이 될 재하의 성장 과정이며, 그는 미국이나 중국과 맞설 수 있다는 의미에서 강한 왕의 상징처럼 보이게 된다.

세계장교대회가 일종의 대회로 그려지며, 참여한 장교들이 화해하고 친하게 지내게 된다는 점에서 단순히 대결로만 읽어내는 방식에 의문을 제기할 수도 있다. 그러나 드라마 속 사건의 중심에 언제나 미국이나 중국이 등장한다는 사실은 드라마 속에서 오늘날 한국이 꿈꾸는 강대국이 어떠한 모습인지를 엿볼 수 있게 해준다. 특히 미국이나 중국과는 상반되는 모습으로 왕실이 건재한 국가들이 한국과 비교되는 상황은, 강대국의 이미지를 보다 구체적으로 떠올리게 한다. 1회에서 재하와 대화하는 재강은 "영국처럼 왕실의 땅이 있는 것도 아니고, 일본처럼 하늘의 아들이다 떠받들어지는 것도 아니고. 세금으로 먹고사는 주제에"(1회)

라고 하면서 재하에 대한 국민들의 부정적인 인식을 지적한다. 이 과정에서 왕이 존재하는 비교 가능한 국가는 근대 이전부터 존재한 왕실이 건재하고 이를 현대적인 방식에서 입헌군주제로 정착시킨 영국이나 일본과 같은 나라들이다.[21] 이들은 제국주의 시대 식민지를 운영하였거나 독립을 유지함으로써 왕실의 전통을 이어 오고 입헌군주제를 정착시킨 국가들이라고 할 수 있다. 이와 반대로 왕실을 중심으로 이상적인 국가가 성립되는 과정에서 방해하는 나라로 미국과 중국이 등장하는 것이다. 이들 국가는 역사적인 측면이나 체제 차원에서 근대 이전부터 내려오는 전통이 존재하지 않거나 인위적으로 단절된 국가들이다. 즉, 오늘날의 국가로서의 모습은 근대 이후에 성립되었기에 전통이라는 역사성이 존재하지 않는다. 물론 이들은 근대 이후 강대국으로 존재하고 있지만, 이들의 강력함은 군사력이나 경제력에 의존하고 있다는 점에서 왕실의 전통을 가진 국가들과는 다르다. 따라서 〈더킹 투하츠〉에서 드러나는 강대국의 지향점은 단순히 경제나 군사적인 힘에 기댄 것이 아니라, 역사적인 '전통'을 지닌 국가라고 할 수 있다.

〈더킹 투하츠〉가 왕실을 중심으로 한 근대 이전부터 지속된 전통을 지닌 강한 국민국가의 성립을 이야기한다고 할 때, 드라마 속에서 국가 내외적인 문제를 어떤 방식으로 함께 다루는지가 중요해진다. 다른 말로 이는 강력한 국민국가 성립에 어떤 장애물들이 존재하는지를 보여주기 때문이다. 그리고 이 지점에서 '분단'이라는 리얼리티가 삽입된

---

21 이러한 경향은 〈궁〉이나 〈마이 프린세스〉와 같이 입헌군주제를 전제한 유사한 드라마에서도 나타난다. 〈궁〉의 경우 영국 왕실에서 한국의 왕실 행사에 참여하는가 하면, 국가 행사로 태국을 방문하기도 한다.(9회) 〈마이 프린세스〉의 경우도 박동재 회장이 지은 황실 리조트를 영국과 비교하는가 하면,(4회) 영국과 문화재 반환을 문제로 논의하기도 한다.(16회)

다. 〈더킹 투하츠〉에서 가장 문제적인 상황의 발생은 남북한의 분단으로부터 발생한다. 이를 중심으로 클럽M이 영향을 미치고 미국 및 중국으로 대변되는 국제정세가 불안하게 조성된다. 그러나 이 문제가 단순히 국가들 간의 힘겨루기나 자국의 이익만을 위한 우승열패의 논리만으로 연결된다고 할 수는 없다. 오히려 더 핵심적인 대립은 왕인 재하가 가진 정치권력과 클럽M의 봉구가 가진 자본권력의 충돌이라고 할 수 있다. 그러나 가라타니 고진의 '자본-네이션-스테이트'의 관계로 볼 때, 드라마 속 정치권력과 자본권력의 관계나 대립양상은 비현실적이며 그렇기 때문에 또 다른 '판타지'로 이해되기도 한다.

세계사에서 국민국가의 성립에 있어 중요한 지점 중의 하나는 부르주아 혁명이다. 이들 부르주아는 경제적인 권력을 바탕으로 정치적 권력인 왕권과 대결하여 자유를 획득했다. 그러나 그 자유는 모든 민중에게 보편적으로 적용된 것이라고는 할 수 없다. 오히려 이러한 정치권력과 자본권력의 역사적 갈등은 이들이 서로 동전의 양면과 같이 이중적인 상관성을 지닐 수밖에 없다는 사실을 보여준다. 또한 가라타니 고진의 이론에서 보듯, 자본주의에 근간을 둔 오늘날 국가나 네이션은 이데올로기 차원의 문제가 아니며, 경제와 같은 차원에 있으면서 셋은 하나의 체제를 이루고 있다.[22] 따라서 국민국가의 성립에 있어 정치권력과 자본권력의 관계성은 보다 복잡한 양상을 띨 수밖에 없다. 그럼에도 불구하고 〈더킹 투하츠〉에서 그려지는 정치권력인 왕권과 자본권력인 자본의 관계성은 현실을 벗어난 '판타지'에 가깝다. 현실 세계에서 정치권력과 자

---

22 가라타니 고진, 조영일 역, 앞의 책, 13~18쪽 참조.

본권력은 서로의 안위를 위해 협력관계에 놓여 있지만, 〈더킹 투하츠〉에서는 선과 악으로 구분되어 서로 대결하는 방식으로 그려지고 있다.

> **봉구**   아버지는 제가 어릴 때 나몰라라 그냥 떠나셨구요. 어머닌 거의 절 버리셨어요. 술집하셨거든요. 먹고살아야 되니까. 억지로라도 왕립학교 욱여넣으면 혼자 잘 크겠거니 하셨나 봐요. 진짜 그게 아닌데. 정(情)인데. 봉사활동 하시니까 잘 아실 거예요? 가정환경 안 좋은 애들 얼마나 비참한지. 어릴 땐 나두 정말 순둥이였는데, 어쩌다 이렇게 됐는지 참. 저도 이젠 피곤해서 다 놓구 싶거든요? 그러니까 어머니, 재하한테 말 좀 잘해주세요. 다 놓고 왕위에서 내려오라구. (16회)

〈더킹 투하츠〉에서 남북한의 평화 그리고 재하와 항아의 사랑에 있어 최대의 적은 다국적 군산 복합체 클럽M이며, 클럽M의 수장은 존 마이어라는 영어 이름을 쓰는 김봉구라는 한국인이다. 군산 복합체라는 클럽M의 특성상 자신들의 이익을 위해 남북의 평화를 반대하는 것 같지만, 실상은 다르다. 인용에서 보듯 실제적으로 그가 재하 및 항아를 비롯한 그의 가족들을 괴롭히는 이유는 개인적인 원인에 기인한다고 할 수 있다. 그러니 자본의 속성에 따라 정치권력을 이용하려는 군산 복합체의 부정적인 속성은 휘발되며, 세계 질서의 이면에 도사리고 있는 자본과 국가권력의 상관성은 비정상적이고 일시적인 것으로 비치게 된다. 그러나 더 이해하기 어려운 지점은 봉구의 개인적인 문제 또한 그 원인이 명확하지 않다는 점이다. 재하의 어린 시절 그가 서 있는 창문

맞은편에 봉구가 'I am King'이라고 쓴 모습이 그려지고,(1회) 이 일이 이후에도 몇 번 상기되기는 한다. 이를 봉구의 불우한 가정 문제와 연결하여 그가 왕실과 맞서고자 하는 이유를 유추하기는 어렵다. 왕권을 거부한다고 보기에는 그 스스로가 이미 다른 의미에서 절대 권력을 가지고자 하는 욕망을 드러냈기에, 그의 권력에 대한 저항을 확대 해석할 수는 없다. 따라서 봉구는 정치권력과 맞서나 자본의 논리만을 쫓는 자본권력의 상징이 아니라, 한 사람의 정신 이상자에 지나지 않는다. 결국 〈더킹 투하츠〉는 세계권력이라는 측면에서 국가권력과 자본권력의 상관성을 그려낼 수 있는 기반을 마련하고도, 그 연결고리는 한 사람의 정신이상자로 둠으로써 두 권력의 상관성과 국제 정세에 대한 진실을 외면하고 만다.[23]

〈더킹 투하츠〉에서 정치권력과 자본권력의 대립과 결탁이 비현실적으로 그려짐에도 불구하고, 김봉구라는 한 사람의 절대악으로부터 극중 사건이 진행될 수 있었던 이유는 남북분단이라는 원인이 존재하기 때문이다. 분단 상황하에서 남북의 체제는 서로에 대한 부정에서 출발할 수밖에 없고, 이는 분단이라는 상황에 역설적으로 힘의 균형을 제공해 준다. 따라서 분단 상황에 변화를 가하려는 이들은 힘의 균형 상태를 원하는 주변 강대국들이나 군산 복합체가 개입하기 좋은 빌미를 제공해 준

---

23 조금 다른 부분이 있지만, 〈마이 프린세스〉에서도 왕권과 자본권력의 상관성은 매우 비현실적으로 그려진다. 대한그룹 박동재 회장은 독립자금을 빼돌려 그룹을 세웠다는 죄책감에 모든 재산을 왕실에 기부함으로써 왕실을 재건하겠다고 한다. 그의 아들은 이를 거부하고 사고로 이설의 아버지를 죽였다는 이유로 한국에서 쫓겨난다. 또한 손자 박해영은 처음에는 할아버지의 뜻을 반대하지만, 이설을 사랑하고 나서는 할아버지의 뜻을 따른다. 이러한 비현실적인 관계의 설정은 왕권이라는 절대 권력과 자본주의라는 자본권력의 속성을 제대로 파악할 수 없도록 한다는 점에서 〈더킹 투하츠〉와 유사하게 문제적이다.

다고 하겠다. 그러나 드라마 속에서는 한국이라는 국가가 마주한 분단이라는 리얼리티는 이미 그 문제를 해결하려는 주체가 왕이라는 한 사람의 절대 권력자로 설정되면서 현실성을 잃고 만다. 바로 이 지점에서 '왕실' 판타지와 '분단' 리얼리티의 절합이 일어난다.

드라마는 이미 강력한 국가상으로 국민국가를 무의식적으로 드러내고 있다. 드라마에서 통일은 분단이라는 우리의 역사적인 문제를 해결하는 중요한 퍼즐이 될 수 없다. 오히려 통일은 강력한 국민국가를 위해 필요한 전제조건이 될 뿐이다. 특히 그것이 국민들의 이해와 여론을 통해 수렴된 것이 아니라 절대 권력을 가진 한 사람을 통해 계획될 때는 더욱 그렇다. 그 이유가 어떻다고 해도[24] 권력에 의해 통일이 다루어지는 순간, '왕실'이라는 판타지는 '분단'이라는 리얼리티마저 강력한 국가 성립의 전제조건으로 두게 된다. 드라마에서 지속적으로 북한을 가난하고 폭력적인 국가로 그려내는 방식은 여전히 통일 문제에서 상대인 북한을 타자로 취급하는 방식이다. 이러한 북한에 대한 인식은 재하와 항아가 결혼하고 난 이후에도 나타난다. 드라마의 마지막에 아들의 '오마니'라는 말에 해명 기자회견을 해야 한다는 설정(20회)은, 북한에 대한 여전한 선입견을 보여준다. 이처럼 드라마에서 드러난 통일 혹은 남북의 평화는 다른 목적을 위한 보조수단이 될 뿐이기 때문에, '왕실' 판타지를 통한 분단 문제의 해결이 얼마나 모순적인지를 알 수 있다.

---

24 드라마에서는 재강이 독일통일을 보고 남북통일에 대해 고민하게 된 것으로 그려지고 있다.

4. 텔레비전드라마의 전근대적 판타지

이제까지 〈더킹 투하츠〉를 통해 대체 역사물에서 드러나는 국민국가에 대한 욕망을 읽어보았다. 텔레비전드라마 〈더킹 투하츠〉는 대체 역사라는 대중적인 기법을 통해 우리의 현실 문제를 다루고 있다. 대체 역사에서 판타지가 현실 아닌 현재를 가정하는 방식이라고 할 때, 대체 역사는 역사의 자의성arbitrariness을 전경화하면서 현실을 전복시키는 장르이다.[25] 그러나 이 드라마에서 현실과 판타지의 조합으로써 판타지가 가질 수 있는 장점은 퇴색되었다. 이는 현실을 긍정적인 방향으로 전복하는 방식으로 판타지가 활용되지 못했기 때문이다. 어떤 의미에서 국권을 상실한 역사적 경험을 가진 우리에게 있어 강력한 국가에 대한 열망은 당연한 결과라고 할 수 있다. 세계적으로 근대의 발전이 국민국가를 통해 이루어졌다고 볼 때, 식민지를 거친 우리 민족에게 있어 영웅적인 지도자와 강한 국가에 대한 열망은 언제나 내재되어 있다고 할 수 있다.

그럼에도 불구하고 〈더킹 투하츠〉를 통해 국민국가의 문제를 엄중하게 독해하는 이유는, 드라마가 전제로 한 대체 역사라는 판타지의 성격 때문이다. 이 드라마가 내세운 대체 역사의 판타지는 '왕실'의 지속 가능성에 기인한다. 이러한 판타지의 문제는 우리나라의 독립을 왕가의 적극적인 독립운동과 관련시킨다는 데 있다. 역사적으로 근대전환기 조선은 열강들 사이에 위치하고 있었다. 여러 열강들 사이에서 일본에 의해 국권을 상실한 상황에서 조선 왕실과 대한제국 황실 사람들이 독

---

25 Karen Hellekson, *The Alternate History : Refiguring historical time*, Ohio : The Kent State University Press, 2001, p.111 참조.

립운동에 적극적으로 관여하거나 독립을 위해 활동하였다고 생각하는 방식은 이미 역사에 대한 대체적 질문과 맞닿아 있는 것이다. 그 질문은 바로 만약 근대적 전환을 온전한 국민국가의 모습으로 이룰 수 있었으면 지금 어땠을까 하는 질문이다. 그러나 이러한 판타지는 근본적으로 오늘날 우리 사회의 중요한 전제들을 훼손한다. 그 중요한 전제가 바로 신분제 및 그 세습에 대한 부정이다.

앞서 살펴보았듯이 가라타니 고진의 이론에 따르면 '자본-네이션-스테이트'는 하나의 체제를 이룬다. 이때 네이션은 역사에 따라 변화했다고 할 수 있다. 네이션을 민족 혹은 국민으로 읽어낼 수 있다는 가능성의 차이를 차치하더라도, 민족 혹은 국민을 수동적인 대상으로 보는지 혹은 능동적인 주체로 이해하는지에 따라 자본과 국가가 이루는 체제의 성격은 달라질 수밖에 없다. 왕권이 존재하던 시대에 네이션이 그저 수동적인 대상으로 존재할 수밖에 없었다면, 왕권이 사라진 오늘날 네이션은 능동적인 주체로 성장하였기 때문이다. 따라서 영웅적 지도자와 강한 국가를 앞세운 왕권국가와 민주공화국의 기계적 결합은 한계를 내재할 수밖에 없다. 이는 민족 혹은 국민이 가질 수 있는 위상을 무화시키면서 대중들이 가지고 있는 역사적인 열망을 통해 국가와 권력에 대한 비정상적인 인식을 제시할 수 있기 때문이다. 이러한 권력에 대한 문제는 단순히 국가라는 정치권력의 차원에서 그치지 않는다. 봉구를 통해 드러나는 자본권력은 세계화를 통해 비대해진 자본주의의 권력 속성을 현실적으로 그려내지 못한다. 오히려 자본주의가 가지고 있는 욕망과 그 욕망을 이루기 위한 권력의 속성은 봉구라는 개인의 욕망으로 치환되기 때문이다. 따라서 이 또한 자본주의의 문제를 실제적으로 다루지 못한다는 점에서 한계를 가진다.

이러한 문제와 함께 다루어야 할 부분은 역사에서 가장 중요한 분단과 통일의 문제를 다루는 방식이다. 물론 〈더킹 투하츠〉가 판타지를 통해 국민국가라는 이상을 실현하고자 하는 방식은 다른 의미를 생산하기도 한다. 남남북녀의 사랑과 결혼을 통해 남북의 평화를 이끌어냄으로써 분단이라는 현실적 문제를 판타지를 통해 해결하려고 했기 때문이다. 그러나 판타지가 현실을 전복시킴으로써 현실의 다른 측면을 마주할 수 있게 해준다고 할 때, 이 드라마가 보여주는 분단 문제에 대한 전복은 부정적인 방식으로 이루어진다. 드라마는 분단과 통일의 문제를 강력한 국가에 필요한 부수적인 조건으로 두고 만다. 나아가 드라마를 통해 나타나는 이러한 강력하고 부강한 국가에 대한 욕망은 전근대적인 국가에 기반한 권력의 승인으로 이어지는 것이다. 무의식적으로 왕권국가의 문제를 영웅과 강한 국가의 이미지로 치환시키는 순간, 대중들은 민주공화국의 가치를 잊어버리기 때문이다. 또한 그 결과로서 분단의 문제를 해결하고 통일로 나아갈 수 있는 것처럼 보여주기에 시청자들이 이해하게 될 현실은 어떤 의미에서 왜곡될 수밖에 없다.

이처럼 〈더킹 투하츠〉는 입헌군주제라는 대체 역사를 남녀의 사랑에 어울리는 멜로드라마로 활용함으로써 전근대적인 성격을 보여준다. 이러한 전근대성은 민주주의의 의미를 무화시키는 동시에 신분제가 존재하는 입헌군주제라는 대체 역사에 이미 전제된 것이며, 고정된 이미지로 북한을 상대화하고 자본권력의 속성에 눈감는다는 사실에서 확인이 가능하다. 대체 역사라는 판타지를 활용한 이러한 드라마는 텔레비전 드라마를 둘러싼 그 어떤 주체의 욕망에 의해서라도 시청자를 왜곡된 현실 인식으로 이끌 수 있다. 이러한 위험성 때문에 텔레비전드라마에 대한 관심이 필요한 시대라고 하겠다.[*]

---

[*] 이 글은 「텔레비전드라마의 국민국가에 대한 전근대적 '판타지' ―〈더킹 투하츠〉를 중심으로」(『한국극예술연구』 59, 한국극예술학회, 2018)를 수정하여 재수록한 것임.

OCN 수사드라마에 나타난 '환상'의 의미

〈뱀파이어 검사〉와 〈귀신 보는 형사 처용〉을 중심으로

백소연

1. 수사와 환상의 조우

환상[1]은 "기존의 질서나 인식 체계를 넘어서 세계를 재정의하고 근본적으로 재구성하려는 인식론적 형태, 혹은 그 구성물"이다. 즉 리얼리티의 재현 형식으로 현실 세계를 모방하고 재생산하는 것과 달리 리얼리티의 재현을 넘어 새롭게 기호 의미를 완성하려는 적극적이고 능동적인 상상력의 한 표현 영역인 것이다. 그리하여 환상은 기존의 질서를 해체하고 익숙한 경험 세계에 의문을 제기하는 형식을 취하거나 그 대안 세계로서 낯설고 경이로운 세계를 제안해 왔다.[2]

현실 세계의 물리적 법칙을 거스르는 다양한 설정들이 시도되면서 2010년대 '환상'은 한국 텔레비전드라마의 흐름을 설명하는 중요한 키

---

[1] 환상에 관한 정의는 다각도에서 이루어져 왔으나 주로 작품을 구성하는 어떤 특징적인 요소에 의해 그 개념이 규정되어 왔으며 현실적 법칙과는 무관하게 창조된 가상 세계라는 관점에서 접근하는 것이 일반적이었다. 최기숙, 『환상』, 연세대 출판부, 2010, 13쪽.

[2] 위의 책, 32쪽.

워드 중 하나가 되었다. 흥미로운 것은 이성적 추론에 기반을 둔 서사가 치밀하게 전개되어야 할 수사드라마 속에서도 일상의 논리로 설명되기 어려운 환상이 개입되고 있다는 점이다. 2000년대 후반 수사 장르의 제작이 활발해진 한국의 상황이 결국 〈CSI〉로 대표되는 '미드'에 대한 경험과 밀접한 관계를 맺고 있으며[3] '과학'으로 압축되는 합리성과 이성이 미드의 수사 과정에서 절대적 기준이었다는 점을 환기한다면 이는 분명 흥미로운 변주였다.[4]

로즈메리 잭슨에 따르면 '환상'은 현실 너머에 존재하는 것이 아니라 "현실 이면에 감춰진 틈새의 공간"과도 같다. 이러한 틈새의 공간은 "현실에서 소외되고 억압된 존재들이 현실 질서를 위반하면서 출몰하는 곳"이며 이 "틈새 공간에 거주하는 억압된 존재란 다름 아닌 숨겨진 욕망의 현현"이라고 할 수 있다.[5] 흄의 주장처럼 등치적 리얼리티로부터의 일탈이라는 환상의 욕망이 모방의 욕망과 함께 예술 창작의 주요한 원인이라면[6] 2010년대 이후 등장한 일련의 판타지 수사드라마들[7]은 공

3　정여울은 한국의 20대 중 45% 이상이 '미드폐인' 즉 미드에 극단적으로 심취한 사람의 경험을 가지고 있으며 그들이 몰입하는 대부분의 드라마들은 범죄과학수사와 관련된 서사들이라는 점에 주목했다. 정여울, 「〈CSI〉엔 없지만 〈별순검〉엔 있는 것」, 『플랫폼』 8, 인천문화재단, 2008, 36~39쪽.

4　OCN 드라마는 한국 수사드라마에 새로운 전기를 마련해 주었다. 영화전문 케이블 채널로 출발한 OCN은 2005년 처음으로 드라마 〈동상이몽〉을 제작하였으며 이후 성과 사랑을 소재로 한 성인 대상의 드라마들을 방영하였다. 그러던 중 OCN은 2010년대를 전후하여 드라마 제작의 방향성을 수사물에 집중하고 있으며 〈신의 퀴즈〉, 〈뱀파이어 검사〉, 〈특수사건전담반 TEN〉, 〈처용〉, 〈실종느와르 M〉, 〈나쁜 녀석들〉 등은 이미 시즌제로 제작되거나 그 제작이 논의되고 있는 작품들로 화제성과 작품성 면에서 모두 좋은 평가를 받았다.

5　로즈메리 잭슨, 서강여성문학연구회 역, 『환상성 - 전복의 문학』, 문학동네, 2004, 241쪽.

6　캐스린 흄, 한창엽 역, 『환상과 미메시스』, 푸른나무, 2000.

7　"수사드라마는 추리물, 추리드라마, 범죄 수사물, 경찰 수사물 등으로 혼용되어 사용되고 있다. 특히 이들 용어 중에서 수사드라마와 추리물·추리드라마와의 혼용은 문제적이다. 한국의 수사드라마는 외국의 추리물에 존재하는 사립탐정이 존재하지 않으며, 모든 수사행위는 공무집행의 일환으로 묘사된다. 즉 한국의 수사드라마는 추리서사가 포함되기는 하지

권력의 합리적 운용을 불신함으로써 부당한 현실을 모방하며, 환상을 경유함으로써 도리어 그 질서를 위반하여 사법 정의를 바로 세우고자 욕망한다.[8] 이를테면 드라마 속 원혼으로 등장하는 사회적 약자들은 불합리한 구조 안에서 억울하게 희생된 존재인데 이들은 환상(사이코메트리, 귀신을 보는 능력 등)을 경유하고서야 그 존재가 감지될 수 있다. 그러나 이는 역설적으로 환상을 경유하지 않고서는 부조리함이 해결되지 못하는 현실을 방증하는 것이기도 하다. 현 시스템 안에서 진실과 정의란 유령과 괴물의 형체/목소리를 빌리지 않는 한 공공연히 발화되거나 합리적으로 포착할 수 없게 되었다. 즉 이때의 환상은 공권력의 숨겨진 한계와 제도 전반의 허점을 폭로하면서 정의와 불의의 이율배반적 관계를 드러내는 유용한 수단이자 이 사회의 난제를 해결하거나 미봉할 수 있는 적절한 표현 양식인 것이다.

이 글은 텔레비전드라마에서 이른바 '장르물'로서의 새로운 지평을 연 OCN 수사드라마 가운데 환상의 요소를 활용한 작품들에 주목하였다. OCN 수사드라마들은 그간 공중파에서 선보이지 못한 과감한 주제의식과 독특한 표현 양식을 보여줬는데 그 가운데 특히 〈뱀파이어 검

만, 궁극적으로 지향하는 것은 추리 그 자체가 아니라, 수사의 과정을 거쳐 범인을 검거하는 것에 있다. 따라서 추리 자체가 서사의 중심이 되는 추리물과 범인을 검거하여 사회질서의 회복으로 봉합되는 한국의 보편적 수사드라마는 구별되어야 한다고 본다." 권양현, 「텔레비전 수사드라마에 나타난 캐릭터 유형의 변화 양상 연구─〈싸인〉, 〈유령〉을 중심으로」, 『한국극예술연구』 42, 한국극예술학회, 2013, 252쪽 참조. 이러한 기준에서 본다면, 〈뱀파이어 검사〉와 〈처용〉은 범인 검거를 목적으로 현실 정의를 실현한다는 점에서 전형적인 한국형 수사드라마라 볼 수 있을 것이다.

8   환상을 활용하지는 않았지만 이러한 심리를 극단적으로 보여주는 작품이 바로 2014년에 방영된 OCN의 〈나쁜 녀석들〉이다. "강력범죄를 저지른 이들을 모아 더 나쁜 악을 소탕하려 하는 강력계 형사와 나쁜 녀석들의 이야기를 그린 드라마"라는 소개가 그대로 보여주듯, 범죄자의 힘을 빌려 범인 검거에 나선다는 설정, 그리고 그 범인이 현직 검사라는 점은 무력한 공권력의 상황을 그대로 드러낸다.

사〉 시즌1 · 2[9]와 〈귀신 보는 형사 처용〉 시즌1 · 2[10]는 범인을 색출하여 범죄를 해결하는 과정에 "환상"이 중요한 동인이 된 작품들이었다. 이들 드라마는 높은 시청률을 기록하여 시즌제로 제작된 것은 물론, 시의성 있는 사건들을 다루면서도 수사드라마로서의 전형적 서사 구조와 추리적 성격을 잘 갖추고 있다. 또한 한국 텔레비전드라마에서 전례를 찾기 어려운 뱀파이어, 퇴마사 등의 설정을 설득력 있게 활용하여 작품성 면에서도 호평을 받았다는 점에서 연구 대상으로서의 충분한 가치를 지닌다. "비현실적인 듯한 환상 역시 현실의 핵심에 대한 심리적 현실의 강한 표현"[11]이라는 말처럼 이들 드라마 속 환상의 역할과 그 구체적 의미를 분석하는 것은 현 사법 질서와 현실 세계의 정의를 향한 대중의 열망을 읽어내는 유효한 방법이 되리라 본다.

2. 순환되는 '폭력의 역사'와 악마/원혼의 탄생

1) 부당한 정치권력의 전횡과 답습

〈뱀파이어 검사〉 시즌1의 핵심은 주인공인 민태연과 그의 여동생을 뱀파이어로 만들었던 '검은 우비(장철오)'의 존재를 밝히는 것에, 시즌2

---

9 양진아 · 한정훈 · 박형진 극본, 김병수 연출, 〈뱀파이어 검사〉 시즌1, OCN, 2011.10.2~
   12.18(16회).
   한정훈 · 이승훈 · 강은선 극본, 유선동 연출, 〈뱀파이어 검사〉 시즌2, 2012.9.9~11.18(11회).
10 홍승현 극본, 강철우 연출, 〈귀신 보는 형사 처용〉 시즌1, OCN, 2014.2.9~4.6(10회).
   홍승현 · 문기람 · 김용철 극본, 강철우 연출, 〈귀신 보는 형사 처용〉 시즌2, OCN, 2015.8.23
   ~10.18(10회).
11 나병철, 『환상과 리얼리티』, 문예출판사, 2010, 19쪽.

는 이어지는 방혈 연쇄 살인 사건의 범인인 L의 악행을 저지하는 데 있다. 그리고 전 시즌을 통괄하는 문제의 기원에는 1970년대 군부가 주도한 '릴리트 프로젝트'가 존재한다. 프로젝트의 실험체로 붙잡힌 한 소년은 갖가지 생체 실험에 동원되면서 끔찍한 고통을 감내해야 했다. 실험체 'L'로서 존재하기만을 강요받았던 그는 연설 도중 피습당한 장군이 후송되어 뱀파이어의 피를 수혈하여 부활시키려는 과정에서 벌어진 소란을 계기로 가까스로 비밀 벙커를 탈출하게 된다. 그 후 제2벙커에서 벌어졌던 사건을 은밀히 수사하던 검사 박훈은 사라진 L의 흔적을 따라가던 중 불의의 습격으로 뱀파이어가 된다. 박훈을 시작으로 수혈 및 직접적인 공격 등으로 장철오 검사, 민태연 검사, 연지(민태연 검사의 보육원 여동생)가 차례로 뱀파이어가 되면서 드라마의 핵심 사건들이 시작된 것이다.

시즌2의 첫 회인 〈폭력의 역사〉는 뱀파이어의 기원으로 거슬러 올라가 불법 실험의 실상을 일부 폭로하며 시즌1에서 미처 해결되지 못했던 시청자들의 궁금증을 어느 정도 해소시켜 준다. 이러한 과거가 1회에서 벌어지는 현재 시점의 살인 사건과 병치되는 점 또한 눈여겨볼 만한 부분이다. 제목 그대로 폭력이 자행되어 온 역사, 해결되지 못한 채 되풀이되는 '폭력'의 문제를 과거와 현재의 연속선상에서 조망하기 때문이다.[12]

뚜렷한 연관성이 없는 남녀가 연이어 납치되어 잔혹하게 고문, 살해된 사건의 배후에는 1980년대 날조된 형제 간첩단 사건이 존재한다.

---

12 이 부분은 시즌2의 10회인 〈악마의 탄생〉과도 연결된다. 이 회차에서 따뜻한 품성과 원칙에 대한 확고한 신념을 지녔던 조정현 박사는 납치된 어린 지애를 구하기 위해 스스로 뱀파이어가 된 후 거침없는 폭력을 자행한다. L이 연루된 이 사건에서 결과적으로 조정현의 선택과 행위는 순환되는 폭력, 불의의 연쇄 고리에 주목하게 만들며 이전의 일들도 떠올리게 한다.

당시 공안1과에서는 검사인 유영길의 지시를 받은 허학범이 아무라도 잡아다 주면 공안분실 실장인 공두훈이 고문하여 간첩으로 만들어 전과를 올리는 일이 비일비재했다. 1987년 고문받던 사람이 죽게 되면서 이 사실은 언론을 통해 폭로되었고 결국 공두훈의 구속으로 사건이 마무리되면서 이들의 관계는 비로소 와해된다. 그런데 현재 시점에서 유영길, 허학범, 공두훈의 자식들이 각각 납치되어 참혹하게 고문, 살해되고 이 모든 과정이 배달된 CD를 통해 그들 부모에게 실시간으로 중계되는데 범인은 바로 과거 날조되었던 사건 중 하나인 형제 간첩단 사건 피해자의 아들 김찬이었던 것이다.

이는 시즌2의 무자비한 연쇄 살인마 'L'이 군부의 실험을 위해 가족으로부터 강제 납치되어 감금된 후 끔찍한 고통에 시달렸다는 점, 군부의 비밀 벙커를 어렵사리 탈출하였지만 풍비박산된 자신의 집에서 가족의 생사조차 알기 어렵게 되었다는 점을 함께 연결 짓게 만든다. 결국 인간에 대한 모든 신뢰를 잃은 채 피에 굶주린 연쇄 살인마가 된 L과 "평생 빨갱이 취급"받는 불구자가 된 아버지와 삼촌을 대신해 복수를 시작한 김찬. 이 둘의 모습으로 비추어 본다면 악마는 특정의 한 개인이 아닌 "폭력의 역사" 그 자체에 있음을 재확인할 수 있다.[13] 반성되지 못한 과거가 다시 날카로운 부메랑이 되어 지금의 우리에게 되돌아오고 있음에도, 무엇보다 섬뜩한 것은 이 사건이 2010년대 현 시점에 어떤

---

13 극중 L은 절체절명의 위기 상황을 만들어 종종 인물들을 선택의 기로에 놓이게 만들며 인간의 본성에 극도로 냉소적 태도를 취한다. 인간을 악마로 만드는 환경과 상황에 대한 역설적 강조이다. "그때 알았어. 세상에 착한 놈은 없다. 착한 척하는 나쁜 놈만 있을 뿐이다. (…중략…) 인간은 원래 그런 거야. 누군 너처럼 안 살아본 줄 알아? 세상은 말야. 네가 생각하는 것만큼 좋은 곳이 아니야. 그냥 아등바등 사는 거야. 내 걸 지키기 위해서 남의 걸 뺏으면서 그렇게."(〈뱀파이어 검사〉 시즌2 〈11회 - 뱀파이어의 귀환〉)

방식으로 일단락될지 예견한다는 점, 그 결말의 무서운 현실성에 있다.

김준   당신들은 우리 아버지한테 기회도 안 줬지만 난 당신들한테
기회 줬어. 당신들이 과거를 뉘우치는 것 같으면 용서하려고
했다고. 근데, 당신들이 어떻게 했는 줄 알아? 허학범은 여전히
죄 없는 사람들을 잡아들였고 유영길은 자신의 이익을 위해서
진실을 가렸어. 그리고 당신······ 듣고 싶은 말을 듣기 위해
날 고문했고.

부장검사   숲을 보게 하지 말고 나무를 보게 하라고요.

민태연   사건을 축소시키란 말입니까?

부장검사   축소가 아니라 키우자는 거지. 간첩사건이 괜찮을 것 같은데
어때요? (···중략···) 과거 공안검사로 유명했고 현재 북한에
대해 강경한 대응을 주장하고 있는 국회의원 유영길의 딸이
간첩으로 의심되는 사람에게 죽임을 당했다. 이 정도면 그림
나오나?(〈뱀파이어 검사〉 시즌2 〈1회−폭력의 역사〉)

드라마 속 설정 전반이 우리의 실제와 매우 묘하게 겹쳐진다는 점에
서 세상에 대한 이러한 암울한 진단과 전망은 더욱 의미심장하게 읽힌
다. 총을 맞고 벙커로 급히 후송된 장군의 모습에서 시청자는 1979년
김재규가 저격했던 박정희 전 대통령을 떠올릴 수밖에 없다. 유영길, 허
학범, 공두훈이 자행한 고문과 조작된 간첩 사건들, 1987년 공안1과를
와해시켰다는 고문치사 사건 등은 실제로 1971년 보안사가 조작한 것

으로 알려진 서준식·서승 재일교포 형제 간첩단 사건이나 1981년 5공화국 독재 초기 대표적 간첩 조작 사건인 부림 사건, 1987년 남영동 대공분실에서 목숨을 잃은 박종철 열사 등을 기억 속에서 소환하도록 만든다. 그뿐만 아니라 현직 국회의원으로 등장하는 유영길의 모습은 5공 시절 공안검사 출신으로 국회의원 배지를 달았던 최병국이나 정형근과 같은 인물들을 손쉽게 지시하도록 유도한다. 그렇기 때문에 결국 이 회차의 결말은 판타지라는 장르적 속성에도 불구하고 사회 현실에 대한 지극히 핍진한 모방으로 읽히기까지 한다.

"축소"를 운운하며 "그림"을 날조하려 드는 담당 부장 검사의 말이나 과거를 은닉한 채 맹목적 반공주의에 기대어 순고한 희생자로 나서는 국회의원 유영길의 기자회견 장면은 시청자에게 참담함마저 불러일으킨다. 뱀파이어인 민태연 검사의 활약으로 살인 사건의 범인은 색출하여 제거했으나 과거를 반성하며 체제 전반을 바로잡는 일까지는 개인의 초능력으로 감당할 수 없다. 결국 불합리한 정치권력하에서 또 다른 악마들의 탄생을 예견하는, 이 "폭력의 역사"를 향한 우울하고 냉소적인 전망은 드라마 〈뱀파이어 검사〉의 저변을 관통하는 것이라 하겠다.

2) 사법 기관의 무능과 부패

〈귀신 보는 형사 처용〉(이하 〈처용〉)의 핵심은 제목 그대로 '귀신을 보는' 신이한 능력을 지닌 형사 윤처용이 원혼으로 출몰하는 피해자들의 모습을 보며 사건 해결의 실마리를 찾아 나가는 내용을 담고 있다.[14] 회

---

14 강명주·이찬욱은 처용설화에서 처용은 역신에 의해 병든 사회를 관용과 해탈의 태도로 물리쳐 사회의 병폐를 해결해주는 해결사였는데, OCN 드라마에서의 처용은 '소통과 믿음'을

차별로 각각의 강력사건이 제시되면서도 각 시즌 전체를 관통하는 각각의 핵심 사건이 존재하는데 시즌1에는 악귀 강한태가 벌이는 살인이 중요하게 다루어진다. 종교 집단 '한뜻 공동체'의 내부 비리(자금 유용, 납치, 폭행, 여성 신도 강간, 살해 등)를 고발하려던 강한태는 공동체 내부에서 살해당하고 임신한 아내마저 억울한 죽음을 맞이한다. 경찰은 비리에 대한 정보를 얻었음에도 사안을 불성실하게 수사하여 대수롭지 않게 넘겼으며 결국 내부 고발자로 몰려 살해된 강한태는 악귀가 되어서라도 아내와 아이를 스스로 보호하고자 한다. 그러나 국가를 대신해 개인이 마련한 이 같은 자구책마저 '귀신 보는 형사' 윤처용의 퇴마술로 좌절된다. 가족의 비극을 끝내 막지 못했던 그는 복수심에 불타는 악귀가 되어 처용의 파트너 경찰로 빙의한 후, 당시 종교 재단 내부의 핵심 가해자와 방관자들, 그리고 복수를 방해하는 인물들(목격자인 여고생 한나영 등등)을 차례로 살해하는 악행을 일삼는다. 평범하며 선량했던 한 인간의 살인 행각의 배후에는 공권력의 오판과 무능, 부패 등이 존재했던 것이다.

흥미로운 것은 이 에피소드 또한 실제 한국사회에 큰 반향을 일으켰던 사건들과 묘하게 일치하는 지점을 갖는다는 점이다. 〈뱀파이어 검사〉의 설정이 실제 사건들에 토대를 두었던 것처럼 시즌1의 한뜻공동체 안에서 벌어진 성폭행, 살인 등의 전모는 한국사회의 사이비종교 집단들의 문제적 과거를 환기한다. 물론 특정의 사건과 드라마의 내용을

통해 현대사회에 만연한 폐단을 해결할 메타포로 활용된다고 평가한다. 강명주 · 이찬욱, 「〈귀신 보는 형사 처용〉에 再現된 處容說話의 變奏樣相 研究」, 『어문론집』 60, 중앙어문학회, 2014.

일대일로 대응하는 것은 편협한 해석일 수도 있으나 1996년 '아가동산 사건'은 집단 내부의 비리는 물론, 미흡한 수사와 교주에 대한 경미한 처벌이라는 면에서 텔레비전 속 허구와 공통점을 읽어내기 충분하다.[15]

〈처용〉 시즌2의 사건도 이와 유사하게 한국 사법 체계의 불합리한 현실을 가리키고 있다. 핵심 인물로 등장하는 이른바 '악마 변호사' 한규혁은 든든한 배경을 지닌 범죄 가해자들을 옹호하며 수단과 방법을 가리지 않고 변호하여 무죄를 받아낸다. 그는 사회적으로 지탄을 받지만 재판의 과정에서 보이는 검찰의 무능함은 한규혁의 달변 혹은 궤변과 교차, 비교되며 화면 안에서 지속적으로 부각된다. 그러나 사실 한규혁은 풀려난 가해자들을 다시 은밀히 납치해 피해자의 가족들 앞에서 따로 재판을 받게 한 후 사형을 집행한다. 그 역시 자신의 어린 여동생을 성폭행 했던 가해자가 알코올로 인한 심신미약의 사유로 감형되어 제대로 처벌받지 못했던 아픈 과거사를 지녔기 때문이다.

이상의 한규혁의 개인사는 앞서 본 〈처용〉 시즌1의 경우보다 더욱 강렬한 기시감을 갖는다. 2008년 있었던 조두순 사건이 그것인데, 가해자는 당시 8세였던 여아를 무참히 성폭행하여 장기까지 영구 손상시켰지만 술에 취해 심신이 미약했다는 것을 이유로 12년형을 선고받아 전 국민의 공분을 샀다. 그 후로도 아동 성폭력 사건을 비롯하여 강력 범죄에 대한 형량이 가볍다는 사실은 늘 세간의 비판거리가 되어 왔으며 특히 감형 과정에서의 '심신미약'의 사유는 논란의 중심에 서 있었다.

---

15 '아가동산 사건'은 1996년 12월 1일 사이비 종교 단체 '아가동산'의 피해자라고 주장한 30여 명이 "아가동산은 사이비 종교 집단이다. 아가동산은 1987년과 1988년에 신도 2명을 무참히 살해했으며 이 중 한 명이 암매장되었다"는 내용의 진정서를 검찰에 제출하면서 세상에 알려졌다. 그러나 1997년 교주는 대법원 판결에서 무혐의 처분되며 보석으로 석방되었다.

이 드라마는 사법 기관의 적절치 못한 대응을 보여줬던 사건들의 내용을 가져오되 그 결말을 다시 쓴다. 피해자 가족으로서 겪은 상처를 계기로 한규혁은 여동생의 이름을 딴 '사랑회'를 조직하여 남민수 검사와 손을 잡고 범죄자에 대한 사적 복수를 이어 나간다. 이는 결국 잘못된 사법 제도를 바로잡고자 하는 욕망, 부조리한 질서로부터 벗어나고자 하는 현실적 열망을 표현한 것이다. 현직 변호사가 법의 허점을 노려 가해자를 얼마든지 무죄로 만들 수 있으며, 사건의 진실을 규명하여 정당한 처벌을 받게 해야 할 검사가 불법적 단죄 방식을 선택한다는 설정은 결국 이 시대 사법 제도에 대한 뿌리 깊은 대중적 불신을 반영하고 있다. 그리하여 사랑회의 실체가 발각되던 위기의 순간에도 "법이 우리한테 해 준 게 뭐가 있어?"라며 달려드는 회원들의 거친 항의의 목소리는 시청자들에게 강한 설득력을 얻게 된다. 사적 단죄의 현장을 저지하러 온 형사 윤처용은 정의감에 넘치지만 피해자 가족들과 대면한 그의 얼굴에 떠오른 당혹스러움은 좀처럼 수습되지 못한다.

물론 남민수 검사와 충돌하여 그에게 살해된 한규혁은 귀신이 되어서야 사랑회의 실체를 밝혀내는 데 일조하기로 결심한다. 그럼에도 시청자들은 남민수의 지나친 독단(예비 범죄자를 찾아내 미리 단죄해야 한다는 입장)이 아니었다면 한규혁의 이상은 지켜질 수 있었던 것은 아닌지 끝내 의심하게 된다. 심지어 남검사가 죽음을 앞두고 외치던 "나 하나 사라진다고 모든 게 다 끝날 것 같아? 썩어 빠진 나라가 바뀌지 않는 한 절대 끝나지 않는다. 결국 또 다른 사랑회가 생겨날 테니까"라는 말은 악인에 대한 처벌이 이루어졌음에도 가시지 않는 찜찜한 여운을 끝내 남겨 둔다. 혼령으로 이 땅에 잠시 남았던 한규혁이 자신의 과오를 전적으로 반성하기보다는 정의가 쉽사리 구현되지 못하는 "썩어 빠진 나라"
에 의구심을 남겨둔 채 떠나간다는 것도 의미 있게 읽히는 대목이다.

처용	애초에 정의는 유치원 때 다 배웠어. 서로 자신이 편한 대로 생각하는 데서 문제가 발생하는 거지.
나영	그런가?
처용	정의…… 뭐 별거 있나? 지은 죄만큼 벌 받게 하는 거. 돈, 권력 상관없이 법 집행하는 거. 그런 기본이 지켜지지 않으니까 사랑회가 생긴 거고…….
한규혁 혼령	그러지 못한다면 같은 일이 반복되겠죠. 윤 형사님이 말한 정의가 지켜지길 바라겠습니다. 고맙습니다. 그리고 수고하셨습니다.(〈처용〉 시즌2 〈10회－악마의 정의 Part 2〉)

이 외에도 각 회차별로 발생되는 개별 사건에서 원혼이나 악귀의 출
현은 수사 기관의 무능이나 권력 기관과의 유착 문제와 결코 무관하지
않았다. 흔히 작품 속에 등장하는 귀신들, 즉 죽음의 세계로 완전히 귀
의하지 못한 채 이승을 떠도는 영혼으로서의 귀신들은 삶의 영역에 자
신들의 존재를 알림으로써 현세에서 이루지 못한 소원이나 풀지 못한
원한을 호소하고자 한다. 이들은 결국 현실이 은폐했던 욕망이나 금기
를 폭로함으로써 사회의 모순에 저항하는 역할을 담당해 온 것이다. 그
러나 동시에 통제와 제거의 대상으로 간주되어 현세의 논리를 전복하
는 데 실패한 것으로 그려지기도 한다.[16]
　〈처용〉 시즌1의 8회에서는 성폭행 후 살해된 딸의 진실을 밝히기 위

해 무죄 방면된 가해자들을 찾아 응징하는 아버지와 자신의 아버지가 살인마가 되는 것을 막기 위한 딸의 원혼이 출몰한다. 전직 판사이자 유명 로펌의 대표였던 가해자의 아버지가 힘을 써 엉뚱한 사람이 범인으로 지목된 후, 피해자 양지수의 아버지 양만석은 백방으로 뛰며 끊임없이 재수사를 요청한다. 그러나 이 모든 노력은 좌절된 채 그는 건강마저 잃고 죽음을 목전에 둔다. 그리고 3년 후, 유력한 집안의 자제들이 살해된 후에야 양지수의 사건은 비로소 재조명되기 시작한다.

양만석   누군 부모 잘 만나서 지은 죄도 세상이 알아서 다 덮어주는데 우리 지수는, 우리 지수는 그 자식들 때문에 한창 꽃필 나이에 그렇게 끔찍하게…….

양만석   …… 그땐 그렇게 얘기 들어달란 때 들어주지도 않더니 왜요? 아, 잘난 집 자식들 죽으니까 이제 와서 그게 그렇게 궁금하세요? 저 이제 경찰들 말 다 안 믿어요. 당신들이 더 나빠. 철석같이 믿는 사람 맘 이용해서 입막음이나 하고 …… 돌아가세요. (〈처용〉 시즌1 〈8회－어떤 정의〉)

정당한 수사를 요구했던 피해자의 아버지는 스스로 무참한 살인마가 된 후에야 딸의 진실을 드러낼 수 있었다. 이승을 떠나지 못한 양지수는 살아서 그러했듯 혼령이 되어서도 가해자를 위해할 만큼의 힘을 지니

---

16   최기숙, 앞의 책, 113쪽.

지 못했다. 자신 때문에 모든 것을 잃게 된 아버지를 위해 불가사의한 흔적을 드러내는 것 말고는 무엇도 할 수 없었던 그녀는 자신을 알아보는 아주 특별한 형사 처용을 만나고서야 세상에 자신의 문제를 드러낼 수 있었다. 아버지의 완전한 파멸을 저지하고서야 양지수는 저 세계로 떠나게 되었지만 사실상 양만석은 이미 죽은 목숨이나 다름없다. 살기 위해 죽어야/죽여야 한다는 극단적 선택을 강요하는 사회, 이를 통해서만이 비로소 문제 제기가 가능한 사회, 그러나 종국에는 그 극단적 선택이 패배될 수밖에 없는 미궁의 현실을 증언하는 대목이라 하겠다.

3. 공권력의 불완전한 복원과 진실의 은폐

1) 초능력을 통한 질서의 일시적 회복

사건을 해결하는 데 특정 개인이나 집단의 탁월한 능력이 부각되는 것은 수사물에서의 관례이다. 소위 '미드'의 대표적 수사물인 〈CSI〉나 〈크리미널 마인드〉 시리즈 역시 전문적 지식과 단련된 육체를 지닌 수사관들의 활약이 두드러진다. 그럼에도 그들의 능력이 발휘될 수 있는 토대는 개인의 능력을 높이 사며 뒷받침해 줄 수 있는 제도의 합리성에 있다. 세금으로 운용되는 과학수사대의 첨단 연구실, 전용 비행기까지 제공해 주는 FBI의 전폭적 지원 등이 바로 그 예이다. 과학수사의 과정에서 벌어지는 그야말로 환상적인 수사 능력은 실제의 현실을 긍정적으로 과장하는 데에서 나오며 이러한 상상은 시스템의 체계적 조력이라는 근간 위에 존재한다.[17] 미드에서 그들이 고민하는 외부의 문제란 부서의 예산 편성이 전년과 대비하여 얼마만큼 더 혹은 덜 이루어질 것이냐의 문제지만, 한국드라마에서의 걸림돌은 윗분들이 불편해한다는 식의 상부 조직의 외압이다.

　최근 한국의 수사물에서 드러난 것처럼 시스템은 조력자라기보다 차라리 방해자라고 봐야 옳다. tvN의 〈시그널〉(2016)에서 대도 사건과 인주 여고생 사건의 배후에는 국회의원과 그를 돕는 경찰 내부의 세력이 존재하며 OCN의 〈실종 느와르 M〉(2015)에서도 부정한 건설사 사장과 결탁하여 살인을 주도하며 수사를 방해하는 것은 검찰국장이었다. 〈나쁜 녀석들〉(OCN, 2014)도 마찬가지로 검사가 범죄를 주도하고 수사를 방해하기 위해 살인도 서슴지 않는다. 이에 한 발 더 나아가 부당한 힘에 대응하기 위해 만들어진 것은 강력 범죄자로 꾸려진 불법적 수사팀이다. 경찰 내부의 합당한 조력마저 위법적인 경우로 제시하면서 법보다 주먹이 위에 있는 현실을 적나라하게 폭로, 이를 합리화하려는 것이다.[18] 일례로 남성 주인공들은 종종 연쇄 살인범의 가해자로 지목되어 구금되거나, 그러한 위기에 처할 상황에 놓이는데 그럴 때 그들은 내부의 절차와 해결의 과정을 불신하며 주어진 능력을 활용하여 불법으로 탈출, 문제를 해결하고자 든다. 공권력의 수호자가 되어야 할 조력자들 역시 현 시스템의 운용 방식을 정면으로 위반하며 사건을 해결함으로써 주인공의

17　이른바 'CSI 신드롬'이라는 것을 불러일으킬 만큼, 이들 드라마 내 수사 과정과 사건 해결의 양상은 판타지에 가깝다고 보는 게 옳다. 그러나 이는 현 시점에서 구현되기 어려운 과학기술의 엄청난 발전과 운용을 전제하고 있는 것으로 한국의 판타지 수사드라마의 상황과는 뚜렷이 변별된다.

18　수사물은 아니지만 2016년 방영된 〈38사기동대〉에서 고액 탈세자들에게 세금을 합법적으로 받아낼 방법은 공무원들의 정당한 집행 절차를 통해서가 아니다. 사기 전과자의 사기 행위가 동원될 때 오히려 조세 질서를 다시금 확립할 수 있게 된다.

위법적 행위를 적극 혹은 소극적으로 옹호하는 결론에 이르게 된다.

드라마가 환상을 경유한 경우, 일반적 수사 체계를 넘어서는 한 개인의 전지전능한 능력은 더욱 부각될 수밖에 없다.[19] 〈뱀파이어 검사〉의 민태연은 '검은 우비'에게 물려 뱀파이어가 된 후 가공할 만한 신체적 능력과 더불어 사이코메트리의 능력[20]을 소유하게 된다. 드라마 〈처용〉의 형사 윤처용도 귀신을 보고 퇴마할 수 있는 특별한 능력을 아버지로부터 물려받은 인물이다.[21] 피해자의 혈액을 마심으로써 당시의 상황과 고통을 생생히 대리 체험할 수 있는 민태연이나 슬픔과 고뇌에 찬 원혼의 모습을 바라보며 그들의 사연에 공감하게 되는 윤처용에게 사건 해결의 의지는 사적 차원에서라도 다른 수사요원과 대비하여 강력할 수밖에 없다. 그리하여 민태연, 윤처용 모두 놀라운 검거 실적을 보여주지만 동시에 그들은 자신의 능력에 대한 과도한 자신감과 그 능력을 감춰야 한다는 이유로 팀원들에게 정보를 숨긴 채 독선적 행보를 이어 나간다.

주인공들은 수사의 정당한 절차와 무관하게 초자연적인 자신의 '감'에 의존하며 히어로물에 등장할 법한 빼어난 무술 실력을 거침없이 드러낸 후에 사건을 멋지고 깔끔하게 해결한다. 그러기에 종종 정직이나 면직 등의 위협에 노출되지만 제도권 안에 불안하게라도 그들이 안착

---

19 초능력을 지닌 수사관만이 맞설 수 있는 악의 실체는 그만큼 드라마 내에서 강력하게 부각된다. 이는 초능력을 동원하지 않고서는 해결될 수 없는 현실 세계에 대한 회의와 절망에 대한 역설적 표현이기도 하다.
20 사이코메트리(psychometry)란 일반적으로 특정 소유물에 손을 대어 소유자에 관한 정보를 읽어내는 심령적 행위를 가리킨다. 〈뱀파이어 검사〉의 민태연은 죽은 자의 피를 맛봄으로써 살해 당시의 마지막 상황과 피의 동선을 보는 능력을 소유하고 있다.
21 처용의 과거는 드라마 내에서 분명히 드러나지 않는다. 다만 악귀가 그를 향해 던지는 말("역시 대단한 눈을 가졌어. 불쌍한 네 애비처럼") 등을 통해 대략 추측해 볼 뿐이다. (〈처용〉시즌1 〈1회 - 귀신 보는 형사 Part 1〉)

할 수 있는 것은 비교적 평범한 수사 팀원들의 후방 지원 때문이다. 그러나 현실을 거스르는 초월적 능력을 지닌 주인공들 앞에서 다른 형사, 검사의 오랜 경험에 바탕을 둔 노련한 수사 능력은 부차적인 문제가 되거나 무용한 것이 되기 십상이다. 게다가 그들은 기회가 될 때마다 합리적 절차를 버린 채 초능력에 기꺼이 기대어 수사를 진행하려고 든다.

〈처용〉 시즌2에서도 처용의 능력을 알게 된 변국진 반장과 이종현 형사는 사건이 미궁에 빠질 때마다 처용에게 원혼이 보이지는 않는지 거듭 확인한다. 새로 투입된 분석관인 정하윤은 막강한 데이터 분석력을 갖춘 엘리트 경사로 설정되어 있지만 빙의 등의 문제를 쉽게 받아들이며 영혼을 믿고 그 도움을 마다하지 않는다. 〈뱀파이어 검사〉 시즌2에서는 일본인 점성술사인 루나가 등장, 사건에 적극 개입하여 해결의 결정적 단서를 제시한다. 그녀의 능력을 불신하던 유정인 검사를 비롯하여 특검팀 전원은 9회에 이르러 이지애 실종의 실마리를 찾기 위해 타로카드 점과 다우징에 전적으로 의존하여 수사를 진행한다. 대한민국 검찰청 내 사무실 안에 둘러앉아 형사, 검사, 법의관 가릴 것 없이 자신들을 이끌 점괘만을 기다리는 장면은 아이러니하기만 하다.

환상을 경유하지 않는 상황에서도 주인공을 비롯한 수사관들은 부당한 방법을 사용하여 정보를 얻어내는 것을 조금도 주저하지 않는다. 그들은 범인으로 의심되는 자, 법의 경계 밖에 있는 자들을 감금하거나 폭행, 위협하며 원하는 것들을 강제로 얻어낸다. 그 과정에서의 폭력은 대개의 경우, 정의라는 대의를 위해 기꺼이 미화된다. 법망을 빠져나간 악인의 피를 탐하는 장철오(〈뱀파이어 검사〉 시즌1)나 그러한 자들을 사적으로 응징하는 한규혁(〈처용〉 시즌2)과 다른 것은 그들이 폭력을 행사해도 살인만큼은 저지르지 않는다는 최후의 윤리적 보루에 있을 뿐이다. 그러므로 시스템의 경계에서 아슬아슬하게 줄타기하며 그들이 어렵사리 복원해 낸 이 사회의 질서는 지극히 불완전해 보인다.

위기에 빠진 주인공들의 선택을 통해서도 이는 단적으로 증명된다. 시즌1·2 모두 살인의 누명을 썼던 민태연은 경찰 병력을 무력화시킨 후 도망치고 윤처용 역시 자신을 지키는 경찰들을 유유히 제압하고 수사망을 빠져나가 독자적으로 진실을 밝히려 든다. 그들의 초능력은 초법적 행위를 가능케 하는 강력한 원동력이 되며 결과적으로 이러한 행위들은 성공함으로써 정당화된다. 주인공의 행보가 보여주듯 법의 대리자들이 수호하려 드는 시스템은 이미 정상적 방식으로 작동되지 못하며 이성과 상식에 의해서는 진실이 밝혀질 수 없다. 불법 혹은 초법적 행위를 통해 일시적으로 복원된 정의가 여전히 불안해 보이는 것은 바로 이 때문일 것이다.

2) '괴담'의 소멸과 은폐된 악의 기원

〈뱀파이어 검사〉와 〈처용〉은 주요 가해자의 검거 그 후의 이야기를 좀처럼 다루지 않는다. 특히 거대 기업이나 권력형 비리가 촉발한 사건들, 사법 제도의 허점으로 피해 입은 자들의 보상 등 그 후의 이야기에 대해서는 대부분 침묵한다. 〈뱀파이어 검사〉 시즌1에서 등장하는 검사 유정인의 아버지 유원국은 조직 폭력배로 경찰과 결탁하여 부당한 이득을 취해 왔으며 딸의 안전을 위해서라면 살인도 서슴지 않는 파렴치한 인물이었다. 유정인은 공사를 넘어 아버지에 대한 수사까지 강하게 밀어붙이던 인물이었지만 부정 앞에서 결국 무너지고 만다. 그런 유정인을 말없이 위로하는 듯한 민태연의 포즈와 끝내 사법 처리되지 않은 유원국의 모습, 이후 아버지의 과오에 속죄라도 하듯 수사에 열심인 유정인의 모습은 간접적으로나마 범죄의 은폐를 옹호하는 듯 보인다.

> 정인　나쁜 사람이 맞는데, 제가 잡아넣어야 할 사람들 중에 하난데, 그 사람이 나쁜 짓을 한 이유가 저 때문이라니까 나쁜 놈이라고 말할 수도 없고 미워할 수도 없어요. 어떻게든 혐의 입증해서 감옥에 처넣어야 맞는 건데 그게 검사로서 해야 할 일인데 도저히 그렇게 못하겠어요. (〈뱀파이어 검사〉 시즌1 〈9회－좋은 친구들〉)

더구나 인물 및 배경 등의 기본 설정은 유지되지만 에피소드가 연속되기보다는 매회 개별적으로 종결되는 시리즈series 드라마의 성격상, 후일담을 들어야 할 법한 이야기들은 다음 회차에서 새로운 이야기로 담담히 전환되는 경우가 대부분이다. 그들에게 당장 중요한 것은 눈앞에 나타난 사건 자체를 해결해야 한다는 당위에 지나지 않으며 친분관계에 따라 잘잘못에 대한 판단은 매우 임의적으로 이루어지기도 한다. 심지어 악령 혹은 뱀파이어의 존재와 얽힌 사건들은 비현실성으로 인해 실제의 세계에서 쉽사리 발화되지 못하며 공유해야 할 사회적 진실은 외면되거나 은폐되기 십상이다.

〈뱀파이어 검사〉 시즌2의 〈3회－어떤 정의〉에서는 부실한 초동 수사와 부검의 조정현의 잘못된 판단으로 이준성이라는 청년이 억울하게 범인으로 지목되어 옥살이를 하고 마침내 사형까지 당하게 됐지만 향후 이 문제에 대한 공식적 수습과 반성의 과정은 드러나지 않는다. 이는 전적으로 조정현 박사 개인의 죄의식과 책임의 문제로 귀결된다. 그가 갈 곳 없는 이준성의 어린 조카 이지애를 입양하여 책임지려 드는 것, 그녀의 목숨을 구하기 위해 스스로 죽음을 자처하는 일로 마무리되기 때문이다. 〈처용〉 시즌2에서 밀실 살인범을 찾기 위해 혐의가 보이는 사람들을 불러다가 마구 폭행하며 죄를 추궁하던 최 형사는 유력한 용의자인 조남호가 증거 부족으로 풀려나자 결국 그를 죽이고 암매장하기까지 했다. 그러나 17년 후 조남호의 원혼이 악귀로 부활하여 살인을 이어가면서 과거 최 형사가 저지른 살인의 전모가 밝혀지는데 그럼에도 그는 좀처럼 후회하지도 않는다. 물론 "진짜 괴물"을 만든 그는 어떠한 사법적 처벌을 받지도 않은 채 이야기 전개 안에서 사라질 뿐이다.

| 최 형사 | 그래서 뭐, 그럼 그 괴물 새끼가 사람을 계속 죽이게 놔둬야 했단 말이야? 그 새끼가 범인이었고 지난 17년 동안 아무도 안 죽었어. 난 수많은 목숨을 살린 거야. 내 판단이 옳았던 거라고. |
| 윤처용 | 아니요. 조남호를 진짜 괴물로 만든 건 당신입니다.(〈처용〉 시즌2 〈8회─살인의 추억〉) |

사건의 진실은 돌아온 조남호가 도주 중 사망하는 것으로 꾸며지며 은폐될 수밖에 없다. 어차피 원혼은 현실의 논리 안에서 합리적으로 설명될 수 있는 문제가 아니기 때문이다. 아이러니하게도 환상을 경유해서 드러났던 문제들은 환상이기 때문에 공동체를 향해 공적으로 발화

되어 내부에서 의미화되는 과정을 거치지 못한다. 그리하여 윤처용이 해결하는 사건들은 해당 범인을 잡고 원혼을 사라지게 만드는 개인적 차원으로부터 쉽사리 나아가지 못한다. 그가 휘두르는 퇴마용 칼에 맞은 악령과 원혼은 산산이 부서지는 CG 효과에 힘입어 흔적도 없이 소멸되어 이 세계에 어떠한 자취도 남기지 못한다. 우리 사회 안에서 살아서도 죽어서도 형체를 지니지 못한 자들의 말과 행위는 영상으로 구현된 이미지처럼 그렇게 쉽게 부서지고 흩어져 증발되어 버리는 것이다.

시즌3이 나오기 전까지 쉽게 예단할 수는 없으나 〈뱀파이어 검사〉의 가장 핵심 사건인 '릴리트 프로젝트' 또한 환상의 영역 안에 머물기 때문에 사회 공동체 안에서 군부의 부당한 폭력을 폭로하거나 악의 기원이 된 죄과가 정당하게 반성, 수습되는 결말로 나아가기란 어려우리라 본다. "영혼을 보는 형사 '처용'을 통해, 누구나 궁금해하는 '괴담'의 실체를 벗겨냄으로써 미궁에 빠진 범죄를 속 시원히 해결하는 카타르시스를 전달하고자 한다"라는 기획의도의 표현처럼, 환상을 활용한 수사드라마는 도시에서 벌어지는 한낱 상상에 의해 만들어진 "괴담"으로 전락하여 시청자의 일시적 카타르시스만 좇는 결론으로 귀결될 위험을 안고 있다.

4. 공적 상상력으로서의 환상의 의의 혹은 한계

기이한 존재들이 만들어내는 낯선 징후들은 이 세계 안에서 강력한 존재감을 드러내며 이목을 끌지만 현실의 논리로는 쉽게 해독될 수 없다. 그러므로 실체를 집요히 추적해 나가는 동안 우리는 이 사회의 추악한 민낯을 목도하며 정의를 향한 근본적인 의문과 회의를 제기하게 된다. 그러나 수사물이라는 장르는 강력사건의 특정 가해자를 색출하고 제거함으로써 공동체의 일시적 안전을 확보하는 데 주안점을 둔다. 그리하여 끔찍한 사건의 퍼즐은 공권력의 대리자들(검사 혹은 형사)의 신이한 능력(사이코메트리, 귀신을 보는 능력 등)에 힘입어 어렵사리 맞춰지지만, 결정적 진실의 조각은 적절히 정리되며 큰 그림은 은폐되는 수순을 밟아간다.

물론 특정 사건의 해결은 사회적으로 보호받지 못했던 개인의 원한을 해소하게 만든다는 점만으로 충분한 의미를 지닐 수 있다. 그러나 현 제도 안에서 괴물이 될 수밖에 없었던 자들의 목소리는 집단의 경험으로 복원되지 못하며 애도와 반성, 사회의 근원적 변화를 꾀할 수 있는 도화선이 되지 못한다. 결과적으로 제도를 수호하려는 주인공인 검사와 형사는 문제의 심연으로 들어갈 길을 교묘히 차단해 버린 채 자신에게 주어진 초월적 능력을 충분히 활용하는 해결사, 공권력의 유능한 대리자 역할에 스스로를 한정해 버린다. 그럼에도 흥미로운 것은 그들 역시 이면으로는 제도를 불신하며 그것이 만들어낸 틀을 서슴없이 넘어선다는 모순에 있다.

마사 누스바움은 "공적 상상력으로서 문학적 상상력은 재판관들이 판결을 내리고, 입법자들이 법을 제정하며, 정책 입안자들이 다양한 인간의 삶의 질을 측정하는 데 길잡이 역할"을 할 것이라고 보았다.[22] 한국 수사드라마에서의 환상은 일종의 공적 상상력으로 우리의 무너진 제도

---

22 마사 누스바움, 박용준 역, 『시적 정의』, 궁리, 2013, 28쪽.

와 정의를 돌아보게 만드는 역할을 하며 더 나은 세상을 갈망하도록 촉구한다. 그러나 동시에 그러한 공적 상상력으로서의 환상이 제대로 작동되고 있는지는 좀 더 고민해 보아야 할 문제라고 생각한다.[*]

---

[*] 이 글은 「OCN 수사드라마에 나타난 '환상'의 의미─〈뱀파이어 검사〉와 〈귀신 보는 형사 처용〉을 중심으로」(『한국극예술연구』 55, 한국극예술학회, 2017)를 수정하여 재수록한 것임.

〈미래의 선택〉,
타임머신·시간 여행의 서사적 욕망과
자기계발 이데올로기

박명진

도래하는 것은 우리가 상상했던 것보다, 우리의 선입견보다 이미 앞선 것을 아예 내포하고 있다. 그래서 우리는 그것과 결합할 수 없고, 그 진정한 외관을 알 수도 없다.(릴케)[1]

1. 판타지의 장치dispositif와 평행우주론

1895년에 발표된 웰스Herbert George Wells의 소설 『타임머신The Time Machine』 이후 "과학소설과 SF 컨텐트에 깊은 방향을 불러일으켜 무수한 아류작들을 양산해냈고 시간 여행 장르라는 SF 하위 장르"[2]가 양산되었다. 이러한 경향은 주로 SF 소설들을 중심으로 전개되어 오다가, 할리우드 영화에서

1 　폴 비릴리오, 김경온 역, 『소멸의 미학』, 연세대 출판부, 2008, 48쪽.
2 　고장원, 『SF로 광고도 만드나요?』, 들녘, 2003, 124쪽.

이 모티브를 전격적으로 차용하게 됨으로써 시간 여행 영화가 급증하기 시작했다. "시간 여행을 다룬 작품이 소설보다 영화에서 급증한 것은 분명 영화가 가지는 시각적 특성에서 비롯"[3]하는 것인데, 이러한 사정은 텔레비전드라마의 경우에도 동일하게 적용될 수 있을 것이다. 영화와 TV를 포함한 영상매체예술들은 매체의 특성상 특수 효과나 편집 효과 등을 통해 직접적으로 시각적 효과를 만들어내기 쉽기 때문이다.

대체로 시간 여행을 이용한 판타지 양식은 현실에 대한 불안, 공포, 불만족 등을 해결하기 위해 과거로의 여행을 통해 현실을 바꾸고자 한다.[4] 그러나 〈미래의 선택〉의 경우, 미래未來에서 현재로 시간 여행을 온 도래자渡來者가 아무리 현재의 상황을 바꾸어도 정작 도래자 자신의 인생을 전혀 바꿀 수 없다. 그 이유는 도래자가 대면한 과거의 자기 자신은 다른 세계, 즉 다중우주Multiverse 속의 두 세계에 존재하는 또 다른 주체이기 때문이다. 따라서 도래자와 과거의 자기 자신 사이에는 시간적 인과관계가 형성되지 못한다. 과거로의 시간 여행을 통해 현실을 개조시킬 수 없다면 이 드라마는 시간 여행 모티브의 이야기들이 선사하는 현실 바꾸기의 판타지를 시청자에게 제공하기 어렵게 된다.

2012년부터 2013년 전반기는 한국의 텔레비전드라마 지형도에서 소위 타임슬립Time Slip 형태의 시간 여행을 소재로 한 드라마들이 집중적으로

---

3 최영진 · 김민중, 「시간 여행 영화의 비선형적 사유－〈도니 다코〉를 중심으로」, 『문학과 영상』 11(3), 문학과영상학회, 2010, 849쪽.

4 "대부분의 시간 여행은 과거로의 여행이다. 왜냐하면 미래에는 회한이 없지만, 과거에는 회한이 깊기 때문이다. 자신의 과거의 사건을 바로잡고 싶은 인간의 욕망이 바로 시간 여행을 꿈꾸게 만든다. 이런 점에서 볼 때 '시간 여행'은 단순히 과거와 미래로의 시간 '여행'이 아니라, 주인공의 시간에 대한 '선택'의 문제와 과거 삶을 돌이키고자 하는 주인공의 '의지' 및 '욕망' 문제를 제기하며 인생관, 세계관과 닿아 있다." 서곡숙, 「시간 여행 영화의 쾌락－시간, 죽음, 두려움으로부터의 해방」, 『영상예술연구』 18, 영상예술학회, 2011, 89쪽.

선보였던 시기로 기억할 만하다. 타임슬립 드라마들이 일종의 트렌드로 선보이던 시기에 〈미래의 선택〉[5]은 다른 종류의 시간 여행 모티브를 활용하고 있다는 점에서 주목할 만하다. 〈미래의 선택〉은 이 시기 대부분의 시간 여행류 드라마들과는 달리 타임머신이라는 과학 기계를 이용하여 시간을 여행한다는 방식을 채택하고, 여기에 '평행우주Parallel Universes'[6] 이론을 접합함으로써 기존의 타임슬립 드라마와는 차별되는 전략을 사용한다. 이는 〈미래의 선택〉이 타임슬립 모티브의 시간 여행 드라마들과는 다른 효과를 생산해내리라는 것을 시사해 준다.

그렇다고 해서 이 드라마가 시간 여행을 통한 특정 주체의 변화를 도외시하고 있는 것만은 아니다. 비록 미래A가 외부적 도움을 거부하고 자신만의 개인적인 노력을 통해 자신의 인생을 성공적으로 개척해내지만 그녀가 그렇게 변하기로 결심하게 된 계기는 바로 시간 여행을 온 미래B에 의해서 촉발된 것이기 때문이다.[7] 〈미래의 선택〉은 타임머신 시간 여행이라는 판타지 양식을 통해 미래A의 '인간 개조' 성공담을 긍정적으로 묘사하고 있다.

"미디어 문화의 제작물들은 순수한 오락물이 아니라 정치적 수사, 투쟁, 의제 그리고 정책에 속박되어 있는 전적으로 이데올로기적인 산물"[8]

---

5   홍진아 극본, 권계홍·유종선 연출, 〈미래의 선택〉, KBS2, 2013.10.14~12.3(16회).
6   '평행우주(平行宇宙)' 이론은 '다중우주(多重宇宙)' 이론의 하위범주이다.
7   드라마의 주인공인 나미래(윤은혜 분)를 미래A로, 미래에서 온 늙은 나미래(최명길 분)를 미래B로 표기하겠다. 왜냐하면 현재의 나미래와 미래(未來)로부터 온 나미래는 평행우주 속에서 서로 다른 두 개의 세계에 속하는 존재들이기 때문이다. 따라서 현재의 나미래가 살고 있는 곳이 세계A라 한다면, 미래에서 온 나미래가 살고 있는 곳은 그와는 전혀 다른 세계B가 될 터이다. 결국 〈미래의 선택〉은 세계B에 살던 늙은 미래B가 세계A에 살고 있는 미래A에게 타임머신을 타고 시간 여행을 와서 벌어지는 이야기를 다루고 있다.
8   더글라스 켈너, 김수정·정종희 역, 『미디어 문화』, 새물결, 1997, 173쪽.

이고, 시청자가 텔레비전을 대할 때 "순간적으로 그리고 지속적으로 이데올로기적 틀에 직면한다는 것, 그리고 그것을 해독하여 그 안에 포함되어 있는 즐거움을 얻기 위해 일정한 태도를 교섭"[9]할 수밖에 없다는 사실을 상기한다면 〈미래의 선택〉이 발생시키는 정치성과 이데올로기적 효과에 주목할 필요가 있음을 알게 된다. 그런 의미에서 TV를 포함한 미디어매체는 "생명체들의 몸짓, 행동, 의견, 담론을 포획, 지도, 규정, 차단, 주조, 제어, 보장하는 능력을 지닌 모든 것"[10]을 관장하는 '장치'로 기능하게 된다. 〈미래의 선택〉에서 시간 여행과 평행우주라는 판타지 모티브는 이 '장치'를 보다 효과적으로 실행시키는 동력을 제공하는 역할을 맡는다.

2. 시간 여행 모티브와 판타지

판타지는 현실 세계에서는 불가능한 현상이 발생함으로써 구현되는 양식이다. 판타지 양식의 특징은 "이야기된 사건들에 대하여 자연적인 해석과 초자연적인 해석 사이에서"[11]의 망설임으로 이해될 수도 있고, 미메시스와 함께 작동하고 있는 표현예술의 충동이나 시각으로 이해될 수도 있으며,[12] "지배적인 가설에 대한 위반을 통해 규범적으로 것으로

---

9 존 피스크 · 존 하틀리, 이익성 · 이은호 역, 『TV 읽기』, 현대미학사, 1997, 23쪽.
10 조르조 아감벤, 「장치란 무엇인가?」, 조르조 아감벤 · 양창렬, 양창렬 역, 『장치란 무엇인가? 장치학을 위한 서론』, 난장, 2010, 33쪽.
11 츠베탕 토도로프, 최애영 역, 『환상문학서설』, 일월서각, 2013, 68쪽.
12 캐스린 흄, 한창엽 역, 『환상과 미메시스』, 푸른나무, 2000, 55쪽.

여겨지는 규칙이나 관습들을 전복"[13]하는 상상력으로도 이해될 수 있다. 판타지 양식에 대한 이해가 어떻든지 간에 분명한 것은, 그것이 우리들의 실제 생활에서는 경험될 수 없는 비현실적 현상들에 대한 적극적인 상상력의 구현이라고 하는 것이다. 시간 여행의 판타지는 "지나온 시간에 대한 반성, 미래에 있을 두려움, 또 다른 기회에 대한 열망을 충족"[14]시켜주고 "오락성, 과거에 대한 반성과 후회, 아련한 과거를 통한 현재의 치유, 현실로부터 탈피하고픈 욕망, 두려움의 해방"[15] 등의 문제를 해결해 주는 역할을 한다. 또한 판타지는 하나만의 현실이 아니라 다양한 현실들을 구성하는 세계를 구현함으로써 현실을 복잡계複雜界의 세계로 인도하기도 한다.[16]

시간 여행의 방법에는 물리적인 기계를 이용한 타임머신과 초현실적인 현상을 이용한 타임슬립으로 나뉠 수 있다.[17] 〈미래의 선택〉은 우선 첫 번째의 경우에 해당하는 드라마이다. 왜냐하면 미래에서 현재로 시간 여행을 온 여인이 자신의 불행한 인생을 바꾸기 위해 타임머신을 탔기 때문이다. "1세기 가까운 SF의 역사를 통틀어서 가장 유명한 도구는 물론 시간을 항해하는 기계─타임머신"[18]이라는 점에서 이 드라마의 타

---

13 로즈메리 잭슨, 서강여성문학연구회 역, 『환상성 ─ 전복의 문학』, 문학동네, 2001, 24쪽.

14 이정환, 「타임슬립 소재의 영상화에 관한 연구」, 국민대 석사논문, 2012, 94쪽.

15 박소은, 「'소녀의 시간 여행'의 일본문화적 의미」, 중앙대 석사논문, 2014, 6쪽.

16 "세상은 이제 더 이상 대문자로 쓰여진 유아독존의 현실(The Reality)이 아니라, 어떤 개개의 현실(a reality)이 모여서 '현실들(realities)'을 구성하는 세계가 되었다. 그래서 '현실들 사이'에 '환상들'이 자리를 잡기도 하고, 그 사이를 환상들이 자유롭게 드나들며 '통풍효과'를 낼 수도 있게 되었다. 다시 말해 현실은 이제 그 자체로 현란한 '복잡계(複雜界)'를 이룬다. '현실들의 복잡계'는 대문자의 현실이 세상의 변방으로 귀양 보냈던 환상의 요소들을 그 사이사이에 다시 불러들여 '같이 놀자'고 하는 것이다." 김용석, 『서사철학』, 휴머니스트, 2009, 467쪽.

17 이정환, 앞의 글, 4쪽; 고장원, 앞의 책, 124쪽.

18 김상훈, 「시간 여행 SF 약사(略史)」, 폴 앤더슨, 김상훈 역, 『타임패트롤』, 행복한책읽기,

임머신 모티브는 참신한 상상력이라 보기는 어렵다. H. G. 웰스가『타임 머신』이라는 소설을 쓴 이유는 "시간 여행 그 자체의 현실성 논의보다는 암울한 미래를 묵시론적으로 보여줌으로써 계급모순의 골이 깊어가고 있음에도 각국 정부들끼리 전쟁만 일삼던 근대 유럽사회의 부조리를 풍 자"[19]하기 위해서였다. 타임머신 모티브의 서사 양식들은 근대사회의 모순과 부조리를 비판하고 풍자하기 위해 탄생했던 것이다. 그러나 〈미 래의 선택〉에서의 타임머신 모티브의 차용은 초창기의 타임머신 이야기 의 사회 비판적 기능을 수행하지 않는다. 이 드라마는 현실사회의 기획 이나 실천, 집단적인 행위 유발 등에 대해서는 관심을 두지 않는다.

일반적으로 타임머신 모티브의 이야기는 타임머신이라는 과학 기계 를 이용하여 시간 여행을 떠나는 주체를 중심으로 전개되는 경우가 많 다. 타임머신을 이용한 시간 여행은 "물리적인 개체를 이용하여 자신의 의지와 욕망을 통해 능동적으로 시간 여행"[20]을 감행하는 자의 이야기 를 다루기 때문이다. 그 주체는 타임머신을 발명한 과학자일 수도 있고, 그 과학자가 발명한 타임머신을 이용하는 자가 될 수도 있다. 어쨌든 타 임머신 이야기는 과학 기술의 발명품으로서의 타임머신에 대한 설득과 믿음을 전제하고 있고, 과거로의 시간 여행이 현재의 변화와 맺는 관계 를 묘사할 때 흥미를 유발할 수 있다. 그런데 〈미래의 선택〉은 타임머 신을 지나칠 정도로 엉성하고 허술하게 묘사되고 있고, 어떤 계기로 타 임머신을 이용하게 되었는지 또는 타임머신이라는 과학적 시스템이 무

2008, 321쪽.
19 고장원, 앞의 책, 124~125쪽.
20 이정환, 앞의 글, 4쪽.

엇인지에 대한 어떠한 설명도 소개하지 않음으로써 타임머신의 독특한 매력과 흥미를 유발하지 않는다. 여기에 '평행우주'라는 모티브를 겹쳐 놓음으로써 타임머신 시간 여행의 판타지적 효과는 결정적으로 소멸된다. '평행우주론'은 우주에는 동일한 세계가 수없이 존재하고, 그에 따라 그 세계의 그 수만큼이나 많은 '다양한 나'[21]가 존재한다고 주장하는 이론이다. 평행우주(또는 다중우주)에 대한 설명을 살펴보도록 하자.

임의의 관측이 행해질 때마다 양자적 분기점이 형성되면서 우주는 끊임없이 갈라지고 있다. 조금이라도 가능성이 있으면 그 사건이 발생하는 우주가 반드시 존재하며, 이 모든 우주들은 우리가 살고 있는 우주만큼 현실적이다. 각 우주에 살고 있는 사람들은 자신의 우주가 유일한 현실이라고 믿으면서, 다른 우주를 상상이나 허구의 세계로 간주하고 있다. 그러나 모든 평행우주들은 결코 환영이 아니며, 거기 속해 있는 모든 물체들은 지금 우리가 보고 느끼는 물체들처럼 구체적이고 확고한 실체로 존재한다. (…중략…) 만일 다중우주가 정말로 존재한다면, 지금 이 순간에도 당신의 몸은 다른 우주에 다른 상태로 존재하고 있을 것이다. 개중에는 당신이 사나운 공룡과 생존경쟁을 벌이는 우주도 있고 나치가 세계를 점령한 우주도 있으며 외계인과 동업해 햄버거 가게를 운영하는 우주, 심지어는 당신이 아예 태어나지 않은 우주도 있다.[22]

---

21 "다세계 이론에 따르면 확률적 가능성은 모두 실재하고, 모두 일어난다. (…중략…) 나는 손오공처럼 수없이 자신을 복제하여 분열한다. 진짜 손오공은 어떤 것인가? 아니, 진짜 손오공이란 게 있는가? 우리가 하나밖에 없다고 생각한 나, 가족, 직장 등은 하나의 손오공에 관련된 세계다. 매 순간 숱한 손오공과 그의 가족, 직장이 분열한다. 다세계는 손오공 주체를 낳는다." 김용호, 『와우』, 박영률출판사, 1996, 130~131쪽.
22 마치오 카쿠, 박병철 역, 『평행우주』, 김영사, 2006, 271~272쪽.

미래B	전에 내 발목에 왜 흉터가 안 생기는지 물었었지?[23] 다이어리 관한 것도 정말 내가 돌아가면 바뀌어 있는 거야? 바른 대로 이야기 안 하면 다 찢어버릴 거야! (블랙맨의 메뉴얼 수첩을 찢으려고 한다.)
블랙맨	아, 알았어요. 사실대로 얘기할게요. 미래의 사람이, 그러니까, 아줌마가 여기 와서 과거를 바꿔놓고 돌아가 봤자 바뀌는 건 아무것도 없어요. 왜냐하면 아줌마가 여기 온 순간 또 하나의 미래가 생겼거든요. 아줌만 아무 소용이 없는 짓을 한 거라구요. (14회)

미래B	그러니까 나랑 미래랑 다른 사람이고 내가 돌아가 봤자 바뀌는 게 하나도 없구. 이제 미래는 내가 아니라.
오빠	잠깐, 잠깐, 그럼 혹시 이게 평행우주론?
미래B	응?
오빠	잠깐만. (스마트폰을 꺼내 '평행우주'를 검색하며) 그럼, 이 이론대로라면 이 세상에는 단 하나만의 우주가 존재하는 것이 아니라 또 다른 우주가 존재할 수도 있고 더불어 또 다른 내가 존재할 수 있다는 얘기네. 그러면, 니가 온 미래가 우리의 미래가 아닐 수도 있다, 라는 얘기네. (15회)

---

23 8회에서 미래A는 '김신의 모닝쇼' 특별 프로그램 중 흉가(凶家) 촬영에 나갔다가 논두렁에서 미끄러져 발목에 화상을 입는다. 13회에서 미래B는 미래A의 발목에 난 화상 흉터를 보고 자신의 발목을 살펴본다. 그러나 미래B의 발목에는 상처의 흔적이 없다. 시간 여행 모티브 인과관계에 의하면, 미래A에게 상처가 나면 미래B의 몸에 상처가 새로 생겨야만 한다.

따라서 '평행우주론'에 근거한다면, 아무리 미래B가 미래A의 시대로 와서 개입한다 하더라도 미래B의 인생은 바뀌지 않는다. 그에 따라 〈미래의 선택〉에서 미래B는 시간 여행자Time Traveler임에도 불구하고 이 드라마의 서사적 주체가 되지 못한다. 왜냐하면 〈미래의 선택〉은 미래A의 서사에 초점을 맞추고 있기 때문이다. 이 드라마는 타임머신을 이용한 시간 여행 모티브에 '평행우주론' 모티브를 절충시킴으로써 현재의 미래A의 끊임없는 '선택'에 초점을 맞출 수밖에 없게 된다.

타임머신을 이용한 시간 여행을 통해서도 인생이 변경될 수 없다면 결국 현재를 살고 있는 사람들의 선택과 결연한 실천으로만 자신의 인생을 바꿀 수 있게 된다. 이 드라마에서 시간 여행과 평행우주론이라는 판타지의 설정은 결국 현재의 미래A가 어떻게 현실의 장벽을 넘어 자신의 인생을 성공적으로 개척해 나가는가를 보여주기 위한 도구로만 사용된다.

미래A   운명 같은 거 없다고 생각해요. 전 이 세상에 참 많은 나미래가 살고 있는 것 같아요. 그냥 콜센터에서 주저앉은 나미래, 그러다 오빠 중매로 대충 결혼한 나미래, 애 둘 낳아서 무언가 시도하지도 못하고 포기하는 나미래. 그래서 전 제가 자랑스러워요. 그래도 하고 싶은 직업 하나는 제가 직접 선택했잖아요. 그래서 계속 이렇게 하려구요. 제가 뭘 원하는지 뭘 하고 싶은지, 누굴 좋아하는지, 제 마음이 시키는 대로 선택하려구요.(10회)

위의 대사에서도 볼 수 있듯이 〈미래의 선택〉의 시간 여행 모티브는 불만족스러운 현실을 일탈하고자 하는 판타지적 욕망을 충족시키기 위한 기능을 작동시키지 못한다. 그 대신에 이 드라마는 시청자에게 다른 환상을 선사한다. 그것은 주인공 미래A가 '인생의 네비게이터' 역할을 수행하기 위해 미래로부터 온 미래B의 도움, 그리고 김신(이동건 분), 박세주(정용화 분), 오빠 나주현(오정세 분), 메인 작가인 배현아(이미도 분) 등의 도움을 받다가 결국에는 일체의 외부적 도움 없이 홀로 분투하여 성공한다는 서사를 통해, 누구나 미래A처럼 인생 역전을 성취할 수 있다는 환상이다.[24] 타임머신과 평행우주와 같은 설정이 이 드라마의 판타지 도구라 한다면, 미래A의 인생 성공담은 이 드라마가 무의식 속에 감춰놓은 징후로서의 이데올로기적 환상으로 작동한다. 이때 징후로서의 환상은 사회적 모순의 상징적 해결의 목적에 봉사한다.

모든 것이 합리성의 틀 속에 정리되는 이 시대에 판타지의 귀환은 무엇을 의미하는가? 그것은 어쩌면 '위대한 리얼리즘의 승리'가 빛을 잃은 시대에 '총체성'의 환상을 심어주는 퇴행적 현상일지도 모른다. 현실 속에서 불안과 환멸이 짓누를수록 판타지는 매력적일 것이다. 무릇 문화란 프레드릭 제임슨의 말처럼 사회적 모순의 상징적 해결이 아닌가?[25]

---

24 이안 엥은 "판타지에서 오는 즐거움은 실생활에서는 얻을 수 없는 지위를 등장인물이 차지할 수 있는 기회를 제공한다는 데에서 나온다"고 주장한다. 다시 말해서 "판타지 속에서는 등장인물이 일상생활을 둘러싸고 있는 구조적인 제약을 뛰어넘어 전혀 다른 상황이나 정체 또는 삶을 추구할 수 있다"는 것이다. 이안 엥, 메리 엘렌 브라운 편, 김선남 역, 「멜로드라마에 나타나는 정체성 – 텔레비전 픽션과 여성의 판타지」, 『텔레비전과 여성문화 – 대중문화의 정치학』, 한울, 2002, 120쪽.
25 윤진, 『호모 드라마쿠스』, 살림, 2008, 202~203쪽.

〈미래의 선택〉은 온전한 의미에서 타임머신 시간 여행 모티브를 효과적으로 작동시키지 못하고 작위적인 도구에 머물고 만다. 특히 평행우주라는 상황 설정 때문에 전통적인 의미의 시간 여행 이야기의 목적을 원활하게 수행하지 못하게 된다. 여기에서 평행우주라는 모티브는 미래A에 대한 미래B의 간섭 불가능성을 보여주는 도구로만 사용되었다. 그것도 드라마가 거의 끝나가는 14회에서 평행우주가 존재한다는 사실이 밝혀진다. 이는 〈미래의 선택〉이 채택하고 있는 시간 여행과 평행우주라는 모티브가 지극히 작위적이고 기능적으로 사용되었음을 말해준다. 그렇다면 이 드라마가 왜 굳이 제 기능을 하지 못하는 판타지 양식을 채용한 것인지에 대해 질문해 볼 필요가 생긴다.[26] 이 드라마에서 정작 시간 여행의 주체인 미래B는 서사의 주인공이 아니라 부차적인 인물로 한정된다. 이에 따라 이 드라마는 4명의 젊은이들이 펼치는 복잡한 멜로 라인을 전경화하고, 그 과정 속에서 자신의 목표를 달성하는 미래A의 인생 성공담을 전면화시키게 된다.

---

26 이 드라마는 타임머신 시간 여행 모티브와 평행우주 모티브를 활용하고 있음에도 불구하고 자신이 설정한 판타지 요소를 스스로 위반한다. 마지막 회인 16회에서, 자기가 살던 세계로 귀환하기 위해 타임머신 앞에 서 있는 미래B에게 미래A는 송별 인사를 나누면서 열쇠를 건네준다. 미래A는 자기 집 대문 옆에 '판도라의 상자'를 묻어둘 테니 미래로 돌아가면 열어보라고 한다. 이 드라마의 엔딩신에서 한 여인(분명 미래B가 확실해 보이는)이 마당을 파서 상자를 연다. 그 여인은 상자 안에 들어 있는 미래A의 사진과 그녀의 아들로 보이는 어린아이와 청년의 사진들을 들여다본다. 이 설정은 이 드라마의 평행우주론과 전면적으로 모순된다. 왜냐하면 미래A가 상자를 마당에 묻었다고 해서 미래B가 그 상자를 볼 수는 없기 때문이다. 미래A와 미래B는 시간의 인과율 법칙이 통하지 않는 다중우주 속에 존재하는 다른 두 세계의 존재들이기 때문이다. 이는 〈미래의 선택〉이 매우 안이하고 허술한 방식으로 판타지 양식을 사용한 증거가 된다.

3. 멜로드라마 서사와 성공의 신화

미래B가 현재로 시간 여행을 오지 않았다면, 미래A는 김신과 서유경(한채아 분)은 박세주와 결혼하여 부부 생활을 이어갔을 것이다. 미래B의 경험에 의하면, 이 두 쌍의 부부 생활은 그리 행복하지는 못했다. 특히 미래B와 김신B[27]의 결혼 생활은 지옥 같은 생활의 연속이었다. 그러나 미래B가 미래A 앞에 등장함으로써 예정되어 있던 이 두 쌍의 인생이 뒤틀려버린다. 원래의 운명대로라면, 광복절 전날 미래A와 김신은 강변북로에서 충돌 사고를 일으키고 이를 계기로 연인 사이가 되어 결혼하게 된다. 그리고 같은 날 제주도 별장으로 휴가를 떠난 박세주는 그곳에서 '물'과 관련된 인연 때문에 서유경을 만나고 첫눈에 그녀에게 반해 결혼하게 된다. 시간 여행자 미래B는 이 예정된 네 명의 운명을 뒤바꾼다.

미래A는 강변북로에서 운전하다가 절대로 성산대교 방향으로 꺾지 말라고 경고한 미래B의 말이 기억나서 차선을 바꿀까 말까 주저할 때, 김신이 미래A가 아닌 다른 사람의 차를 뒤에서 박는다. 그 차에는 서유경이 타고 있었다. 미래B의 충고 덕분에 미래A는 김신과의 악연을 피해갈 수 있게 된다. 미래B는 미래A에게 '홈전자 콜센터 수련회 장기자랑'에서 1등을 차지할 수 있는 방법을 가르쳐주고, 미래B의 권고대로 한 미래A는 진짜로 1등을 하여 제주도 리조트 여행권을 획득한다. 제주도로 간 미래A는 박세주와의 인연을 형성하게 된다. 이에 따라 '서유경

---

27 여기에서 김신B로 표기한 이유는, 미래B가 결혼했던 남자는 미래A의 세계가 아니라 미래B의 세계에 존재하는 사람이기 때문이다. 따라서 김신B는 미래A가 만나고 있는 김신과는 다른 사람이다.

-박세주' 커플은 '서유경-김신'과 '미래A-박세주'의 짝으로 뒤집어진다. 결국 〈미래의 선택〉은 미래B의 시간 여행을 통해 4각관계라는 복잡한 멜로 라인을 형성하게 된다.

〈미래의 선택〉은 서사의 많은 부분에서 이 네 명이 서로 사랑을 쟁취하기 위해 동분서주하는 상황을 반복적으로 제시한다. 미래B의 인생 경험에 의한다면, 만약 미래A가 김신과 결혼할 경우 불행하게 살 것이다. 그럼에도 불구하고 미래A는 박세주보다는 김신에게 더 마음이 끌린다. 두 명의 남자 사이에서 선택을 하지 못하는 미래A의 이런 행동은 이 드라마의 멜로 서사를 지속시키는 기능을 한다. 두 남자 사이에서 방황하는 미래A의 행동은 소위 '돈이냐, 사랑이냐'와 같은 신파적인 내적 갈등 양상을 반복하고 있는 것처럼 보인다. 그러나 〈미래의 선택〉은 미래A가 좋은 조건이 보장되어 있는 재벌 3세 박세주와, 결혼하면 불행해질 것이 분명한 남자 김신 중 어떤 남자를 선택하는지를 보여주지 않는다.[28] 여기에서 중요한 것은 미래A가 주변 사람들의 도움을 받다가 점점 자신의 노력만으로 성공한다는 희망의 서사 전략이다.[29]

---

28 마지막 회 뒷부분에서, 베스트셀러 작가로 성공한 미래A는 자신의 신간 서적 『미래의 선택』을 사기 위해 대형 서점에 들른다. 같은 시간에 김신과 박세주도 그녀의 책을 구입하기 위해 그 서점에 온다. 그러나 화면은 이 세 명이 각자를 못 본 채 스쳐 지나가는 모습을 보여준다. 장면은 서점을 나오다가 무슨 생각이 났는지 다시 서점 안으로 들어온 미래가 반가운 누군가를 만난 듯이 환한 미소를 띠고 있는 모습으로 끝난다. 이 드라마는 미래가 김신과 박세주 중 누구를 만난 것인지 말해주지 않는다.

29 박은하에 의하면, "1990년대의 신데렐라들은 남자에게 순종적이고 다른 사람들에게 한없이 착했다면, 2004년의 그녀들은 인생을 살아감에 있어 좀 더 당당해졌고 자신의 욕망을 솔직하게 표현할 줄 안다." 그리고 2010년대 이후에는 "당당함을 넘어서서 노골적으로 실리를 따지고 악바리 정신으로 무장"한 여성 주인공을 보여준다. 그러나 남영숙은 이와 다른 주장을 한다. 즉 1990년대의 작품들인 〈사랑을 그대 품 안에〉(MBC, 1994), 〈별은 내 가슴에〉(MBC, 1997), 〈토마토〉(SBS, 1999)에서부터 "신데렐라는 투명하고, 솔직하며, 씩씩하다. 순종적인 멜로물의 여인상을 탈피, 남자 주인공에게 의존적이지 않으며 권위에 굴복하지도 않는다. 시련과 고난에 직면해서도 체념과 절망 대신 일단 적극적으로 부딪혀 본다. (…중략…) 이들

〈미래의 선택〉에서 미래A는 자율적이고 개인적인 여성 주체로 재현된다. 그렇다고 해서 〈미래의 선택〉이 시간 여행을 통해 과거를 바꿀 수 없다는 사실만을 주장할 수는 없다. 왜냐하면 미래A의 성공 스토리는 미래B의 등장에 의해 가능해질 수 있었기 때문이다. 그렇다면 어떤 의미에서 미래A의 인생은 미래B의 도래에 의해 탄생한 것일 수도 있다. 주체와 과거 사이에 대한 지젝의 주장을 살펴보자.

> 주체는 그가 변화시키고 개입하길 원했던 과거의 한 장면과 마주친다. 그는 과거로의 여행을 감행하고 과거의 장면 속으로 뛰어든다. 물론 이는 그가 '아무것도 바꿀 수 없다'는 뜻이 아니다. 오히려 상황은 그 반대이다. 오직 그의 개입을 통해서만 과거의 장면이 항상 존재하고 있던 바가 된다는 것이다. 그의 개입은 처음부터 그 과거 속에 포함되어 있었다.[30]

지젝의 말에 기댄다면, 미래A의 세계는 미래B의 개입에 의해 존재할 수 있었던 세계, 즉 미래A의 세계 속에는 미래B의 세계가 이미 포함되어 있었다는 사실을 상상해 볼 수 있다. 미래B의 도래에 의해 미래A의 세계가 발생한 것이라면, 미래A의 현재에는 항상 그녀의 미래가 내포

은 남자의 여자로서가 아니라 하나의 독자적인 개인으로 설정되었다. 사랑과 일은 병행된다. (…중략…) 남자는 기다리고, 여자는 일에서의 성취를 위해 사랑을 보류하는 모습이다." 그렇다면 〈미래의 선택〉에서 미래A는 1990년대 이후의 소위 '신데렐라' 드라마들에 등장하는 소신 있고, 당당하고, 노력하는 여성 주인공들의 캐릭터와 별 차이가 없다. 그런 의미에서 〈미래의 선택〉은 기존의 소위 '신데렐라' 드라마에 시간 여행이라는 판타지 양식을 가미한 드라마로 볼 수 있을 것이다. 박은하, 「21세기 tv드라마의 신데렐라 양상 연구─〈시크릿 가든〉과 〈청담동 앨리스〉를 중심으로」, 중앙대 석사논문, 2014, 19~21쪽; 남영숙, 「TV 신데렐라 드라마 장르 연구─1994년부터 2001년까지 주요 화제작을 중심으로」, 이화여대 석사논문, 2002, 35쪽.
30 슬라보예 지젝, 이수련 역, 『이데올로기라는 숭고한 대상』, 인간사랑, 2002, 107쪽.

되어 있었다는 것, 미래A의 삶은 끊임없는 도래자의 개입에 의해 탄생한다는 것, 즉 이미 존재하고 있는 미래의 자아와 함께 미래A의 현재가 전개된다는 것을 의미하게 된다. 그렇다면 미래B는 미래로부터 현재로 도래한 것이 아니라, 항상 미래A의 현재에 포함되어 있었던 것이다. 이는 곧 미래A의 자기 주도적인 성공 서사가 항상 자신의 내면 속에 포함되어 있던 자기 자신의 의지, 즉 미래에 대한 자기 비전을 내포하고 있었음을 시사한다. 그렇다면 미래A는 어느 날 갑자기 미래에서 도래한 미래B를 만난 것이 아니라, 미래A 본인은 미처 자각하지 못했지만 이미 무의식 속에 존재하고 있었던 또 다른 자아인 미래B를 발견한 셈이 된다.

이러한 사실은 16회에서 김신이 35년 뒤의 미래에서 온 늙은 김신 C[31]와 만나는 장면에서도 확인할 수 있다. YBS에서 NTN의 메인 앵커로 자리를 옮긴 김신은 태극그룹의 가습기 살균제 때문에 많은 아이들이 목숨을 잃은 사건을 보도해 달라는 NTN 사회부 기자들의 요청을 거부한다. 그 이유는 김신이 그 사건을 보도한다면 NTN과 김신의 계약서 내용 중 하나인 "사측이 동의하지 않는 사건이 섞인 발언을 위반할 시 계약금의 2배에 해당하는 위약금을 지불하여야 한다"는 조항에 걸리게 되고 방송국에서 퇴출당할 것이기 때문이다. 그러나 김신C는 자신이 뉴스 앵커, 보도국장, 보도본부장, 장관까지 거치면서 승승장구했지만 자기 인생이 후회된다고 말한 뒤 증발하듯이 사라진다. 이 장면은 김신

---

31 여기에서 김신B라 하지 않고 김신C라 표기한 이유는, 미래에서 온 늙은 김신은 미래B가 살고 있는 세계에서 오지 않은 자이기 때문이다. 따라서 이 드라마에서는 최소한 세 개의 다중우주가 선보이고 있다고 할 수 있다. 미래A와 김신의 우주, 미래B의 우주, 그리고 김신C의 우주가 그것이다.

이 타임머신을 타고 미래에서 온 늙은 김신을 만났다기보다는 김신의 내면적 독백으로 보는 것이 오히려 더 합당하다.

어쨌든 미래A는 미래B와의 대면을 통해 혁명적인 자기 변혁의 계기를 만날 수 있게 된다. 미래B가 가르쳐 준대로 '홈전자 콜센터 수련회 장기자랑'에서 1등을 차지한 미래A는 미래B와 함께 제주도로 여행을 떠난다. 홈전자 콜센터 상담원으로 일하고 있는 자신의 처지에 만족하고 있는 미래A에게 미래B는 심할 정도로 모욕을 준다.

미래B	정말 너 행복해?
미래A	그렇다구. 아줌마 나타나기 전까진 아무런 문제 없었다구.
미래B	〈붉은 노을〉 같은 거 하루 수십 번 불러주는 것도 행복해?
미래A	고객인데 뭘 어떻게 해. 뭐 생각하기 나름 아니야?
미래B	엄마 아빠 흉 듣는 것도, 하루 한번씩 화장실 가서 펑펑 우는 것도 너무 행복해서 그러는 거야?
미래A	나도 가끔 스트레스는 풀어야 되는 거니까. 난 괜찮아.
미래B	친구들은 다 잘나가는데 너만 뒤처진 것도 행복하구?
미래A	상관없어. 어차피 비교해봤자 나만…….
미래B	회사에서 만들어 주지도 않는 명함 직접 파서 난 홈전자라고 자랑할 때도 행복해?
미래A	그게 뭐 어때서? 나만 괜찮으면 되는 거 아냐?
미래B	몇 년 뒤 짤릴 것 뻔한데도 백수 돼서 오빠한테 얹혀살아도 계속 행복하겠구나. 갖은 구박 다 받으면서 방구석에서 뒹굴다 독거노인 돼도? 몇 달 뒤 구더기 끓는 시체로 발견돼도 참 행

복하겠다. 그치?

미래A	(눈물 글썽이며) 그럼 나보고 어쩌라구? 내 친구들 다 잘나가는데 나만 거지인데. 나이만 처먹고 아무것도 하는 게 없는데. 난 괜찮다, 정말 행복하다, 최면이라도 걸어야 살지. 나 지금까지 아등바등 노력하면서 여기까지 온 거라구. 살아볼려구, 버틸려구.
미래B	아냐. 넌 그냥 도망친 거야…… 살아봐? 버텨? 그럼 진짜 노력을 했어야지. 넌 그냥 뭉갰잖아. 아까도 봐. 몇 시간만 고민 좀 해보라는데 넌 그냥 도망쳐서 놀았잖아.
미래A	(힘없이 소파에 주저앉는다.) 근데, 아줌마. 난 사실 자신이 없어. 다른 애들은 다 앞서 나가는데 뒤따라갈 자신이 없다구. 새로운 거, 다른 거, 난 용기가 안 나. 겁부터 나.
미래B	그럼, 포기하자 우리. 나두 너라면 훨씬 젊으니까 뭔가 다시 시작할 수 있지 않을까 싶어서 왔는데, 지금 보니까 너 나보다 훨씬 늙었다. 자신도 없구, 가능성도 없구, 뭉개고만 싶고. 평생 그럴 거 오빠한테 짐만 될 텐데 뭐 하러 사니? …… 넌 그냥 조용히 나가 죽어. (1회)

미래A는 미래B의 저주에 가까운 비판을 듣고 좌절해서 리조트를 빠져나와 밤 바닷가로 간다. 그녀는 다짐한 듯 옷을 모두 벗어던지고 바닷물 속으로 몸을 던진다. 바닷물 속에는 아름다운 색상의 물고기들이 유영遊泳하고 있고, 미래A는 그 물고기들과 함께 즐기는 듯이 수영을 한다. 옷을 모두 벗고 바닷물에 몸을 담그는 미래A의 행동은 그녀가 이제부터는 다른 인생을 살기로 결심했음을 상징한다. 바닷가에서 수영을

하다 졸도한 미래A를 박세주가 구해주고, 미래A가 깨어나기도 전에 자신의 신분을 숨긴 채 사라진다. 숙소로 돌아온 미래A는 기다리고 있던 미래B에게 다음과 같이 말한다.

> 미래A　　아줌마. 나 물고기 봤어. 그 쪼끄만한 것들도 살겠다고 꼬물꼬물거리는데 갑자기 한심해지는 거야, 내가. 그래서 놀았어 걔네들이랑 같이. 완전히 발가벗고 나니까, 바닥을 치니까, 이젠 할 수 있을 거 같애, 뭐라도. (미래B의 손을 쥐며) 잘해 볼게. 그러니까 아줌마, 나 포기하지 마. (1회)

바닷가가 육지와 바다의 경계선이듯이, 바닷물 속에서의 미래A의 수영은 인생의 경계선을 건너서고자 함을 의미한다. 제주도에서 돌아오자마자 미래A는 홈전자 콜센터에 사직서를 제출하고 방송작가가 되기 위해 온몸을 던진다.

학벌도 좋지 않고 나이도 32살이나 먹은 노처녀가 방송작가가 되는 것은 결코 쉽지 않다. 그러나 드라마는 결국 미래A와 김신이 자동차 접촉사고를 내게 함으로써 그 질긴 악연을 다시 이어준다. 김신은 미래A에게 자동차 수리비를 요구하고, 미래A는 김신의 자동차 면허증의 갱신 기간이 지났으므로 무면허 운전이라고 맞서면서 김신의 요구를 거부한다. 김신은 수리비를 받기 위해 미래A를 자기 근처에 두려고 방송국 수습작가로 채용한다. 이때부터 미래A의 수난기와 역경 극복담이 펼쳐지게 된다. 미래A는 김신, 오빠, 배현아 작가 등 YBS '김신 모닝쇼' 스탭들의 반대 때문에 수습작가 자리에서 쫓겨날 위기에 처한다. 그러나 미래A의 성실성과 노력 덕분에 서서히 능력을 인정받게 되고 방송작가로서 성장한다. 그러다가 미래A는 방송국에 사표를 던지고 외주 프로덕션으로 자리를 옮기면서 모든 외부의 도움 없이 혼자만의 힘과 노력으로 자립하게 된다. 그런 의미에서 미래未來는 미래A의 인생을 통제하지 못한다. 그녀를 통제할 수 있는 것은 현재의 욕망뿐이다.[32] 마지막 회에서, 김신과 만난 미래A는 다음과 같이 말하고 김신과 헤어진다.

> 미래A   이제 더 이상 미래를 생각하면서 고민하지 않을 거예요. 미래.
> 아직 미, 올 래. 아직 오지 않은 거, 미래를 생각하면서 왜 현재
> 를 결정해야 하는 거죠? 이제 안 그럴래요. (16회)

미래A와 김신은 대화를 마친 후 갈림길에서 서로 다른 길로 걸어간다. 이는 미래A가 홀로 서기를 본격적으로 시작했다는 사실을 암시한다. 그리고 장면은 갑자기 "3년 후"라는 자막과 함께 "YBS 서유경의 피플 줌인"이라는 팸플릿이 붙어 있는 방송국 촬영장 장면으로 전환된다. 미래A는 가장 유명한 방송작가이자 베스트셀러 작가로 성공하고, 김신은 YBS 방송국에서 NTN 방송국으로 이직한 후 그곳에서 퇴출당하고 독립 인터넷 방송 앵커로 변신한다. 그리고 각종 방송국의 리포터로서 불안정한 직장생활을 하고 있던 서유경은 국비장학생으로 미국 유학을 다녀온 뒤, 자신

---

[32] "대부분의 싸움은 시간 질서를 재편하려는 전략을 동반한다. 싸움의 당사자들은 과거나 미래를 현재의 이익에 맞게 변경하거나 조정하면서 '보랏빛 미래'를 제시한다. 과거나 미래를 통제한다는 것은 문자 그대로의 의미가 아니다. 그들이 통제하는 것은 현재다. 살아 움직이는 것은 현재의 욕망뿐이다. 역사 자체, 전통 자체, 과거나 미래 자체는 없다." 김용호, 앞의 책, 140~141쪽.

의 이름을 내건 TV프로그램의 진행자로 성공한다. 마지막으로 박세주는 YBS 방송국의 상무 자리와 영건그룹의 후계자 자리를 포기하고, 원래 자신이 하고 싶었던 공부를 하기 위해 외국 유학을 다녀온다. 결국 주요 인물 4명은 각자 홀로서기에 성공함으로써 개인의 주체성과 자율성을 확보하게 된다. 그러나 〈미래의 선택〉은 3년 동안에 미래A가 어떤 과정과 노력을 통해 성공한 여성으로 거듭나는지에 대해서 보여주지 않는다. 이 성공담의 실체는 온전히 시청자의 상상력에만 기대게 된다.

여기에서 특히 미래A의 행보에 주목해야 하는데, 그녀는 '인생의 네비게이터'인 미래B의 도움과 충고에도 불구하고 미래B의 영향력에서 벗어나 자신의 선택과 노력으로 성공한 인물이다. 미래A는 이제 더 이상 콜센터에서 질 나쁜 고객 때문에 번번이 〈붉은 노을〉을 불러주어야만 하는 구차한 비정규직 인생이 아니라, 최고의 방송작가이자 베스트셀러 작가로 우뚝 서게 된다. 그녀는 자신의 인생을 자신의 힘만으로 개척한 이 시대의 성공 케이스이다.

4. 개인의 선택과 자기계발 프로젝트

〈미래의 선택〉이 단순한 시간 여행 서사였다면, 이른바 '시간 패러독스'에서 자유롭지 못했을 것이다. '시간 패러독스'의 "가장 기본적인 플롯은 시간 여행자의 간섭에 의해 인과율의 고리가 형성"[33]된다는 것이

---

33 김상훈, 앞의 글, 333쪽.

다. 따라서 미래에서 현재로 미래B가 되돌아와서 현재 사건에 개입하면 할수록 미래 상황은 뒤죽박죽이 되어버릴 것이다. 그러나 이 드라마는 평행우주 이론을 개입시키면서 시간 여행에서 발생할 수 있는 다양한 방식의 '시간 패러독스'를 피해나간다.

따라서 이 드라마는 일반적인 시간 여행 모티브의 서사 전략과는 거리가 멀다. 그렇다면 남는 것은 무엇인가. 과거로의 시간 여행을 통해 현실을 바꿀 수 없기 때문에, 중요한 것은 현재를 살고 있는 사람들의 자기주도적인 선택만이 부각될 수밖에 없다. 그런데 여기에서 〈미래의 선택〉이 전제하고 있는 것은 행복과 평화의 조건이 국가나 사회의 개혁이 아니라 오로지 개인의 노력에 달려 있다는 것이다.

〈미래의 선택〉이 평행우주 이론을 배제하고 순수하게 시간 여행 모티브만을 사용했더라면, 이 드라마의 기본적인 취지와 주제의식을 제대로 구현하지 못했을 것이다. 이 드라마에 의하면, 불만족스러운 현실을 바꾸기 위해 과거로 시간 여행하는 것은 효과가 없다. 인생을 뒤바꿀 수 있는 타임머신의 효용가치는 증발해 버린다. 여기에서 이 드라마의 메시지가 드러나게 되는데, 그것은 "인생은 타임머신 같은 도구를 통해 과거로 돌아감으로써 바꿀 수 있는 것은 아니다. 인생을 바꿀 수 있는 것은 바로 현재의 개인적인 '선택'과 '노력'일 뿐이다." 그렇기 때문에 현실을 바꾸기 위해서는 단 한가지의 방법밖에는 없다. 자신의 인생을 바꾸기 위해 현재의 자기가 직접 바뀌는 일이다. 현재의 미래A가 스스로 바뀌는 것, 인생에서의 여러 가지 길 중에서 자신에게 가장 적합하다고 판단되는 길을 선택하는 것, 그 선택한 길이 성공으로 향하는 길이라는 것을 증명하기 위해 끊임없이 자기를 계발해야 한다는 것이다. 이쯤에서 이 드라마의 기획의도를 살펴보자.

■ 기획의도

인생에는 수많은 선택의 순간이 있다. 이 직장을 계속 다녀야 하나 관둬야 하나, 나는 어떤 일을 하며 살아야 잘 살 수 있나, 이 남자를 내가 좋아해도 될까 등등. 인생은 모든 선택 속에 이루어지고 각각의 인생은 그 선택에 의해 갈려 나간다.

매일이 선택의 연속인 이 인생에서 만약 미래의 누군가가 나타나 나 대신 결정을 내려주고 도와준다면 얼마나 좋을까. 내 인생의 길을 선택해주는 네비게이터가 있다면? …… 이 드라마는 이런 발칙한 상상에서 출발한다.

그리고 여기, 그런 꿈같은 일을 겪게 된 흔하디흔한 서른 두 살의 여자가 있다. 당장 언제 잘릴지 모르는 계약직으로 하루하루 목숨을 연명해 나가느라 꿈도, 인생의 의미도 놓치고 살던 그녀 앞에 미래의 자신이라고 우기며 한 아줌마가 나타난다. '잘못될 앞으로의 선택을 바로잡아 네 인생을 바꿔주겠다'고 말하는 미래의 나.

과연 이 여자는 현재 자신의 선택을 믿을까, 아니면 미래에서 온 자신의 선택을 믿을까?

현재의 나 vs 미래의 나.

하나의 인생을 두고 두 사람이 벌이는 한판 인생 성공기!

그리고, 그 여자처럼 인생의 선택이라는 결정권을 손에 쥐고 있는 그대들에게도 물어본다. 그대들이 진정으로 원하는 삶은 어떤 것인지, 인생이 주는 행복의 의미는 무엇인지…….[34]

위의 기획의도에서 알 수 있는 사실은, 이 드라마가 시청자들에게 "내 인생의 길을 선택해주는 네비게이터" 역할을 담당하고자 한다는 것이다. 이 드라마는 현재의 젊은 미래A가 미래에서(정확하게는 평행우주의 미래에서) 온 미래B의 온갖 설득과 노력에도 불구하고 자기 스스로의 길을 선택함으로써, 현재의 비루한 현실을 바꾸기 위해 자신을 계발함으로써 성공한다는 결말을 통해 시청자들에게 '자기계발 이데올로기'를 전달한다. 이 드라마는 미래A의 자율적인 선택과 성공담을 통해, 이 시대에서 살아남아 성공하기 위해서는 자기 자신의 끊임없는 '자기경영' 또는 '자기계발'이 중요함을 역설한다.

이 드라마에서 미래B와 김신C의 존재를 제외하기만 한다면 극히 현실적인 드라마로 보인다. 영화 〈백 투 더 퓨처〉, 〈터미네이터〉, 드라마 〈나인―아홉 번의 시간 여행〉 등은 타임슬립이나 타임머신을 통해 현실(또는 미래)을 바꾼다. 그러나 〈미래의 선택〉에서는 그러한 시간 여행의 환상성이 제대로 기능하지 못한다. 그런 이유로 이 드라마는 2013년 대한민국에 살고 있는 수많은 비정규직 '나미래'들에게 어느 정도 현실감을 부여해 주는 것처럼 비춰진다. 시간 여행으로 미래에서 현재로 온 '나'의 도움 따위는 존재할 수 없다는 것, 존재하는 것은 '현재의 개인적인 선택'만이라는 것 등에 대한 감각이 그것이다.

그러나 여기에서 일반적인 시간 여행 서사보다 현실적으로 보이는 이 드라마의 은밀한 이데올로기적 효과가 발생한다. 그것은 '자기계발 이데올로기'의 주체 형성 효과이다. 언뜻 보면 이 드라마가 여성의 자

---

34 KBS 드라마 〈미래의 선택〉 공식 홈페이지.

기 주체성을 옹호하고 찬양하는 것처럼 간주될 수도 있다. 왜냐하면 주인공 미래A는 자율적이고 주체적이고 실천적인 여인으로 보이기 때문이다. 그러나 사정은 그리 간단하지 않다. 미래A의 성장 서사는 신자유주의 시대를 버텨내고 있는 시청자들이 느끼는 현실과 미래에 대한 불안과 공포, 그리고 현재 자신의 현실을 벗어나고자 하는 욕망을 내포하고 있기 때문이다. 이를 이해하기 위해서는 신자유주의 사회의 풍경과 자기계발 시대의 굴절된 사회적 무의식을 살펴보아야 한다. 그럼 먼저 신자유주의 체제의 주체 형성 양상에 대해서 알아볼 수 있는 설명들을 살펴보도록 하자.

한국사회는 1990년대 초에 들어와 OECD, WTO 가입을 준비하며 신자유주의적 세계화 흐름에 동참하고자 사회 구조를 신자유주의적 체제로 전환시키는 과정에서, 새로운 습속과 주체성을 지닌 노동하는 주체를 대거 양성할 필요를 느꼈던 것 같다. 새로운 주체성 형성이 시작되었음을 보여주는 한 예를 그 무렵 노동자 주체를 '자기계발하는 주체'로 전환시키려는 다양한 시도가 일어난 데서 확인할 수 있다.[35]

신자유주의는 단지 사변적인 이론체계에 불과한 것이 아니다. 불행하게도 그 사변이 국가, 사회, 기업 등의 우리 현실을 자조적(自助的) 세상으로 주조하고, 우리 자아를 자기계발적 양태로 재구성했다. (…중략…) 자기계발이야말로 신자유주의의 이론과 정책을 명확하게 구현하고 있기 때문에 자기계

---

35 강내희, 『신자유주의 금융화와 문화정치경제』, 문화과학사, 2014, 441~442쪽.

발의 문화를 규명하는 것이야말로 우리 시대의 진면목을 명확하게 파악할 수 있는 가장 좋은 방법이다.[36]

이른바 신자유주의 체제란 "사회적 비용마저도 모조리 사적인 비용으로 돌려버려, 즉 경쟁과 성공과 실패를 모두 '1인 기업'화된 개인의 역량에 맡김으로써 더욱 큰 성장이 가능하다고 주장하는 이론"[37]에 의해 유지되는 체제를 의미한다. '1인 기업'화된 개인은 자기 자신을 부단히 계발함으로써만 무한경쟁 체제 사회에서 살아남아 성공할 수 있다. 국가가 국민의 안전과 행복을 책임지지 않는 시스템이기 때문에 그러하다. 여기에서 '자기계발'의 주체란 무엇을 의미하는가.

자기계발하는 국민이라는 국민주체의 주체성은 '국민 만들기'와 '행복한 자기(self)가 되기'를 결합한다. 아니 그것은 두 개의 분리된 언표로 표상될 수 있을지 몰라도 두 개의 분리된 실천은 아니다. 존재하는 것은 '행복한 자기'를 만들기 위한 개인적 주체의 자기와의 관계일 뿐이며, "스스로 책임지고(self-responsible), 스스로 독립해 있으며(self-reliant), 스스로를 존중하는(self-respectful)" 국민, 즉 자기 자신과의 관계의 장 안에 존재하는 주체이다.[38]

| 미래A | 나 짤릴 거, 구조조정 어떻게 알았어? |
| 미래B | 다이어리. 병원 입원했을 때 김신한테 들은 거. 내가 써놓았더 |

---

36 이원석, 『거대한 사기극 – 자기계발서 권하는 사회의 허와 실』, 북바이북, 2013, 124쪽.
37 문강형준, 『혁명은 TV에 나오지 않는다』, 이매진, 2012, 25쪽.
38 서동진, 『자유의 의지, 자기계발의 의지 – 신자유주의 한국사회에서 자기계발하는 주체의 탄생』, 돌베개, 2009, 122쪽.

라구.

미래A   그래서, 다 짤린대?

미래B   응…… 그러니까 미래야. 이제 작가 일은 포기하고.

미래A   남은 날짜는 채워야지.

미래B   하아. 날짜는 무슨? 어차피 방송맛은 봤잖아. 그러니까.

미래A   나 맛만 보려고 들어온 거 아니야. 재료 구해서 요리하고 맛있게 상까지 차리려고 들어온 거라구. 그리고 나 딴 데 가서 또 시작할 거야. 바보 취급 안 당하려면 하나라도 더 배워서 가야지.

미래B   아니, 왜 박세주가 있는데. 어차피 개만 잡으면 니가 하고 싶은 거 몽땅 다.

미래A   평생 남자한테 기대서 살라고? 그래서 아줌마 이 꼴 난 거 아니야?

미래B   (정색한다.) 이 꼴이라니? 내가 뭐?

미래A   김신이랑 결혼한 것두 아나운서니까 더 혹한 거 아냐? 이 사람이랑 빌붙어 가면 평생 먹고 살 걱정은 없겠다. 아냐?

미래B   …… 너두 그렇잖아. 김신한테 자꾸 신경 쓰이는 거. 프로그램 원 엠씨니까, 뭔가 대단해 보이니까.

미래A   아니, 난 아냐. 김신이든 박세주든 남자한테 기대지 않고 내 자신부터 당당하게 세우고 싶다구. (4회)

미래A   오빠. 나 외주사 갈 거야.

오빠   야. 너 거기 가면 공중파 편성 그거 쉽지 않은 거 알아?

미래A   나도 알아. 근데 나 여기 있으면 나미래가 아니라 나주현 동

	생, 박세주 여자 친구로만 보잖아.
오빠	그게 그렇게 힘들어?
미래A	조금 힘들긴 한데 그것보다 오빠랑 세주 씨한테 피해 주는 것
	도 싫고 힘들 때마다 오빠랑 세주 씨한테 기대고 의지하게 되
	는 것도 싫단 말야.
오빠	그래서 누구의 도움도 없이 그냥 혼자 한 번 일해 보겠다?
미래A	응. 새로운 데 가서 다시 한번 제대로 시작해 보려구.
오빠	다 정해 놓고 그걸 왜 나한테 얘길 하냐? 니가 하든가 말든가.
미래A	열심히 할게. (15회)

위의 두 대사 인용문에서 볼 수 있듯이, 미래A는 어느 누구의 도움도 받지 않고 스스로의 힘과 노력만으로 살겠다는 강한 의지를 보여주고 있다. 그녀는 자조의 주체, 즉 자기 스스로가 스스로를 돕는 셀프 헬프 self-help의 주체, 자기계발적 주체이다. 그러나 보드리야르에 의하면, 이러한 주체는 '자기-주인'임과 동시에 '자기-노예'가 되는 주체이다.

보드리야르가 말하는 이 자기-주인/자기-노예 사회는 정확히 스스로가 스스로를 돕는 셀프 헬프, 자기계발의 이데올로기가 삶의 가치가 된 신자유주의 사회다. 이 사회는 스스로가 자본화한 자기 삶의 경영자가 되어 자신의 삶을 굴려서 부가가치를 창출하는 '인간자본'의 사회다. 그러나 "자기 자신을 위해 노예가 되는 이 개인의 사회"는 삶 전체가 노동이 되어버린, 더없이 "완벽하게 노예적인 사회"다. 자유로운 좀비는 자신의 노예가 된 좀비일 뿐이다. 신자유주의 경제의 '1인 기업' 이데올로기가 설파하는 자기-경영, 자기-가치화, 자기-규율, 자기-소비 등은 결국 자기 자신을 먹어치우는 방식, 자신의 뇌와 신경 시스템 전체가 자본주의적 탐욕에 흡수되는 방식, 즉 가장 좀비적인 방식으로 나타난다.[39]

미래A는 명실공히 '스스로가 스스로를 돕는 셀프 헬프'의 화신이다. 그녀는 외부적인 도움이나 지원 없이 혼자만의 노력으로 자신의 삶을 경영하는 주체이다.[40] 그런 의미에서 미래A는 자율적이고 주체적이며 능동적인 존재, 그리고 자유를 획득한 존재처럼 보인다. 그러나 "신자유주의가 제공하는 자유는 우리를 모든 사회 안전망으로부터 자유롭게 만들어버린다. 곧 사회로부터 돌봄을 받지 않을 자유를 우리에게 제공"[41]할 뿐이라는 사실을 감안한다면, 신자유주의 체제하에서 개인적인 자유를 추구하는 이들의 주체 형태는 "국가나 자본이 바라는 인간 형태라는 것, 그가 자유로운 만큼이나 자본과 국가의 변증법에 포획"[42]되는 것에 가까운 것으로 보인다.

한국에서 새로운 주체 형성 기제가 작동하기 시작한 것이 국제통화기금 (IMF) 관리체제가 막 가동하기 시작한 시점이라는 점이 중요하다. 외환위기와 IMF 긴축경제 과정에서 일어난 '5·31교육개혁'과 '신지식인운동'을 통해 호명된 주체형태가 '자율적 선택자', '자기책임의 구현자'였던 이유는 분

---

39 문강형준, 『파국의 지형학』, 자음과모음, 2011, 46쪽.
40 "전체 인간 종의 집단적인 자질이자 자산인 인간의 이성으로 수행해야 할 일로 여겨졌던 것들이 개인 차원의 과감성과 정력에 맡겨져 분해('개별화')되고 개인적 관리와 개인적 재능과 수완의 집행 영역에 남겨졌다." 지그문트 바우만, 이일수 역, 『액체근대』, 강, 2010, 49쪽.
41 이원석, 앞의 책, 24쪽.
42 강내희, 앞의 책, 443쪽.

명해 보인다. 그것은 한국 자본주의의 작동 결과 나타날 수밖에 없었던 거대한 '사회적' 실패를 개인의 책임으로 돌리기 위함이었을 것이다. '사회' 대신 '개인'을 책임의 소재로 만드는 것은 신자유주의가 작동하는 기본 원리다.[43]

그런데 주체화가 왜 문제인가? 자기경영·자기혁신·자기계발·자기배려는 주어진 권력체계에 적합한 역량의 강화 — 간단히 말해 '자본가 되기' — 를 선동함으로써 체제에의 예속을 심화시킨다. 실제로는 유연 노동을 수행하는 행위자가 자본가의 마음으로 자신의 몸을 경영할 때, 자발적 예속의 신자유주의적 판본이 완성된다.[44]

액화하는 힘은 '체제'를 '사회'로, '정치'를 '생활정책들'로 바꾸고, 사회적 공존의 '거시적'인 차원을 '미시적'인 차원으로 끌어내렸다. 그 결과 우리 시대는 개인화되고 사적으로 변한 근대, 유형을 짜야 하는 부담과 실패의 책임이 일차적으로 개인의 어깨 위에 떨어지는 시대가 되었다.[45]

이런 의미에서 〈미래의 선택〉에서 YBS의 '김신의 모닝쇼' 팀이 보도했던 사건들 중에서, 문방구 할아버지의 기부 선행善行, 지하철 방화사건, 가짜 양주 제조 현장 등의 취재는 국민의 안전을 보호해야 하는 국가의 존재가 녹아 흘러버린 현실을 말해준다. 허름한 문방구를 운영하고 있는 할아버지가 지속적으로 사회적 약자를 위해 기부 행위를 하는

---

43 위의 책, 452쪽.
44 이창우, 「신자유주의 시대 한국영화에 나타나는 그로테스크의 정치학」, 중앙대 박사논문, 2015, 239쪽.
45 지그문트 바우만, 이일수 역, 앞의 책, 16쪽.

것은, 역설적으로 국가가 담당해야 할 복지의 의무가 개인의 선행에 의해 지탱되고 있음을 시사한다. 미래B에 의해 지하철 방화사건이 발생할 것이라는 정보를 전해들은 '김신의 모닝쇼' 팀은 취재에 나선다. 미래A는 경찰서에 찾아가 앞으로 일어날 대참사를 이야기해주며 대처해주기를 요청하지만, 경찰관은 미래A를 술주정하는 여자로 간주하고 되돌려 보낸다. 취재진들은 사건이 일어나기 전에 지하철의 스프링클러 시설을 점검하지만 어느 것 하나 제대로 작동하는 것이 없다. 그리고 결국 지하철에서 방화사건이 발생한다. 모 술집에서 가짜 양주를 제조하고 있다는 정보를 얻은 미래A는 경찰의 도움 없이 혼자 그 술집에 위장 취업하여 가짜 양주 제조 과정을 몰래 카메라로 찍는다. 이 일련의 에피소드들은 국가가 해야 할 일이 개인에게 전가된 상황을 암시하고 있다. 이는 신자유주의 체제에서 개인들은 국가의 개입에서 벗어난 자유를 가지기도 하지만, 동시에 국가로부터 자신의 안전을 보호받지 않을 자유도 가지는 것을 말해주는 것이기도 하다.

따라서 미래A의 자기주체적·자율적·개인적인 성공담은 액면 그대로 동경의 대상이 되기 어렵게 된다. '자기계발 이데올로기'는 국가가 책임져야만 하는 의무와 책임을 온전히 국민 개개인에게 떠넘기고 있는 신자유주의 사회의 원동력으로 기능하고 있기 때문이다. 그런 의미에서 〈미래의 선택〉은 자기-착취의 시스템을 개인에게 강요하고 있는 신자유주의 체제의 잔인함을 괄호 속에 넣어버리고, 그 대신에 미래A의 개인적인 선택과 노력에 의해 얼마든지 성공할 수 있다는 희망 서사를 전달하고자 한다. 여기에서 우리가 유념해야만 해야 하는 것은 "판타지이든 그 어떤 상상력이든 그것이 현실적인 것과의 균형성을 무시하거나 배제하는 순간 그것은 단지 미학의 소비 혹은 싱싱의 과소비 차원으로 전락"[46]할 수밖에 없다는 사실이다. 〈미래의 선택〉은 달동네에 있는 서유경의 누추한 집과 다리를 못 쓰는 그녀의 어머니를 잠깐 동안 보여주고, NTN 방송국에서 기자들이 기업과 유착한 방송국의 비리를 비판하기 위해 집단 농성을 하는 장면도 짧게 보여준다. 그리고 YBS 방송국의 이미란 회장(고두심 분)이 과감한 구조조정을 통해 집단적 퇴출을 시도하는 장면도 나온다. 그러나 〈미래의 선택〉은 이러한 에피소드들을 단지 일회적이고 단편석인 소재로만 사용하고 더 이상 언급하지 않는다.

3년 후, 4명의 주인공들이 각자 스스로의 힘으로 성공적인 인생을 개척해 나가는 결말로 드라마는 끝을 맺고 있는데, 이 드라마는 아직도 비정규직으로 어렵게 생활해야 하는 많은 '서유경'들과 콜센터 상담원 '미래A'들에 대해, NTN에서 방송국의 비리에 항의하는 집단 데모를 주도했던 기자들의 미래에 대해, 박세주가 상무 직위를 내던지고 홀로 외국 유학을 떠난 후 YBS는 이미란 회장의 폭력적인 구조조정과 집단퇴출 계획에서 자유로워졌는지에 대해 더 이상 관심을 갖지 않는다. 이 드라마의 관심은 4명의 젊은이들이 어떻게 각자가 자조의 주체, 자기계발의 주체가 되어 성공하게 되는가에 집중되어 있기 때문이다.[47] 〈미래의 선택〉은 타임머신을 이용한 시간 여행이라는 판타지를 표방하고 있음에도 불구하고 시간 여행 판타지의 효과와 매력을 상실해 버린다. 결국

---

46 이성욱, 『20세기 문화이미지』, 문화과학사, 2004, 100쪽.
47 "신자유주의적 경제주체들은 행동을 함께할 수 있는 '우리'를 형성하지 못한다. 사회가 점차 원자화되고 자기중심주의가 강화되어감에 따라 행동을 함께할 수 있는 여지는 급격히 축소되며, 이로써 자본주의 질서를 정말로 위협할 수 있는 반대 세력의 형성도 어려워진다. 공동체(socius)는 단독자(solus)에 밀려난다. 다중(Multitude)이 아니라 고독(Solitude)이 오늘의 사회 상황을 특징짓는다." 한병철, 김태환 역, 『투명사회』, 문학과지성사, 2014, 134쪽.

타임머신 시간 여행 모티브와 평행우주론을 작위적이고 허술하게 적용한 〈미래의 선택〉은 실패한 판타지드라마의 예로 기억될 것이다. 시간 여행의 판타지라는 외피를 벗기고 나면 〈미래의 선택〉은 네 젊은이들, 특히 미래A를 중심으로 현재의 선택에 의한 셀프 헬프의 주체 형성 및 자기계발이라는 이데올로기를 내포하고 있는 드라마로 귀결되고 만다.

5. 신자유주의 시대의 미래未來

> 우리는 낙관주의자들이 아니다. 우리는 '만인의 사랑을 받으리라고 기대되는 사랑스러운 세계전망'을 제시하지 않는다. 우리는 어디에 있더라도 오직 정의(正義)를 편들면서 가난한 사람들을 위해 수행해야 할 소소하고 국지적인 과업 몇 가지를 떠맡을 따름이다.[48]

2012~2013년에 적지 않은 시간 여행 드라마들이 방영되었다. 이 시기의 거의 모든 작품들이 타임슬립 드라마였다는 점에서 타임머신 시간 여행을 모티브로 활용한 〈미래의 선택〉은 눈에 띈다. 한국의 텔레비전 드라마 역사에서 타임머신을 이용한 시간 여행을 소재로 하는 것은 매우 생소하고 희귀한 경우이기 때문이다. 이 글은 드라마 〈미래의 선택〉이 타임머신 시간 여행이라는 판타지 양식을 채택했음에도 불구하고 판타지드라마로 다가오지 않는 이유에 대한 문제의식에서 출발하였다.

48 테리 이글턴, 김성균 역, 『낙관하지 않는 희망』, 우물이있는집, 2016, 7쪽에서 재인용.

타임머신을 이용한 시간 여행 이야기는 그것이 아직까지는 현실에서 불가능한 사건이나 현상을 다루기 때문에 판타지 양식에 포함된다. 일반적으로 시간 여행을 소재로 하는 판타지 양식은 과거(또는 미래)로 여행을 가서 시간 여행자의 인생이나 세계(또는 역사)를 바꾸고자 하는 내용을 다룬다. 특히 타임머신 시간 여행 이야기는 과거로의 여행을 통해 불만족스러운 현실을 역전시키거나, 미래로 여행을 떠나는 체험을 통해 현재의 문명과 사회를 우회적으로 비판하는 목적으로 만들어진다. 그리고 통상적으로 이 양식은 타임머신이라는 과학적 발명품과 그것이 운영되는 시스템에 대한 설득을 전제로 한다.

그러나 〈미래의 선택〉은 타임머신 시간 여행과 평행우주론을 겹쳐 놓음으로써 시간 여행 이야기 특유의 환상성에 대한 매력과 흥미를 선사하지 못한다. 이는 〈미래의 선택〉이 타임머신 시간 여행과 평행우주론을 지극히 작위적이고 기능적으로 활용했기 때문이다. 시간 여행의 주체인 미래B는 과거로 와서 자신의 인생을 바꾸지 못할 뿐더러, 주인공 미래A의 주변을 서성거리기만 하는 보조적 인물로 한정되었다. 이는 이 드라마에서 시간 여행 모티브가 미래A를 포함한 네 젊은이들의 멜로 라인을 만들어 주고, 미래A가 성실하게 노력해서 성공하는 스토리를 형성하는 도구로만 사용되었음을 의미한다.

이에 따라 네 명의 젊은이들이 벌이는 짝짓기 싸움이나 미래A의 성공담을 중심으로 이야기가 전개되면서 정작 시간 여행의 주체인 미래B의 서사는 주변으로 밀려나게 된다. 게다가 드라마의 후반 부분에서 갑자기 평행우주가 밝혀지면서 시간 여행 이야기에게 걸었던 기대감과 호기심은 급격하게 허무감으로 변한다. 여기에 시간 여행과 평행우주론이 지극히 허술하고 개연성 없이 적용됨으로써 판타지에 대한 욕망을 충족시키지 못하고 만다.

그렇다면 〈미래의 선택〉은 왜 시간 여행과 평행우주론이라는 판타지 도구를 사용한 것인가. 그리고 이러한 판타지 도구가 효과적이고 설득력 있게 활용되지 않았다면 이 드라마의 궁극적인 효과는 무엇인가.

〈미래의 선택〉은 미래에 대한 어떤 비전도 의지도 없는 비정규직 콜센터 상담원 미래A가 어떻게 성공한 여인으로 거듭나게 되는가에 초점을 맞춘다. 미래A는 미래B의 설득과 협박에도 불구하고 재벌 3세인 박세주와의 결혼을 미룬다. 그 대신에 미래A는 누구의 도움도 없이 혼자만의 노력만으로 성공하는 길을 선택한다. 미래A는 부단한 자기 경영과 자기계발을 통해 인생 역전을 보여주는 성공 케이스의 모델이 된다. 콜센터 상담원으로부터 베스트셀러 작가로의 변신. 이 변신은 사회적으로 성공한 케이스에 포함되는 것이지만 미래A의 인생 역전은 소위 '비물질노동Immaterial Labor'이라는 범주에서 벗어나지는 못한다.

비물질노동을 통해 생산된 상품의 특수성(정보적, 문화적 내용으로서의 그것의 가치에 의해 주어지고 있는 그것의 근본적인 사용가치)은, 그것이 소비의 행위 속에서 파괴되지 않으며 오히려 그것이 그 소비자의 '이데올로기적', 문화적 환경을 확대하고 변형하며 창조한다는 사실 속에 존재한다. 이 상품은 노동력의 물질적 역량을 생산하지 않는다. 그 대신 그것은 그것을 사용하는 사람을 변형한다. 비물질노동은 그 무엇보다도 먼저 '사회적 관계'(혁신, 생산, 소비의 관계)를 생산한다. 그것이 이 생산에서 일단 성공하기만 하면 그것의 활동은 경제적 가치를 갖는다.[49]

콜센터 상담원으로 일했던 감정노동자로서의 미래A는 미래B의 조언 助言 덕분에 베스트셀러 작가라는 신분상승의 길을 걷게 된다. 그야말로 미래A의 화려한 변신은 '자기 경영자'라는 성공한 모델케이스의 전형 이 된다. 그녀는 불안정한 감정노동자인 비정규직 콜센터 상담원에서 역시 불안정한 비정규직 노동자인 개인 저술가로 신분을 옮긴다. 미래A 는 열악한 상황의 현실에 도전하여 인생 역전이라는 기획(모험심)을 감 행하고 마침내 성취해낸다.

자본주의적 의미에서 기획(모험심)이라는 단어는 비록 자유롭고 구성적인 활동이라는 자신의 의미를 결코 상실하지는 않지만 새로운 뉘앙스를 획득한다. 이러한 새로운 뉘앙스들은 모두 노동과 기획(모험심)이 대립된다는 것과 관계 가 있다. 기획(모험심)은 발명과 자유 의지를 의미한다. 노동은 반복이며 실행하 는 행동이다. 기획(모험심)은 노동이 가능하게 만드는 가치화(valorization) 덕분에 새로운 자본을 낳는 자본의 투자이다. 노동은 자본을 가치화하지만 노동 자들을 평가 절하하는 임금소득 서비스이다. (…중략…) 인간관계 속에서, 일 상생활 속에서, 정동성과 소통 속에서 (이제) 기쁨과 안도를 발견하기란 훨씬 더 어려워진 것처럼 보인다. 일상생활 속에서 이러한 에로스를 상실한 결과는 욕망이 노동에 투사된다는 것이다. (여기에서) 노동은 경쟁의 규칙들에 의거하 여, 타자를 경험, 기쁜, 부유함이 아닌 소위 위험, 빈곤화, 한계로 인식해 왔던 개인들에게 나르시시즘적 강화를 제공하는 유일한 장소로 이해된다.[50]

49 마우리찌오 랏짜라또, 「비물질노동」, 질 들뢰즈·안또니오 네그리 외, 김상운·서창현·자 율평론번역모임 역, 『비물질노동과 다중』, 갈무리, 2014, 190쪽.
50 프랑코 베라르디 '비포', 서창현 역, 『노동하는 영혼』, 갈무리, 2012, 105~109쪽.

그런데 여기에서 미래A의 나르시시즘적인 자기-계발 서사는 신자유주의 체제의 주체 형성 이데올로기와 긴밀하게 연결되고 있다는 점에서 문제적이다. 자기계발이라는 서사는 국가가 액체처럼 녹아 흘러내린 상태, 즉 국민 모두를 사회 안전망으로부터 자유롭게 만듦으로써 국가와 사회가 책임져야 할 의무를 개인에게 떠넘기는 신자유주의 체제의 결과물이다. 신자유주의 체제는 셀프 헬프, 자조, 자기계발이라는 담론을 통해 개인의 능력에 대한 근거 없는 긍정론과 낙관주의를 주입시킨다.

　〈미래의 선택〉은 허술하고 작위적인 시간 여행 양식을 적용함으로써 실패한 판타지드라마이다. 이 드라마는 시간 여행의 판타지가 선사하는 쾌락과 흥미와 매력을 제대로 살리지 못한다. 따라서 어설프게 사용된 판타지 양식을 걷어내 버리면 〈미래의 선택〉은 신자유주의 체제의 지배적인 이데올로기 중의 하나인 자기계발 이데올로기를 내포하고 있는 드라마라고 할 수 있다. 그런 의미에서 최선을 다한 미래A의 행보는 낙관주의자로 보인다. 최선을 다하면 모든 개인은 자기계발을 통해 새로 태어날 수 있다는 낙관주의에 기대고 있기 때문이다.

　　최선주의자들은 허무주의자들처럼 희망을 잃은 자들이다. 왜냐면 그들에게 희망은 불필요하기 때문이다. 그들은 어떤 변화 요구도 무시하므로 '그런 변화는 개탄스러운 일이다'라고 여기거나 '우리의 여건은 너무 심하게 부패해서 그런 변화를 용납하지 않는다'고 여기는 보수주의자들의 동맹자들로 인식될 수 있다. (…중략…) 낙관주의자들은 보수주의자들이다. 왜냐면 다복한 미래를 믿는 그들의 신념은 현재의 본질적 건전성을 믿는 그들의 신념에서 연원하기 때문이다. 실제로 낙관주의는 지배계급 이념들의 전형적 구성요소이다. (…중략…) 일반적 통념과 상반되게도, 암담한 미래 전망은 오히려 급진적 태도일 수 있다. 오직 자신이 처한 상황을 위기상황으로 바라보는 사람만이 상황을 변화시켜야 할 필요성을 인식할 수 있다. 불만심리는 개혁을 재촉할 수 있다. (…중략…) 진정한 희망은 최악상황에서, 낙관주의가 대체로 인정하기 싫어하는 극한 상태에서, 가장 절실히 필요해진다.[51]

미래A는 과연 '낙관하지 않는 희망'을 부여잡았을까? 그녀는, 그리고 텔레비전드라마 〈미래의 선택〉은 '만인의 사랑을 받으리라고 기대되는 사랑스러운 세계전망'을 제시함으로써 제 발로 낙관주의자들의 행진에 동참한다. '낙관하지 않는 희망'은 "모든 변신, 모든 재탄생, 이차적인 모든 신격화는 삶의 가장 견디기 힘든 우울함 속에서 완강하게 저항하는 것"[52]에서 나오는 것이기에 그렇다. 그래서 미래A와 〈미래의 선택〉은 다음 글에서와 같은 미광微光을 발산하지 못한다. 자기계발이라는 최선주의와 낙관주의의 '눈부신 광명' 때문에 반딧불이의 미광이 억압되기 때문이다.

밤이 최고로 깊어진 시간에야 우리는 최소의 미광까지 포착할 수 있고, 빛의 꼬리가 아무리 가늘어도 그것을 통해 여전히 빛의 날숨 그 자체를 볼 수가 있다. 오히려 반딧불이 소멸된 것은 '사나운' 서치라이트의 눈부신 광명 때문이다.[53] *

---

51 테리 이글턴, 김성균 역, 앞의 책, 22~23쪽.
52 알랭 바디우, 박정태 역, 『세기』, 이학사, 2014, 258쪽.
53 조르주 디디-위베르만, 김홍기 역, 『반딧불의 잔존』, 길, 2012, 31쪽.
*   이 글은 「타임머신/시간 여행 모티브 드라마에 나타난 자기계발 이데올로기-텔레비전드라마 〈미래의 선택〉을 중심으로」(『한국극예술연구』 47, 한국극예술학회, 2015)를 수정하여 재수록한 것임.

〈나인〉에 나타난
시간 여행 모티브와 가족 복원 프로젝트

박명진

과거는 그것을 구원으로 지시하는 어떤 은밀한 지침(指針)을 가지고 있다. 우리 스스로에게 예전 사람들을 맴돌던 바람 한 줄기가 스치고 있지 않은가? (…중략…) 만약 그렇다면 과거 세대의 사람들과 우리 사이에는 은밀한 약속이 있는 셈이다. 그렇다면 우리는 이 지상에서 기다려졌던 사람들이다.[1]

1. 번안된 판타지, 또는 반복 속의 차이

2012년은 한국 텔레비전드라마 역사에서 시간 여행 모티브가 집중적으로 선을 보인 한 해로 기억될 만하다. 2012년에 발표된 시간 여행 모티브 드라마로는 〈옥탑방 왕세자〉(SBS), 〈신의〉(SBS), 〈닥터 진〉(MBC), 〈인현왕후의 남자〉(tvN), 〈프로포즈 대작전〉(TV조선) 등이 있다. 그 후 〈나인-

1   발터 벤야민, 최성만 역, 『역사의 개념에 대하여』, 길, 2009, 331~332쪽.

아홉 번의 시간 여행〉(tvN, 2013, 이하〈나인〉),〈미래의 선택〉(KBS2, 2013),
〈신의 선물－14일〉(SBS, 2014, 이하〈신의 선물〉) 등과 같은 시간 여행 드라마
들이 그 뒤를 이었다. 2012년 이후에 발표된 시간 여행 모티브 드라마들은
어떤 유행, 또는 텔레비전드라마의 트랜디trendy한 포맷format[2]으로 이해될
만하다. 물론 이 시기에 시간 여행을 모티브로 한 작품들이 연달아 선을
보인 것은 현실의 결핍감을 충족시키기 위해 그러한 판타지 양식을 감상하
고자 하는 시청자들의 욕망과 맞물려 있다.[3] 이는 곧 2012년 즈음에 "산업
과 텍스트 그리고 관객 주체 사이에서 통용되고 있는 관습들과 기대감을
미리 규정함으로써 관객에게 방향성을 제시하는 체계들",[4] 즉 시간 여행
모티브 판타지드라마의 문법이 텔레비전드라마 제작 주체와 시청자 주체
사이에 활성화되었음을 말해준다.

〈천년지애〉(SBS, 2003),〈옥탑방 왕세자〉,〈미래의 선택〉이 과거나 미
래로부터 현재로의 시간 여행을 중심 서사로 삼고 있다면,〈신의〉,〈닥터
진〉,〈나인〉,〈신의 선물〉은 현재로부터 과거의 시간 이동을 기본 모티브
로 삼고 있다.〈천년지애〉,〈옥탑방 왕세자〉,〈신의〉,〈닥터 진〉 등은 주
인공이 타임슬립함으로써 발생하는 문화 충돌에 주목하고 있다. 여기에

---

2   "TV 방송의 형식에서는 장르라는 개념을 거의 쓰지 않는다. 세계의 텔레비전 방송 시장의
    상업화와 더불어 텔레비전에 시리즈로 방송되는 개별 방송 프로그램들에 대해서는 '포맷'이
    라는 개념이 관철되었기 때문이다. (…중략…) 포맷은 어떤 방송이 가지고 있는 외양을 형성
    하는 모든 요소들을 의미한다. 그러나 동시에 포맷들은 구매자에게 충분한 여지를 허락한다.
    그래야 구매자가 그 포맷을 방송국이나 자국의 TV 시장의 요구와 관객에게 맞출 수가 있다.
    포맷으로 특징지을 수 있는 방송들은 나아가 동시에 장르로도 분류할 수 있다." 로타르 미코
    스, 정민영 외역,『영화와 텔레비전 분석 교과서』, 커뮤니케이션북스, 2015, 338~339쪽.
3   "대부분의 시간 여행은 과거로의 여행이다. 왜냐하면 미래에는 회환이 없지만, 과거에는 회
    한이 깊기 때문이다. 자신의 과거의 사건을 바로잡고 싶은 인간의 욕망이 바로 시간 여행을
    꿈꾸게 만든다." 서곡숙,「시간 여행 영화의 쾌락－시간, 죽음, 두려움으로부터의 해방」,
    『영상예술연구』18, 영상예술학회, 2011, 89쪽.
4   로타르 미코스, 정민영 외역, 앞의 책, 55쪽.

서 타임슬립이란 통상적인 의미에서 "초현실적인 현상을 통해 시공의 틈으로 미끄러지는 현상"[5]이나 "시공간의 왜곡에 의해 주인공이 다른 세계로 가는 가상적 행위"[6]를 뜻한다.

〈신의〉와 〈닥터 진〉은 둘 다 현재의 외과의사가 과거로 가서 현대 의학을 펼치면서 벌어지는 이야기들을 중점적으로 보여준다.[7] 〈천년지애〉와 〈옥탑방 왕세자〉는 과거의 인물들이 현재로 타임슬립하면서 맞닥뜨리는 사건들을 코믹하게 처리한 드라마이다. 〈나인〉은 현재에서 과거로 시간 이동한다는 점에서 〈신의〉나 〈닥터 진〉과 비슷하지만 20년 전이라는 근과거近過去로 이동함으로써 문화적 충돌이 그리 크게 드러나지는 않는다. 특히 〈나인〉은 과거로 간 주인공이 과거의 자기 자신과 대면한다는 점, 그리고 과거를 바꿈으로써 현재의 문제를 수정하고자 하는 내러티브를 지니고 있다는 점에서 주목할 만하다.

드라마 〈나인〉은 기욤 뮈소의 소설 『당신, 거기 있어 줄래요?』[8]에서 시간 여행 모티브를 빌려왔다.[9] 〈나인〉과 『당신, 거기 있어 줄래요?』는

---

5 이정환, 「타임슬립 소재의 영상화에 관한 연구」, 국민대 석사논문, 2012, 4쪽.
6 박소은, 「'소녀의 시간 여행'의 일본문화적 의미」, 중앙대 석사논문, 2014, 3쪽.
7 〈신의〉의 외과의사, 〈닥터 진〉의 신경외과의사 등은 〈하얀거탑〉, 〈외과의사 봉달희〉, 〈골든타임〉, 〈흉부외과─심장을 훔친 의사들〉 등에서 자주 볼 수 있듯이 촉각을 다루는 외과 수술을 통해 내러티브의 긴박감을 조성함과 동시에, 해부학적 외과 수술이 없었던 과거 시대의 사람들에게 현대 의학에 대한 경이로움을 선사하는 도구로 소환되었다.
8 기욤 뮈소, 전미연 역, 『당신, 거기 있어 줄래요?』, 밝은세상, 2013.
9 "tvN 관계자는 "'나인'은 기욤 뮈소의 소설에서 모티브를 따온 것이 맞다. 드라마 제작 초반에도 관련 사실을 알렸다"며 "드라마 제작 전에 자료 조사 차원에서 기욤 뮈소 소설을 출판한 에이전시와 접촉을 시도했는데 연락이 되지 않았다"고 말했다. 이어 "소설의 모티브를 따서 제작하는 것은 법률상으로 문제가 없는 것으로 확인됐다. 그 이후에는 에이전시 측과 접촉하지 않았다. 방송 이후에도, 리메이크 이후에도 에이전시에서 아무런 연락이 없었다"며 "리메이크권을 산 미국의 드라마 제작사와도 문제없이 계약했다. 표절에서 벗어날 수 없었다면 방송하지 못했다"고 강조했다." 이수아, 「'나인', 기욤 뮈소 소설 표절? tvN "모티브만 따와 …… 법적 문제 없다"」, 『TV리포트』, 2013.11.1.

향香이나 신비로운 알약의 힘으로 과거 여행을 한다. 『당신, 거기 있어 줄래요?』의 경우, 주인공은 30년 전에 애인이 죽은 사건 때문에 죄책감에 시달린다. 주인공은 우연히 신비로운 알약을 얻게 되고 이 알약을 복용함으로써 정확히 30년 전으로 시간 여행을 하게 된다. 이 작품에서도 주인공은 30년 전의 자기 자신과 대면하게 된다. 주인공은 과거로의 시간 여행을 통해 애인의 죽음을 막는다. 이러한 시간 여행 모티브는 〈나인〉에서도 거의 동일하게 작동하고 있다. 『당신, 거기 있어 줄래요?』의 번안으로서의 〈나인〉은 원작이 지니고 있는 시간 여행 모티브와 과거를 교정하고자 하는 현재의 욕망을 차용하고 있음에도 불구하고 한국적 정서와 한국사회의 욕망이라는 새로운 요소들을 첨가했다.

　번안에는 이식과 달리 행위 수행자의 적극적인 적용 과정이 동반된다. 번안이 이루어지는 공간은 완충적이고 과도적이며 혼합적이고 잠재적이다. 그래서 '이종(異種)성'과 '양가(兩價)성'이 작동하는 공간이 된다. 새로움의 가능성을 안고 있는 잠재력의 터전인 동시에 원본을 모방한 따라 하기의 열등감이 주도하는 미숙함의 공간이기도 한 것이다.[10]

〈나인〉은 "원본을 모방한 따라 하기의 열등감이 주도하는 미숙함의 공간"을 거의 느낄 수 없을 정도의 완성도를 선보였다. 따라서 중요하게 살펴봐야 할 것은 원작과 〈나인〉의 차별성이라 할 수 있다. 원작소설 『당신, 거기 있어 줄래요?』가 철저히 주인공과 애인과의 관계에 집중하

10　백욱인, 『번안 사회』, 휴머니스트, 2018, 14쪽.

고 있다면, 〈나인〉의 시선이 가족으로 확장되어 있다는 점에서 주목할
만하다. 『당신, 거기 있어 줄래요?』가 30년 전에 사고로 목숨을 잃은 애
인의 목숨을 살려놓음으로써 재회하는 것을 중심 플롯으로 삼고 있다면,
〈나인〉은 아버지의 죽음에 얽힌 비밀을 밝혀내고, 최진철(정동환 분)의
범죄 사실을 세상에 밝히고, 형 정우의 목숨을 구해주는 것을 중심 플롯
으로 삼고 있다. 이는 〈나인〉의 중심 서사가 가족을 복원하는 것을 목표
로 삼고 있다는 것을 의미한다.

> 원본성과 파생 개념을 약화시키면서, 허상은 역사, 선형적 시간, 그리고 이
> 러한 개념들이 조직하고 규정하는 모든 관련 요소들 또한 파괴하거나 해체
> 구성한다. 그 결과 시뮬레이션은 절대적인 시작이나 끝이 없는 사물들을 계
> 속 증진시킨다. 질량 보존의 원리처럼 시뮬레이션은 사물들이 창조되지도
> 파괴되지도 않고 다만 변형되는 영원 회귀나 끝없는 재순환일 뿐이다. (…중
> 략…) 결국 이 게임의 이름은 무로부터의(ex nihilo) 창조가 아니다. 대신에
> 중요한 것은 반복 속에서 그리고 반복을 통해 차이를 전개하는 것이다.[11]

위의 인용문에서 볼 수 있듯이, 〈나인〉은 원작소설의 기본적인 아이
디어를 '반복'하면서 동시에 '차이'를 발생시킨다. 원작소설『당신, 거
기 있어 줄래요?』, 텔레비전드라마 〈나인〉, 그리고 영화 〈당신, 거기 있
어줄래요〉 등으로 전개되고 있는 "일련의 창조적 변이 과정은 문화적
영역, 정치적 영역을 막론하고 재매개[12]를 통해 '개조refashioning'과 '복

---

11 데이비드 건켈, 문순표 외역, 『리믹솔로지에 대하여』, 포스트카드, 2018, 305쪽.
12 제이 데이비드 볼터·리처드 그루신, 이재현 역, 『재매개－뉴미디어의 계보학』, 커뮤니케

구remedy'를 넘어 '개혁reform'의 가능성을 내포"[13]하고 있다. 〈나인〉은 원작소설 『당신, 거기 있어 줄래요?』를 '반복 속에서 그리고 반복을 통해 차이를 전개'하는 텔레비전드라마이다. 문화적 차원에서 이러한 반복과 차이의 발생은 소위 '문화 번역'이라는 작업 속에서 진행된다.

문화적 텍스트(원전)와 문화적 텍스트(번역된 텍스트) 간의 상호 텍스트성(intertextuality)의 강조는 두 개의 다른 상징과 의미 체계의 관계를 만들어주는 것이 된다. 그러나 번역자가 두 가지 상징체계를 조정, 조작하는 측면이 바로 문화 번역의 정치학이 개입되는 부분이다.[14]

번역은 항상 원작의 변형을 내포하며, 원본은 새로운 언어에서는 결코 재등장하지 않는다. 하지만 원본은 항상 존재한다. 왜냐하면 번역은 원본에 대해 말하지 않으면서 그것을 끊임없이 표현하거나, 아니면 원본을 전환시켜 비록 다 다르지만 그것을 재생산해내는 언어적 대상으로 만들어버리기 때문이다. 무대 위에서 텍스트의 시간 공유란 새로운 세입자들이, 개인으로서가 아니라 그들의 사회적, 문화적, 연극적, 언어적 맥락의 테두리 안에 있는 자로서, 텍스트로 옮겨 들어가 그것을 자기 소유로 만들어 버리는 것을 의미한다.[15]

세입자貰入者의 행위로서의 자기 소유화는 텔레비전드라마 〈나인〉과

이션북스, 2011, 53쪽. 재매개(re-mediation)는 "한 미디어를 다른 미디어에서 표상하는 것"으로 정의될 수 있다.

13 마정미, 『문화 번역』, 커뮤니케이션북스, 2014, xiv~xv쪽.

14 김현미, 『글로벌 시대의 문화번역』, 또하나의문화, 2005, 53쪽.

15 시르쿠 알토넨, 정병언·최성희 역, 『무대의 시간공유』, 동인, 2013, 52쪽.

〈나인〉을 감상하는 시청자 모두에게 해당된다. 〈나인〉은 원작소설『당신, 거기 있어 줄래요?』에 세 들어 살며 원작을 자기의 취향대로 밀렵密獵하고 자신의 취향과 욕망에 맞춰 장식한다. 이는 텔레비전드라마 〈나인〉의 시청자 역시 동일하다. 시청자는 〈나인〉의 디제시스 속에 포박되는 것처럼 보이지만 실제로는 그 텍스트라는 임대 아파트에 세 들어 사는 세입자처럼 그 텍스트를 능동적으로 변화시키고 리모델링한다.[16]『당신, 거기 있어 줄래요?』는 주인공이 현재로 복귀하여 애인을 만나게 되는 것으로 결말을 맺고 있지만, 〈나인〉은 과거로 간 주인공 박선우(이진욱 분)가 과거에 봉인된 채 죽음을 맞이하고 20년 전의 박선우가 세월이 흐른 뒤 주민영(조윤희 분)과 결혼하는 것으로 끝을 맺는다. 기본 모티브를 원작소설『당신, 거기 있어 줄래요?』에서 가져왔음에도 불구하고 〈나인〉은 평단과 시청자 모두에게 수작으로 평가받은 작품이다.

　　해당 드라마는 케이블 드라마임에도 불구하고 조윤희, 이진욱 캐스팅을 통한 대중들의 시선을 빨리 끌어 모은 드라마이며, 첫 방송 이후 시청자들의 호평을 얻은 후 빠르게 입소문을 타면서 6회 본 방송이 끝난 이후 1회에서부터 4회까지 VOD 누적 조회수만 19만 건을 돌파하였다. 뿐만 아니라 2013년 3월 26일 자 스포츠월드 기사에 따르면 포털사이트 누리꾼 평점에서 10점 만점에 9.9점(네이버 기준)으로 '시청자의 수준과 눈높이를 높여 줄 드라마', '작가가 천재인 듯', '새로운 전설을 쓸 것 같은 예감', '이렇게 기대되는 드라마는 오랜만이다' 등의 극찬을 확인할 수 있었다.[17]

16　Michel de Certeau, 山田登世子 訳,『日常的實踐のポイェティーク』, 国文社, 2005, pp.30~31.
17　이해미,「SNS 분석을 기반으로 한 온라인 구전 효과 연구 – 드라마 〈나인 – 아홉 번의 시간

〈나인〉은 작품성을 인정받아 2014년에 종합콘텐츠기업 CJ E&M으로부터 2013년도 우수상을 받았다. 한편 〈나인〉을 연출한 김병수 PD는 '2013 에이판 스타어워즈APAN STAR AWARDS'에서 연출상을 받고 극중 주민영을 연기한 조윤희는 '코리아 드라마어워즈'에서 여자 최우수상을 받았다. 또한 송재정 작가는 2013 대한민국 콘텐츠 대상에서 장관 표창을 받기도 했다. 또한 드라마 〈나인〉은 미국에서 리메이크 작업이 추진되기도 함으로써 작품성과 상업성을 인정받기도 했다.[18] 〈나인〉은 탄탄한 구성과 안정된 연기력 그리고 원숙한 연출을 통해 케이블 텔레비전의 수작秀作으로 평가받은 작품이라 할 수 있다.

2. 메니페아적 상상력, 결여된 현실의 개조를 위한 모험

시간 여행 모티브는 일상적인 시간관념을 비튼다. 즉 '과거 → 현재 → 미래'로 이어지는 인과율적인 연결 법칙이 와해된다. 이는 과거의 결과물로서의 현재를 상정하지 않고, 현재나 미래가 과거의 원인일 수도 있다는 것을 가정하고 있다.[19]

시간 여행에 대한 서사적 욕망은 현재 상태에 대한 불만족을 가상적

여행〉 사례 중심으로」, 서강대 석사논문, 2013, 32쪽.

18 그러나 〈나인〉의 미국 ABC 방송국에서의 리메이크작 방영 시도는 결국 성사되지 못했다.

19 "들뢰즈에 의하면 이러한 고전영화의 단계를 거쳐 현대 영화에서는 인과율에 의한 운동적 통일성을 벗어난 순수 시간적 의미를 표현하는 새로운 이미지의 가능성을 모색하게 되는데, 이 새로운 단계에서는 이전의 반복적이고 관습적인 성격의 이미지가 아닌 과거와 현재가 서로에게 열린 사유의 과정을 표현하는 이미지들이 등장하기 시작한다." 최영진·김민중, 「시간 여행 영화의 비선형적 사유─〈도니 다코〉를 중심으로」, 『문학과 영상』 11(3), 문학과 영상학회, 2010, 834쪽.

으로 해결하려는 의지를 내포하고 있다.[20] 이는 대체 역사물의 경우와 유사하다. 대체 역사는 '과거를 바꾸면 현재는 어떻게 변할까?'와 같은 상상력을 기본 동력으로 삼고 있다. 이러한 서사 욕망은 철저하게 상상력에 의존한다. 왜냐하면 현실 세계에서 과거로의 여행은 불가능하기 때문이다. 과거로 여행하여 그 과거를 바꾸려는 서사 전략은 불만족스러운 현실을 타개해 보고자 하는 욕망을 보여준다.

타임슬립의 경우 SF 작가들이 불가항력의 시간 여행이 야기하는 일상적인 충격에 초점을 맞추었던 반면, 시간 여행의 멜로드라마틱한 측면에 주목했던 일단의 작가들이 있었다. 소설에 등장하는 시간 여행자들의 가장 강력한 동기가 소망 충족(wish fulfillment)임을 감안하면 그리 의외는 아닐지도 모른다. (…중략…) 시간 로맨스에서 가장 자주 쓰이는 시간 여행 수단은 물론 타임슬립이지만, 남녀 간의 시간을 넘어선 비련을 주제로 삼고 있다는 점에서 정통 시간 여행물과 구별된다. 자연히 과거에 대한 작가의 관점은 결정론적이 되며, 플롯의 갈등 해결 수단으로는 역사가 아닌 개인사의 개변이 즐겨 사용된다.[21]

---

20 "타임슬립 소재가 가지는 가장 큰 장점은 인간의 본질적인 욕구에 대한 대리 실현이다. 인간은 삶 속에서 시간에 대해 자유롭지 못하다. 그것은 시간이란 자신의 의지로 해결될 수 없는, 잡을 수 없이 흘러가는 것이기 때문이다. 타임슬립은 지나온 시간에 대한 반성, 미래에 있을 두려움, 또 다른 기회에 대한 열망을 충족시켜 준다. 그것은 시간으로부터의 해방을 가져다 주고, 죽음으로부터 자유로우며, 주체의 의지와 자아의 반성 능력을 통한 선택의 기로에서 두려움에 대한 해방을 가진다. 시대를 초월한 사건들의 갈등 해결을 통해 타임슬립이란 소재는 비현실적이지만 인간의 욕망에 근거하여 실현가능할 것 같은 쾌락을 가져다 준다. 그리고 그 쾌락이 타임슬립만의 매력인 것이다." 이정환, 앞의 글, 94쪽.

21 김상훈, 「시간 여행 SF 약사(略史)」, 폴 앤더슨, 김상훈 역, 『타임패트롤』, 행복한책읽기, 2008, 135쪽.

인간은 누구나 현실에 대해서 결핍감을 느끼고 있다. 현실이 답답하거나 절망적일수록 과거 여행을 꿈꾸는 것이 매력적으로 다가올 수 있다. 〈나인〉에서의 과거로의 시간 여행 역시 현실에 대한 불만족에서 출발한다. 이때 과거로의 시간 여행은 "기표의 장 속에서만 과거를 변화시키고 과거를 초래할 수 있다는 사실이 환각적으로 무대화된 것"[22]이라고 할 수 있다. 그런 의미에서 〈나인〉의 시간 여행은 메니페아menippea적 상상력에 기초하고 있다고 할 수 있다.

메니페아에서 도덕적, 심리적 실험행위라고 부를 수 있는 것이 최초로 나타났다. 즉 비인습적이고 비정상적인 도덕적, 심리적 인간 상태 — 모든 종류의 광기('광란의 테마'), 개성의 이중성, 분방한 공상, 보기 드문 꿈, 광기에 가까운 열정, 자살 등 — 의 묘사이다. 이 모든 현상은 메니페아에서 편협한 테마적 성격이 아닌 형식적, 장르적 성격을 띠고 있다. 즉, 꿈, 공상, 광기는 한 인간과 그의 운명의 서사적이고 비극적인 통일성을 파괴한다.[23]

메니페아적 풍자는 역사적인 사실주의 혹은 개연성의 요구를 깨뜨린 장르였다. 메니페아는 지상과 지하 그리고 천상 세계를 쉽게 이동하고, 과거와 현재와 미래를 하나로 결합하며, 죽은 사람과도 대화를 허락한다. 환상과 몽상, 비정상적 상태, 기이한 행동과 말, 신체의 변형, 어이없는 상황 등이 그것의 규범이 되었다.[24]

---

22 슬라보예 지젝, 이수련 역, 『이데올로기라는 숭고한 대상』, 인간사랑, 2002, 105쪽.
23 미하일 바흐친, 김근식 역, 『도스또예프스끼의 詩學』, 정음사, 1988, 173쪽.
24 로즈메리 잭슨, 서강여성문학연구회 역, 『환상성 – 전복의 문학』, 문학동네, 2001, 25쪽.

현재의 선우는 현실이 고통스럽다. 20년 전에 아버지가 갑자기 사망하고, 어머니도 정신병에 걸려 요양원에 수용되어 있다. 그리고 형 정우의 사망 소식을 접하게 된다. 또한 선우에게 뇌종양 말기 판정이 떨어져서 몇 개월밖에 살 수 없다는 통보를 받게 된다. 현재의 선우에게 희망이란 존재하지 않는다. 이 절망감을 풀어줄 수 있는 방법은 과거로 여행하여 현재를 바꾸는 수밖에는 없다. 결국 2012년의 20년 전인 1992년에 선우의 절망적인 현재를 바꿀 수 있는 열쇠가 놓여 있다고 볼 수 있다. 선우가 현재에서 할 수 있는 일이란 거의 없다. 최진철의 죄악을 밝힐 수도, 아버지와 형의 죽음을 되돌릴 수도, 그리고 자신의 시한부 인생을 바꿀 수도 없다. 과거로의 시간 여행이라는 상상력은 "이야기 세계의 기본 규율들이 갑자기 180도 회전할 때 갖는 경이의 느낌"[25]을 선사한다. 텔레비전 의식은 "낯익은 서사 패턴을 붕괴시키고 꿈의 에피소드적인 패턴으로 그것을 대체함으로써, 근대의 자아를 새로운 시간 감각 속으로"[26] 밀어 넣는다.

〈나인〉은 타임슬립을 통해 현재의 비극을 벗어날 수 있는 방법을 모색한다. 〈나인〉의 주인공 박선우는 불행한 현재를 교정하기 위해 과거로의 여행이라는 환상에 매달린다.[27] 〈나인〉의 기획의도를 살펴보는 것은 이 작품을 이해하는 데 도움이 될 수 있을 것이다.

25 E. S. Rabkin, *The Fantastic in Literature*, Prinston University Press, 1976, p.41(박성봉, 『대중예술의 미학』, 동연, 1995, 348쪽에서 재인용).

26 로버트 로마니신, 「전체적인 눈과 그 그림자」, 데이비드 마이클 레빈 편, 정성철·백문임 역, 『모더니티와 시각의 헤게모니』, 시각과언어, 2004, 584쪽.

27 "실제로 행복한 사람은 환상을 갖지 않는다. 현실에 대한 불만족한 상태에 있는 사람만이 환상을 만들어낸다. 따라서 환상의 원동력은 충족되지 않은 소망이다." 구수경, 「환상성, 현실의 탐색을 위한 우회의 서사」, 구보학회, 『환상성과 문학의 미래』, 깊은샘, 2009, 32~33쪽.

▪ 가장 흥미로운 SF 테마, 시간 여행

운명과 세월의 힘 앞에 모든 것을 잃고 무릎 꿇어야 하는 한 남자. 회환밖에 남은 것 없던 그의 마지막. 기적처럼 손에 들어온 과거로 돌아가는 타임머신—. 이 기적 같은 기회는 과연 축복이 될 것인가, 아니면 또 다른 운명의 횡포가 될 것인가. 누구나 한 번은 꿈꾸어 봤을 시간 여행의 판타지를 TV드라마로 마침내 구현하며, 우리는 시청자의 상상 속에 그려졌을 희극과 비극 양면을 모두 건드리려 한다.

▪ 사랑과 가족에 관한 이야기

무엇이 인간으로 하여금 시간을 역행할 수 있는 강력한 의지를 치솟게 할 수 있단 말인가. 그것은 오로지 사랑, 그리고 인간으로 태어났음에 필연적으로 얽혀든 가족밖에 없다. 이 드라마는 시간 여행이 과학적으로 가능한 것인가 아닌가를 따지는 물질의 이야기가 아니라 현실적으로 불가능한 것도 가능하게 만드는 인간의 절대적 사랑에 관한 이야기가 될 것이다.

▪ 〈인현왕후의 남자〉에서 한층 업그레이드된 본격 SF 활극

'시간 여행'이라는 흥미로운 SF 테마에 맞게, 과거와 현재를 넘나드는 역동적 구성, 예측할 수 없는 위기와 복잡한 갈등구조를 지닌다. 본 드라마는 〈인현왕후의 남자〉보다 한층 업그레이드된 빠른 스피드와 역동성으로 박진감 넘치는 모험의 세계를 구현할 것이다.

▪ 누구나 내 얘기가 될 수 있는 근과거(近過去)로의 회귀

주인공이 타임머신으로 당도한 시간대는 바로 TV를 시청하는 사람들 모두

금세 떠올릴 수 있는 1992년. 즉, 20년 전의 대한민국이다. 시청자들은 일생의 가장 후회스러운 사건을 되돌리기 위해 고군분투하는 주인공을 보며, 자신의 인생에서 1992년이 어떠했는지, 자신의 청춘과 자신의 욕망을 떠올리며 주인공과 함께 시간 여행을 하게 될 것이다.[28]

위의 기획의도에서 볼 수 있듯이 이 작품은 시간 여행 모티브를 통해 현재를 풍자하거나 비판하고자 하지 않는다. 〈나인〉의 시간 여행 모티브는 단지 가장 흥미로운 지적 유희에 속할 뿐이다.[29] 츠베탕 토도로프가 언급했듯이 이 작품의 시간 여행 모티브는 "독자들의 망설임"을 통해 판타지의 쾌락을 선사하는 것을 목적으로 한다.

환상적인 것은 세 가지 조건을 충족시키기를 요구한다. 첫째로, 텍스트는 독자들로 하여금 등장인물들의 세계를 살아 있는 사람들의 세계처럼 생각하고, 이야기된 사건들에 대하여 자연적인 해석과 초자연적인 해석 사이에서 망설이도록 강요한다. 둘째로, 그러한 망설임은 등장인물도 마찬가지로 느낄 수 있다. 그리하여 독자의 역할은 한 등장인물들에게 말하자면 위임된 것이며, 동시에 그 망설임은 작품에 표현되어 그 작품의 테마들 중 하나가 된다. 순진한 독서의 경우, 실제 독자는 그 등장인물과 자신을 동일시하는 것이다. 마지막 세 번째로, 독자가 텍스트에 대하여 모종의 태도를 채택하는 것이 중요하다. 즉 독자는 '시적' 해석만큼이나 알레고리적 해석을 거부해야 할 것이다.[30]

---

28 tvN 드라마 〈나인〉 공식 홈페이지.
29 "『타임머신』 발간 이래 시간 SF는 동시(同時) 진화를 거듭해 왔지만, 시간 패러독스라는 장르의 성립에 의해 비로소 형이상학/사회 비판/로맨스의 가식을 벗어던지고 순수한 지적 유희의 전쟁터로 돌입할 수 있었던 것이다." 폴 앤더슨, 김상훈 역, 앞의 책, 334쪽.

토도로프가 환상의 핵심 자질로 규정한 머뭇거림을 서사적 구조의 층위에 기입하는 것은 환상의 중심적인 주제적 이슈, 예컨대 '실재적인 것'의 본질에 관한 불확실성, '사실주의'와 '진실' 범주의 문제화, ('보는 것이 믿는 것이다' 라고 선언하는 문화에서) '보이는 것'과 '아는 것'을 문제 삼는 것 등과 같은 주제적 이슈의 치환으로 이해될 수 있다. 형식의 층위에서, 환상의 모호한 효과들은 주제적인 것이 구조적 애매함으로 미끄러져 들어감으로써 그 주제의 불확실성과 머뭇거림을 산출한다.[31]

이는 이 작품이 시간 여행이라는 판타지를 통해 시청자의 지적 호기심을 자극하는 것을 목표로 한다는 것을 의미하기도 한다. 이 작품은 20년 전의 근과거를 조명함으로써 시청자의 복고취미, 그리고 "인생을 다시 한번 살 수 있다면"과 같은 상상력을 불러일으킨다. 시청자는 과거 여행을 통한 현재의 수정이라는 환상에 상징적 리얼리티를 느낌과 동시에 그러한 상상력이 물리적으로는 현실 불가능한 꿈이라는 사실 사이에서 머뭇거린다. 이러한 상상력에 원만하게 동일시되기 위해서는 모종의 환상이 필요하다.

환상은 형식적인 상징적 구조와 우리가 현실에서 조우하는 대상의 실증성과의 사이를 중재하는데, 다시 말해서 환상은 '도식'을 제공한다. 그러한 도식에 의해서 어떤 실증적인 대상은 형식적인 상징적 구조가 열어놓은 빈자리들을 채움으로써 현실에서 욕망의 대상으로 기능한다. 좀 더 간단한 용어를 빌려서

30 츠베탕 토도로프, 최애영 역, 『환상문학서설』, 일월서각, 2013, 68~69쪽.
31 로즈메리 잭슨, 서강여성문학연구회 역, 앞의 책, 69~70쪽.

말하자면, 환상이라는 것은 내가 딸기과자를 욕망하면서도 현실에서 얻을 수 없을 때 그것을 먹는 환상을 만들어내는 것을 의미하지 않는다. 오히려 문제는 이렇다. 즉 내가 우선 첫째로 딸기과자를 욕망한다는 것을 내가 어떻게 아는가? 이것이 바로 환상이 내게 말해 주는 바이다.[32] (강조는 원문, 이하 동일)

따라서 우리는 이렇게 질문해야 할 것이다. "선우가 우선 첫째로 과거 수정을 욕망한다는 것을 선우는 어떻게 아는가?" 현재의 선우는 고칠 수 없는 현실의 불행을 제거하기 위해 과거로의 여행을 욕망한다. 좀 더 정확히 말하자면, 현재의 선우는 20년 전의 과거로 돌아가서 그 과거를 고침으로써 현재의 결여를 충족시키고자 하는 환상을 만든다. 그런데 현재의 선우는 자신이 환상을 욕망한다는 사실을 어떻게 아는가? 그것은 선우의 환상이 "'사회가 나한테서 무엇을 바라는가?'라는 질문에 대한 답변을 제공하려는 시도"이자 현재의 선우가 "강제로 참여하게 된 음울한 사건들의 의미를 폭로하려는 것"[33]이라는 의미에서 부분적으로 밝혀질 수 있다. 그런 의미에서 선우가 사회의 비리를 폭로하는, 특히 최진철(정동환 분)이 자행하는 비윤리적인 유전 공학 사업의 추악한 실체를 보도하는 뉴스의 앵커라는 사실은 주목할 만하다.

이는 2005년 11월 MBC 〈PD수첩〉의 의문 제기로부터 촉발된 황우석 사태에 대한 인식론적, 윤리학적 혼란에 대한 시대적 맥락을 배경에 깔고 있다. 사회의 비리를 폭로하는 프로그램의 앵커로서 현재의 선우는 일련의 추악한 사건들에 대한 진실을 파헤치라는 사회의 요구에 응

---

32 슬라보예 지젝, 김종주 역, 『환상의 돌림병』, 인간사랑, 2002, 22~23쪽.
33 위의 책, 26쪽.

답해야 한다. 그 일련의 사태들은 세계적으로 국가가 망신을 당한 것임과 동시에 신학적神學的 우상으로서의 한 과학자에 대한 실망과 배신감을 준 것이기도 하다. 어떤 의미에서 과거로 돌아가 현재의 불행을 고칠 수 있게 도와주는 향은 형 정우가 선우에게 건네준 것이라기보다는 사회적 정동情動이 선우에게 던져준 것일 수 있다. 이는 〈나인〉이 "우리에게 무엇을 원하는가? 이미지는 우리를 어디로 데려가는가? 이미지가 결여하고 있는 것, 그래서 우리에게 채워달라고 요청하는 것은 무엇인가?"[34]에 대한 심문審問을 작동시키고 있음을 의미한다. 왜냐하면 텔레비전드라마 〈나인〉의 시간 여행 판타지는 '사회가 선우한테(또는 〈나인〉한테) 무엇을 바라는가?'에 대한 장르적, 내러티브적 응답일 것이기 때문이다.

3. 과거와 미래의 착종, 또는 도플갱어Doppelgänger로서의 주체

〈나인〉에는 두 명의 선우가 존재한다. 드라마가 시작되자마자 등장하는 선우가 있고, 그 선우가 향을 피움으로써 과거로 시간 여행을 해서 만나게 되는 과거의 선우가 있다. 드라마의 시작은 현재 진행형인 존재로서의 선우로부터 시작되지만, 이 드라마가 끝날 즈음에는 과거의 선우가 중심이 되어 사건이 전개된다. 따라서 여기에서는 편의상, 드라마가 시작하면서 등장하는 현재 진행형의 선우를 현재의 선우라 부르고, 그

---

34 W. J. T. 미첼, 김전유경 역, 『그림은 무엇을 원하는가』, 그린비, 2012, 49쪽.

현재의 선우가 시간 여행에서 만나게 되는 과거의 자기 자신을 과거의 선우라고 부르도록 하겠다. 과거의 선우는 현재의 선우 앞에 서 있는 도플갱어로서 '두려운 낯설음unheimlich'을 불러일으킨다. 이때 미래로부터 도래한 선우를 만나는 과거의 선우의 경우 "낯선 친숙함, 바로 나 자신과의 — 나조차도 인식하지 못했던 — 근원적인 유사성이 도플갱어가 주는 공포의 원인이다. 즉, 무의식 깊숙이 억압되어 있었던 나 자신의 일부들, 어쩌면 초자아가 거부했던 부정적인 나의 일면들을 투사하여 등장하는 것이 도플갱어"[35]라 할 수 있다.

그런데 중요한 사실은 현재의 선우가 향의 힘을 빌려 마지막 시간 여행을 떠난 뒤 과거에 봉인된 채 과거에서 죽게 된다는 것이다. 현재의 선우가 향을 통해 시간 여행을 떠난 상황에서부터는 두 명의 선우가 존재하게 된다. 만약 현재의 선우가 과거에서 죽지 않았다면 과거의 선우 즉 젊은 선우와 현재의 선우 즉 늙은 선우가 같은 세상에 존재하게 되는 모순에 빠지게 된다.[36] 드라마의 서사에서 살아남는 자는 과거의 선우이고 현재의 선우는 과거로 시간 여행을 떠난 후 그 과거에서 죽음을 맞이한다. 이로 인해 드라마의 대단원에서는 현재의 선우가 부재不在한 상태에서 과거의 선우가 20년이라는 세월을 보낸 후 민영과 결혼식을 올리게 된다.

〈나인〉에서, 현재의 선우가 과거로 시간 여행을 떠나 있는 동안, 두 명의 선우들이 존재하게 된다.[37] 이 복수複數의 선우들이 공존하는 동안

---

35 유현주, 「도플갱어─주체의 분열과 복제, 그리고 언캐니」, 『독일언어문학』 49, 한국독일언어문학회, 2010, 337쪽.
36 "시간 여행담은 어떻게 이야기 구조를 짜 나가든 간에 본질적으로 인과율과 모순을 일으키지 않을 수 없다." 고장원, 『SF로 광고도 만드나요?』, 들녘, 2003, 127쪽.

에는 과거의 선우와 현재의 선우 사이에 존재하는 이질감과 적대감이 상쇄되는 궤적을 밟게 된다. 미래로부터 도래한 선우는 과거의 선우를 도움으로써 뇌종양을 대비할 수 있도록 만든다. 그리고 현재의 선우는 과거 속에서 죽음을 맞이한다. 즉 이방인으로서의 현재의 선우는 과거 여행에서 과거의 선우로부터 환대를 받게 되면서 두 시간대가 상호 영향을 주고받게 된다. 그런 의미에서 시청자들은 두 명의 선우의 이야기를 동시에 수용해야 하는 서사적 전략에 노출될 수밖에 없다. 결국 시청자들은 〈나인〉의 두 등장인물 중에서 과거의 선우의 서사를 받아들임으로써 서사적 종결을 수용해야 한다. 〈나인〉은 과거의 선우의 이야기, 미래로부터 온 자기 자신의 희생을 통해 살아남은 자의 이야기로 끝을 맺고 있다.

현재의 선우가 과거로 여행을 하여 과거의 선우를 만나고, 그 과거의 선우를 위험으로부터 보호해 주고 죽게 되면서 단 하나의 주체로 남게 된다. 그러나 그 단 하나의 주체, 즉 과거의 선우는 미래로부터 도래한 또 다른 선우의 영향권으로부터 벗어날 수 없다. 왜냐하면 과거의 선우에게는 미래로부터 온 선우에 대한 기억이 남아 있기 때문이다. 그리고 그러한 시간 여행의 비밀은 민영과 영훈에게도 알려져 있다. 즉 과거의 선우, 영훈의 기억 속에는 현재의 선우가 과거로 시간 여행을 떠나 과거의 선우를 도와주었다는 사실이 남아 있다. 그렇다면 과거의 선우, 영훈은 이 드라마가 끝난 이후에도 미래로부터 선우가 도래하여 모종의 사건들을 일으켰다는 기억으로부터 벗어나지 못한다.

---

37 "타임슬립으로 과거로 돌아가면 과거의 자기 자신과 만나기 때문에 결과적으로 자신의 수가 늘어난다." 아즈마 히로키, 장이지 역, 『게임적 리얼리즘의 탄생』, 현실문화, 2012, 210쪽.

만약에 과거로 시간 여행을 떠난 현재의 선우가 과거에 갇힌 채 죽지 않았다면 어떤 일이 생길까? 같은 시공간에 과거의 선우와 현재의 선우가 공존하게 될 것이다. 그렇다면 이 드라마의 엔딩 신에서 결혼식장에는 주민영과 결혼하는 38살의 선우와 이를 지켜보아야만 하는 58살의 선우가 함께 있게 될 것이다. 그런데 과거의 영훈과는 별개로, 현재의 영훈은 현재의 선우가 과거로 떠난 뒤 다시는 돌아오지 못하는 사건을 기억하고 있다. 그러나 드라마는 현재의 선우를 과거 속에서 죽임으로써 이 혼란스러운 시간 여행의 역설들을 정리한다. 어떤 의미에서 〈나인〉에서 발생할 수 있는 시간 여행의 역설은 중요하지 않을 수 있다. 왜냐하면 시간 여행 이야기는 논리적 설명보다는 이야기 구조의 신기함과 재미가 더 중요할 것이기 때문이다. 〈나인〉에서 현재의 선우가 과거에 봉인되어 죽음을 맞이함으로써 서사의 연결성을 확보하게 된다.

과거의 선우와 과거의 영훈은 미래로부터 선우가 방문했음을 기억하고 살아가야 하는 존재들이다. 따라서 이들은 자신들의 삶에 미래로부터 도래한 선우의 흔적이 드리워져 있음을 자각할 수밖에 없다.[38] 특히 과거의 선우는 문제적인데, 즉 그는 미래로부터 온 선우의 흔적을 지워낼 수 없는 존재이다. 그런 만큼 선우는 분열된 주체성을 지닐 수밖에 없다.[39] 그는 미래로부터 도래한 자기 자신의 도플갱어를 조우함으로써 초

---

38 "기존의 '시간 여행' 개념은 과거와 현재, 그리고 미래가 일직선으로 이어지는 시간 구조, 즉 서구 근대의 시간관에 근거하고 있었다고 볼 수 있다. 타임슬립은 시간 여행 개념을 바탕으로 탄생했지만, 역사와 시간의 연속적인 관념을 깨뜨리면서 새로운 시간에 대한 관점을 수립한다. 현실과 허구를 겹침으로써 고정된 시간관념을 탈피하여 독특한 상상력의 공간을 넓히는 동시에, 타임슬립은 현대인이 일상 속에서 마주하는 상반되고 모순된 입장들을 입체적으로 그려내는 복합적인 장치로 기능하고 있다." 김빛나리, 「中・韓・日 '타임슬립(時空穿越)' 역사드라마 연구」, 연세대 석사논문, 2013, 4쪽.

39 "모든 시간 여행의 영화들에서 공통적으로 나타나는 시간 여행 동인은 가까운 과거로의 시간

자아가 거부했던, 또는 초자아가 불만족 속에서 주체에게 무엇인가를 강력하게 강요하는 '두려운 낯설음'을 운명의 부적처럼 끼고 살아야만 한다. 왜냐하면 도플갱어란 "눈물어린 눈으로 쳐다보는 쌍둥이, 또는 시적詩的으로 훈계하는 은유의 결과라기보다는 '우리 자아에 대한 유령'"[40] 이기 때문이다. 과거의 선우 속에는 미래에서 온 선우의 유령이 내포되어 있다.

4. 현실 재현의 불/가능성

선우의 현재 상태는 외면상 원만한 것 같지만 속을 들여다 보면 대단히 불행한 편에 속한다. 병원장이었던 그의 아버지는 20년 전에 죽었고, 그 충격으로 어머니는 정신병원 신세를 면치 못하고 있으며, 자기 자신 또한 뇌종양 말기 환자로서 시한부 인생을 살고 있다. 게다가 얼마 전에 산행을 떠났던 친형이 목숨을 잃는다. 그에게 사랑하는 여인이자 방송국 후배인 민영이 곁에 있지만, 그녀와 결혼한다고 해도 몇 개월만 함께 할 수 있을 뿐이다. 현재 그가 자신이 감당해야 하는 비극을 해결할 수

여행으로 자신이나 연인의 죽음을 막고자 하는 것이다. (…중략…) 죽음 앞에서 주인공은 여러 번에 걸쳐서 시간 여행을 함으로써 다중 주체가 되고, 현실 세계는 각각 다른 상황으로 변화하는 다세계 평행우주가 펼쳐진다. 시간 여행자는 "시간을 거슬러 올라감으로써 평행한 우주를 하나 더 만들어내며, 다른 궤적을 따라서는 새 우주가 발생하고, 그 역사가 원래의 것에서 갈라진다." 마찬가지로 가상 공간에서 "'나'라는 존재는 원래 상황에 따라 유동적이고 다면적"이며 "다양한 정체성을 소유"하게 되면서 여러 차원의 삶을 경험하게 된다." 서곡숙, 앞의 글, 86~87쪽.

40 Friedrich A. Kittler, trans. Erik Butler, *The Truth of the Technological World*, Stanford California : Stanford University Press, 2013, pp.70~71.

있는 방법은 거의 없다. 현재를 바꿀 수만 있다면 무슨 일이든 해야 하는 것이 그의 상황이다. 이런 상황에서 과거로 시간 여행을 떠날 수 있는 길이 열린다면 현재의 불만족을 해결할 수 있는 좋은 기회가 될 것이다.

〈나인〉은 절망적인 현실 때문에 고통스러워하고 있는 주인공에게 현실을 바꿀 수 있는 기회를 제공한다. 〈나인〉은 '향'이라는 시간 여행 도구를 통해 주인공이 과거로 갈 수 있는 길을 열어준다. 첫 번째 시간 여행은 우연에 의한 것이었지만 두 번째의 여행부터는 선우 개인의 자발적인 선택에 의한 것이다. 선우는 20년 전의 과거로 이동하여 불행한 현재를 치유하려고 시도한다. 드라마 〈나인〉은 주인공 선우의 과거 여행과 그로 인한 현재의 변화에 초점을 맞추고 있다. 당연히 이 두 개의 사건은 시청자 입장에서 가장 흥미롭게 느껴지는 것이기도 하다.

시간 여행 모티브의 서사는 '만약에 이랬다면What if'이라는 가정법에 기반하고 있다. 흔히 'Magic If'라고도 하는 시간 여행 모티브는 감상계층의 상상력과 호기심을 자극한다.[41] 〈나인〉은 향을 통해 20년 전의 과거로 여행함으로써 현재의 불행을 막을 수 있다는 가정법에 기초하고 있다. 따라서 드라마 〈나인〉은 현재의 선우의 상황보다는 오히려 20년 전으로 이동한 선우의 사건들을 중심으로 전개해 나간다. 물론 현재의 선우는 방송국 기자로서 최진철 원장의 부도덕성과 비리 행위를 고발하려 하지만 최진철의 행로를 가로막지는 못한다. 결국 선우가 최진철을 징벌할 수 있는 길은 20년 전의 과거로 돌아가 그의 범죄 사실을 증명하는 것밖에는 없다. 다시 말해서 선우가 현실을 개선하기 위해 현재

---

41 류철균·서성은, 「영상 서사에 나타난 대체 역사 주제 연구」, 『어문학』 99, 한국어문학회, 2008, 425쪽.

에서 할 수 있는 일이란 거의 없다고 할 수 있다. 이는 결국 〈나인〉이 현실 재현에 있어 한계가 있음을 시사하고 있는 것이다.[42] 불충족한 현실은 선우의 열정에 의해서 해결될 수 있는 것이 아니다. 그러기에 현실의 한계는 지나치게 완고하다. 그렇기 때문에 선우가 선택할 수 있는 길은 과거 여행밖에는 없다. 그리고 선우는 20년 전으로 여행함으로써 현재에 자신이 처해 있는 상황을 개선시키려 시도한다.

그러나 이 시도에는 정치, 사회적인 비판의식이 배제되어 있다. 철저하게 자신과 가정에 국한된 사적 목적에만 연결되어 있다. 아버지와 형을 살리고, 어머니를 정상적인 정신 상태로 돌려놓고, 자신의 과거 여행 때문에 연인관계에서 삼촌과 조카 사이로 변한 민영과의 관계를 제자리로 돌려놓기 위해 과거 여행을 시도한다. 드라마에서는 2012년 현재 박근혜 대통령의 취임 소식과 1992년의 김영삼 대통령의 취임 소식을 병렬 기법으로 전개하고 있지만 이러한 정치적 사건들은 〈나인〉이 궁극적으로 말하려 했던 상황은 아니다. 박근혜 대통령과 김영삼 대통령의 취임은 단지 2012년과 1992년을 말해주는 시대 배경으로만 기능할 뿐이다. 따라서 이 두 명의 대통령 모티브는 1992년의 '삐삐'나 '공중전화 부스', 또는 영화 〈보디가드〉의 주제가主題歌가 실려 있는 LP음반 등과 같이 과거를 묘사해주는 도구로밖에는 활용되지 못한다. 이때 시간 여행 모티브의 드라마는 "골치 아픈 현재에서 고요한 과거로 도피할 수 있

---

42 "포스트모던작가들에게 있어서 역사란 결국 "대부분의 스토리들이 제외된 말(words)"(쿠버)일 뿐이며, "우리가 만들어나가고 조형해나가는 진흙"(바스)일 뿐인 일종의 픽션이자 언어의 구축물로 인식되기 시작했다. 그리고 이와 같은 인식은 낡은 역사관을 해체하고 새로운 내러티브를 통해 '역사적 진실'을 탐구하고 제시하려는 포스트모던 작가들에게 심각한 '재현의 위기' 의식을 가져다주었다." 이숙, 「한국 대체 역사소설 연구」, 전북대 박사논문, 2013, 45～46쪽.

는 가능성"[43]을 내재하고 있으며 "현재에 대한 환멸을 대체해주는 과거에 대한 향수를 통해 정서적 위로와 위안을 얻"[44]을 수 있게 해준다.

현재의 박선우 기자가 최진철 원장을 공격하는 것도 생명공학과 관련된 사회적 문제의식을 전경화한 것이 아니다. 배아줄기 세포 증식을 위해 연구소의 여직원들로부터 반 강제적으로 난자를 제공받은 처사를 공격하긴 하지만 이 모티브가 〈나인〉의 주제의식을 대변하고 있지 못하다. 〈나인〉이 목표로 하고 있는 것은 해체된 가정을 복원하는 것이다. 아버지와 형의 죽음, 어머니의 정신 질환은 선우의 가정이 파괴된 일차적인 원인이다. 그리고 드라마는 이 모든 비극이 최진철의 비열한 야욕 때문에 발생한 것으로 처리하고 있다. 따라서 현재의 가정 해체 양상을 극복하기 위해서는 그러한 상황을 야기한 최진철을 징벌하는 것밖에는 없다. 박선우는 현재의 원인으로서의 과거의 진실을 밝히려 시도한다. 그런 의미에서 현재의 박선우는 일종의 '사회적 형사'의 기능을 수행하고 있다고 볼 수 있다. 결국 현재의 선우가 해결해야만 하는 과업은 선우의 가정을 파괴한 최진철의 범죄 사실을 밝히는 것으로 초점화된다. 그러나 최진철은 사회적 정의의 이름으로 징치되는 것이 아니라 선우 가족의 이름으로 처벌받게 된다.

사회적 형사 — 그냥 흔한 경찰관이나 사복형사, 또는 리포터, 기자, 고대의 신비를 파고드는 고고학자 등 종류가 다른 여타 사회학적 유형의 조사원

---

43 마이클 라이언·더글라스 켈너, 백문임·조만영 역, 『카메라 폴리티카』 下, 시각과언어, 1997, 155쪽.

44 박노현, 「텔레비전드라마의 '王政'과 '復古' – 미니시리즈의 타임슬립과 복고 선호 양상을 중심으로」, 『한국학연구』 30, 인하대 한국학연구소, 2013, 319~320쪽.

— 는 애초에 형식적인 의미에서 한 사람의 지식인이거나 아니면 점점 자기 자신이 형식(아마도 고독한 지식인이 여전히 영웅으로 남아 있는 가장 최후의 내러티브 형식) 그 자체로 인해 지식이나 인식 위에 놓인 프리미엄 덕분에 지식인의 구조적인 위치를 점유하고 있음을 발견하게 될 것이다. 어떤 경우든지 그것은 주인공 개인에게 집단적인 공명을 부여하는 사회 구조 내에서의 지식인이 갖는 보다 일반적인 위상이 될 것이다. 또 그것은 경찰이나 저널리스트, 사진작가, 심지어는 미디어 거물까지도 변형시켜서, 마치 다양한 개인이나 경험적 사건 그리고 배우들을 하나의 전체로서 사회적 질서의 징후가되는 표상 양식으로 재조명하듯이, 사회를 판단하고 그 은폐된 본성을 폭로하기 위한 매개물로 만든다.[45]

〈나인〉은 1992년과 2012년을 왕복하면서 두 시기의 사회적 배경을 대비시키고 있다. 특히 1992년의 김영삼 대통령 당선 소식을 전하면서 시대적 환경을 소개하고 있다. 그러나 신문이나 텔레비전을 통해 소개되고 있는 이 시기의 정치사적 환경은 시대 배경을 알려주는 것에만 한정되어 있을 뿐 그 어떤 사회적, 정치적인 메시지를 전해주지는 못하고 있다. 이는 〈나인〉이 현실의 총체성을 재현한다기보다는 시간 여행이라는 모티브 그 자체를 유희의 도구로 활용했음을 시사한다.[46] 또한 선우가 뉴스 진행 중에 최진철을 겨냥한 말을 꺼내지만 이것도 정치, 사회

---

45 프레드릭 제임슨, 조성훈 역, 『지정학적 미학』, 현대미학사, 2007, 76~77쪽.
46 "모든 것이 합리성의 틀 속에 정리되는 이 시대에 판타지의 귀환은 무엇을 의미하는가? 그것은 어쩌면 '위대한 리얼리즘의 승리'가 빛을 잃은 시대에 '총체성'의 환상을 심어주는 퇴행적 현상일지도 모른다. 현실 속에 불안과 환멸이 짓누를수록 판타지는 매력적일 것이다. 무릇 문화란 프레드릭 제임슨의 말처럼 사회적 모순의 상징적 해결이 아닌가." 윤진, 『호모 드라마쿠스』, 살림, 2008, 202~203쪽.

적인 메시지를 담고 있는 것은 아니다. 다음은 신문과 텔레비전에 소개된 시대 배경 멘트이다.

1992년 12월 21일 메인타이틀

- "정권인수작업 본격 착수–김영삼 당선자 오늘 노대통령 만나. 야당 학계 관계 등 접촉 의견 수렴"
- 다시 현실로 돌아옴. 신문에는 박근혜, 첫 여성 대통령, 첫 부녀(父女) 대통령, 文에 전화 "국민 위해 협력, 상생 노력하자" 文 "정당, 정파 넘어 협조"
- "전교조 이념교육 영향 20대 우파 문용린 교육감 더 찍어"(3회)

위에 예를 든 과거 사건에 대한 기사는 1992년이라는 과거를 인식하게 해주는 안내밖에는 의미가 없다. 따라서 선우가 뉴스 중에 말하는 다음 내용은 이 작품의 전체 줄거리나 메시지와는 관계없이 소개되고 있다.

선우   결과에 환호하기 전에 과정을 점검해야 하고 과정이 옳아야 결과가 옳다. 모두가 알고 있지만 어디에서도 잘 지켜지지 않은 원칙이죠. 명세병원이 이룩한 놀라운 성과와 그 과정의 의혹은 이제 긴 행보를 시작해야 할 박근혜 당선자 진영에도 시사하는 바가 클 것입니다.(3회)

선우   자신만이 세상을 바꿀 수 있다는 오만이 수많은 영웅들을 패배로 이끌었음은 인류 역사가 증명하고 있습니다. 그리고 오늘, 또 한 명의 거인이 같은 이유로 패퇴의 기로에 섰습니다. 역사가 결코 한 개인의 힘으로 변하는 것이 아니듯 뉴스 또한 앵커의 자리바꿈으로 달라질 일은 없습니다. 뉴스투나잇 논조는 변함이 없을 것이며, 진실과 허위, 확실과 불확실, 의문과 부정을 부결하기 위해 앞으로도 노력할 것입니다.(8회)

선우는 시사時事에 대해 비판적인 입장에 있는 뉴스 앵커지만 위의 방송 멘트는 더 이상 사건으로 확장되지는 못한다. 선우의 역할은 철저하게 가족사의 비극을 되돌리기 위한 노력에 한정될 뿐이다. 선우가 "진실과 허위, 확실과 불확실, 의문과 부정을 부결하기 위해 앞으로 노력"할 것이라고 천명하지만 실제로 선우의 행적은 철저하게 가족 멜로드라마의 범주를 넘어서지 못한다. 그런 의미에서 〈나인〉의 과거로의 여행은 '억압된 것의 회귀'[47]를 허용한다고 볼 수 있다.

현재의 선우가 과거로의 여행을 통해 현재 상황을 개선시키려 고군분투한다. 이에 따라 내러티브는 반복적으로 과거로 미끄러져time slip 들어가면서 현실 재현에서 자꾸 멀어진다. 이를테면 〈나인〉은 2012년 현실보다 1992년의 과거 재현에 공을 들임으로써 현실 재현 욕구를 최대한 자제한다. 재현의 위기는 경제적, 정치적 위기 때문에 발생한 심리적인 위기의식으로 발생하기도 하고, 집단적 인식 체계의 소멸 현상 때

---

47 "'억압된 것의 회귀'로서의 증상은 정확히 원인(그 숨겨진 중핵, 그 의미)을 선행하는 그 효과 자체. 증상을 돌파함으로써 우리는 말 그대로 '과거를 만들 수' 있다. 우리는 오랫동안 잊혀져 왔던 과거 속의 외상적인 사건들에 대한 상징적 현실을 생산하는 것이다. 따라서 우리는 SF 소설에 등장하는 '시간의 역설'을 상징적 과정의 기본 구조가 환각을 통해 '실재 속으로 출현'하는 것이라고 생각할 수 있다." 슬라보예 지젝, 이수련 역, 앞의 책, 106쪽.

문에 발생하기도 한다. 또한 화폐가 안정적인 가치 표현 수단으로서 제대로 기능할 수 없게 된 선진 자본주의 체제하에서 재현의 위기 현상이 올 수도 있다.

여러 가지 경제적, 정치적 위기는 심리적인 위기를 유발했다. 이 심리적인 위기는 또한 재현의 위기를 뜻하는 것이기도 했다. 세계를 재현하는 전통적인 방식은 파산을 면치 못했다. 무엇보다도 제도에 대한 신뢰는 엄청나게 실추되었다. 지도자와 공적인 가치에 대한 문화적인 재현은 서서히 부식되었고 문화적 표상의 내면화에 의해 형성되는 국민의 심리적인 통합성은 심리학자들이 말하는 '대상의 견실성'을 상실해버렸다. 달리 말하면 국민들의 사적인 표상들 속에서 안정적인 세계는 더 이상 유지되지 못했고 안정성의 상실로 인해 불안은 가중되었다. 이러한 상황에서 변화를 도모하는 새로운 표상이 단련될 수도 없었으며 안정성을 회복시킬 수 있는 옛 표상이 부활될 수도 없었다.[48]

나는 이런 전선의 소멸 현상이 서사의 위기, 말하자면 재현의 위기와 맞물려 있다고 본다. 인간은 자신의 인식론적 기반을 집단적으로 확보함으로써 자신의 주체를 통합시키게 된다. 이런 집단적 인식 체계를 나는 서사라고 부르고자 한다. 한마디로 서사는 집단적 기획이 투사된 재현 체계이다. '나'는 부족하지만 '우리'는 완전하다는 의식이 바로 이 재현 체계를 가능하게 하는 힘이다.[49]

---

48 마이클 라이언 · 더글라스 켈너, 백문임 · 조만영 역, 『카메라 폴리티카』上, 시각과언어, 1996, 35쪽.
49 이택광, 『한국문화의 음란한 판타지』, 이후, 2002, 36쪽.

화폐가 안정적인 가치표현 수단으로서 기능할 수 없게 되자 선진 자본주의에서는 '재현의 위기(crisis of representation)'가 발생하였다. 이것은 시공간 압축 문제에 의하여 증폭되었으며 이에 상당한 비중을 부여하였다. 세계 공간에서 통화시장이 등락하는 엄청난 속도, 오늘날 세계적 증권 및 금융시장에서 화폐자본 흐름이 가지는 막강한 힘, 그리고 화폐 구매력이 표현할 수 있는 즉흥성은, 이를테면 포스트모더니티라는 정치경제적 조건 아래에서 사회적 권력의 요소들을 상호 연결하는 것으로서 화폐, 시간, 공간이라는 엄청난 문젯거리들이 교차하는 최고점을 정의한다.[50]

〈나인〉의 박선우가 처해 있는 현실은 2012년, 즉 박근혜 대통령이 즉위하고, 서울시 교육감으로 문용린이 당선되던 때이다. 그리고 선우의 아버지의 병원을 물려받아 성공한 최진철이 부도덕한 방법으로 줄기세포 연구를 하던 때이다. 그러나 〈나인〉은 이러한 '현재'의 맥락을 총체적으로 조망하기보다는 수시로 과거에 돌아감으로써 현실 재현의 기회를 갖지 못한다. 오히려 〈나인〉은 20년 전인 1992년의 재현 욕구에 더 치중해 있다고 볼 수 있다. 20년 전에는 선우의 아버지 병원을 탐내는 최진철의 음모가 있고, 선우 아버지와 형 정우의 갈등이 있고, 정우와의 몸싸움 끝에 사고로 아버지가 목숨을 잃는 사건이 있고, 최진철이 선우 아버지의 죽음을 화재로 인한 사망으로 조작한 뒤 명세병원장에 오르는 사건이 있다. 그런 의미에서 2012년은 1992년을 감싸고 있는 액자틀 역할을 수행하고 있다고 볼 수 있다.

---

50 데이비드 하비, 구동회 · 박영민 역, 『포스트모더니티의 조건』, 한울, 1994, 363쪽.

5. 가족 복원 프로젝트의 환상, 또는 시간 여행의 역설

현재의 선우는 과거에 봉인되고 죽음을 맞이하면서 과거의 선우만 생존한다. 현재의 선우는 과거로 미끄러져 들어가 아버지와 어머니를 지키려 하지만 아버지의 죽음과 어머니의 정신질환을 막을 수 없다. 현재의 선우가 과거로 여행하여 이룬 성과는 형을 살리고, 형의 딸이 된 민영을 제자리로 되돌린 것이다. 그리고 최진철의 과거 범죄 사실을 밝힌 것이 시간 여행의 성과라 할 수 있다. 결국 시간 여행을 통해 현재의 선우가 획득한 것은 형과 자신의 목숨을 살린 것에만 국한된다. 그런 의미에서 현재의 선우가 시간 여행을 통해 복원하고자 하는 가정家庭은 성공적으로 복원되지 못한다. 현재의 선우는 해체된 가정을 복원시키기 위해 수차례의 시간 여행을 감행하지만 미완의 프로젝트로 마감하게 된다. 그에 따라 선우의 시간 여행은 결국 형제애의 복원에 머무르게 된다. 그리고 작품의 초반부에 제시되었던 민영과의 결혼을 가능하게 만드는 것이 선우의 시간 여행에서 거둔 결실이다.

원래 향은 선우의 형인 정우가 활용하려고 했다. 정우는 향의 도움으로 시간 여행을 떠나 아버지의 죽음을 막으려고 했다. 그러나 정우는 산행 중에 죽게 됨으로써 소기의 목적을 달성하지 못한다. 아버지의 죽음은 9개의 향을 확보한 선우도 막지 못한다. 선우가 향을 통해 할 수 있었던 일은 아버지의 죽음의 진실을 파헤치고, 최진철의 범죄 사실을 세상에 밝히고, 자신의 조카가 되어버린 민영을 다시 제자리로 돌려놓아 선우와 결혼할 수 있도록 바꿔놓은 것이다.

과거에 봉인된 선우가 최진철에 의해 살해되면서 이야기의 축은 어린 선우를 중심으로 전개된다. 결국 〈나인〉 후반부의 서사축은 어린 선우의 인생에 초점이 맞춰지고 있다. 미래로부터 온 선우에 의해 과거의 선우에게 변화가 생긴다. 그것은 미래로부터 온 선우가 어린 선우에게 20년 후에 자신이 뇌종양에 걸릴 것이라는 것을 알려준 뒤 그 병으로부터 탈출할 수 있게 되는 사건을 뜻한다.

이러한 서사 전략은 영화 〈터미네이터〉 시리즈와 일맥상통한다. 미래로부터 온 존재는 과거 속에 봉인된 채 죽거나, 또는 다시 미래로 되돌아가야만 한다. 그렇지 않다면 미래가 혼란에 빠질 것이기 때문이다. 〈터미네이터〉와 〈나인〉은 둘 다 미래로부터 온 사람을 죽게 함으로써 미래에 닥칠 수 있는 논리적 혼란을 제거한다. 만약 미래로부터 온 선우가 과거 속에서 죽지 않는다면 두 명의 선우가 존재하게 된다. 즉 과거의 선우가 20년 후에 민영과 결혼식을 올릴 때 20살이 많은 선우도 존재해야만 한다. 그렇다면 〈나인〉은 현재의 선우보다는 20년 전의 선우가 작품 후반부를 책임지고 있다고 볼 수 있다. 〈나인〉은 미래로부터 온 자기 자신과의 대면을 통해 20년 뒤에 걸리게 되는 뇌종양을 예방할 수 있게 되고 마침내 민영과 결혼할 수 있게 된다. 어린 선우의 인생에는 미래의 사건들이 깊이 연루되어 있다. 이쯤 되면 미래가 과거의 결과물이 아니라 과거가 미래의 결과물이 된다. 이와 같은 사건 진행은 '과거→현재→미래'가 일직선적으로, 그리고 인과적으로 연결되어 있다는 시간관념을 해체시켜 버린다.

과거로의 시간 여행 모티브는 '만약 과거로 돌아간다면 불만족스러운 현재를 어떻게 바꿀 수 있는가?'와 같은 욕망을 대변한다. 〈나인〉에서의 시간 여행은 과거와 현재를 성공적으로 바꾸지는 못한다. 현재의 선우가 과거로 여행을 하여 성취한 것이라고는 20년 뒤에 선우가 얻게 되는 뇌종양을 극복할 수 있는 것뿐이다. 그리고 2012년에 등산 중에 죽음을 맞이하는 형 정우의 목숨을 살리는 것뿐이다. 그렇다면 〈나인〉에서 현재의 선우가 과거 여행을 통해 바꿀 수 있는 것은 대단히 제약되어 있음을 알 수 있게 된다. 따라서 〈나인〉의 메시지는, 아무리 과거로 여행하여 과거를 변경시켜도 현재(또는 미래)가 변하지는 않는다는 것이다. 이는 곧 현재에 충실하라는 메시지를 내포하고 있음을 상징하고 있다.[51]

송재정 작가는 복잡한 전개 가운데 가보지 않은 길에 대해 미련을 갖는 인간의 모습을 다뤘고 '가봤자 별거 없다'는 메시지를 전했다. '내가 그 여자와 결혼을 했다면'이라는 아쉬움을 마음에 품고 살았던 박정우는 결국 약물 중독, 우울증에 시달렸다. '아버지가 살아 있었다면'이라는 안타까움을 안고 있었던 박선우는 아버지를 죽인 사람이 친형이라는 현실과 마주했다. 결국 내가 살고 있는 지금이 내 인생의 '베스트'라는 의미와 맞닿았다.[52]

이는 아무리 과거로 돌아가서 현재를 바꾸려 해도 운명은 그 시도를 좌절케 한다는 것을 의미한다. 그렇지만 〈나인〉이 철저하게 숙명론에 갇혀 있는 것만은 아니다. 왜냐하면 20년 전의 아버지의 사망과 어머니

---

[51] "이 패러독스에도 절대 시간 개념이 잔존해 있다. 시간은 인간과 독립하여 객관적으로 흐르기에, 과거 속의 특정 인간사만 바꾸면 현재의 특정 인간사가 변화되리라는 것이다. (…중략…) 대부분의 싸움은 시간 질서를 재편하려는 전략을 동반한다. 싸움의 당사자들은 과거나 미래를 현재의 이익에 맞게 변경하거나 조정하면서 '보랏빛 미래'를 제시한다. 과거나 미래를 통제한다는 것은 문자 그대로의 의미가 아니다. 그들이 통제하는 것은 현재다. 살아 움직이는 것은 현재의 욕망뿐이다." 김용호, 『와우』, 박영률출판사, 1996, 140~141쪽.
[52] 임영진, 「'나인' 송재정 작가 머릿속엔 뭐가 들었을까」, 『Chosun.com』, 2013.5.15.

의 정신병을 막지는 못했지만 선우 자신의 생명은 구할 수 있었기 때문이다. 그렇다면 어떤 의미에서 〈나인〉은 20년 전의 어린 선우가 2012년에서 온 선우를 통해 미래에 발병할 뇌종양을 미리 방어할 수 있었다는 서사로 볼 수 있다. 2012년의 선우는 20년 전의 과거에 봉인되어 죽음을 맞이한다. 대신 1992년의 어린 선우는 뇌종양으로부터 자신의 생명을 지킨다. 결국 시간 여행을 통해 교체할 수 있었던 것은 선우의 뇌종양 발병이다.

아버지는 20년 전에 죽었고, 어머니도 20년 전에 정신질환에 걸렸다. 그리고 선우는 민영과 결혼한다. 가정을 복원시키고자 시도했던 선우의 기획은 성공하지 못한다. 아버지와 어머니, 그리고 형 정우와 함께 4명의 가족을 20년 전처럼 복원시키려 했지만 그 꿈은 성사되지 못한다. 대신 선우는 미래에 닥칠 뇌종양을 예방할 수 있었고, 마침내 민영과 결혼함으로써 가정을 꾸린다. 〈나인〉은 결국 파괴된 가정의 복원 프로젝트가 미완의 기획이었음을 보여주고 있다.

시간 여행에 대한 서사적 욕망은 현재의 결핍감을 해소시키는 기능을 지향한다. 〈나인〉의 시간 여행 모티브는 바흐친의 소위 메니페아적 상상력을 통해 현실과 공상의 혼효를 허용하고 있다. 〈나인〉은 시간 여행을 통해 절망적인 상태에 있는 현재의 주인공이 과거로 시간 여행을 떠나 그 과거를 바꿈으로써 해결하려고 한다. 〈나인〉은 시간 여행 모티브를 통해 현재의 모순을 풍자하거나 비판하고자 하지 않는다. 〈나인〉은 시간 여행이라는 판타지를 토대로 시청자의 지적 호기심을 자극하는 드라마에 머문다.

현재의 주인공이 과거로 시간 여행을 떠나 20년 전의 자기 자신을 만나게 됨으로써 두 개의 자아로 분열된다. 이러한 양상은 영화 〈터미네이터〉의 서사적 욕망과 유사성을 지닌다. 〈터미네이터〉도 미래로부터 과거로 시간 여행을 떠난 자가 과거에 개입함으로써 미래의 불행을 막고자 한다. 그러나 〈나인〉은 과거로 떠나 자기 자신을 대면한다는 점에서 〈터미네이터〉와 차이점을 가진다. 20년 전의 과거에는 어린 선우와 성인 선우라는 두 개의 주체가 공존하게 되지만, 미래로부터 온 선우가 과거에 봉인된 채 죽음을 맞이함으로써 어린 선우라는 단일 주체만이 남게 된다. 이는 두 명의 선우 중 미래로부터 온 선우를 제거함으로써 시간 여행의 패러독스를 해결하려 한다.

주인공 선우는 과거로 여행을 떠나 20년 전에 발생했던 가족의 비극을 제거하려 한다. 그러나 시간 여행을 감행한 선우는 아버지의 죽음과 어머니의 정신병 발발을 막지 못한다. 오히려 선우가 과거에 개입함으로써 애인이었던 주민영이 선우의 조카로 변하는 상황에 빠지게 된다. 이는 과거로 여행하여 그 과거에 개입하는 것이 얼마나 위험한 사태를 발생시키는가를 알려준다. 〈나인〉은 과거에 개입하는 것의 위험성을 통해 인생에서 중요한 것은 '현재'임을 가르쳐준다. 이는 곧 〈나인〉이 시간 여행의 역설에 갇혀 있음을 말해준다. 결국 〈나인〉은 현재의 결여를 채우기 위해 과거로 되돌아가지만 그럴수록 현재가 엉망이 되는 선택 불가능성을 보여주고 있다.

대타자 안의 결핍과 우리의 사회-정치 세계를 빗금 치는 결핍을 메우려는 최종적인 시도 속에서 주체는 환상에 의지한다. 환상이란 대타자 안의 결핍과 주이상스의 상실로 인해 발생한 결핍을 메울 수 있음을 약속한다는 바로 그 이유로, 환상은 욕망을 자극하고 욕망의 원인이 되는 구성물이다. 또한 결핍은 언어와 상징적 법의 도입과 거세의 효과이기 때문에, 환상은 거세에 대한 방어로서 드러날 수도 있다. 환상은 거세로 인해 발생한 대타자 안의 결핍을 은폐하는 시나리오이다.[53]

그런 의미에서 〈나인〉은 일종의 '미래할인Discounting the Future'의 세계관을 암묵적으로 승인하는 드라마이다. "미래할인의 관행은 '시간의 경제', 특히 현재를 미래보다 우위에 두는 경제가 작동한 결과라고 할 수 있다. 미래보다 현재를 우위에 둔다는 것은 동일한 액수라고 하더라도 미래의 액수보다는 현재의 액수를 높게 평가한다는 말이다."[54] '현재'의 선우가 죽음을 맞이해야만 '과거'의 선우가 행복한 결말을 맞이한다는 의미에서 과거로의 여행을 통한 현재의 개선은 비극적이다. 왜냐하면 〈나인〉이 가르쳐준 교훈, 즉 현재가 중요하다는 메시지는 또한 현재의 희생과 소멸을 내재하고 있기 때문이다. 이는 다시 말해 과거의 선우가 불행을 맞이하지 않기 위해서는 미래에서 온 현재의 선우가 소멸되어야 함을 의미한다. 이는 역설적으로 "자본이 대중을 상대로 '오늘을 즐겨라Carpe diem'하며 자신의 축적 전략을 강요한 결과"[55]로서 미래에 대한 전망을 차감差減하는 내러티브 욕망을 시사하는 것이기도 하다. 이러한 '미래할인'의 욕망은 〈나인〉에서는 역전된 모습으로 재현된다. 현재의 선우는 과거의 선우를 살리기 위해 현재를 차감한다. 그럼으

---

53 야니 스트브라카키스, 이병주 역, 『라캉과 정치』, 은행나무, 2006, 120~121쪽.
54 강내희, 「미래할인의 관행과 일상문화의 변화」, 『경제와 사회』 92, 비판사회학회, 2011, 46~47쪽.
55 위의 글, 64~65쪽.

로써 현재와 과거를 회복시킨다.

> 회복에 대한 이야기는 네크로노미(necronomy),[56] 즉 죽음의 경제에 근거한다. (…중략…) 그러나 이런 등식은 이제는 분명해지고 있다. 죽음은 약속이고 투자이자 희망이다. 죽음이야말로 자본주의가 확보할 수 있는 최선의 미래이다. (…중략…) "Yes, We Can." 이 말은 약속이라기보다는 귀신 쫓는 주문에 더 가깝게 들린다. "그래, 우린 할 수 있어"라는 말은 프로이트적 의미에서의 실수, 즉 집단적 무의식에서 오는 신호로, 사실 우리는 할 수 없다는 숨겨진 직관의 변용으로 읽힌다.[57]

현재의 선우는 과거로 돌아가 과거의 선우를 바뀌게 함으로써 '현재'의 불행한 상황을 바꾼다. 그러나 과거를 변경시킴으로써 현재의 불행을 치유시키기 위해서는 그만한 대가가 필요하다. 현재에서 과거로 간 선우는 자신의 목숨을 바침으로써 과거의 선우와 형 정우를 살린다. 내러티브상 현재의 선우가 감행한 과거로의 시간 여행은 소기의 목적을 충실하게 달성했다. 위의 비포의 지적처럼 현재를 회복시키기 위해서는 '죽음의 경제'에 순종해야 한다. 〈나인〉은 불행한 현실 상황 앞에서 이렇게 외친다. "Yes, We Can." 그러나 이 구호는 동시에 "우리는 할 수 없다"는 말을 무의식 속으로 집어넣는다. 이는 곧 현재의 선우가 감행한 것, 그리고 〈나인〉이 재현하려 했던 것이 시간 여행의 역설 속에

---

56 이는 '죽음, 시체'의 뜻을 지닌 접두사 'necro'와 경제(經濟) 'economy'를 합성한 비포의 조어(造語)이다.
57 프랑코 베라르디 '비포', 강서진 역, 『미래 이후』, 난장, 2013, 225~228쪽.

포박되어 있음을 말해준다. 그런 의미에서 현재의 선우는 과거의 선우에게 있어, 맨 앞의 벤야민의 말처럼, "이 지상에서 기다려졌던 사람들"이다. 그러나 과거의 선우가 기다렸던 현재의 선우는 안티고네처럼 스스로 죽음의 무덤 속으로 걸어 들어가야 한다.*

---

* 이 글은 「텔레비전드라마 〈나인〉에 나타난 시간 여행의 의미 연구」(『어문론집』 59, 중앙어문학회, 2014)를 수정하여 재수록한 것임.

〈오렌지 마말레이드〉,
뱀파이어의 반전, '불안 / 혐오 / 경청'의 타자

윤석진

---

1. 불안한 현실과 환상 기제의 작동

인간은 완전하지 않고, 그래서 삶은 언제나 불안하다. 과학기술이 아
무리 발전한다 해도 인간은 생로병사의 섭리를 피할 수 없고, 자연재해
로부터 완벽한 안전을 장담할 수 없기 때문이다. 불안을 해소하기 위해
서는 불안을 야기하는 요인을 근본적으로 제거하는 것이 가장 좋다. 하
지만 인간에게는 자연재해와 같은 선천적 불안들을 해소할 능력이 없
다. 그런데 인간은 전쟁이나 빈부격차 심화 등과 같은 후천적 불안들까
지 양산하면서 공포에 떨고 있다. 불안은 존재 자체의 문제로, 현존재
전체를 붙들고 흔들어댄다. 불안이 지속되면서 분노 대신 어떤 심대한
변화도 일으키지 못하는 짜증과 신경질만이 점점 더 확산되어 가고, 인
간은 불가피한 일에 대해서도 짜증을 내곤 한다.[1] 그러면서 누군가가

---

1   한병철, 김태환 역, 『피로사회』, 문학과지성사, 2012, 50쪽.

나를 해하지 않아도 스스로가 파멸할 수 있다는 공포에 휩싸이게 된다.[2] 인간이 불안을 해소하기 위한 방편으로 환상을 만들어내는 것도 그래서이다.

환상은 신경증자들이 불안을 다루는 방식 가운데 하나이다. 주체가 자신에게 일관성을 제공해 주는 이야기를 만들어 결여의 자리에 공포의 대상이 나타나지 못하도록 덮어버리는 것이 바로 환상이라는 것이다.[3] 그렇다고 해서 환상이 문제적 현실의 불안을 은폐하는 것만은 아니다. 환상은 현실과 다르거나 믿기 어려운 일들을 나름대로 질서화시킴으로써 실제 현실과 유사한 세계를 그린다.[4] 환상을 통해 실제 현실이 환기되는 경우가 많은 것도 그래서이다. 유령과 괴물의 형체나 목소리를 빌리지 않고서는 진실과 정의를 포착하기 어려운 현실에서 환상이 문제적 현실의 허점을 폭로하면서 정의와 불의의 이율배반적 관계를 드러내는 수단이자 사회적 난제를 해결하거나 미봉할 수 있는 적절한 표현 양식으로 주목받는 것도 마찬가지 이유에서이다.[5] 이처럼 환상은 현실이 아님에도 불구하고 현실을 환기시키는 기제로 작동한다.[6]

---

2   송아름, 「인간이 지닌 공포의 근원과 텔레비전드라마의 '이미지' - '서스펜스 호러 사극' 〈구미호—여우누이뎐〉을 중심으로」, 『한국극예술연구』 41, 한국극예술학회, 2013, 415쪽.

3   레나타 살레츨, 박광호 역, 『불안들』, 후마니타스, 2015, 53쪽. '결여'의 자리를 덮어버리는 '환상'과 관련하여 "한국사회의 환상은 무엇일까? 또 이런 환상의 구멍, 틈에서 출현하는 실재는 무엇일까? 이주 노동자의 잘린 손, 반도체 공장에서 백혈병에 걸려 죽은 노동자, 원전에서 피폭된 노동자…… 이런 것들이 우리에게 환상을 붕괴시키는 실재가 아닐까? 이것을 자본주의 발전의 불가피한 현실이라는 환상으로 다시 덮지 않고 직시하는 것이야말로, 사회경제적 불안 속에서도 여전히 정부와 미디어가 주입하는 환상에서 벗어나지 못하고 있는 우리에게 필요한 일"(위의 책, 286쪽, 강조는 인용자, 이하 동일)이라는 옮긴이의 말을 되새길 필요가 있다.

4   김희경, 『판타지, 현대 도시를 걷다』, 스토리하우스, 2014, 17쪽.

5   백소연, 「OCN 수사드라마에 나타난 '환상'의 의미 - 〈뱀파이어 검사〉와 〈귀신 보는 형사 처용〉을 중심으로」, 『한국극예술연구』 55, 한국극예술학회, 2017, 286쪽.

6   2017년 7월 5일 독일 함부르크에서 국제 경제 문제를 다루는 최상위 협의체 'G20 정상회의' 개최를 앞두고 자본주의에 대한 항의 차원에서 "지옥에 온 것을 환영한다"는 주제로 진행된

인간은 불안을 덮기 위해 환상 기제를 작동시킨다. 실재하지 않는 환상의 존재인 '이물異物'을 등장시켜 일상의 불안을 덮어버리는 것이다. 영생에 대한 욕망과 죽음에 대한 원초적 불안을 덮기 위해 상상해낸 뱀파이어vampire가 대표적이다. 불로장생에 대한 인간의 욕망이 투영된 뱀파이어는 인간의 근원적 불안인 죽음으로부터 자유로운 존재이다. 동시에 "죽은 자의 사회와 산 자의 사회에서 모두 '추방된' 타자"[7]이기도 하다. 뱀파이어가 생명을 유지하기 위해서 인간의 피를 빨아먹고, 뱀파이어에게 흡혈당한 인간은 뱀파이어가 된다는 것[8]을 인지하는 순간 뱀파이어는 공포의 대상으로 전이된다. 이물이 된다는 것은 인간에게는 죽음만큼이나 두렵고 무서운 일이기 때문이다. 인간이 죽음의 불안을 덮기 위해 만들어낸 뱀파이어가 오염에 대한 인간의 불안감을 자극하는 것이다.

그러나 인간은 죽음이 무엇인지를 알게 되는 순간 이미 더 이상 존재하지 않는다는, 역설적 운명을 거부할 수 없다. 알 수 없는 죽음에 대해 느끼는 불안감에 시달리다 종국에는 사라질 수밖에 없기 때문이다.[9] 이처럼 인간은 근본적으로 죽음에 대한 공포로부터 자유롭지 못한 불안한 존재이다. 인간의 능력으로 해결하기 곤란한 조건을 숨기기 위해 인간은 연약함에 대한 수치심과 동물성에 대한 혐오를 키우고 가르치지

플래시몹 시위에 "살아 움직이는 시체"인 '좀비'가 등장했다. 상상력의 산물인 이물(異物)을 통해 문제적 현실을 환기시켰다는 점에서 현실과 환상의 상관성을 유추할 수 있는 흥미로운 사례라 할 수 있다. 오원석, 「"지옥에 온 것을 환영" …… G20에 등장한 놀라운 좀비들」, 『중앙일보』, 2017.7.9.

7 클로드 르쿠퇴, 이선형 역, 『뱀파이어의 역사』, 푸른미디어, 2002, 14쪽 참조.
8 김희경, 앞의 책, 57~58쪽 참조.
9 최문규, 『죽음의 얼굴』, 21세기북스, 2014, 29쪽.

만, 미봉책에 불과할 뿐이다. 왜냐하면 수치심과 혐오는 지배적인 집단이 다른 집단을 예속시키고 낙인찍는 사회적 행위 양식과 연결된다는 점에서 근본적인 해결책이 될 수 없기 때문이다. 게다가 지배적인 집단의 구성원들이 예속된 집단과 그 구성원들의 몸을 혐오스럽게 여기면서 다양한 형태의 차별이 발생하기 때문에 결코 바람직하지 않다. 그럼에도 불구하고 지배적인 집단은 '정상'이라는 편안함을 안겨 주는 허구를 통해 더욱더 효과적으로 자신의 불안을 숨기기 위해 예속된 집단에 대한 수치심과 혐오를 조장한다.[10] 죽음의 불안을 덮지 못한 채 이물로 전락할지 모른다는 또 다른 불안에 직면한 인간이 뱀파이어에게 공포와 혐오의 감정을 투사시키는 것도 그래서이다.

인간과 비교하여 월등히 뛰어난 육체적 힘에 재생과 변신의 초능력을 갖춘 뱀파이어[11]는 실제 현실 세계에 존재하지 않는 환상일 뿐이다. 하지만 인간의 생명을 빼앗아 간다는 점에서 공포를 유발하는 뱀파이어의 '흡혈吸血'은 인간의 동물성을 환기시키는, 혐오스러운 행위로 인식된다. 혐오의 감정은 "동물적인 것에서 벗어나려는 인간의 욕구와 결부"[12]되어 있기 때문이다. 환상 기제인 뱀파이어는 이렇게 "사람이나 대상을 서열화해서 특정한 대상을 저열하고 천한 것으로 간주"[13]하는 혐오의 감정을 유발하면서 인간 세계를 환유한다. 한국사회의 적폐 가운데 하나로 지목되는, 이른바 '갑질'[14]에서 뱀파이어의 '흡혈' 행위가

10 마사 누스바움, 조계원 역, 『혐오와 수치심』, 민음사, 2015, 602~603쪽 참조.
11 박상완, 「텔레비전드라마〈오렌지 마말레이드〉에 나타난 타자의 의미와 주체의 불안」, 『한국극예술연구』 56, 한국극예술학회, 2017, 245~246쪽 참조.
12 마사 누스바움, 조계원 역, 앞의 책, 144쪽.
13 위의 책, 159쪽.
14 '갑질'은 갑을관계에서의 '갑'에 어떤 행동을 뜻하는 접미사인 '질'을 결합하여 만들어진 신조

연상되는 경우가 그렇다. 부와 빈곤의 대물림이 고착되고 계층 상승의 사다리가 끊어진 한국사회에서 피고용인이 고용인에게 당하는 '갑질'은 '흡혈'과 다르지 않다. '갑질'은 더 많이 가지려는 기득권의 추악한 욕망이라는 점에서 혐오스럽지만, 기본적인 생존권을 걱정해야 하는 수많은 '을'에게는 공포 그 자체가 되기 때문이다.[15] 이처럼 환상의 영역에서 상상했던 뱀파이어의 '흡혈'은 한국사회에 상존하는, '을'에 대한 '갑'의 '착취'를 환유하면서 현실이 되었다.

그러나 뱀파이어는 실재하지 않는 환상의 이물로 인간에게는 여전히 공포와 혐오의 대상이다. '낯선 것'에서 공포를 느끼고 '다른 것'을 혐오할 정도로 다양성이 부족한 한국사회에서 '외국인 노동자'와 '결혼 이주 여성'을 뱀파이어와 같은 이방인으로 대하는 것도 그래서이다. 내 것을 빼앗아 갈지도 모른다는 점에서 불안과 두려움이 이방인을 '사회적 소수자(약자)'[16]로 타자화시키고 편견과 차별의 시선을 보내게 만든 것이다. 그래야만 민족적·인종적으로 동일하지 않아 낯설고 다른 존

어로, 권력의 우위에 있는 '갑'이 권리관계에서 약자인 '을'에게 하는 부당 행위를 통칭하는 개념으로 사용되면서 수많은 '을'의 공감 속에 청산되어야 할 '적폐' 가운데 하나로 지적되었다.

15 2000년 이후 한국사회에서 공포는 "생계에 대한 절박함은 다른 잠재적인 위험에 대해 느끼는 불안감과 비교할 수 없을 정도의 강력한 실존적인 고통"에서 비롯한다. 정수남, 「공포, 개인화 그리고 축소된 주체 - 2000년대 이후 한국사회의 일상성」, 『정신문화연구』 33(4), 한국학중앙연구원, 2010, 333쪽.

16 경제적·종교적 이유로 아직 제정되지는 않았지만 3차에 걸쳐 발의되었던 '차별금지법'에 따르면 '사회적 소수자'와 '사회적 약자'의 범주는 "성별, 장애, 병력, 나이, 출신국가, 출신민족, 인종, 피부색, 언어, 출신지역, 용모 등의 신체조건, 혼인 여부, 임신 또는 출산, 가족형태 및 가족 상황, 종교, 사상이나 정치적 의견, 범죄전력, 보호처분, 성적지향, 학력, 사회적 신분" 등에 따라 비슷하면서도 미세한 차이를 보일 수 있다. 판타지드라마 〈오렌지 마말레이드〉에서 '뱀파이어'는 수적으로는 '소수자'이지만 초능력이 잠재되어 있다는 점에서 '약자'는 아니고, 반대로 '여성'은 수적으로는 '소수자'가 아니지만 한국사회의 통념상 '약자'에 해당한다. 이러한 점을 고려하여 이 글에서는 '뱀파이어 여성'이라는 '이물여성(異物女性)'의 특성을 고려하여 '소수자'와 '약자'를 결합한, '사회적 소수자(약자)'라는 용어를 사용한다는 점을 밝혀 둔다.

재로 인한 불안을 덮어버릴 수 있기 때문이다. 이처럼 자민족 우월주의 가 강한 한국사회는 이방인에 대한 적대감을 숨기지 않고 노골적으로 드러낸다. 공포의 대상이었던 뱀파이어를 사회적 소수자(약자)로 자리 이동시켜 혐오의 시선을 보내면서 배척할 수 있는 상상이 가능한 것도 이런 사회 분위기와 무관하지 않다. 대부분의 사회는 인간을 서열화해 서 특정 계층을 오염되어 있고 혐오스러운 집단으로 단정하는데, 여성 은 바로 그러한 계층의 밑바닥에 있는 존재로 치부된다.[17] 남성 중심의 가부장적 질서가 여전히 견고한 한국사회에서 소수자가 아닌 여성이 사회적 약자인 이유이다. 그런데 만약 그 여성이 인간이 아닌 다른 이물 이라면 혐오의 강도는 훨씬 더 높아진다. 이물의 여성이 혐오의 시선에 서 자유로울 수 있는 것은 그녀가 생명의 근원이라는, 지극히 제한적인 경우에 불과하다.

이 글에서는 텔레비전드라마 〈오렌지 마말레이드〉[18]를 통해 사회적 소수자(약자)로 호출된 '뱀파이어(흡혈족/귀) 여성'에 대한 차별과 혐오 의 정동을 분석하고자 한다. 동명의 웹툰을 원작[19]으로 한 〈오렌지 마 말레이드〉는 인간의 피를 포기함으로써 초능력을 상실하고 사회적 소 수자(약자)로 전락했으나 여전히 공포와 혐오의 대상으로 존재하는 뱀 파이어를 통해 타자에 대한 한국사회의 문제점을 성찰한 판타지드라마 이다. 기존 뱀파이어 서사와 달리 뱀파이어를 인간의 피가 아닌 대체 피 를 먹고 초능력이 약화되어 인간의 관리와 통제를 받는 사회적 소수자

---

17 마사 누스바움, 조계원 역, 앞의 책, 159쪽.
18 석우 원작, 문소산 극본, 이형민·최성범 연출, 〈오렌지 마말레이드〉, KBS2, 2015.5.15~
   7.24(12회).
19 원작 웹툰과 텔레비전드라마의 공통점과 차이점은 박상완, 앞의 글, 242~243쪽을 참조.

(약자)로 설정한 점이 흥미롭다.[20] 시즌1에서 시즌3까지 전체 12회를 관통하는 문제의식은 '다른 것'을 '틀린 것'으로 인식하고 차별하는 한국사회의 폐단과 이것을 해결하기 위한 방안 모색에 맞춰져 있다. 이는 곧 〈오렌지 마말레이드〉가 인간과의 공존을 위해 맺은 협정 이후 인간의 이기심에 의해 사회적 소수자(약자)로 전락한 뱀파이어(흡혈족)를 대하는 한국사회의 인식과 태도에 문제를 제기한 작품임을 의미한다.

이 글에서는 〈오렌지 마말레이드〉의 '종족/성차/계급'의 문제가 집약된 뱀파이어 여성을 중심으로 타자에 대한 불안과 혐오 그리고 경청의 양상을 살펴보고자 한다. 인간과의 공존 협정 이후 사회적 소수자(약자)로 전락하여 인간의 관리와 통제를 받는 뱀파이어의 실상을 검토하고, '흡혈족 천민 여성'이라는 억압적 현실에서도 자신을 희생하여 인간의 생명을 구해주는 백마리의 신성성과 자신의 욕망에 충실한 '흡혈귀 수장 여성' 원상구의 악마성을 대비한 뒤, 백마리가 사회적 소수자(약자)의 위치에서 인간과의 소통을 주도하면서 공존을 모색하는 과정을 분석할 것이다. 궁극적으로 '뱀파이어'라는 이물의 환상 기제와 (성)차별은 물론 혐오의 시선에 시달리는 '여성'을 통해 사회적 소수자(약자)가 처한 문제적 상황을 환기하고 해결의 실마리를 모색하고자 한다.

---

20 박상완은 위의 글에서 〈오렌지 마말레이드〉를 뱀파이어와 청소년을 타자화함으로써 자기정체성을 재확인하고자 하는 주체의 욕망 수행의 텍스트로 분석하여, 타자에 대한 것과 타자에 의한 것을 통해 자기정체성을 확인한 주체의 자기반성 가능성을 지닐 수 있다고 결론을 내렸다. 뱀파이어를 사회적 약자로 호출한 이유를 주체의 자기정체성 확인 욕망에서 찾고 있다는 논점은 흥미롭지만, 주체의 자기정체성을 구체적으로 언급하지 않아 자기반성의 실체를 파악하기 어려운 한계가 있다. 이 글은 〈오렌지 마말레이드〉의 '종족/성차/계급'의 3중 억압에 놓인 뱀파이어 여성을 사회적 소수자(약자)로 규정하고 '불안/혐오/경청'의 타자에 대해 고찰한다는 점에서 박상완의 논의와 차별화되어 있다.

2. 공포의 집단적 투사와 혐오의 정동

〈오렌지 마말레이드〉에서 뱀파이어는 인간의 관리와 통제를 받는 존재로 차별화되어 등장한다. 인간의 혐오 속에 차별을 받으며 존재를 드러내지 말아야 하는 사회적 소수자(약자)가 되어 있는 것이다. 300년 전 조선 왕실과 흡혈족 사이에 평화 협정[21]이 있었다는 상황 설정의 힘이다. "산 자와 죽은 자의 경계에서 사람의 피로 살아가는, 사람은 아니나 사람의 모습을 한 요괴"(1회)[22]가 인간의 피를 포기하고 대체 피로 생명을 유지하기로 협정을 맺은 결과 인간을 두려움에 떨게 하던 공포의 대상에서 사회적 소수자(약자)로 전락했다는 것이다. 대체 피를 먹으면서 영생이나 부활 또는 재생 같은 초능력은 대부분 사라졌지만, 인간은 여전히 뱀파이어를 두려워하고 혐오한다. 뱀파이어가 인간의 유한한 생명과 동물적 본능을 환기시키기 때문이다.

혐오는 불결하다고 생각하거나 미워하는 것을 기피하거나 싫어하는 감정이다. 불쾌와 증오 그리고 기피 등이 복합되어 상당히 강한 감정으로 인지되는 혐오는 오염이나 전염이라는 신비적인 생각과 순수성, 불멸성, 비동물성 등 우리가 아는 인간 삶의 선상에 놓여 있지 않은 것들에 대한 불가능한 열망을 담고 있기 때문에 비합리적인 감정이다. 하지만 지배 집단은 자신이 지닌 동물성과 유한성에 대한 두려움과 역겨움을 느끼게

---

21 300년 전 조선 왕실과 흡혈족 사이의 평화 협정의 내용은 인간의 피 대신 짐승의 피를 먹는다는 조건 외에는 제대로 알려진 것이 없다. 이에 대해 박상완은 "표면적으로는 인간과 뱀파이어가 공존하는 것처럼 보이나 그 속에는 심각한 억압이 존재하는 허울뿐인 공존"(위의 글, 247쪽)이라고 비판적으로 접근한다.

22 이 글에서 인용하는 〈오렌지 마말레이드〉의 대사는 영상물을 보면서 채록한 것임을 밝혀 둔다.

하는 집단이나 사람에게 혐오를 드러냄으로써 이들을 배제하고 주변화해 왔다.[23] 인간이 유한한 존재로서의 한계와 죽음에 대한 공포를 덮기 위해 뱀파이어를 희생양으로 삼아 타자화시킨 것도 그래서이다. 〈오렌지 마말 레이드〉의 뱀파이어족들은 '뱀파이어 통제국Vampire Control System'(이하 VCS)의 관리와 통제 하에서 존재를 숨기고 살아야 한다. 뱀파이어가 인간의 피를 포기하고 대체 피를 먹으면서 인간과의 공존을 선택했다고는 하지만, 그들은 여전히 인간을 오염시킬 수 있는 혐오스러운 존재이기 때문이다.

〈오렌지 마말레이드〉에 내재된 뱀파이어족에 대한 두려움과 혐오는 시즌1의 1회 도입 부분에 잘 나타나 있다. 외견상으로는 인간과 다름없 이 생활하지만, 정부에 의해 은밀하게 관리와 통제를 받던 뱀파이어 남 자가 인간 여자를 성추행하는 사건이 발생한다. 출근길 전철 안에서 발 생한 뱀파이어 남자의 성범죄는 인간사회에 큰 충격을 던진다. 성범죄 자체보다 인간과 엄연히 다른 존재로 알고 있었던 뱀파이어가 인간을 성적 대상으로 삼을 정도로 인간화되었다는 사실 때문이다.[24] 인간 여 자를 성추행한 뱀파이어 남자가 강력한 사회 격리 조치인 '안치형'에 처해졌다는 뉴스는 "뱀파이어가 성범죄 피의자가 된 것은 유례가 없던 일로 앞으로 뱀파이어 강력범죄에 대한 예방책을 시급히 마련해야 될

---

23 마사 누스바움, 조계원 역, 앞의 책, 36~37쪽.
24 박상완은 뱀파이어 남자의 성추행 사건을 타자화된 뱀파이어가 겪는 차별의 양상으로 규정 하면서 대형 스크린을 통해 속보로 알려야 할 만큼 중요한 범죄인지 의문을 제기한다. 그리고 뱀파이어 범죄에 대한 사회적 경각심과 뱀파이어에 대한 공포를 조장하고자 하는 의도가 반영된 것으로 분석한다.(박상완, 앞의 글, 248~250쪽) 하지만 인간이 뱀파이어 남자의 성추행 사건을 심각하게 받아들이는 것은 명백하게 다른 존재로 생각했던 뱀파이어가 인간 을 대상으로 성범죄를 저지를 정도로 인간화됐다는 점에서 오염의 공포와 불안을 느꼈기 때문으로 해석하는 것이 타당하다. 그래야만 사회적 소수자(약자)로 전락한 뱀파이어의 타 자성이 선명해지고, '다른 것'을 차별하지 말고 '공존'해야 한다는 작품의 문제의식에 부합될 수 있기 때문이다.

것으로 보입니다"(1회)라는 앵커의 말로 끝난다. 이처럼 뱀파이어 성추행범에 관한 뉴스는 그가 VCS 최고형인 안치형에 처해졌다는 것이 아니라 인간에 대한 뱀파이어의 성추행이 처음 발생했다는 것에 초점을 맞추면서 인간의 존재를 위협할지 모르는 불안에 대비해야 한다는 점을 강조한다. 나라마다 엄격한 관리시스템을 갖추고 관리와 통제를 하고 있어도 뱀파이어는 여전히 인간의 불안 심리를 자극하는 혐오와 두려움의 대상인 것이다.

인간과 똑같은 외양을 갖추고 있으나 섭생의 근본이 다른 뱀파이어는 인간이 될 수 없다. 아무리 대체 피라 하더라도 피를 먹는 행위 자체가 인간의 혐오를 유발하기 때문에 뱀파이어는 인간의 눈치를 보면서 일거수일투족을 조심해야 한다. 인간과의 공존을 선택한 이후 300여 년의 세월이 흐르면서 대체 피로 흡혈 본능을 억제하는 뱀파이어들이 존재를 숨기고 살아야 하는 것도 그래서이다. 하지만 부지불식간에 튀어나오는 초능력, 다시 말해 '종족의 힘' 때문에 뱀파이어라는 사실이 발각되면 그들은 VCS의 조치에 따라 이름을 바꾸고 살던 동네를 떠나 이사를 하는 방식으로 신분 세탁을 해야 한다. 뱀파이어 남자의 인간 여자 성추행 사건 현장에 있었던 백마리도 인간처럼 살고 싶어 조기축구회에 나갔다가 뱀파이어의 초능력으로 골대를 휘게 만든 아버지 때문에 이사를 하고 전학생 신분이 된 뱀파이어 여학생이다.

백마리는 새로 전학 가는 학교에서만큼은 절대 뱀파이어라는 신분을 들키지 않고 무사히 졸업하겠다고 다짐한다. 하지만 전학 첫날 전철에서 발생한 사건 때문에 그녀의 다짐은 무위로 끝난다. 뱀파이어 남자가 갖고 있던 대체 피가 터지면서 얼굴과 옷에 피가 묻은 백마리에게 도움을 손길을 건넨 인간 남학생 정재민과의 인연 때문이다. 그녀는 도움의 손길을 내미는 정재민을 보고 "이 냄새, 피, 달콤한 피다. 이 피 먹고 싶어"(1회)라고 느끼면서 그의 목에 입술을 가져간다. 자신도 모르게 뱀파이어 본성이 드러나려는 순간, 전철이 플랫폼에 도착한다는 안내방송이 나오고 그제야 정신을 차린 백마리는 목적지가 아닌데도 서둘러 내린다. 정재민은 머쓱한 표정으로 시계를 보면서 백마리의 지각을 걱정하고, 백마리는 전철역 화장실에서 얼굴과 옷에 묻은 '대체 피'를 닦아낸 뒤 늦게 등교한다.

등굣길에서 처음 만난 백마리와 정재민은 같은 반 급우로 재회하고, 정재민은 백마리가 뱀파이어라는 것을 알지 못한 채 좋은 감정을 갖게 된다. 하지만 새로 전학 간 학교에서 반드시 졸업하겠다는 생각으로 정재민을 비롯한 급우들과 거리를 유지하며 생활하던 백마리는 정재민이 뱀파이어를 극도로 혐오한다는 사실 때문에 그의 마음을 받아들이지 못한다. 다가가는 정재민과 멀어지려는 백마리는 그녀가 전철에서 흘린 작곡노트의 악보를 매개로 조금씩 거리를 좁힌다. 여느 때와 마찬가지로 전철로 하교하던 백마리는 자기 옆 자리에 정재민이 앉은 것을 모르고 졸다가 달콤한 피 냄새를 느낀다. 이 상황은 꽃나무 아래서 꽃향기를 맡는 꿈속의 백마리와 전철 안에서 정재민의 목에 입술을 가져가는 현실의 백마리를 교차시켜 보여주는 방식으로 연출된다. 물리적 시간은 짧지만, 정재민에게 운명적으로 끌리는 백마리와 그녀에게 이성적인 매력을 느끼는 정재민의 감정이 몽환적인 시각 이미지로 형상화되면서 긴 여운을 남긴다.

꿈속에서 느낀 달콤한 향기가 피 냄새라는 것을 깨닫고 정신을 차린 백마리는 옆자리의 정재민을 보고 당황하여 자리에서 일어나다가 작곡노트를 흘린다. 백마리의 작곡노트를 주운 정재민은 미완성 상태인 곡을 연주하면서 백마리를 생각하다가 급기야 그날 밤 몽정을 하게 된다. 정재민의 몽정 장면은 도입부에 배치되었던 뱀파이어 남자의 인간 여자 성추행 사건과 같은 맥락에서 연출된다. 뱀파이어나 인간이나 여성을 성적 대상으로 인식하고 있음은 다르지 않다는 것을 보여주는 장면이기 때문이다. "출산을 하기 때문에 동물적 삶의 연속성, 몸의 유한성과 밀접하게 연관"되는 여성의 몸은 "특정 집단을 겨냥해 투영되는 혐오의 가장 대표적인 대상"[25]이다. 뱀파이어 남자의 성추행과 정재민의 몽정 장면에는 여성의 몸을 성적 욕망을 충족시키기 위한 대상으로 인식하는 남성의 고정관념이 담겨 있다. 이는 곧 백마리가 '뱀파이어'와 '여성'이라는 타자성이 중첩된 수동적인 대상으로서 사회적 소수자(약자)를 상징하는 인물임을 의미한다.

백마리가 '뱀파이어 여성'이라는 이중의 억압을 받는 것은 '뱀파이어 남성' 한시후와의 대비를 통해서도 선명하게 드러난다. 한시후는 어린 시절 백마리와 함께 피를 나눠 먹으면서 자란 남학생으로 안치형에 처해진 부모님을 대신하여 삼촌 한윤재의 보호를 받는 뱀파이어 남학생이다. 정확한 이유를 알지는 못하지만, 어린 자식을 대신하여 부모님이 안치형이라는 극형에 처해졌다는 것 때문에 일상생활에 적응하지 못하고 반항아가 되었다. 그는 인간이 뱀파이어를 혐오의 시선으로 바라보는 것에 대해 분개하면서 뱀파이어의 실체를 알리는 방송 인터뷰에 응

---

25 마사 누스바움, 조계원 역, 앞의 책, 207쪽.

해 뱀파이어가 인간들보다 월등하다는 것을 입증해 보여준다. "인간의 피를 흡혈하지 않으면서 능력을 대부분 잃어버렸을 뿐이야. 우리는 본능을 죽이고 능력까지 포기했어. 인간들은 그 공존을 위해 도대체 뭘 했는데?"(1회)[26]라는 그의 항변은 뱀파이어의 존재를 잊고 지내던 인간들에게 충격을 던진다. 사회적 파장이 커지자 VCS는 한시후가 출연한 동영상을 삭제 조치하고 그에게 뱀파이어 관리법 위반의 책임을 묻되, 미성년자라는 점을 감안하여 처벌 보류 결정과 함께 5일 안에 이주 및 전학 조치를 내리는 것으로 상황을 마무리한다. 한시후는 방송 인터뷰 사건을 계기로 전학 간 학교에서 백마리가 급우들 사이에서 따돌림 당하는 것을 보고 다시 분개하지만, 이 학교에서 무사히 졸업하고 싶다는 백마리의 말을 받아들여 문제를 일으키지 않기 위해 노력한다.

전학생 백마리와 한시후가 뱀파이어라는 것을 알지 못하는 급우들은 한시후에게는 함부로 대하지 못하면서 백마리를 괴롭힌다. 남학생들 사이에서 흔히 있을 법한 주도권 싸움은 한시후가 백마리 때문에 정재민과 신경전을 벌이는 정도로 끝난다. 반면에 평소 정재민을 좋아하던 조아라를 중심으로 한 여학생들은 정재민이 백마리에게 관심을 보인다는 이유로 집단적으로 린치를 가한다. 조아라의 행동은 백마리에 대한 질투심에서 비롯한 것이다. 여성의 추한 속성으로 여겨지는 질투와 시샘

---

26 진정한 '공존'은 '공감'을 전제로 한다. "공감은 내가 타인을 바라볼 때에도 나 자신을 되돌아보는 방법이고, 나 스스로를 생각함에 있어서도 타인의 응시를 배려하는 방법이다. 공감이 성립하기 해서는 타인이 타인으로서 또한 성립하여야 한다. 공감은 나 자신을 타자화하고, 타자를 자기화하는 방법이다."(민은경, 「타인의 고통과 공감의 원리」, 『철학사상』 27, 서울대 철학사상연구소, 2008, 80쪽) 300년 전 인간과 흡혈족이 체결한 평화 협정의 산물인 '공존'에는 흡혈족에 대한 인간의 '공감'이 배제되어 있다. 이것이 한시후가 분개하는 가장 큰 이유이다.

등은 상대를 걷어차고 자기 혼자 살아남으려 하는 욕망으로 여자들을 분열시킨다. 남성에게도 질투와 시샘 등의 감정이 있지만 여성의 질투와 시샘 등은 여자의 귀속, 다시 말해 남자에게 선택되는 것을 둘러싼 게임이라는 점에서 차이가 있다.[27] 따라서 조아라가 친구들과 함께 백마리를 린치하는 것은 재력가의 딸인 그녀 또한 타자화된 여성에 지나지 않음을 보여주는 행위라 할 수 있다. 특히 조아라가 백마리의 사물함 열쇠 번호를 바꾸는 바람에 체육복을 갈아입지 못한 백마리가 체육 선생님에게 벌을 받게 만든 것은 권위자의 힘을 빌려 저항 의지가 없는 약자를 괴롭히는 폭력이라는 점에서 문제적이다. 조아라를 비롯한 여학생들이 백마리 때문에 같은 반 급우들의 관계에 변화가 생기는 것을 거부하는 것과 달리 한시후에게 호의적인 반응을 보이는 것은 같은 여성에 대한 자기 모순적 차별 행위이다.[28]

백마리와 한시후 때문에 혼란스러웠던 교실 분위기는 정재민이 교내 밴드부를 결성하면서 안정된다. 각자 다른 이유로 밴드부에 합류한 구성원들은 백마리가 제안한 '오렌지 마말레이드'로 밴드 이름을 정하고 공연 연습에 들어간다. 이들은 정재민의 엄마가 선생님으로 있는 인화 분교에서의 공연을 성공적으로 마치면서 밴드로서의 음악적 재능을 인정받는다. 뱀파이어 남자와 재혼한 엄마에 대한 반발심 때문에 4년 동안 기타를 잡지 않았던 아들이 다시 음악을 하게 된 것에 감격한 강민하 선생은 밴드 리더 정재민에게 밴드 이름의 의미가 무엇인지를 묻는다.

---

27 우에노 치즈코, 나일등 역, 『여성 혐오를 혐오한다』, 은행나무, 2012, 260쪽.
28 백마리와 한시후의 정체가 드러나지 않은 상황에서 발생하는 '성차'에 따른 차별 속에는 뱀파이어라는 '종족'에 따른 차별이 내재되어 있다.

질문을 받은 정재민은 밴드 이름을 지은 백마리에게 답변 기회를 넘기고, 백마리는 조심스럽게 '오렌지 마말레이드'라는 이름의 의미를 다음과 같이 설명한다.

> 오렌지를 먹을 때 보통 껍질은 먹지 않고 버리잖아요. 그런데 오렌지 마말레이드를 만들 때는 꼭 껍질을 넣거든요. 잘게 썰어서요. 그럼 아삭하게 씹히면서 새콤한 맛을 낸대요. 쓰레기통에 버려질 운명이었던 오렌지 껍질조차도 오렌지 마말레이드에선 제 맛을 내는데 꼭 필요한 거예요. 너는 다르다고 싫다고 버려지지 않아요. 우리 밴드는 그런 밴드면 어떨까 해서요. 다르다는 이유로 더 이상 밀쳐내지 않고 오렌지 껍질처럼 쓸모없다고 외면받아 왔던 것들에도 자리를 내어주고 함께 어울려서 담아낼 수 있는 마말레이드 같은 음악을 하면 어떨까 하고.(3회)

백마리는 먹을 수도 없는 오렌지 마말레이드에 인간이 아닌 뱀파이어로 살아가면서 쓸모없고 다르다는 이유로 겪었던 아픔을 투사시켰다. 한시후와 같은 사회적 소수자(약자)로서의 뱀파이어면서 남성이 아닌 여성이기 때문에 이중의 억압을 받으면서도 백마리는 자신에게 가해지는 차별적인 폭력을 오히려 여성 특유의 포용력으로 감싸 안는다. 인간의 이기심을 탓하지 않고 그들과 함께 어울려 살아가려는 백마리의 태도 때문에 번번이 화를 내던 한시후도 결국은 그녀의 마음에 동화된다. 백마리의 포용력은 어릴 때 이혼한 엄마가 뱀파이어 남성 한윤재와 결혼한 것 때문에 상처를 입고 좋아하던 음악을 포기한 채 혼자 살던 정재민의 심리적 변화를 이끌어낸 힘이기도 하다.

그러나 백마리의 포용력으로 감당하기 어려운 상황이 발생하면서 갈등이 심화된다. 말을 하기 전까지 흡혈 본능을 제어할 수 없는 어린 한시후가 인간의 목을 물려는 돌발 상황을 막으려다가 인간이 죽는 사고가 발생했고, 이 사고로 인해 그의 부모님이 안치형에 처해졌다는 사실을 한시후가 알게 되면서 인간에 대한 그의 분개가 극단적으로 표출된 것이다. 한시후의 분개는 뱀파이어에 대한 인간의 불안 때문에 부모님이 과잉 처벌당했다는 "부당함 또는 위해에 대한 사고가 중심을"[29] 이룬 것이라는 점에서 정당성을 부여받는다. 그럼에도 불구하고 한시후의 분개를 이해하지 못한 정재민은 그가 뱀파이어라는 사실에 대해서만 노골적인 혐오를 드러낸다. 인간에 대한 한시후의 분개와 뱀파이어에 대한 정재민의 혐오가 충돌하면서 벌어진 싸움은 백마리를 매개로 격화된다. 백마리 근처에 가지 말라는 정재민의 경고에 한시후는 백마리의 피가 유난히 맛있어 보인다고 도발하면서 뱀파이어와 인간의 근원적 갈등이 폭발한 것이다. 백마리가 뱀파이어라는 것을 알고 있는 한시후와 모르고 있는 정재민의 싸움은 정재민의 후회를 암시하면서 마무리된다. "너는 네 상처만 크고 그렇게 뭐든지 용서가 안 되냐? 두고 봐라 정재민, 네 자신도 용서가 안 되는 순간이 올 거다. 그런 순간이 있어!"(4회)라는 한시후의 충고는 백마리가 정재민이 그토록 혐오하는 뱀파이어임을 인지하게 되었을 때의 파국을 예고한 것이기 때문이다.

혼란스러운 마음으로 백마리를 만난 정재민은 타워크레인에 올라갔다가 내려오지 못하는 어린 아이를 구해주다가 죽음의 위기에 처한다.

---

29 마사 누스바움, 조계원 역, 앞의 책, 186쪽.

백마리가 정재민을 구하기 위해 종족의 힘을 발휘하려는 순간, 인간에 대한 원망과 자신에 대한 질책으로 바닷가 절벽에서 세상과의 작별을 생각하던 한시후가 위기 상황을 감지하고 정재민을 구해준다. 백마리는 혼수상태에 놓인 정재민이 흘린 피에 끌려 자기도 모르게 흡혈 본능을 드러내고, 정재민을 찾아 나섰던 조아라가 이 상황을 목격하면서 백마리가 뱀파이어라는 사실이 발각된다. 이 사건을 계기로 VCS의 호출을 받게 된 한시후는 세상에 대한 미련을 버리고 햇빛 속에 자신을 노출시켜 소멸되고, 백마리는 다른 학교로 전학을 가게 된다.

혼수상태에서 깨어난 정재민은 백마리가 뱀파이어였다는 것을 받아들이지 못하고 괴로워하다가 백마리가 사라졌다는 연락을 받고 둘의 마음을 확인했던 소원등대를 찾아간다. 백마리는 "평범한……, 보통……, 평범한 사람이 되"(4회)기를 소원했지만 이루지 못한 채 삶을 마감하려던 순간에 정재민을 만나게 된다. 백마리가 정말 뱀파이어였는지를 확인하던 정재민은 "너를 좋아해서 미안해"(4회)라는 말과 함께 뒤로 물러서다 등대 난간을 헛딛고 휘청거리는 백마리를 구하면서 바다로 떨어진다. 바다 속으로 가라앉으며 그는 "이 순간 말하고 싶다. 이 말을 전해야 하는데, 지금 이 순간 알겠어. 뱀파이어든 아니든 상관없어. 그래도 너여야 한다고, 나는 너여만 한다고"(4회) 깨닫는다. 백마리는 바다로 뛰어 들어 종족의 힘을 사용하여 정재민을 구하고 VCS의 호출을 받는다. 뱀파이어라는 이유 때문에 정재민과의 관계에서 수동적인 자세를 견지할 수밖에 없었던 백마리가 인간을 구하기 위해 능동적으로 행동한 것이 뱀파이어관리법 위반이라는 결과를 초래한 것이다. 하지만 인간이 만든 법을 위반한 백마리의 행위는 '뱀파이어'의 종족성과 '여성'이라는 (성)차별의 이중적 억압 때문에 사회적 소수자(약자)일 수밖에 없었던 그녀가 인간의 생명을 구한 존재라는 신성성을 부여받는 계기가 된다.

3. 신성성과 악마성의 이분법적 구획

인간과의 공존을 선택한 이후 300여 년의 세월이 흐르는 동안 뱀파이어는 사회적 소수자(약자)로 전락했다. VCS의 엄격한 관리와 통제 하에 정기적으로 'SPA^Sun Protection Ample'라는, 태양 광선으로부터 자신을 보호하는 약품을 공급받으며 살다가도 정체가 발각되면 다른 곳으로 이주해야 하는 사회적 소수자(약자)가 된 것이다. 그런데 같은 뱀파이어라도 남성에 비해 여성에 대한 차별적 시선은 인간사회에서의 (성)차별과 다를 바 없다. 백마리가 그런 존재였다. 하지만 흥미로운 것은 인간에게 이중의 억압을 받던 백마리는 정재민에게 "타자를 위한 열린 문"[30]이 되어 그가 엄마에게 받은 상처 때문에 굳게 닫혔던 마음의 문을 열게해주고, 더 나아가 죽음의 위기에 빠진 그를 구해주는 신성한 존재로 자리매김한다는 점이다. '뱀파이어 여성'이라는 태생적 한계 때문에 주체성을 상실하고 수동적인 자세를 견지했던 백마리에게 '생명의 근원'이라는 신성성이 부여된 것이다. 백마리는 이렇게 순수하면서도 성스러운 존재로 다시 한번 대상화된다.

---

30 한병철, 이재영 역, 『타자의 추방』, 문학과지성사, 2017, 113쪽.

백마리에게 부여된 순수성과 신성성은 시즌2의 300년 전 조선 시대에서 비롯한 것이다. 300년 전 백마리는 흡혈족의 일원으로 자연과 더불어 살아가는 여성이었다. 그녀의 아버지 백이는 인간의 피 대신 짐승의 피를 먹으면서 인간과 함께 살고 싶어 하는 흡혈족의 수장이다. 흡혈족들은 성균관 사역인들이 거주하는 반촌에서 정체를 숨기고 노비 생활을 하면서 인간의 피를 탐하는 흡혈귀와 대립한다. 백마리는 종족과 (성)차별의 억압에 신분제의 굴레까지 덧씌워진 '흡혈족 백정의 딸'이지만, 나무와 물과 바람이 어우러진 계곡에서 피리를 부는 그녀의 모습에는 자연 그대로의 순수성과 신성성이 내재되어 있다. 그녀의 순수성과 신성성은 산길을 지나가던 성균관 유생 정재민의 시선에 포착된다. 종족이나 신분의 제약과 상관없이 계곡가의 바위에 앉아 피리를 부는 백마리가 정재민에 의해 순수하고 신성한 자연의 한 부분으로 대상화된 것이다.

백마리의 피리 소리에 홀려 계곡 바위 근처까지 갔던 정재민은 그녀에게 넋을 빼앗겨 바라보다가 독사에게 물려 혼절하는 사고를 당한다. 정재민의 발목에서 독을 빼주던 백마리가 달콤한 피 냄새 때문에 흡혈 본능을 느끼던 순간에 또 다른 성균관 유생 한시후가 나타나자 황급히 도망친다. 정재민은 백마리의 응급 처치 덕분에 목숨을 구하고, 백마리는 정재민에게 생명의 은인으로 각인된다. 하지만 흡혈족이자 백정의 딸인 백마리는 양반가 자제인 정재민의 의사와 선택에 따라 움직일 수밖에 없는 수동적인 존재이다. 백마리가 흡혈족인 것을 알게 되기 전까지 그녀는 정재민이 연모하는 순수하고 신성한 여인으로 대상화되어 있기 때문이다. 정재민과 백마리의 관계에서 양반과 백정의 신분 차이

보다 마음을 빼앗아간 남성과 그를 기다리는 여성의 이미지가 부각되는 것도 그래서이다.[31]

인간의 공포를 자극하여 불안에 떨게 하는 존재는 흡혈족이 아니라 흡혈귀이다. 평화를 추구하는 흡혈족을 "더러운 짐승의 피로 연명하는 못난 것들. 한낱 미물인 인간들 따위에 빌붙어 굴신하는 천한 종놈들"(5회)로 폄훼하는 흡혈귀 수장 원상구가 그렇다. 원상구가 이끄는 흡혈귀들은 천년의 생을 위해 인간의 피를 노리는 요괴들로 인간에게 위협적인 존재이다. 흡혈귀는 피를 얻기 위해 전쟁을 일으키는 존재들로 정사正史에는 기록되어 있지 않다. 성균관 유생 정재민은 친구 한시후가 가져온 책에 적힌 흡혈귀 이야기를 과대망설이라고 치부하며 믿지 않는다.

밤이 깊어지면 가느다란 달빛 끝에 내려앉은 어둠. 달빛그림자와 하나 되어 그들은 움직이기 시작한다. 심장은 뛰나 더운 피는 흐르지 않는다. 베어도 베이지 않는 금강불괴의 몸에 맹수와도 같은 괴력. 산 자의 생명이 깃들지 않았으되 죽은 자도 아닌, 사람의 모습을 하였으되, 사람이 아닌, 피를 빨아들이는 요괴. 굶주린 요괴들은 마음껏 피를 채우기 위해 조선팔도를 피로 물들일 간계를 꾸미고 변란을 획책한다. 부디 조선 백성 만민에게 고하느니, 경계하라. 목을 물어뜯어 사람의 피를 탐하는 요괴들이 도성 안에 날뛰고 있다. 무고하게 희생되지 않으려거든 어둠 속에서 피 냄새를 맡고 목을 노리는 자들을 각

---

31 남성에 의해 대상화된 여성으로서 백마리의 모습은 그녀가 흡혈족임을 전혀 모르는 정재민과 한시후가 상반된 시선으로 그녀에 대해 이야기하는 장면에서 구체적으로 드러난다. 정재민이 "풀잎 같았다. 들꽃 같기도 하고, 처음 보는 순간, 이 세상 사람 같지 않았어"라고 바라본 백마리가 한시후에게는 "겨뤄보고 싶은 이를 만났다. 한 번도 본 적 없는 당찬 여자였어. 참으로 그 기백이 예사롭지 않은 여인"(5회)으로 보였던 것인데, 백마리는 두 사람이 규정한 모습에서 전혀 벗어나지 않게 행동한다.

별히 조심하거라. 그 요괴들의 정체는 흡혈귀다.(5회)

관원들이 흡혈귀에게 피를 빼앗기고 무고하게 희생당한 백성들의 변사체를 수습하는 장면 위로 『흡혈괴담』을 읽는 정재민의 목소리가 들린다. 정재민이 서책의 내용을 저자거리의 시정잡배나 입에 올릴 뜬소문으로 치부하는 것과 달리 흡혈귀에 의한 죽음이 실제임을 보여주면서 공포를 유발한다. 실체가 확인되지 않은 흡혈귀는 "무엇이라고 정확하게 말할 수 없는 것의 위협, 이해할 수 없는 것과의 만남에서"[32] 생기는 공포의 근원이기 때문이다. 그 공포는 비가 내리는 음습한 날 흡혈귀에게 목과 손목 그리고 발목을 물린 채 죽은 변사체의 모습으로 형상화된다. 흡혈귀들은 인간의 피를 마음껏 먹기 위해 전쟁을 일으키면서 어둠의 세계를 지배하고 있다. 하지만 그들의 정체는 분명하게 밝혀지지 않고, 목과 전신 곳곳에 물린 잇자국만 남은 채 피 없는 시신으로 발견되는 사건이 연달아 발생한다. 어렴풋이나마 흡혈귀의 실체를 인지한 병조판서 정병권은 극비리에 실체 파악을 지시하고, 마침내 야음을 틈타 국경을 넘던 흡혈귀 무리를 공격하여 한 명을 생포한다. 국경 지역에서의 변란을 도모하여 마음껏 피를 누릴 전쟁 기회를 노리던 흡혈귀의 수장이자 화사원의 대행수 원상구는 흡혈족 때문에 계획이 틀어졌다고 분노하면서 대책을 마련한다.

원상구는 "밤의 힘이 능히 낮을 침범할 수 있다. 천지를 뒤집고 피를 부르는 역사가 밤을 움직이는 힘으로 가능했다"(6회)고 생각하는 흡혈

---

32 신지은, 「공포의 매혹─기괴한 것으로서의 타자성에 대하여」, 『문화와 사회』 11, 한국문화사회학회, 2011.11, 162쪽.

귀 여성이다. 순수함과 신성함으로 대상화된 백마리와 대척점에 놓이는 그녀는 천년의 생에 대한 욕망에 사로잡혀 인간의 피를 노린다. 원상구는 흡혈귀 특유의 불로비법으로 미모와 젊음을 되찾고 싶어 하는 인간들의 욕망을 충족시켜 주는 화사원을 운영하면서 인간 세계에 침투해 있다. 하지만 흡혈족이 관군에게 첩보를 넘겨 계획에 차질이 생기고, 자신들의 정체가 발각될 위기에 처하자 흡혈족의 수장 백이에게 경고를 하기 위해 백마리를 위협한다. 더 나아가 혼담이 오가는 정재민의 마음을 사로잡지 못해 안타까워하다 화사원을 찾은 조아라를 이용하여 백마리에게 수모를 주기도 한다. 이처럼 원상구는 천년의 생을 얻기 위한 계획에 방해가 되는 것은 가차 없이 제거할 정도로 자신의 욕망에 충실한 흡혈귀 여성이다.

낮에 다닐 수 있는 묘약을 먹고 처음 느꼈던 햇살의 맛을 기억할 정도로 순수한 백마리는 어둠의 세계를 지배하는 원상구와 대비되면서 그녀의 악마성을 부각시킨다. 원상구가 화사원의 지하에서 어둠이 내리기를 기다렸다 깨어나는 모습으로 시각화되는 반면, 백마리는 햇빛이 나뭇잎을 화사하게 비추는 숲속 바위에 앉아 있는 순수한 모습으로 시각화된다. 이렇게 편집된 쇼트는 어둠 속에서 인간을 통치하고자 하는 원상구의 욕망과 밝음 속에서 평화를 추구하는 백마리의 순수함을 대비시킨다. 이러한 장면 연출은 어둠의 세계에서일망정 자신의 욕망을 충족시키기 위해 주체적으로 나서는 원상구의 능동성과 종족·성차·신분의 3중 억압에서 자유롭지 못한 백마리의 수동성을 부각시킨다. 하지만 백마리의 수동성이 인간의 마음을 사로잡는 순수성과 신성성[33]으로 인식되는 것과 달리, 원상구의 능동성은 인간에 의해 제거됨으로써 처벌을 받는다. 남성 중심의 사회적 상징적 질서가 지배하는 세계에서 타자일 수밖에 없는 여성[34]이 자신의 욕망에 충실한 것은 용납되지 않기 때문이다.

원상구는 중전의 오라비이자 성균관 유생인 조준현의 목을 물어 흡혈한 이후 조선 왕실의 제거 대상이 된다. 조준현이 피 한 방울 남지 않은 시신으로 발견되는 사건 발생 이후 임금이 병조판서 정병권에게 흡혈귀 토벌의 밀명을 내린 것이다. 30척을 넘게 뛰어오르는 괴력을 지닌 흡혈귀가 은銀에는 치명적인 약점을 지녔다는 것을 파악한 병조판서 정병권은 흡혈귀의 혈도를 꿰뚫어 절멸시킬 은화살을 만들어 '은혈사'라 이름 짓고, 동명의 흡혈귀 토벌대를 조직한다. 평소 흡혈귀에 관심을 갖고 있던 한시후는 병조판서의 시험을 통과하여 "은혈사의 존재는 병조의 기록에도 역사의 기록에도 남아 있지 않는다. 전사하여도 가족에게 알리지 않으며 시신 또한 인도되지 않"(7회)는 토벌대에 합류한다. 원상구는 은밀하게 흡혈귀의 핵심 세력을 추적하는 은혈사에 맞서 100일 동안 은의 기운으로도 뚫지 못하는 흑적색 달빛의 괴력을 갑옷처럼 두른다. 그리고 조만간 태어날 왕의 씨를 흡혈귀로 만들어 조선을 자신이 통치하는 나라로 만들고 조선의 모든 백성을 먹잇감으로 삼기 위해 중전을 납치한다.

한편, 흡혈귀와 대적하던 한시후가 흡혈귀에게 물려 생사의 기로를 헤매면서 정재민은 오랜 친구를 살릴 수 있는 방법을 알아내기 위해

---

33 백마리의 신성성은 "마치 숲의 정령 같았다. 한낮의 숲속에서 별을 보는 그런 소녀"(5회)라는 정재민의 인식에서도 잘 드러난다.

34 리타 펠스키, 김영찬·심진경 역, 『근대성과 페미니즘』, 거름, 1998, 49쪽.

『흡혈괴담』을 쓰거나 유통시킨 자를 찾아 나서지만 추적에 실패한다. 한시후는 죽기 전에 마지막으로 백마리를 보고 싶어 혼신의 힘을 다해 찾아오고, 백마리는 흡혈족이라는 정체가 발각될 것을 알면서도 본능적으로 자신의 피를 먹여 한시후를 살린다. 이처럼 백마리는 독사에게 물려 오염된 정재민의 피를 뽑아 그를 살린 것과 달리, 자신의 피로 한시후의 피를 오염시켜 죽어가는 그를 살림으로써 인간을 죽음으로 몰아가는 원상구와 확연하게 대비된다. 하지만 의식을 되찾은 한시후는 자신이 살아났다는 것보다 흡혈족이 되었다는 것을 깨닫고 절규한다. 자신이 인간으로 되돌아갈 수 없는 흡혈족이란 사실을 받아들인 한시후는 원상구의 음모 때문에 위기에 빠진 백마리를 구하기 위해 나서지만, 그녀가 화사원으로 납치되는 사건이 발생한다. 원상구의 지령에 따라 움직이던 조아라는 자기 때문에 많은 이들이 위험에 빠진 것을 깨닫고 죽음으로 책임을 지려 한다.

백마리가 흡혈족이라는 사실을 알고 절규하던 정재민은 그녀를 구하기 위해 화사원으로 잠입하고, 병조판서 정병권도 은혈사를 직접 이끌고 화사원을 공격하면서 원상구는 궁지에 몰린다. 흡혈귀들을 궤멸시키기 위해 원상구를 노리던 백이 일행은 결계가 닫히면서 원상구의 힘이 강해지는 것을 막기 위해 사력을 다한다. 그리고 결계가 닫히기 전에 중전을 데리고 밀실을 빠져나오던 백마리는 원상구와 대적하다 위험에 처한 정재민을 보고 그에게 달려간다. 원상구는 잠시 틈을 보인 정재민의 목을 물고, 정재민은 목이 물린 상태에서 은혈사로 원상구를 찌른다. 끝까지 반격의 기회를 노리며 저항하던 원상구는 은혈사에 찔린 상태로 영원히 봉인되어 인간 세계에서 제거된다. 이렇게 흡혈귀가 제거되고,

인간과의 공존을 원하던 흡혈족은 조선 왕실과 비밀리에 평화 협정을 체결하게 된다.[35] 하지만 원상구에게 물린 정재민은 피의 갈증을 느끼며 생사의 기로에 놓인다. 차라리 죽게 놔두지 한시후를 왜 흡혈족으로 회생시켰느냐고 원망하던 정재민의 절규을 기억하는 백마리는 그를 인간으로 회생시킬 수 있는 비법을 찾는다. 마침내 숨을 거두기 직전 흡혈족의 피를 내어 먹이면 된다는 비법을 알아낸 백마리는 자신의 마지막 생명의 피로 정재민을 인간으로 회생시키고 그의 품에서 숨을 거둔다.

천년의 생에 필요한 인간의 피를 욕망했던 원상구는 봉인의 처벌을 받았다. 생명의 유한성을 주체적으로 해결하고 했던 원상구는 "남성이 만든 질서 속에서 살아남을 수 없는 타자"[36]였기 때문이다. 이와 달리 자신의 죽음으로 인간을 살린 백마리는 부활이라는 보상을 받는다. 자신의 피로 생사의 기로에 놓인 한시후와 정재민을 회생시킨 덕분이다. 이처럼 백마리의 피가 생명의 신성성을 상징하는 반면, 원상구가 욕망했던 피는 악마성의 죽음을 상징하는 것으로 구획된다. '흡혈귀 수장'

---

35 흡혈족의 수장 백이와 조선의 임금이 체결한 협정은 상당히 우호적인 분위기에서 진행된다. 임금은 백이에게 "과인의 백성이 되어주겠다니 고맙소. 세손의 생명을 구한 은인임을 잊지 않겠소"라고 감사의 인사를 하고, 원상구에게 납치되었다가 백마리의 도움으로 무사히 풀려난 중전이 백이에게 "고운 흡혈족의 아이"로 기억하는 백마리의 안부를 물을 정도로 평화적인 협정 체결이었다.(9회 에필로그) 그런데 1회의 도입부에서 정재민이 읽은 책에는 "그들의 시작은 기록에 남아 있지 않다. 언제부턴가 우리 곁에 있었다. 산 자와 죽은 자의 경계에서 사람의 피로 살아가는, 사람은 아니나 사람의 모습을 한 요괴, 이렇게 고대로부터 구전으로 떠돌던 괴이한 소문이 현실로 드러난 것은 17세기, 은밀하지만 대대적인 토벌이 시작됐었고, 멸종 직전 뱀파이어 족은 조선 왕실과 비밀리에 평화 협정을 맺었다"로 기록되어 있다. 협정 체결 당시의 분위기와 사뭇 다른 기록은 인간의 일방적인 관점에 의한 것인지, 아니면 전체 서사의 일관성을 유지하지 못한 각색의 한계인지 분명하지 않다. 만약 후자의 경우라면 텍스트의 균열로 지적하고 넘어갈 문제이지만, 전자의 경우라면 협정 체결 이후 많은 것을 포기한 뱀파이어와 달리 아무것도 희생하지 않은 인간의 이기심을 강조하기 위한 설정으로 해석될 수 있는 문제임을 밝혀 둔다.

36 권양현, 「TV드라마 〈마을—아치아라의 비밀〉에 나타난 애도의 정치적 상상력」, 『한국문예비평연구』 54, 한국현대문예비평학회, 2017, 52쪽.

으로 남성과 대립하면서 자신의 욕망에 충실했던 원상구가 봉인의 처벌을 받고, '흡혈족 백정의 딸'로 봉건적 질서가 내면화되어 수동적이었던 백마리가 인간의 생명을 구하는 여성[37]의 신성성을 부여받은 것은 가부장적 사고가 작동한 결과로 해석할 수 있다.[38] 천년의 생을 욕망하면서 주체적으로 행동했던 원상구는 영원히 봉인되고, 종족과 성차 그리고 신분의 3중 억압 때문에 매사 수동적일 수밖에 없었던 백마리는 자신을 희생하여 인간을 살린 것에 대한 보상으로 부활하여 전생에서 이루지 못한 정재민과의 사랑을 이어가게 된 것이다.

4. 주체성의 복원과 공존의 모색

300년 전 조선 시대 흡혈족 백정의 딸 백마리는 흡혈귀에 물려 사경을 헤매는 양반의 아들 정재민을 인간으로 회생시키기 위해 자기 목숨을 내놓았다. 정재민은 죽어가는 그녀를 품에 안고 통한의 눈물을 흘린다. 백마리는 "다음 세상에는 그것이 무엇이든 꼭 당신과 같은 존재로

---

37 백마리는 단순히 인간의 생명을 구하는 흡혈족 여성이 아니라, 신분 제도의 틀에 갇힌 정재민에게 생명의 존귀함을 일깨우는 존재이기도 하다. 정재민은 생사의 기로에서 백마리의 피를 먹고 회생한 한시후가 흡혈족이 되었다는 사실을 받아들이지 못하면서 "피를 빨아 목숨을 연명하는 너희들이 왜 사람인양 살아가느냐!"라고 절규한다. 이에 대해 백마리가 "사람들은 세상 모든 살아 있는 사람들을 마음대로 죽이지 않냐. 같은 사람끼리도 귀천을 나누어 차별하여 대하고 상처주고 짓밟지 않냐? 우리는 그 누구도 함부로 다치게 하지 않는다"(9회)라고 항변하면서 정재민을 각성시킨 것이 방증이다.

38 박상완은 흡혈귀 수장 원상구가 차별에 저항하는 것이 인간의 입장에서는 '역모'로 규정되지만, 이것은 그녀의 '저항성'과 '영웅성'을 부각시키는 '혁명'에 해당하는 행위로 분석한다. (박상완, 앞의 글, 252~253쪽 참조) 그러나 원상구가 '천년의 생'에 대한 욕망 충족의 방법으로 선택한 조선 통치 계략을 저항적 혁명으로 해석하는 것은 지나친 의미 부여로 재고될 필요가 있다.

……"(9회)라는 마지막 말을 남기고 숨을 거둔다. 정재민은 백마리와의 인연이 시작되었던 계곡 숲속 나무 밑에 백마리의 유품을 묻으며 기다리 겠다는 다짐을 하고, 300년의 세월이 흘러 현재로 돌아온다. 정재민은 바다에 빠졌다 살아난 이후 해리성 기억 상실증에 걸려 정신과 치료를 받고 있고, 300년 전의 마지막 바람과는 달리 뱀파이어로 다시 태어난 백마리는 바다에 빠진 정재민을 살리기 위해 종족의 힘을 썼다는 이유로 안치형에 처해져 밀폐된 공간에 갇혀 있다. 시즌3은 이렇게 시작한다.

VCS는 1차 평화협정이 만료되는 2017년에 2차 평화협정 단계에 돌입하는 상황에 대비하여 뱀파이어에게 인간과 같은 인권을 보장하는 법안 개정이 시급하다는 의견을 정부에 건의하고 단계별 시행안을 우선적으로 추진한다. 새로 개정된 뱀파이어관리법 시행령에 따라 백마리는 첫 번째 사면 대상이 되어 안치형에서 풀려난다. 인간을 구하느라 뱀파이어 초능력을 사용한 것에 대한 정상 참작을 인정받은 것이다. 한편, VCS는 2차 평화협정 단계에 돌입하기 전, 10명의 뱀파이어가 자기 신분을 노출하고 인간과 함께 생활하는 '공존 프로젝트'를 진행하기로 결정한다. 공존 프로젝트의 핵심은 뱀파이어에 대한 부정성을 제거하는 것인데, 이를 위해서는 무엇보다 인간으로서는 알 수 없는 뱀파이어의 감각을 상상할 수 있는 공감[39] 능력이 필요하다. 하지만 인간은 여전히 뱀파이어를 두려워하고 혐오한다. 게다가 공존 프로젝트는 전례가 없던 일이라 어떤 일이 일어날지 아무도 예측할 수 없다. 이런 상황에서 백마리는 자발적으로 참여 의사를 밝히고, 자신의 이름을 바꾸지 않고

---

39 민은경, 앞의 글, 70쪽 참조.

예전에 다녔던 학교에 다시 전학 가는 선택을 한다. 자신이 뱀파이어라는 사실을 솔직하게 밝히지 않은 것 때문에 정재민이 상처받았다는 것을 알게 되었고, 다시는 거짓말하지 않고 있는 그대로의 모습으로 정재민 곁에 있고 싶다는 욕망이 그녀를 획기적으로 변하게 만든 것이다.

안치형에서 풀려나 다시 학교에 갈 수 있게 된 백마리는 거울 속에 비친 자신을 똑바로 응시하면서 이제 더 이상 주눅 들지 않고 당당하게 현실과 맞서겠다는 의지를 다진다. 자신의 정체를 숨기는 행위는 수치심을 유발한다. 특히 지배적인 집단에 불안감을 안겨준다는 의미에서만 위협적인 사람에게 자신을 감추라는 것은 처벌과 다름없는 차별이다.[40] 백마리는 자신이 뱀파이어라는 사실을 알고 '십자가'나 '마늘'과 같은 편견을 수군거리는 학우들의 목소리를 피하기 위해 사용하던 이어폰을 귀에서 뺄 정도로, 이제 더 이상 피하지 않고 숨지 않겠다는 의지를 행동으로 실천한다. "불필요한 관심에 더 주눅 들고 그래서 더 눈치"(3회)를 보면서 존재를 숨겼던, 사고 발생 전의 수동적인 모습에서 완전히 탈피한 것이다.

뱀파이어라는 사실을 밝힌 백마리 때문에 학교에서는 일대 소동이 벌어진다. VCS의 조치에 따라 뱀파이어 역시 우리 사회의 일원이니 편견 없이 대해야 한다는 말을 하는 선생님이나 그 말을 듣는 학생들 모두 두려움과 놀라움을 노골적으로 표현한다. 뱀파이어인줄 모르고 지내면 몰라도 알고서는 꺼림칙해서 같이 생활하기 어렵다는 이유 때문이다. 하지만 백마리는 아랑곳하지 않고 담담하게 자기 자리를 지킨다. 정재민이

40　마사 누스바움, 조계원 역, 앞의 책, 536쪽 참조.

교실 맨 뒷자리의 백마리 때문에 등 뒤가 섬뜩하다는 반응을 보이자, 뒤에 있는 게 불안하면 모두가 볼 수 있는 앞에 있겠다면서 책상을 옮길 정도로 적극적으로 대응한다. 교실 맨 앞자리에 앉음으로써 백마리는 같은 반 급우들의 주시를 받으면서 오히려 교실의 핵심적인 존재가 된다.[41] 모두의 시선을 받으면서, 그 어느 누구의 시선에도 구속받지 않게 된 것이다. 백마리는 학부모들이 찾아와 근거 없는 불안감으로 뱀파이어 학생 문제에 대해 항의해도 흔들리지 않을 정도로 담대하고 강인해졌다. 대체 피 먹는 것을 보면 밥맛 떨어진다는 급우들을 위해 자리를 피해줘도 예전처럼 외진 곳이 아니라 개방된 곳을 찾아간다.

반면에 백마리와의 관계에서 우월적 시선을 보내던 정재민은 그녀를 기억하지 못하면서 상대적으로 수동적인 입장이 되었다. 정재민은 학교 교정의 밑동만 남은 나무가 온전하게 보이는가 하면, 어떤 여자의 모습이 희미하게 윤곽만 보이는 착시 현상을 겪는다. 동시에 정재민은 "자기 현존과 자기투명성을 파괴"[42]하는, 사람을 끌어당기는 느낌의 피리 소리를 환청으로 듣게 된다. 잃어버린 기억 가운데 하나가 인화분교에서의 오렌지 마말레이드 밴드 공연이었고, 백마리가 보컬이었다는 것을 알게 된 정재민은 그녀에게 기억을 되찾을 수 있도록 도와달라고 부탁한다. 백마리는 자신이 변할 수 있는 계기가 되어준 정재민이 기억을 찾을 수 있도록 일상을 공유한다. 정재민은 백마리와 많은 것을 함께 하면서 환상 속의 여자가 백마리라는 것을 알게 되고, 그녀와의 관계를 궁금해 한다. 그리고 햇볕에 타버렸다가 뱀파이어 특유의 놀라운 재생력으로

41 한병철, 이재영 역, 앞의 책, 74쪽 참조.
42 위의 책, 79쪽.

인간의 피를 수혈 받아 회생한 한시후도 공존 프로젝트에 참여하면서 학교로 돌아와 예전의 밴드 구성원들이 모두 모이게 된다. 인터넷을 통해 인화분교에서의 공연 동영상이 전파되면서 오렌지 마말레이드 밴드 구성원들에게 데뷔 제안이 들어온다. 하지만 밴드 구성원들은 보컬 백마리가 뱀파이어라는 것 때문에 문제가 생기자 데뷔를 포기한다. 뱀파이어에 대한 차별적 시선이 여전했기 때문이다. 백마리는 보컬만 바꿔서 데뷔할 것을 권유하지만, 밴드 구성원들은 그럴 수 없다면서 백마리의 편에 선다. 차별과 혐오의 시선에 조금이나마 변화가 일어난 것이다.

백마리의 주체성은 뱀파이어라는 이유 때문에 인간사회에서는 취약할 수밖에 없다. 하지만 그녀는 자기 목에 백마리의 입술이 닿았던 기억을 떠올린 정재민이 사실 여부를 따질 때도 "네 피가 달콤해서 그랬다"고 솔직하게 대답해준다. 백마리의 말이 운명적인 사랑을 의미하는지 알지 못한 채 뱀파이어에 대한 혐오감에 사로잡힌 정재민이 전학 갈 것을 요구해도, 그녀는 담담하게 받아들이면서 전학 준비를 한다. 뒤늦게 밴드 동영상을 보다가 '오렌지 마말레이드'의 의미에 대해 다시 생각하고 백마리의 작곡노트에 있는 곡을 연주하던 정재민은 환상 속의 여자가 백마리였음을 깨닫는다. 촉각은 자아와 타자의 내부 지향적, 외부 지향적 이중의 지향성이 동시에 근접적으로 공존하는 감각으로 주체와 대상 사이의 경계를 용해시킨다.[43] 백마리의 입술이 자기 목에 닿았던 촉각의 느낌을 온전히 회복함으로써 잃어버렸던 정재민의 기억이 돌아온 것이다.

모든 것이 제 자리를 찾은 뒤, 백마리는 정재민과 함께 '오렌지 마말

---

43 주현식, 「드라마의 텍스트적 육체성 – 최인훈의 〈봄이 오면 山에 들에〉를 중심으로」, 『한국문학이론과 비평』 48, 한국문학이론과비평학회, 2010, 250쪽.

레이드' 밴드를 다시 결성하여 본격적인 음악 활동을 하면서 오디션 프로그램을 통한 방송 무대 데뷔까지 계획한다. 하지만 밴드 멤버 가운데 뱀파이어가 있다는 사실이 알려지면서 오디션 프로그램을 통한 데뷔마저 좌절된다. 게다가 백마리와 한시후가 뱀파이어라는 사실 때문에 학교 다니기 무섭다는 학생들과 학부모들의 반발이 쏟아지고, 학부모들은 한시후만이라도 전학을 보내야 한다고 주장한다. 정재민과 조아라를 비롯한 밴드 구성원들은 '교육기본법'과 '학생인권조례'를 근거로 뱀파이어에 대한 차별을 거둬줄 것을 요구한다.[44] 많은 것을 듣지만, 타인들을 경청하고 그들의 언어와 고통에 귀를 기울이는 능력을 잃어버렸던 학부모 대표들은 밴드 구성원들만으로 별도의 학급을 구성하는 조건을 달아 뱀파이어와의 공존을 받아들인다. 사회적 소수자(약자)의 목소리에 귀를 기울이고 인간들을 연결하여 '오렌지 마말레이드 밴드'라는 공동체를 만들어낸 자식세대가 부모세대를 변화시킨 것이다.[45]

'오렌지 마말레이드 밴드' 구성원들은 뱀파이어와 인간이 주체성을 상실하지 않으면서도 의식과 삶에 있어서 '음악'이라는 공통분모를 찾아내면서 회복한 공동체의식으로 뭉쳐 있다.[46] 이들이 방송과 같은 대형 기획 시스템이 아닌, 사회적 소수자(약자)라는 밴드의 정체성을 분명히 하

---

44 학생으로서의 권리를 주장하기 위해 '학생인권조례'를 근거로 제시한 '오렌지 마말레이드 밴드' 구성원들에 대해 박상완은 "어른들이 만들어놓은 세계 속에서 고통을 받지만 결국은 세계와 타협하는 청소년, 한마디로 말해 살부의식을 포기한 청소년"이라는 해석을 하면서 이들을 "보수적인 기성세대의 염원 그 자체"(박상완, 앞의 글, 259~264쪽 참조)로 규정한다. '오렌지 마말레이드 밴드'가 부르는 노래 〈반전몽아〉의 가사에서도 분명히 드러나듯이, 사회적 소수자(약자)에 대한 문제 제기가 분명했던 작품이 낭만적인 감상성으로 귀결된 것도 이와 무관하지 않을 것이다.

45 한병철, 이재영 역, 앞의 책, 115쪽 참조.

46 김용환, 「공감과 연민의 감정의 도덕적 함의」, 『철학』 76, 한국철학회, 2003, 178쪽 참조.

고 대중의 잘못된 고정관념과 편견을 깨뜨리기 위해 거리 공연에 나서는 것도 그래서이다. 이들의 문제의식은 백마리가 자신의 체험을 바탕으로 작사 작곡한 〈반전몽아〉에 고스란히 담겨 있다. "조금 달라도 돼 / 조금 틀려도 돼 / 난 나대로 살 거야 / 나 원래 생긴 대로 / 내가 뭐 어때서 / 잘 하고 있어 난 / 난 나야 / 다른 건 틀린 거라고 쉽게 쉽게 말하지 / 미운오리새끼 반전을 꿈꾼다"라는 내용의 가사에서 다른 것을 틀렸다고 말하는 편견과 고정관념을 비판하려는 문제의식을 확인할 수 있다.

백마리는 그 어느 때보다 활기차고 자신감 넘치는 모습으로 '오렌지 마말레이드 밴드'의 거리공연을 주도한다. 예전의 소극적이고 수동적인 모습이나 사회적 소수자(약자)로서의 불안감은 찾아볼 수 없다. 그녀는 이렇게 주어진 운명에 순응하지 않고, 당당하게 대응하면서 자기 것으로 만들어 나가는 주체로 변모하였다. 물론 인간사회에서 뱀파이어 여성으로서의 주체성은 기본적으로 취약할 수밖에 없다. 하지만 그녀는 포기하지 않고 세상과의 소통을 시도하고 공존의 방법을 모색한다. 그리고 관중들은 밴드 보컬 백마리의 자신감 넘치는 활동에 뜨겁게 호응하면서 뱀파이어에 대한 혐오가 실재하는 감정이 아니라, 대상이 지닌 속성 또는 기원과 관념적 요소에 유발된 것[47]임을 깨닫는다. 또한 밴드 활동의 진정성이 알려지면서 백마리와 한시후를 바라보는 인간의 시선이 달라지고, 이에 영향을 받아 대중적으로 유명한 만화작가와 아나운서 그리고 연예인들이 뱀파이어임을 고백하는 '뱀밍아웃'[48]이 이어지면서 오랫동안 고착되었

---

47 마사 누스바움, 조계원 역, 앞의 책, 167쪽.
48 '뱀파이어'라는 환상의 기제는 아나운서 정인영, 웹툰 작가 윤태호, 아이돌 스타 정용화와 육성재라는 실재 인물들을 '뱀밍아웃'의 주인공으로 등장시킴으로써 현실과 접목된다.

던 편견과 선입견에도 변화가 일어난다. "불편함이란 다양한 개인들이 공존하면서 발생할 수 있는 감각, 이런 감각에 대해 좀 더 관대해질 필요가 있다"[49]는 인식이 사회적으로 확산된 것이다. 백마리의 주체적인 활약 덕분에 VCS의 공존 프로젝트는 성공적으로 마무리되고 뱀파이어와 인간의 진정한 공존이 시작된다.

5. 타자와의 소통을 위한 경청의 필요성

사상 초유의 대통령 탄핵 파면으로 2017년 5월 9일 치러진 19대 대통령선거운동 과정에서 '차별금지법'이 잠시 화제가 된 적이 있었다. 대통령선거방송토론 중에 후보자들 사이에서 동성애에 대한 찬반 논쟁이 불거졌기 때문이다. '차별금지법'은 "인권 보호를 위해, 고용이나 교육, 법과 정책의 대상에서 개인이나 집단에 대한, 법에 정하지 않은 모든 종류의 차별을 금지하는 법률"[50]로 2003년 국가인권위원회에서의 논의가 시작되어 2007년 법무부에서 입법 예고한 이래 3차례에 걸쳐 발의되었지만, 재계와 종교계 일각의 반대로 무산되었다. 자민족 우월주의가 우세한 사회 분위기 탓에 사회적 소수자(약자)에 대한 차별의 심각성을 제대로 인지하지 못하기 때문이거나, '다른 것'을 '틀린 것'으로 받아들이는 경향이 강한 사회적 분위기 때문일 수 있다. 이유가 무엇이건 간에, '차별금지법'이 아직 제정되지 않았다는 것은 대한민국이 인권 후진국

---

49 김두식, 『불편해도 괜찮아』, 창비, 2010, 199쪽.
50 다음백과사전, 「차별금지법」 참조.

임을 자인하는 것이나 마찬가지이다. 타자에 대한 인식의 전환이 무엇보다 절실한 까닭이다.

〈오렌지 마말레이드〉는 '뱀파이어'라는 이물의 환상 기제와 (성)차별은 물론 혐오의 시선에 시달리는 '여성'의 서사를 통해 사회적 소수자(약자)가 처한 문제적 상황을 환기하고 해결의 실마리를 모색한 판타지 드라마이다. 이 글에서는 뱀파이어 여학생과 인간 남학생이 대립과 갈등 그리고 교감과 사랑을 통해 공존에 이르는 과정에서 이중 삼중의 억압을 받는 이물 여성이 사회적 소수자(약자)로 타자화되어 있는 양상을 살펴보았다. 그 결과 남성의 시선에 포획된 여성이 주체로서의 욕망을 거세할 경우 생명의 근원이라는 신성성을 부여받는 반면, 주체로서의 욕망을 강화할 경우에는 악마로 인지되면서 처벌을 받는다는 것을 확인할 수 있었다. 1990년대 초반부터 본격적으로 전개된 페미니즘 운동의 영향으로 여성의 사회적 위상이 많이 향상되었다고는 하지만, 가부장적 질서가 남아 있는 한국사회에서 여전히 타자의 위치에 붙박인 여성의 현실이 〈오렌지 마말레이드〉에 고스란히 투사되어 있는 것이다.

주체는 상호주체의 산물이고, 자기 안에 타자가 있으며 자신이 결국 타자라는 사실은 끝없이 상기되고 우리를 두렵게 만들면서 우리를 유혹한다.[51] 불로장생에 대한 인간의 욕망으로 만들어진 환상의 기제, 뱀파이어가 그렇다. 영생의 존재라는 점에서 매혹적이지만, 인간의 피를 빨아먹는다는 점에서 불안과 공포의 대상이기 때문이다. 남성 중심의 가부장제 질서가 남아 있는 한국사회에서 여성이 타자의 자리를 벗어

---

51 신지은, 앞의 글, 185쪽.

나 주체의 자리로 이동하고자 할 때 매혹과 불안의 시선이 교차하는 것도 마찬가지이다. 게다가 한국사회에서 여성은 '모성신화'로 치장된 '회생回生' 또는 '재생再生'의 숭고함까지 짊어져야 한다. 남성의 시선에 갇혀 수동적이었던 뱀파이어 여성 백마리가 주체적인 여성으로 변모할 수 있었던 것도 그녀가 인간 남성의 생명을 담보하고 있었기 때문이다. 〈오렌지 마말레이드〉의 낭만적 결말은 그녀가 이제 더 이상 천한 백성의 딸도 아니고, 오염의 가능성이 농후한 피를 가진 여성도 아니며, 인간과 다른 종족인 뱀파이어도 아닌, 그저 남들과 "아주 조금"(12회) 다른 존재임을 알려주었다. 하지만 주체와 타자의 낭만적 공존은 현실적·실천적 대안에 관한 상상이 배제되어 있는 미봉책일지 모른다는 점에서 아쉬움을 남긴다.

〈오렌지 마말레이드〉의 뱀파이어는 인간의 피를 흡혈하지 않는다. 인간의 피를 포기함으로써 한층 더 인간에 가까워졌지만, 인간사회에서 뱀파이어는 사회적 소수자(약자)로 살아간다. "성별, 장애, 병력, 나이, 출신국가, 출신민족, 인종, 피부색, 언어, 출신지역, 용모 등의 신체조건, 혼인여부, 임신 또는 출산, 가족형태 및 가족상황, 종교, 사상이나 정치적 의견, 범죄전력, 보호처분, 성적지향, 학력, 사회적 신분"[52] 때문에 사회적 소수자(약자)로 낙인찍혀 살아가는 이들은 모두 흡혈을 하지 않음에도 불구하고 사회 불안을 야기하면서 혐오의 대상이 된 한국형 뱀파이어들이다. 〈오렌지 마말레이드〉에서 성공적으로 마무리된 뱀파이어와 인간의 '공존 프로젝트'가 "'다문화주의', '다문화의식'이라는

---

52 다음백과사전, 앞의 글 참조.

화두를 던지며 다민족·다인종 국가를 준비하는 다문화사회를 표방하고자 하나 사실은 공허한 울림뿐"[53]인 한국사회에서 가능할 수 있을지 의구심을 지우기가 어려운 것도 그래서이다. 그런 만큼, 뱀파이어와 인간이 공존하는 〈오렌지 마말레이드〉의 낭만적 결론은 단선적 의미의 '환상'에 지나지 않을 수 있다.

인간은 뱀파이어라는 타자를 만들어 알 수 없는 것들에서 기인하는 불안과 공포를 털어내려 했고, 〈오렌지 마말레이드〉는 사회적 소수자(약자)로서의 '뱀파이어 여성'에게 '생명의 근원'이라는 위상을 부여하면서 신성화시켰다. 하지만 세계는 여전히 불안하고, 인간은 영원히 불완전하다. 또한 젠더적 의미의 남성적 질서가 견고한 한국사회는 여전히 '다른 것'을 받아들이지 않고 타자화시켜 혐오하면서 폭력적으로 대하는 경향이 강하다. '뱀파이어 여성' 백마리가 현실이 아닌, 환상의 산물이었기에 '다른 것'을 차별하지 말고 다양성을 존중하자는 낭만적 결말이 얼마나 설득력이 있을지 의문인 까닭이다. 이래저래 우리는 여전히 불안하다. 그 불안이 만들어낸 뱀파이어가 두려우면서 매혹적인 것도 그래서이리라. 결론적으로 뱀파이어는 차별과 편견이 난무하는 '지금 여기' 우리의 자화상이지만, 경청과 공존이 필요한 '지금 여기' 우리의 자화상이 되어야 한다.*

---

53 이미림, 「2000년대 다문화 소설에 나타난 이주 노동자의 재현 양상」, 『우리문학연구』 35, 우리문학회, 2012, 366쪽.

* 이 글은 「판타지드라마 〈오렌지 마말레이드〉에 구현된 '불안/혐오/경청'의 타자」, (『한국언어문화』 63, 한국언어문화학회, 2017)를 수정하여 재수록한 것임.

악귀 판타지, 부정적 타자의 전면화

〈아랑 사또전〉과 〈오! 나의 귀신님〉을 중심으로

정명문

1. 귀신 판타지와 공포의 이동

로즈메리 잭슨에 따르면 환상(판타지)은 사회적 맥락 안에서 생산되는 것으로, 문화적 속박으로부터 야기된 결핍을 보상하려는 특징을 지닌다. 환상은 욕망을 보여주는 동시에 그 욕망이 질서를 위협하는 장애 요소일 경우 추방하기도 한다. 그래서 환상적인 것은 주로 은폐된 것들을 추적한다.[1] 대중서사에서 꾸준히 창작되는 귀신 판타지는 이런 속성을 잘 드러낸다. 귀신은 인간이 죽어서 된 것으로 인간과 관계 안에 상대적으로 포착되는 존재이지만, 인간과 다른 속성을 가진 타자이기도 하다.[2] 인간은 귀신과 마주칠 때 공포와 불안을 느낀다. 왜냐하면 통제할 수 없는 존재와 마주한 인간의 생존여부를 예측하기 어렵기 때문이

---

[1] 로즈메리 잭슨, 서강여성문학연구회 역, 『환상성—전복의 문학』, 문학동네, 2001, 12쪽.
[2] 『주자어류』에서 귀신은 하늘의 신, 사람의 귀신, 제사의 귀신으로 보았다. 이 글에서 귀신은 사람이 죽어서 되는 귀신을 지칭한다.

다. 그러므로 귀신 판타지는 인간의 결핍과 욕망을 드러내는 동시에 배제와 추방 대상을 드러내는 소재라고 할 수 있다.

과거 한국 텔레비전드라마에서 귀신은 〈전설의 고향〉의 '한을 품은 여성귀신'을 중심으로 호출되었다. 이들은 비정상적인 죽음을 겪어 한이 많기에 원귀冤鬼로 지칭된다. 이런 귀신담의 기본 구조는 다음과 같다. 첫째, 여인이 불명예스럽게 죽고 귀신이 된다. 둘째, 귀신이 된 여인은 사또에게 억울함을 호소하나 해소는커녕 공포감을 일으키는 존재로 각인된다. 이후 용감한 신임 사또가 그녀의 누명을 벗겨주는 것으로 상황은 종료된다. 이는 억울한 피해자가 해결할 수 없는 사건들을 관청에 호소하여 공정하게 해결하는 공안公安설화와 구조가 유사하다.[3] 드라마에서 그녀들은 해독 불가의 곡성과 함께 소복, 흐트러진 머리, 피가 흐르는 육체를 들이밀며 급작스레 등장했고, 그 외형은 공포를 시각화하는 구체적인 사례였다.

하지만 2010년 이후 텔레비전드라마 속 귀신은 이전과 다른 면모를 보인다. 〈걱정마세요, 귀신입니다〉, 〈아랑 사또전〉, 〈오! 나의 귀신님〉, 〈싸우자 귀신아〉[4]처럼 주인공 귀신들은 자신이 죽은 이유를 모른 채 훼손되지 않은 몸으로 발랄하게 등장한다. 게다가 이들은 귀신을 볼 수 있는 인간과 연애감정도 느끼고 기억도 찾는다. 즉 기억을 잃어버린 귀신은 로맨틱코미디 소재 중 하나가 되었고, 부정적 이미지는 '악귀惡鬼'[5]

3 　조현설, 「원귀의 해원 형식과 구조의 안팎」, 『한국고전여성문학연구』 7, 한국고전여성문학회, 2003, 92쪽 참조.

4 　황다은 극본, 이은진 연출, 〈걱정마세요, 귀신입니다〉, KBS2, 2012.7.15.
　정윤정 극본, 김상호 · 정대윤 연출, 〈아랑 사또전〉, MBC, 2012.8.15~10.18(20회).
　양희승 · 양서윤 극본, 유제원 연출, 〈오! 나의 귀신님〉, tvN, 2015.7.3~8.22(16회).
　이대일 극본, 박준화 연출, 〈싸우자 귀신아〉, tvN, 2016.7.11~8.30(16회).

로 표현되는 경우가 늘어났다. 한편 범죄의 원인인 악귀를 퇴치하기 위해 수사팀과 영매가 공조하는 〈손 the guest〉, 〈프리스트〉, 〈빙의〉[6] 등의 수사물도 지속적으로 등장하고 있다. 이로 보아 근래 귀신 판타지는 멜로나 수사 등의 장르와 결합하고 있으며, 현실의 경계를 뛰어넘고픈 욕망을 확실하게 표현하는 도구로 활용되고 있다. 특히 악귀는 빙의현상으로 인해 인간과 결탁되므로, 현대사회의 부정적인 단면을 드러내는데 좋은 소재가 되었다. 이렇게 최근 텔레비전드라마에서 귀신 판타지는 과거와 다른 공포 영역을 드러내게 되었다.

환상은 현실의 경계를 해체하여 현실 바깥의 존재들과 세계를 재구축하길 제안한다. 그 결과 배제되거나 억압된 존재가 그들이 원하는 세계를 만들거나 혹은 변화의 가능성을 드러내는 방식을 취한다.[7] 특히 '악'은 파괴와 밀접한 관련이 있다. 실제로 악한 자는 자기 정체성에 위협이 되는 자들을 파멸시키기 위해 즉각 폭력을 행사한다.[8] 그러므로 악의 정점인 '악귀'를 판타지에서 전면화하는 것은 현실의 경계를 해체하고 과거보다 더 부정적인 타자를 노출시키기 위한 방편이기도 하다. 이렇게 악귀 판타지는 타자와 인간의 관계, 추방 대상에 대한 당대의 시선을 모두 담고 있다고 할 수 있다.

---

5   악한 성향의 귀신이나 요괴를 일컬으며 원귀보다 흉측한 이미지로 그려진다. 사극인 경우 요괴, 악귀라는 용어가 혼용되고 있으며, 현대물은 악귀로 지칭된다. 이 글에선 이를 악귀로 통일한다.
6   권소라·서재원 극본, 김홍선 연출, 〈손 the guest〉, OCN, 2018.9.12~11.1(16회).
    문만세·이재하·김수경 극본, 김종현 연출, 〈프리스트〉, OCN, 2018.11.24~2019.1.20 (16회).
    박희강 극본, 최도훈 연출, 〈빙의〉, OCN, 2019.3.6~4.25(16회).
7   최기숙, 『환상』, 연세대 출판부, 2003, 91쪽 참조.
8   테리 이글턴, 오수원 역, 『악』, 이매진, 2015, 130쪽.

이 글은 귀신 판타지드라마 중 악귀와 그 대리인을 부각하고 이들이 추방되는 결말을 보여주는 작품에 주목한다. 분석 대상은 〈아랑 사또전〉과 〈오 나의 귀신님〉이다. 〈아랑 사또전〉은 악귀의 전사와 더불어 그 힘에 기댄 인물의 부정적인 면모가 드러나는 작품이며, 〈오 나의 귀신님〉은 악귀와 빙의자의 유착으로 벌어지는 문제를 보여준다. 위 작품들은 여성 주인공이 귀신이라는 점에서 과거 귀신 판타지와 유사하지만, 그들의 죽음을 추적하는 과정에서 개인의 문제를 넘어 사회의 문제점까지 드러낸다. 그러므로 현재 귀신 판타지 변화 지점을 확인해 볼 수 있고, 이후 '퇴마'를 내세우는 작품의 기반이 되었다고 할 수 있다. 이 글은 이들 작품을 통해 악귀로 은유된 현대사회의 문제 상황과 악귀 퇴치로 구현한 것을 논의하고자 한다. 악귀를 부각한 세계관 탐색은 최근 귀신판타지에 대한 이해를 높이는 데 도움이 되리라 기대해 본다.

2. 악귀, 부정적 욕망의 대상화

1) 희생이 전제된 착취

판타지는 현실과 외부 경계를 해체하여 제도나 논리 바깥에 또 다른 질서와 힘이 존재함을 보여주는 도구가 되기도 한다.[9] 서구적 사고에서 선은 자아 정체성 및 동일성의 개념과 같으며, 악의 경험은 우리 밖의 이질적인 존재와 연결된다. 이 시각은 익숙하지 않은 것을 타자 혹은 집

---

9   최기숙, 앞의 책, 105쪽.

단 정체성을 위협하는 존재로 취급하는 전제이기도 하다.[10] 판타지는 그런 타자를 시각적으로 확실하게 구현한다.

〈아랑 사또전〉은 문제를 일으킨 귀신 아랑과 이를 해결하는 사또라는 기존 설화에서 출발한다. 과거 귀신담은 현실 보수를 통해 문제를 해결하는 방식이었다. 하지만 〈아랑 사또전〉의 경우 공간과 주요인물의 기능을 변형하면서 초점이 달라진다. 우선 밀양은 이승과 저승의 경계가 무너져 사자死者, 불사不死자, 저승사자처럼 비현실적인 존재가 공존하는 공간이다.

> 때는 조선 시대 중기 즈음에 인간의 욕망이 극에 달해 세상은 흉흉해지고 자연은 피폐해진다. 혼란의 와중에 이승과 저승의 경계가 무너지고 죽은 자가 이승에 남아 활개친다. 귀신은 사람을 볼 수 있으되 사람은 귀신을 볼 수 없으나 유일하게 귀신을 볼 수 있게 된 도령이 있었으니 삼 년 전 사라진 어머니를 찾아 밀양으로 향한다.(1회)

> 은오　　그니까, 옥황상제가 널 사람으로 보내줬다고?
>
> 아랑　　응.
>
> 은오　　네 죽음의 진실을 스스로 찾으라고?
>
> 　　　　(…중략…)
>
> 아랑　　흥!! 영감탱이들(옥황, 염라)! 내가 못할 것 같아? 난 이서림 그 맹물 같은 아이랑 달라. 아무것도 모른 채 비명만 지르고

10　리처드 커니, 이지영 역, 『이방인, 신, 괴물』, 개마고원, 2004, 116쪽.

있지 않을 거라구! 내 눈 깜짝할 새에 진실을 알아내서 그 종
인지 뭔지 실컷 치고 놀게 만들어 줄게, 영감탱이들!(4회, 강
조는 인용자, 이하 동일)

타자는 가치 변화 혹은 두려움을 지시하기도 하지만 기존 질서를 파괴
할 수 있는 위협적인 힘을 가질 수도 있다. 판타지는 이 타자를 '악' 혹은
사탄, 마귀, 악마 등의 형태로 명명했다.[11] 아랑은 일단 경계가 무너진
공간 속에서 타자로 등장했다. 하지만 아랑은 은오 사또와 협력하여 살
인(이서림의 죽음)과 실종(은오 어머니 홍랑)을 추적하게 된다. 즉 아랑은 시
한부로 불사의 몸을 부여받고, 문제를 추적하는 주체가 되면서 부정적
타자에서 제외된다. 그러므로 아랑은 더 이상 공포의 대상이 아니다.

〈아랑 사또전〉에서 공포를 조장하는 존재는 홍련 몸에 빙의된 무연
이다. 무연은 두 번의 전생을 사는 동안 신분과 윤리라는 원칙 때문에 사
랑을 이루지 못했다. 그녀는 선녀가 되었지만 만족하지 않았고, 생에 대
한 욕망으로 천상을 벗어나려다가 소멸 위기에서 탈출한 존재이다. 결
국 무연은 금기와 경계를 지키지 않았기에 문제의 근원으로 지목된다.

> **홍련(무연)**　오랜만이야. 400년 만인가? 넌 그대로구나? 난 좀 달라졌지?
> 유한한 인간의 몸으로 살아가려다 보니, 보시다시피 이 모양
> 이야. 그래도 좋아. 인간이잖아.
>
> (…중략…)

11　로즈메리 잭슨, 서강여성문학연구회 역, 앞의 책, 74쪽.

무영	네가 지옥에 가서 고통 받느니 소멸되는 것이 나을 것이라 생각했었다. 이렇게 400년이나 인간의 몸을 갈아타면서 인간도 귀신도 아닌 존재로 살아갈 거라는 걸 생각도 못 했어.
홍련	이게 뭐 어때서? 얼마나 대단해.
무영	이래서 인간이 되겠다는 널 말린 거야. 인간은 숙명적으로 욕망을 갖게 되어 있다. 욕망을 알아버리면 더 큰 욕망을 탐하게 돼. 넌 지금 인간의 가장 큰 욕망을 탐하고 있어.
홍련	뭐 영생? 그게 뭐 나빠. 죽지 않고 살겠다는데.
무영	그것 때문에 수많은 죄 없는 사람들을 죽이고 있잖아.(13회)

무연	정말 여기가 좋아? 황천강이나 오가면서 죽은 사람들이나 건져 올리고 오늘이 내일 같고 내일이 오늘 같은 이곳이 정말 좋은 거냐구?
무영	넌 왜 그렇게 이곳이 싫은 것이냐?
무연	갖지 말라잖아! 갖고 싶은 욕망이 뭐가 나빠? 그런데 이곳에서는 아무것도 못 갖게 하잖아? 나는 개똥밭에 굴러도 욕망이 허용되는 이승이 나아! 이승에서 살고 싶어!(16회)

무연은 생에 대한 강렬한 열망을 가지고 있다. 무한을 향한 욕망은 어떤 행위로도 채워지지 못하며 계속 커지기에 문제이다.[12] 이는 무연이 인간계에 머무는 방식으로 확인된다. 그녀는 빙의로 인간의 몸을 차

---

12 문성원, 『타자와 욕망─에마뉘엘 레비나스의 『전체성과 무한』 읽기와 쓰기』, 현암사, 2017, 34쪽.

지하여 원래 영혼을 사라지게 하고 윤달 보름날 처녀를 죽여 영혼을 흡수한다. 400년 동안 무연은 백삼십 명의 영혼을 착취했다.[13] 이렇게 무연이 이승에 머무르려면 무고한 인간의 몸과 영혼 즉, 인간의 희생이 필요하다. 결국 이 작품은 삶에 대한 욕망과 현실 질서 교란을 등가의 악행으로 제시한다.

무연은 선녀였을 때 청초한 분위기였다. 하지만 인간에 빙의된 무연(홍련)은 화려한 복장과 표독스런 표정으로 정반대 분위기를 보여준다. 게다가 영혼 봉인, 결계 형성, 기억 삭제, 병 치유 등의 능력도 있다. 그렇기에 그녀 주변은 피, 타액, 땀, 눈물, 썩은 살 등의 육체적 배설물과 엉켜 있는 시체 같은 아브젝션abjection이미지로 넘쳐난다. 즉 경계와 위치, 규칙이 무너지고 정체성과 체계, 질서가 교란되어 있다.[14] 게다가 자기 맘에 들지 않으면 눈을 치켜뜨며 소리를 질러 공포 분위기를 고조시킨다. 이 작품에서 무연은 강한 힘을 가졌지만 타인 착취에 죄책감을 가지지 않고, 자기 뜻대로 되지 않을 때는 분노를 표출하는 괴물이다. 즉 여성의 힘과 악을 같은 축으로 놓았다. 무연이 욕망을 품게 된 계기는 개인의 결핍 외에 다른 차원의 문제도 있지만 그 부분은 다뤄지지 않는다. 대신 무연의 금기 위반과 무한한 욕망 표출로 세상이 혼돈에 빠졌음만 부각한다. 무연은 인간의 힘을 빌려 영혼을 가지고, 살인을 교사하고 활용가치가 다 된 인간을 유기한다. 이렇게 무연은 자기 이익만을 위해 움직여서 문제적이다. 왜냐하면 타인을 고려하지 않는데다가 법규

---

13 윤달은 19태양년에 7번의 윤달을 두는 계산법을 따른다. 19태양년은 태음력 235개월이다. 태양력 만 3년이 못 되어 윤달이 한 번씩 돌아오는 형태다. 무연이 인간계에서 살았던 400년을 3으로 나누면 133명이란 희생자의 수를 어림할 수 있다.
14 바바라 크리드, 손희정 역, 『여성괴물, 억압과 위반 사이』, 여이연, 2008, 33~35쪽.

위반처럼 공공의 질서를 흩트리며 위험을 확장시키고 있기 때문이다.[15] 결국 무연으로 상징된 악귀는 탐욕이 통제와 제거의 대상임을 인지시키는데 기여한다.

한편 이 작품에는 무연을 배후 삼아 권력을 행사하는 최 대감과 같은 인물도 등장한다. 무연은 자신에게 머무를 영역과 영혼을 제공한 인물에게 부귀영화를 주었다. 그래서 최 대감의 경우 권력형 비리를 저지르면서도 제지를 받지 않았다.

돌쇠	밀양을 꽉 잡고 있는 최 대감 아닙니까요? 좌천돼서 잠깐 낙향한 모양인데 고을에 사또가 없으니 저 양반이 사또, 아니 여기선 왕이랍니다요. 왕.
	(…중략…)
부역남	대감마님! 쇤네 말 좀 들어 주십쇼. 중병에 노망 들린 팔순 노모가 있는데 소인이 부역엘 나가면 돌볼 사람이 없습니다요. 대감마님, 부역만 빼주시믄 뭐라도 하겠습니다. 나, 나랏법에 저 같은 놈은 빼준다 하더만요.
최 대감	나랏법? 네 놈이 정녕 죽고 싶은 게야?!(1회)
이방	이전처럼 최 대감 마님 명만 잘 받들면 관아는 다시 우리 세상일세.(4회)

15   롤프 데겐, 박규호 역, 『악의 종말』, 현문미디어, 2010, 279쪽.

백성1	논 한 마지기로 아홉 식구를 먹여 살리는데 그거마저 뺏어가
	아버지는 자결하시고, 어머니는 화병으로 돌아가시고…….
백성2	우리 아들이 술을 먹고 최 대감에게 좀 나쁜 소리를 했다고 밤
	새 두들겨 맞고 다리병신이 되고 실성을 했습니다요.
백성3	저는 최 대감마님 고리 대금 빚을 갚지 못하여 열 두 살짜리
	딸아이를 팔았습니다요. (16회)

밀양은 고을 사또가 부재해서 공권력이 미치지 못하는 곳이었다. 이를 틈타 서울에서 관리를 지냈던 최 대감은 자신의 권력을 강화한다. 최 대감의 힘은 백성의 노동력과 자금을 갈취하면서 커진다. 이를 가능하게 해준 것이 고리대금이다. 그의 돈은 관리를 수족으로 부리고 백성들을 제압하는 데 기여한다. 최 대감은 악귀가 보장한 자본을 통해 권력을 얻었고 백성들에게 공포를 조성하지만 통제되지 않는다. 백성들은 최 대감의 악행에 대항할수록 고통을 받기 때문에 고통, 유기, 무력의 단계를 거쳐 묵인하고 있었다.[16] 사회적 약자는 위력에 예민할 수밖에 없다. 나도 유사한 상황을 겪을 거란 불안과 공포의 감각들이 공유되기 때문이다.[17] 〈아랑 사또전〉은 조선 후기가 배경이지만, 이 악귀 판타지의 전제는 자본과 약자의 불합리한 관계에서 출발한다. 이는 신자유주의 성과 사회인 현대와 접점을 보인다. 신자유주의 질서는 교묘하게 시스템에 대한 저항이 일어나지 않게 했다.[18] 경기 침체는 기업의 구조 조정과

---

16 찰스 프레드 앨퍼드, 이만우 역, 『인간은 왜 악에 굴복하는가』, 황금가지, 2004, 113쪽.
17 박형신·정수남, 『감정은 사회를 어떻게 움직이는가』, 한길사, 2015, 104쪽.
18 한병철, 김태환 역, 『심리정치-신자유주의의 통치술』, 문학과지성사, 2015, 17쪽.

노동 시장의 유연화를 불러일으켰고, 대량 해고, 비정규직 고용 증가 등으로 인해 고용 불안정을 가져왔다. 결국 신자유주의화 이후 한국사회의 빈곤은 노동을 해도 가난한 노동 빈곤working poor의 모습을 보이고 있다.[19] 그런데도 사회나 구조에 의문을 제기하기 보다는 자기 자신에게 실패의 책임을 돌린다는 점에서 문제적이다.

〈아랑 사또전〉에서 밀양은 하부체계의 붕괴 과정을 보여주는 공간이다. 밀양은 더 얻으려는 '욕망'들로 인해 이승과 저승의 경계가 무너지고, 약자가 몸과 영혼을 빼앗겨도 구조적으로 해결이 안 되는 곳이었다. 최대감은 자본권력(악귀)과 결탁하여 약자(백성)를 지속적으로 착취했다. 밀양 사람들은 이중으로 고통을 겪는다. 악귀나 그 힘으로 세력을 구축하는 이들이 제재를 받지 않고 힘을 늘려가는 상황은 '공포'의 감정을 불러일으킨다. 규칙과 정의가 통하지 않는 부조리한 세상에서 상대적 약자가 취할 수 있는 방법이 별로 없기 때문이다. 이처럼 '악귀와 결탁해 보장받은 자본'은 거대 자본과 그 구조를 따르는 신자유주의적 시스템과 크게 다르지 않다. 판타지가 억압된 세계와 구성물을 등장시켜 현실 전복을 겨냥하는 기능[20]을 가진다 할 때 〈아랑 사또전〉은 악귀를 통해 자본 착취의 문제를 해석해 볼 수 있게 한다. 악귀가 권력자와 연결되면 더 심각해진다. 권력이 악행을 덮어 그 부정적 행위들이 지속되기 때문이다.

환상은 현실을 도려내고, 거기에 부재하는 것, 말해질 수도 없고 보일 수도 없었던 것을 드러낸다. 억압된 욕망의 대상을 제공하여 위반을 상상하게 하지만 마지막에 그러한 대상들을 처치함으로써 지배 이데올

---

19 정정훈, 「사회적 배제와 대중들의 공포」, 『문화과학』 78, 문화과학사, 2014, 44쪽.
20 로즈메리 잭슨, 서강여성문학연구회 역, 앞의 책, 18~19쪽.

로기에 종속하게도 한다. 위반과 전복이 판타지의 본질인 것이다.[21] 우리는 소수를 위한 희생과 착취가 문제적임을 알고 있다. 인간답게 살려면 이 문제는 해결해야만 한다. 이 작품은 신자유주의 시대의 특성을 보여주는 도구로 악귀를 활용하였다. 강렬한 욕망과 부귀영화로 은유된 악귀는 무고한 희생자를 착취하고 제도를 무너뜨릴 수 있다는 경고를 보여주었다. 희생이 전제된 탐욕, 자본과 결합한 무제한적인 권력은 부당한 착취와 두려움을 내재화시키기에 제거 대상으로 제시된다. 결국 이 작품은 보호받지 못하는 곳에서 생존에 집중할 수밖에 없는 모습을 조명하여 인간답게 사는 것에 대한 우회적인 질문을 던지고 있다.

2) 결핍을 대체한 분노 전가

토도로프는 환상적인 텍스트가 되려면 독자들로 하여금 등장인물의 세계가 살아 있는 사람들의 세계이고 이야기된 사건들에 대해 자연적인 해석과 초자연적인 해석 사이에서 망설이도록 강요해야 한다고 주장한다.[22] 〈오 나의 귀신님〉에서 귀신은 일반인의 시각에 포착되지 않을 뿐 공기처럼 함께 있는 존재로 그려진다.

DJ   여러분 아세요? 어떤 책에서 읽은 건데요, 흔히 귀신이 소복 입고 흑발 날리며 폐가 같은 데 등장한다고 생각하잖아요. 그런데 실상은 일상 속에, 지금 바로 우리 옆에 있대요, 귀신이. 같이 수다 떨면서요.

---

21 위의 책, 242쪽.
22 츠베탕 토도로프, 최애영 역, 『환상문학서설』, 일월서각, 2013, 68쪽.

순애(Na)	…… 귀신 중에서도 가장 한이 깊다는, 처녀귀신이다. 처녀로 죽은 게 얼마나 억울했으면 극락왕생도 마다하고 이리 구천을 헤매겠는가. 나를 심술의 여왕, 귀신계의 탕아라 부른다지만 이해해주기 바란다. 나는 불쌍한 영가, 미련 많은 영혼이다. 그리고 무척 …… 심심하다. (1회)

〈오 나의 귀신님〉에서 귀신은 찜질방, 거리, 방 안에서 인간의 대화에 참견할 정도로 가까이에 있다. 하지만 사람들은 같은 공간 속의 귀신을 알아보지 못한다. 아기, 동물 혹은 무당이 그를 보지만 일상을 위협할 정도는 아니다. 있으나 없는 듯한 귀신은 '빙의'를 통해 구체화된다. 빙의는 고통스러운 영혼들이 인간 몸에 들러붙어 다른 행동을 하는 현상으로 하나의 육체에 다른 혼이 점유하는 것을 말한다.[23] 나봉선은 식당에서 설거지 및 허드렛일을 담당하는 업무를 맡고 있으며, 신체와 심리 모두 나약한 성향을 지닌 인물로 설정되어 있다. 그에 비해 그녀에게 빙의된 귀신 신순애는 생활력이 강하고, 털털한 성격을 가졌다. 봉선이 순애에게 빙의되면서 전혀 다른 성향을 보이지만 주변인들은 이를 정확하게 인지하지 못한다. 심지어 봉선이 의학적으로 진단을 받게 되는 계기도 감기로 쓰러졌기 때문이다. 의사는 그녀를 조울증으로 진단하고, 봉선의 동료들은 다중인격으로 판단한다. 이렇게 주변인들은 봉선의 상황을 정확하게 인지하지 못한다. 〈오 나의 귀신님〉은 타인에게 무관심한 상황을 '빙의'를 통해 보여준다. 한 몸에 다른 영혼이 함께 하는

---

23 묘심화, 『빙의』, 찬섬, 2002, 66쪽.

판타지는 일상과 환상의 경계를 보여주는 동시에, 개인의 변화에 진정한 이해가 부족한 현재 사회상을 드러내는 장치로 기능하게 된다.

〈오 나의 귀신님〉에서 문제를 일으키는 인물은 최성재 경장이다. 그는 평소 착하고 성실한 경찰이다. 하지만 자신에게 불편한 상황이 되면 뒤에서 환자를 못 본 척하고, 차를 막고 있는 리어카를 쳐내고, 강아지를 패고, 차량에 스크래치를 내는 등 전혀 다른 행동을 한다. 최 경장의 이중적인 모습을 주변인이 눈치채지 못했던 이유는 교묘한 행동 때문이다. 빙의 당사자는 귀신에게 조종된 행동을 기억하지 못한다. 이는 봉선이 빙의된 시간을 블랙아웃처럼 인지하지 못하는 모습으로도 확인된다. 그러나 최 경장은 악귀와 유착되어 의식과 행동이 남아 있고, 부정적인 행동을 철저히 숨기려고 노력한다.

최 경장 안에 있던 악귀는 온몸이 검은 기운으로 덮여 있고, 민머리에 혈관이 확장된 빨간 눈을 가졌으며 기괴한 소리를 내는 괴물의 형상이다. 검은색은 혼돈, 죽음과 무덤, 양면성, 무의식처럼 우울감이나 죄의식을 표상할 수 있기에[24] '악귀'의 흔적을 시각화하는데 활용되었다. 최 경장의 핸드폰 벨소리는 쇼스타코비치 왈츠 2번[25]이다. 왈츠에 재즈의 느낌이 가미된 이 곡은 악행을 예고하는 동시에 최 경장의 이중성을 보여주는 배경음악이기도 하다. 〈오 나의 귀신님〉은 귀신에 빙의된 인물들에 대한 주변의 무감각과 악귀에 유착된 최 경장의 범죄 은폐 과정

---

24 제프리 버튼 러셀, 김영범 역, 『데블』, 르네상스, 2006, 77쪽.
25 이 곡은 쇼스타코비치가 러시아에 방문한 재즈 연주자와 교류를 통해 만들어져서인지 경쾌한 박자감에 끈적이는 묘한 분위기가 복합적으로 담겨 있다. 〈텔미 썸씽〉(1999), 〈번지점프를 하다〉(2001), 〈올드보이〉(2003), 〈아이즈 와이드 셧〉(2000) 등 스릴 넘치는 살인 영화에 OST로 활용된 뒤 대중적으로 알려졌다.

을 통해 선과 악, 현실과 환상에 대한 경계 등 이분법으로 분리되지 않는 현실을 환기시킨다.

> 서빙고   그 최 경장이란 자, 악귀에 씌인 걸지도 몰러.
>
> 순애   악귀? 설마…… 어떻게.
>
> 서빙고   악귀는 한번 숙주로 삼은 인간한테 쭉 붙어살거든 기생충마냥. 나중엔 인간이 악귀인지, 악귀가 인간인지 분간이 안 된다구. (…중략…) 최 경장을 좀 살펴봐. 그자가 악귀가 맞다면 니가 보일 테니까 각별히 조심하구.(13회)

최 경장에게 씌워진 악귀는 전사前史가 드러나지 않으며, 실체도 아주 짧게 나타난다. 최 경장에게 빙의할 땐 검은 기운이었고, 떨어져 나왔을 때에야 인간의 얼굴을 한 괴물로 포착된다. 그에게 붙은 악귀는 숙주를 삼은 인간에게 들러붙어 인간이 결핍을 느낄 때마다 그 힘을 발휘한다. 즉 〈오 나의 귀신님〉은 악귀에 빙의된 최 경장을 통해 견딜 수 없는 부재의 감정이 결국 누군가를 향해 퍼부어지는 위력[26]을 보여준다. 최 경장의 '결핍'은 '파양dissolution'이다. 파양이란 법적으로 승인받은 입양 이후 또 다시 양부모와 아동의 법적 관계가 종결되는 것을 지칭한다. 파양은 양부모의 입장에서 결정되는 경우가 많기에, 파양당사자는 거절감과 낮은 자존감, 통제력 부족과 상실감, 해결되지 않은 슬픔 등 정신적, 심리적인 후유증을 가지게 된다고 한다.[27]

---

26 테리 이글턴, 오수원 역, 앞의 책, 158쪽.
27 이정희, 「한국 국내 입양의 실태와 개선방안에 관한 연구」, 대신대 석사논문, 2009, 75~76

최 경장	음주검문 있겠습니다. 한 번만 세게.
파양부	!! (알아본 듯 놀란다)
최 경장	용케 알아보시네요. 아버지.
파양부	우리 명진일 죽일 듯이 노려보던 니 눈빛을 어떻게 잊겠냐. 근 본도 모르는 앨 들이는 게 아니었는데. (비웃듯) 경찰이 됐어?
최 경장	왜요? 전 경찰 되면 안 됩니까?
파양부	안 될 건 없지. 어쨌거나. 웬만하면 우연히도 마주치지 말자. 잊고 싶은 기억이 떠올라 괴로우니까. (출발해버린다.)
최 경장	! (표정 일그러지며 꼭 쥔 주먹이 벌벌 떨린다.) (15회)

데리다는 타자의 아포리아를 아웃사이더, 환대, 적대, 환적hostipitality (조건부 환대)으로 요약하였다.[28] 최 경장의 입양 과정도 타자의 아포리아 단계를 그대로 밟고 있다. 최 경장은 입양되었지만(환대) 양부모에게 친 자가 생기면서(조건부 환대), 양부모의 친자에게 위해를 가한다는 오해를 받아(적대) 결국 파양됐다(아웃사이더). 성인이 되어 우연히 마주친 양부 는 여전히 그를 혐오한다. 혐오는 자신의 오염을 막기 위해 거부하는 감 정으로 특정 집단과 사람을 배척 무기로 활용할 때 위험하다.[29] 최 경장 은 양부모의 혐오로 인해 양자로 있었던 시간마저 부정되면서 다시 버려 진다. 결국 그가 양부 살인을 모색하게 된 동기는 존재 자체를 부인당해 서이다. 안정된 애착과 신뢰를 바탕으로 한 유대관계를 가지지 못한 사

쪽; 김진숙, 「국내 입양 후 파양된 청소년의 경험에 대한 현상학적 연구」, 『청소년시설환경』 13(1), 한국청소년시설학회, 2015, 27쪽.

28 리처드 커니, 이지영 역, 앞의 책, 122~130쪽.

29 마사 누스바움, 조계원 역, 『혐오와 수치심』, 민음사, 2015, 185~201쪽.

회적 약자들은 자존감이 낮기 때문에 주변사람에게 거부당하거나 다른 사람들이 자신을 무시하는 행동에 대해 참지 못하고, 공격성을 표출하게 된다.[30] 사실 분노는 '정서의 영역'으로 개인의 건강과 심리 유지, 적응과 발전에 기초가 되는 기술이다. 이는 내적 억제, 외적 표출, 분노 통제와 같은 다양한 방식으로 사회적 맥락과 학습을 통해 습득해야 한다.[31] 그러나 최 경장은 어릴 때 감정을 적절하게 해소하는 기술을 제대로 교육받지 못했다. 즉 그가 부적절하게 정서를 표출하게 된 이유는 파양 제도처럼 사회적 약자를 보호하지 못하는 사회 구조 때문이다. 그럼에도 이 작품은 최 경장의 분노 표출을 '악귀'의 탓으로 처리했다. 즉 결핍과 분노를 조절 못하는 개인만 문제삼는 현실을 그대로 반영한 것이다. 결국 이 작품은 최 경장에 깃든 악귀를 통해 다른 이에게 부담을 주지 않도록 감정까지 제어해야 하는 단속사회의 모습을 고스란히 드러낸다.

서빙고(E)	이제야 기억이 났답니다. 이 귀신 년이 …… 그쪽 동생을 최 경장 그놈이 치고 뺑소니치는 걸 목격하고 신고하려다가, 최 경장 그놈한테 당한 거래요.
선우	어떻게 …… 어떻게 우리 은희한테!
서빙고(E)	그자한텐 악귀가 씌었어요. 인간의 탈을 뒤집어 쓴 거지. 그놈이 무슨 짓을 할지 모르니까 일단 나봉선 그 처자부터 찾아야 돼요. 뭐든 증거를 들이밀어서 경찰부터 풀어요! (15회)

---

30 오세연, 「분노범죄의 발생원인과 대응방안에 관한 연구」, 『한국공안행정학회보』 66, 한국공안행정학회, 2017, 46쪽.
31 송지은 외, 「분노수준과 분노표현 양식의 관계」, 『한국심리학회지 학교』 6(2), 한국심리학회, 2009, 215쪽.

진구	들었는지 모르겠지만 얼마 전에 나 뻑치기 당했거든. 그게 그 와이프 뺑소니 사건 때 망가진 CCTV 복구하고 오는 길이었는데 …… 그때 쓰러지면서 얼핏 최 경장을 본 거 같아서.
강순(순애)	현장에서요?
진구	내 생각에는 …… 최 경장이 와이프 뺑소니 사건 범인을 은폐하려는 것 같아. 범인과 모종의 뒷거래가 있었던 게 아닌가 싶어. (…중략…)
진구	심증뿐인데 …… 자세한건 결과가 나와 봐야 확실해져. 결정적인 증거물을 하나 확보해놨거든.(13회)

감식원(E)	외장하드 조각에서 발견된 지문은, 한 경장님이 의뢰하신 최성재 씨의 지문과 99.9% 일치합니다.(14회)

최 경장은 양부모 살해를 포기하고 귀갓길에 울면서 운전하다 은희를 차로 들이받고 만다. 그는 양부에게 직접 항의하지 못한다. 그 행동 이후 자신에게 돌아올 비난과 책임을 마주할 수 없었기 때문이다. 그리고 전혀 상관없는 이에게 심각한 해를 끼친다. 자신의 분노를 타인에게 전가한 것이다. 고통을 경험한 희생자는 그 아픔을 어떤 방식으로든 앙갚음하려는 성향이 있다. 이때 자신의 고통을 전달하는 방식으로 보복, 복수, 화풀이 등이 있다. 과도한 스트레스를 다른 대상을 통해 해소하려는 화풀이, 특히 전혀 상관없는 대상에게 분노를 전가하는 방식은 문화, 시간, 공간, 종을 뛰어넘어 존재하며 본능이기도 하다.[32] 〈오 나의 귀신님〉은 최 경장을 통해 자신의 분노를 상관없는 이에게 전가한 뒤, 그 행

동에 죄의식을 느끼지 않는 모습을 '악귀'에 빙의된 모습으로 표현한다. 죄책감, 후회, 공감 능력, 애정, 타인을 걱정하는 마음 등 인간관계에서 나타나는 정상적인 감정들이 결핍된 이를 사이코패스라 지칭한다. 이들은 감정의 진공 상태에서도 겉으로는 정상적인 감정과 사랑을 지닌 평범한 인간을 완벽하게 모방하기에 두려운 존재이다.[33] 이 작품은 무표정한 얼굴로 인간의 가치를 지워낸 낯선 얼굴을 악귀로 구체화시킨 것이다. 환상적인 것은 공포, 끔찍함, 호기심을 불러일으켜서 긴장을 유지시키는데 이는 간접적이며 왜곡되고 전복된 시선의 상징이다.[34] 이 작품은 최 경장에게 스며든 악귀를 화풀이와 죄의식의 부재에서 형성된 것으로 그리면서, 사이코패스와 '악'의 문제에 대해 질문을 던진다.

순애	기억났어 …… 다 …… 나한테 왜 그랬어요? 왜 날 …….
성재	안 봐야 될 걸 봤으니까 …… 니가.
순애	그렇다고 어떻게 …… 어떻게 사람을.
성재	시끄러. 그러게 한 같은 거 품지 말고 그냥 올라가줬음 좋았잖아. 성가시게. (검은 기운 CG)
순애	소용없어. 어차피 당신 악행은 이미 세상에 드러나기 시작했어. 더 이상은 원하는 대로 되지 않아. 그 몸과 이미 한 몸이 된 것도 알아. 이제 당신은 죄의 대가를 치르고 평생 갇혀 살게 될 거야. (15회)

---

32 주디스 이브 립턴·데이비드 배래시, 고빛샘 역, 『화풀이 본능』, 명랑한지성, 2011, 18~46쪽.
33 롤프 데겐, 박규호 역, 앞의 책, 114쪽.
34 츠베탕 토도로프, 최애영 역, 앞의 책, 237쪽.

최 경장은 사람을 차로 친 최초의 사고를 책임지지 않았기에 문제적
이다. 그는 뺑소니 이후 살인, 시체 은닉, 증거 조작 등 사고를 덮기 위한
범죄를 계속 저지른다. 화풀이는 또 다른 희생자를 만들어낼 뿐이다. 최
초의 고통을 경감시키지 않고, 근원이 바뀌지 않는 한 문제는 해결되지
않는다. 판타지는 현실과 비현실 사이의 망설임과 그 경계에 대한 문제
제기와 대립에서부터 출발한다. 대립을 부정하기 위해서는 그 항목을
보아야 하고, 희생이 성공하려면 또 다른 무엇을 희생시켰는지 알아야
한다. 이 작품은 악귀를 타인에게 화풀이 혹은 사이코패스적 행동으로
형상화하였다. 〈오 나의 귀신님〉은 가정 결핍이 감정의 결손을 치유하
지 못했고, 사회적 제도가 이를 보호해주지 못한 현실은 외면했다. 그리
고 화풀이로 악을 용인하는 것에 대한 위험성을 악귀 판타지로 구현했
다. 하지만 그 이면은 일상 속 이해 부재의 상황들을 노출시키면서 관계
파탄과 결핍의 문제에 대해 역으로 고민하게 만들었다.

3. 악귀 퇴치, 문제 해결의 부재 인지의 도구

1) 망각과 책임 부재

허구적인 세계를 통해 리얼리티를 언급하는 기법으로는 첨가, 삭제,
대조가 있다. 여기서 삭제의 기법은 리얼리티를 단순화시켜 이미지를 구
체화시키고 새로운 리얼리티를 표현하게 된다. 위 기법이 심하게 이루어
질수록 상징적인 해석이 가능한 이미지로 세계가 재현된다.[35] 〈아랑 사또
전〉에서는 대리인 주왈의 '기억'에서 이 부분을 확인할 수 있다. 이 작품

은 인간의 혼을 악귀가 차지하려면 다른 인간이 도와야 가능한 것으로 설정했다. 악귀의 욕망을 위해 전적으로 움직이는 인물은 최 대감의 양아들 주왈이다. 그는 처녀를 유인해 살해하고, 영을 봉인해서 무연에게 바치고 시체를 유기한다. 즉 인간이 사회에서 사라지는데 기여한다.

어린 시절 주왈은 이름도 없는 고아 신분에 골비단지[36]로 떠돌아다니면서 소죽을 훔쳐 먹는 거지였다. 그는 육체적으로는 추위와 배고픔을 정신적으로는 혐오와 멸시를 받고 있었다. 주왈은 생존 자체가 불안한 상태였고, 기본적인 인간 윤리에 대해 배우지 못한 상태였다. 그런고로 어린 주왈은 안정적인 환경에 속하고자 하는 생존 욕구에 지배받는 존재였다.

홍련	…… 너에게 기회를 준건 네가 다른 이들과 달라서였다. 돈을 다오, 권력을 다오, 명예를 다오, 복수를 해다오, 난 인간의 욕망이 그리 각양각색인 줄은 몰랐지. 헌데 넌 뭘 달라 하지 않았어. 그저 사람으로 살고자 한다고 했어. 그래 사람으로 사는 게 무엇이냐 물었지. 따뜻한 집에 따뜻한 밥을 먹으며 무시당하지 않고 사는 것이라 했어. 그리고 어머니…… 그 누구의 욕망을 이루어주는 일보다 쉬운 일이었어. 하여 내 조금 미안한 마음이 들어 너에게 기회를 준 것이야. 그 누구에게도 허하지 않았던 어머니라고 부를 수 있게 해준다 하지 않았어. 그렇게 마음 써주었더니 넌 지금 내게 가장 어려운 것을 달라 했어. 배은망덕도 유분수지 감히 내 걸 넘봐?(13회)

---

35 캐스린 흄, 한창엽 역, 『환상과 미메시스』, 푸른나무, 2000, 143~158쪽.
36 병으로 골골거리는 사람을 속되게 이르는 말.

주왈은 '사람답게 사는 것'을 원했다. 그에게 사람다움은 배불리 먹고 추운 곳을 피하며 무시당하지 않고 사는 것이었다. 가정 부재가 인간다움을 잃게 만든 원인이 된 것이다. 주왈이 어떤 사연으로 그렇게 되었는지 나오지 않지만, 밀양이 하층 계급의 생존과 자존감을 채워주지 못하는 공간임은 유추할 수 있다. 그래서 주왈에게 무연은 절대적일 수밖에 없었다. 그는 무연에게 영이 맑은 처녀의 혼을 바치고 사람답게 살고 싶은 바람을 성취하였다. 그래서 어머니 같은 무연에게 인정받기 위해 노력하는 것이다. 이 작품은 제도가 보호해주지 못하는 공간에서 기본 욕구가 행동의 근원이 됨을 확인시켜준다.

주왈은 무연에게 영혼을 제공하기 위해 다른 사람을 살해했고, 죄책감을 줄이기 위해 무연에게 기억 삭제를 요청한다. 물론 인간의 기억이란 경험 그대로 기록하지 못하며 언제나 왜곡과 망각의 가능성이 있긴 하다. 기억은 작화confabulation, 출처 혼동source confusion, 상상 팽창imagination inflation되는 구성 능력이기 때문이다.[37] 망각은 사회 균형을 유지하고 제어하는 힘으로 작용될 때는 의미가 있다.[38] 하지만 주왈의 망각은 긍정적 의미로 해석되지 않는다. 주왈에게 기억 삭제는 관계 차단과 무책임의 과정이며, 자신의 생존 욕구를 충족시키는 일종의 도구다. 여기서 책임이 기억을 내면화한 것인 동시에 사회적 공동체의 조건임을 환기해본다면, 〈아랑 사또전〉에서 주왈의 문제는 도덕과 진리에 대한 훈육 부재로부터 출발한다고 볼 수 있다. 그는 어린 시절 최소한의 윤리와 존중에 대한 기본적인 틀(가정)이

---

37 진은영, 「기억과 망각의 아고니즘」, 『시대와 철학』 21(1), 한국철학사상연구회, 2010, 163쪽.
38 홍사현, 「망각으로부터의 기억의 발생 – 니체의 기억개념연구」, 『철학논집』 42, 서강대 철학연구소, 2015, 342쪽.

부재했기 때문에 '책임'에 대한 훈육을 받지 못했다. 그저 본인이 생존하는 데 불필요한 불안을 제거하는 방식으로 안정을 얻은 것이다. 이 작품도 주왈의 부정적 행동에 대한 원인을 가정과 개인에게 돌렸기에 진정한 문제는 흐려지게 된다.

> 무연   여전히 괴롭니? 사람을 죽이는 일이 쉬운 일은 아니지. 허나 번번이 이러면 어쩌자는 거니. 내 이리 심약한 아이인 줄 알았으면 그때 거두지 않았을 거야.
>
> 주왈   살려주십시오.
>
> 무연   또 지워주런? 지우면 돼. 그까짓 기억 따위 얼마든지 지울 수 있다. 간단하잖니. 지워주런?
>
> 주왈   (무릎을 꿇고 앞으로 다가가며) 예.(16회)

사실 악귀 무연은 허상이고 정체불명의 존재이다. 실제 악행을 저지른 주왈은 기억 삭제를 통해 자신의 의지가 아니었다고 변명한다. 부모가 부재했던 주왈은 악귀와 결탁하면서 이를 대체할 것들을 얻었다. 주왈은 생존과 인정에 대한 기본단계를 충족시킨 뒤 아랑에게 연모의 감정까지 품었다. 그는 납치, 살인과 같은 악행을 저질렀으나 지역 유지 아들이란 신분과 권한으로 죄를 은폐하였다. 이런 행동은 공동체의 기본질서와 윤리의식에 균열을 낼 수 있다. 힘을 가진 이의 범죄가 문제가 되는 이유는 힘없는 이에게 그 책임이 돌아가기 때문이다.

> 주왈   낭자. 당신의 마지막까지 그리 참담하게 버려됐는지 몰랐소.

몰랐다는 말로 용서될 진 모르겠지만 정말 몰랐소. 대체 얼마나 많은 기억들이 다시 떠오르게 되는지, 두렵소. ……나는 어찌 살아야 한단 말이오……. (…중략…) 눈을 떠도 깜깜한 날들이었소. 살아도 멈춰진 날들이었소. 가슴 졸이며 걸었던 비겁한 걸음을 이젠 끝내려 하오. 사람들 가슴에 비수를 꽂고도 멀쩡한 날, 끝내 내가 용서할 수가 없소. 낭자. 혹시나 낭자를 다시 만나게 되면 그런 생이 허락된다면 그땐 낭자 뒤에만 있으려 하오. 멀리서 검은 그림자로 바라만 보며 아파만 하겠소. 감히 사랑하지 않겠소.(15회)

〈아랑 사또전〉은 악귀를 '삭제된 것'과 관련지었고, 악귀에게 영향받는 이유를 인간다움에 대한 욕구와 연결시켰다. 또한 고통에 공감하지 못하고 죄책감이 없는 인물을 통해 망각과 책임 부재의 문제점을 보여준다. 삭제와 환상은 서로 결합되면서 매혹적인 허구의 세계를 만든다. 삭제가 심하게 이루어질수록 독자는 상징적인 해석이 가능한 이미지로 세계가 재현되었다고 믿게 된다.[39] 삭제가 많은 세계는 그 진실을 덮으면서 의문을 품게 하기 때문이다. 밀양에 벌어진 문제들은 현실을 비유하면서 동시에 이상적인 방향에 대해 질문을 던진다. 주왈은 자살하지만 저승사자로 환생한다. 이 결말은 이중적으로 해석된다. 주왈의 죽음으로 해결된 것은 미미하다. 주왈이 기억을 삭제하면서까지 되돌아가고 싶지 않았던 처참한 현실도 변화가 없다. 게다가 주왈이 죽였던

---

39 캐스린 흄, 한창엽 역, 앞의 책, 162~163쪽.

이들에 대한 위로도 이루어지지 않는다. 결국 기억은 사회를 바꾸는 과정이 되어야 한다. 과거가 청산되려면 잘못된 것을 처벌하여 진실을 복원하고, 상흔들을 치유하고 애도하며 왜곡 없이 기억되게 해야 한다. 그러려면 가해자 처벌과 피해자 배상, 기념의 제도화, 역사 왜곡의 처벌 등 여러 사법 장치의 도움이 필요하다.[40] 결국 이 작품은 우리가 소속된 제도가 변화해야 또 다른 문제가 발생되지 않을 것임을 '책임지지 않는 망각'을 통해 보여주었다.

이렇게 악귀 판타지는 삭제와 복구되어야 할 것을 통하여 해결책을 간접적으로 보여준다. 데리다에 따르면 영혼을 불러내거나 악귀를 몰아내는 "콩쥐라시옹conjutation"은 약속하고 결정하고 책임을 지는 행위이다.[41] 〈아랑 사또전〉에서 악귀에게 균열이 생겼던 이유는 사람들의 상황 인지와 자각 때문이었다. 마을 사람들은 최 대감의 인신매매에 문제를 제기하고, 주왈은 죄책감을 받아들인다. 이렇게 이 작품은 '악귀 표상'으로 문제 상황은 확실히 드러내고 해결 방법에 대해 고민하게 만든다. 피해는 인정받지 못하고, 피해의식만 넘쳐나는 사회, 여기서 탈피하려면 잘못을 인정하고 책임을 지며, 제대로 된 기억의 연대를 위해 교정을 요청하는 공동의 노력들이 함께 이루어져야만 하는 것이다.

2) 자기방어와 불성실한 애도

〈오 나의 귀신님〉은 악귀의 전사를 보여주지 않는다. 대신 악귀는 인

---

40 이소영, 「기억의 규제와 '규제를 통한 기억하기'」, 『법학연구』 21(4), 경상대 법학연구소, 2013, 406쪽 참조.
41 자크 데리다, 진태원 역, 『마르크스의 유령들』, 그린비, 2014, 115쪽.

간계에 머무르는 시간을 어겨서 생성된 존재라는 조건이 붙는다. 즉 귀신 자체의 문제는 희박해지고, 그들이 인간계에 남은 것만 문제가 된다.

순애	그럼 어뜩해 ~ 하는 데까진 해 봐야지. 귀신 된 지 삼 년 넘으면 무서운 악귀로 변한다며? 악귀 되기 전에 이 한을 풀구 떠나야 될 거 아냐 ~
서빙고	그러니까. 니 마음을 다스려야지. 어떻게든 한을 버리고 그냥 성불해서 올라갈 생각을 하라구.
순애	치 그게 맘처럼 돼야 말이지.
서빙고	그러구 빙의하구 다니다 잘못해서 주파수 딱 맞는 몸이나 만나면 너. 갇혀서 못 나오는 수가 있어.(1회)
일팔귀	너 악귀 그거 만만하게 보면 안 된다. 지금 사회에서 일어나는 패륜 범죄, 유괴, 토막. 그거 다 악귀 짓이야. 걔들이 인간 홀린 거라구.(4회)
서빙고	정신 좀 차려. 너 같은 귀신 년들한테 젤 위험한 게 뭔지 알아? 바로 감정이야. 사람인양 착각해서 아프고, 슬프고, 기쁘고. 그러다 보면 욕심이 생겨. 악귀로 남아서라도 사람들 틈에 섞여 살고 싶은 욕심. 근데 악귀, 건 달러. 니들 같은 귀신 나부랭이들이 인간 몸에 빙의하고 다니는 거하곤 차원이 다르다구. 영원히 소멸되지도 않고 음습한 인간들 옆에 붙어 악을 종용하며 떠돌아다니는 거야. 더 정들기 전에 떠나 얼른.(10회)

〈오 나의 귀신님〉 속 악귀는 소멸되지 않기 위해 악을 종용하고, 다양한 범죄를 일으키는 근원이지만 설명되지 못하는 존재이다. 이들은 생성 원인을 드러내지 않기에 이해받을 가능성도 희박하다. 특정 범행을 '악'으로 규정해서 이해할 수 없는 행동, 일상의 사회 조건을 초월하는 행동으로 규정하고 논의 가능성을 봉쇄하는 방식은 경계할 필요가 있다.[42] 욕망의 근원을 밝히지 않았다는 것 자체가 은폐된 무언가가 있음을 의미하기 때문이다.

최 경장은 교통사고를 낸 후 이를 은폐하기 위해 추가 범죄를 저지른다. 그는 쓰러진 은희의 다리 위로 차를 운행해 그녀 인생을 뒤바꾸었고, 목격자 순애를 죽여 삶에 종지부를 찍었다. 거기다 자신에게 불리한 증거를 확보한 동료를 사고로 위장하여 죽인다. 또한 봉선을 납치하여 자신의 안전을 확보하고자 한다. 그는 자신의 과오를 덮기 위해 주변인을 위험에 빠뜨렸다. 그는 자신의 범죄에 정당한 책임을 지지 않았고, 경찰이 그럴 것이라 의심하는 이도 없었다. 이 상황은 악귀의 영향력으로 표현된다.

악은 파괴하지만 건설하지 않고, 허물지만 재건하지 않는다. 악은 모든 것을 무로 만들기 위해 안간힘을 쓴다. 사실 범죄자들은 스스로 악하다고 여기거나 악행을 인정하는 경우가 거의 없다.[43] 하지만 최 경장은 경찰이기에 문제이다. 경찰은 범죄를 수사하고 증거를 통해 범인을 잡을 수 있는 권한을 가진다. 그러나 최 경장은 자신의 신분을 이용하여 범죄를 은폐하고, 증거를 조작하거나 숨겼다. 이 최 경장의 사례는 사회

---

42 테리 이글턴, 오수원 역, 앞의 책, 200~201쪽.
43 제프리 버튼 러셀, 김영범 역, 앞의 책, 21쪽.

를 지켜야 할 이들이 오히려 악행을 행한다는 상상의 발현이다. 이렇게 경찰이 범죄자, 사이코패스라는 판타지는 공공의 기관만으로 개인의 안전이 보장되지 않는 현실을 우회적으로 드러내 준다.

한편 〈오 나의 귀신님〉은 악귀가 빠져나간 이후 삶을 통해 애도 부재의 현실을 드러냈다. 최 경장은 악귀에게 벗어나자마자 자살 시도를 한다. 그는 악귀에 빙의된 동안 은희를 불구로 만들었고, 순애와 한 경장을 죽였으며, 봉선을 납치했다. 그로 인해 은희는 발레리나의 꿈을 접었고 순애 아버지는 알콜성 간경화로 생사를 오가게 되었다. 이렇게 최 경장의 범죄는 당사자와 주변인들의 삶을 바꾸어놓았다. 하지만 그는 누구에게도 사죄하지 않았고, 자신의 행동에 책임지지 않았다. 그래서 최 경장의 자살시도는 온전한 반성 혹은 문제 해결을 위한 책임수행이라 보기 어렵다. 언제든 반복될 수 있는 여지가 남아 있기 때문이다. 그가 죽음을 선택한 것은 단순 도피에 가깝다. 적어도 순애나 한 경장에 대한 제대로 된 애도 즉 '그들이 지속적으로 기억될 수 있는 공간을 내어주고 남은 자들이 상실에 따르는 고통으로 병리적 상태가 되지 않기 위한 노력'[44]이 없었다. 최성재는 악귀가 빠져나간 후 죽지 않았고, 기억 상실로 인해 죄책감 없이 안락한 병원에서 보호를 받는다. 그는 어떠한 애도의 행동을 취하지 않았기에 문제적이다. 오히려 은희에게 연민과 애정 어린 지지를 받는다. 작품은 빙의를 일종의 면죄부로 활용한다. 결국 악귀는 완전 소멸이 아니라 인간의 몸에서 분리되는 것으로 끝난다. 제3의 존재인 악귀가 저지른 행동이기에 그에게 피해를 입은 이들에 대한 해

---

44 김종곤, 「세월호 트라우마와 죽은 자와의 연대」, 『진보평론』 61, 메이데이, 2014, 85쪽.

결은 거의 보이지 않게 된다. 불안에서 도망치기 위해 다른 대상에게 상실에 대한 책임을 떠넘기는 것이다. 가해자 혹은 수탈자로 상징된 일부 계층이나 특정인에게 책임을 전가하면 이는 희생제의가 될 위험이 증가될 수 있다.[45] 또한 면피와 불성실한 애도는 정상적인 치유를 막게 된다. 즉 작품 속에서 악귀 퇴마는 일시적 중단이지, 완벽한 삭제가 아님을 보여주게 되는 것이다.

또한 악귀 퇴치와 후일담은 현실의 또 다른 차원을 반영한다. 근래 많은 범죄자들은 그들이 자라온 환경(결손가정, 폭력이 일상인 이웃, 형제 외 다른 이에게 폭력에 시달렸던 과거)으로 잘못된 선택을 할 수밖에 없었다며 선처를 주장하기도 한다. 즉 잘못된 사회제도 안에서 생존을 위해 어쩔 수 없이 한 선택이었음을 주장한다. 그러나 자신의 행위에 책임지지 않고, 제도나 구조 탓만 하는 것은 분명 문제적이다. 이 작품은 유년 시기 정상적인 가정의 부재가 문제를 일으킬 수 있고, 이를 극복하기 위해 또 다른 가족이 희생을 감수하면 위험이 줄어들 것이란 메시지도 내포한다. 근래 공포보수주의는 사회 안전망 구축보다는 개인이 느끼는 공포를 증폭시키는 방식을 취하고 있다. 그 결과 국민들은 공포에서 벗어나기 위해 자기 절제, 통제, 몰입 등 개인화에 치중하고 있다.[46] 누군가의 희생과 지지로 개인의 문제를 해결하면 사회 문제를 일으키는 상황이 줄어들 것이란 결말은 일방적인 봉합이기에 문제적이다.

이렇게 현대 귀신 판타지는 악귀 퇴치와 빙의자의 자살 시도 등으로 문제를 해결하였다. 모든 잘못을 악귀에게 돌리니 사회 구조의 문제나

---

45 김현, 『폭력의 구조/시칠리아의 암소』, 문학과지성사, 1999, 227쪽.
46 박형신·정수남, 앞의 책, 118쪽.

이를 해결해야 할 책임이 덜어지게 된다. 부재를 채우는 도구로 악귀를 활용한 것이다. 결국 악귀 판타지는 문제해결을 위한 사회 구조망의 부재를 드러내는데 기여하였다. 판타지는 현실 세계의 부조리(불공정, 불평등)를 드러낸 것으로도 그 기능을 수행한 것으로 볼 수 있다.

4. 신자유주의적 통제와 지연된 책임

환상성(판타지)은 어둠을 가시화함으로써 자아를 균열시킨다. 환상은 범주화된 구조를 해체함으로써 사회의 중심세력을 침식시키기 위해 노력해 왔다. 환상물은 현실 세계의 곁에, 지배적인 문화의 중심축에 말없는 현존으로, 침묵하고 있는 상상적인 타자로 존재한다. 결국 환상은 현실을 도려내고 거기에 부재하는 것, 말해질 수도 없고 보일 수도 없었던 것을 드러낸다.[47] 최근 귀신 판타지드라마는 과거와 달라진 '공포'적인 상황을 보여준다. 특히 악의 정점인 '악귀'를 전면화한 것은 과거보다 더 부정적인 타자를 노출시키기 위한 방편이었다. 악귀는 빙의현상으로 인해 인간과 결탁되므로, 타자와 인간의 관계, 추방 대상에 대한 당대의 시선 등 현대사회의 부정적인 단면을 드러내는 좋은 소재가 될 수 있었다.

텔레비전드라마는 악귀를 독립된 존재 혹은 주체성을 가진 것처럼 구현하였지만, 악귀는 두 형태로 인간에게 영향력을 행사하였다. 하나

---

47 캐스린 흄, 한창엽 역, 앞의 책, 232~237쪽.

는 악귀가 인간에 빙의되어 몸 주인처럼 악행을 벌이는 모습이고, 다른 하나는 악귀에 빙의된 인간의 명령에 다른 인간이 조종되는 방식이다. 악귀의 악행을 대리하는 몸 주인은 악귀를 만나며 변화된다. 부모가 부재했던 이들은 악귀와 결탁하면서 이를 대체할 것들을 얻게 된다. 이들은 납치, 살인과 같은 악행을 저질렀으나 재력가, 경찰이라는 악귀에게 받은 신분과 권한을 이용하여 죄를 은폐한다. 이런 행동은 공동체의 기본질서와 윤리의식에 균열을 낼 수 있다. 왜냐하면 수정-계도해야 할 이마저 개인의 안위를 위해 범죄를 일으키기에 판단의 기준이 흐려지기 때문이다.

'악귀'는 현실의 경계를 해체하되 이전보다 훨씬 더 부정적인 타자를 전면으로 노출시키는 방편이었다. 사실 악귀는 허상이고 정체불명의 존재이다. 드라마는 인간이 악귀에게 조종당한 것으로 그려냈지만, 그 악귀는 결국 인간이 자신의 욕구와 안정을 위해 선택한 것이라는 점에서 문제적이다. 또한 시각화 차원에서 보자면 인간의 극대화된 욕망을 악귀로 대입하면 누구나 악귀가 될 수 있음을 판타지로 구현한 것이라고도 할 수 있다. 악귀의 대리인을 통해 확인되는 것은 범죄자와 그들의 태도이다. 범죄를 행했던 몸의 주인들은 자신의 행동들을 기억하지 못하면서 악귀 탓을 한다. 범죄자들은 분명 상대적 약자를 착취하였지만, 약자의 죽음과 고통은 아무도 책임지지 않는다. 이 판타지는 이미 비현실적으로 믿을 수 없는 현실 자체를 드러낸 것이라 하겠다. 결국 타자와 차단하고 표정까지 감추는 단속사회[48]의 한 모습을 은유한 것이라고도

---

48 엄기호, 『단속사회』, 창비, 2014.

볼 수 있는 것이다.

두 작품을 통해 확인한 것은 '악귀'가 희생을 합리화한 착취, 혐오에 기인한 회피와 화풀이를 은유적으로 드러낸다는 것이었다. 또한 악귀 퇴치의 경우 기억 삭제와 책임 회피, 혹은 자기 방어와 불성실한 애도의 면모가 나타난다는 것도 확인했다. 결국 이 방식은 공감을 약화시킨다는 점에서 문제적이다. 공감은 무감각에 맞서는 힘이면서도 무분별한 일체감, 대리 경험, 대리 희생과 같은 것으로 취급해서는 안 되는 것이기도 하다.[49] 그러므로 악귀 퇴치와 후일담은 이중적인 해석을 가능하게 한다. 악귀는 완전 소멸이 아니라 인간의 몸에서 분리되는 것으로 끝난다. 제3의 존재인 악귀가 저지른 행동이기에 그에게 피해를 입은 이들에 대한 해결은 거의 보이지 않게 된다. 악귀에게 영향을 받았던 인물들은 악귀 퇴치 이후 자살기도를 통해 일종의 책임을 수행한 것으로 처리되기도 한다. 하지만 이는 완전하게 문제를 해결한 것이 아니다. 언제든 반복될 수 있다는 여지가 남아 있기 때문이다.

악귀에 빙의된 이들의 상황을 연민으로 미화한 것도 주의를 기울일 필요가 있다. 죄는 악귀의 책임으로 돌리고 반성하지 않는 일면과 사회 제도나 불공정한 상황 자체를 개인의 몫으로 남겨 놓는 것 둘 다 문제이다. 제도 개선이 필요하지만 개인의 노력으로 떠넘겨서 적당한 포기의 근거가 될 수 있기 때문이다. 이는 통치 기법에 적응한 사람만을 사회 안에 살게 하고, 거기에 적응하지 못하는 이를 사회 밖으로 내던지는 신자유주의의 통치 방식[50]과 크게 벗어나지 않는다. 결국 악귀를 통해 확

---

49 도미니크 라카프라, 김태균 역, 「역사와 기억 ─ 홀로코스트의 그늘에서」, 『치유의 역사학으로 ─ 라카프라의 정신분석학적 역사학』, 푸른역사, 2008, 227쪽.

인되는 것은 극대화된 개인주의로 드러난 문제의 근원 회피와 해결의 지연이었다. 이 문제는 과거의 공동체 의식 복귀로는 해결이 불가능하다. 그러므로 이후 고민해야 할 것은 타자에 대한 적절한 공감과 실천의 문제가 될 것이다.[*]

---

50 미셸 푸코, 김상운 역, 『사회를 보호해야 한다』, 난장, 2015, 305쪽.
*   이 글은 「'악귀'로 표출된 텔레비전 판타지드라마 연구―〈아랑 사또전〉, 〈오! 나의 귀신님〉을 중심으로」(『한국극예술연구』 63, 한국극예술학회, 2019)를 수정하여 재수록한 것임.

〈시크릿 가든〉,
로맨틱코미디의 비밀, 경제적 타자성과 판타지 장치

윤석진

---

1. 신자유주의 체제의 고착과 경제적 타자의 등장

한국 텔레비전드라마에서 신데렐라 모티브는 광범위하게 활용되고 있다. 경제적으로 궁핍한 현실에서도 희망을 잃지 않고 열심히 살아가는 여성이 재력과 외모는 물론 학벌과 집안까지 완벽하게 갖춘 남성을 만나 사랑의 주인공이 되어 인생 역전에 성공한다는 스토리가 시대를 초월하여 제작·방영되고 있는 것이다. 여성의 사회적 위상 변화에도 불구하고 신데렐라 스토리가 여전히 소구력을 갖는 것은 낭만적 사랑과 안락한 결혼 생활에 대한 시청자의 욕망이 강렬하다는 것을 의미한다. 주지하다시피, 경제적 능력이 뛰어난 남성에 의해 여성의 인생이 달라진다는 내용의 신데렐라 스토리는 기본적으로 여성이 사회적 약자라는 인식을 전제로 한다. 성차性差와 빈부격차에 의해 이중으로 대상화된 존재가 신데렐라 캐릭터이기 때문이다. 그녀들은 불우한 환경에 좌절하지 않고 열심히 살아가다가 재벌가 남성과의 사랑과 결혼이라는 보상을 받는다. 신데렐라 모티브를 활용한 로맨틱코미디드라마가 일반적으로 "비루하고 누추한 자신의 일상적 삶에 대한 위로이며, 다른 한편으로 현실에서 존재하지 않는 사랑, 연애, 결혼에 대한 여성들의 판타지"[1]로 해석되는 것도 그래서이다.

그런데 신데렐라 캐릭터는 자본의 논리에 의해 경제적으로 타자화된 존재라는 점에서 문제적이다. 여성의 사회적 위상 강화와 함께 사회적 약자이기 때문에 겪어야 하는 차별과 혐오의 문제가 미미하게나마 개선되고 있는 것과 달리, 무한생존경쟁에서 살아남기 위해 불평등과 수치심을 감내할 수밖에 없는 경제적 약자로서의 처지는 오히려 악화되고 있는 것이다. 신자유주의 체제가 고착된 이후 빈부격차가 심화되면서 "여주인공의 계급이동에 대해서는 무관심한 척하거나 혹은 지나치게 의식하면 실패를 내정"[2]하는 경향까지 나타났다. 현대사회에서 자본은 인간의 권력지향적인 욕망을 보장하고 보존하는 강력한 힘이다. 막대한 사유재산을 통해 갖게 된 경제력이 다른 사람을 지배하는 권력의 원천이 되고 있는 것이다.[3] 그런데 문제는 경제적으로 궁핍한 처지에 놓인 사람들이 자본 주체에 의해 경제적 타자로 규정된다는 점이다. 한국사회에서 자본의 유무에 따라 타자화되는 것은 남성과 여성이 다르지 않다. 하지만 남성 중심 사회에서 경제적 궁핍에 시달리는 여성의 경우, 같은 처지의 남성과 달리 성적으로 대상화되는 경향이 강하다. 철학적 전통에서 여성의 육체와 관련된 모든 담론들은 남성의 욕망을 위해 존재하고,

1   박은하, 「21세기 tv드라마의 신데렐라 양상 연구−〈시크릿 가든〉과 〈청담동 앨리스〉를 중심으로」, 중앙대 석사논문, 2014, 11쪽.
2   황미요조, 「비정규직 시대의 여성 로맨스 판타지」, 『여/성이론』 29, 여이연, 2013, 232쪽.
3   심귀연, 「가부장적 구조 속에서 본 타자화된 여성」, 『철학논총』 59, 새한철학회, 2010, 214쪽.

그 결과 세상에는 여성과 남성이 아닌, 남성만이 존재하게 되었다. 단 하나의 성만이 존재하는 사회에서 여성은 타자이고, 객체이자 물화된 대상이 되는데, 이는 곧 여성이 여전히 성적인 대상으로 받아들여지고 있음을 의미한다.[4]

로맨틱코미디드라마의 여성 주인공은 여성이라는 점에서 사회적 약자이고, 궁핍한 처지에 놓여 있다는 점에서 경제적 약자에 해당한다. 물론 여성의 사회적 위상 강화라는 시대 변화를 반영하여 수동적이고 소극적인 인물에서 능동적이고 주체적인 캐릭터로 변모하긴 했지만, 재벌가 남성의 시선에 포획된 경제적 약자라는 점은 변함이 없다. 하지만 〈시크릿 가든〉[5]의 길라임은 이러한 경향에서 벗어난 여성 주인공으로 주목받았다. 그녀는 자신을 경제적 타자로 규정하려는 자본 주체와의 길항을 통해 신데렐라 캐릭터의 정형성에서 벗어난 여성이기 때문이다. 물론 백화점 경영권을 물려받은 재벌 3세 김주원의 사랑의 대상이 되면서 길라임은 자신의 경제적 타자성을 자각하게 되고, 이 과정에서 신데렐라 캐릭터의 정형성을 답습하는 장면이 연출되기도 했다. 그럼에도 불구하고 길라임은 김주원을 통한 신분 상승의 욕망에 사로잡히지 않고, 오히려 사랑하는 사람을 지키기 위해 저돌적으로 행동할 정도로 용감한 모습을 보여주면서 로맨틱코미디드라마의 새로운 여성 캐릭터로 평가받았다.[6] 길라임이 신데렐라 캐릭터의 정형성에서 탈피할 수 있었던 것은, 그녀가 최초의 여성 무술감독을 꿈꾸는 스턴트우먼이라는 캐

---

4   위의 글, 210쪽.
5   김은숙 극본, 신우철·권혁찬 연출, 〈시크릿 가든〉, SBS, 2010.11.13~2011.1.16(20회).
6   조아름, 「시청자 울리고 웃기는 사랑스러운 로코퀸 4」, 『한국일보』, 2016.5.29.

릭터 설정과 영혼 체인지라는 판타지 장치가 조화를 이룬 덕분이라 할 수 있다. 이 지점에서 사회적 약자이자 경제적으로 궁핍한 여성 주인공이 자본 주체에 의해 경제적 타자로 규정되는 양상은 물론, 영혼 체인지에 의해 남녀 주인공의 물리적·심리적 거리감이 해소되고 그 결과 운명적 사랑의 주인공이 되는 과정을 살펴볼 필요가 있다. 그래야만 〈시크릿 가든〉에 내재된 경제적 타자성의 문제와 판타지 장치의 상관성을 구명할 수 있기 때문이다.

방영 당시 '주원앓이' 등의 증후군[7]을 일으키면서 판타지드라마의 열풍을 이어간 덕분에 〈시크릿 가든〉은 텔레비전드라마로서는 보기 드물게 다양한 관점에서 연구가 이루어졌다. 극작술의 측면에서 스토리텔링 방식을 주목한 경우[8]와 텔레비전드라마의 현실성과 환상성에 초점을 맞춘 경우[9]가 대표적이다. 그리고 기타로 정신분석학과 한국어교육의 관점에서 접근한 경우[10]가 있다. 이 가운데 박미란의 연구는 〈시크릿 가

---

7 진현철, 「시크릿가든 안 끝났나 보다, '주원앓이' 현빈 신드롬」, 『뉴시스』, 2011.1.18.
8 극작술의 측면에서 스토리텔링을 주목한 연구는 박노현의 「텔레비전드라마와 상호텍스트성－'텍스트 소환 기법'의 개념과 유형을 중심으로」(『한국문학연구』 40, 동국대 한국문학연구소, 2011), 박노현의 「'덮어쓰기'와 '불러오기', 상호텍스트적 스토리텔링－미니시리즈 〈시크릿 가든〉과 〈신사의 품격〉을 중심으로」(『상허학보』 38, 상허학회, 2013), 김지혜의 「김은숙 드라마의 스토리텔링이 갖는 환상성 연구－〈파리의 연인〉(2004), 시크릿 가든(2010), 〈상속자들〉(2013)을 중심으로」(『문학과 영상』 15(3), 문학과영상학회, 2014), 김예인의 「멜로드라마 속 상호텍스트성의 변화 양상에 관한 연구－〈환상의 커플〉, 〈시크릿 가든〉, 〈오로라 공주〉 텍스트를 중심으로」(서강대 석사논문, 2014) 등이 있다.
9 대중문화로서 텔레비전드라마의 현실성과 환상성에 초점을 맞춘 연구는 박미란의 「텔레비전드라마의 친밀성, 일탈과 재인의 유희－〈시크릿 가든〉을 중심으로」(『한국극예술연구』 36, 한국극예술학회, 2012), 권은경의 「대중문화의 환상성 연구－영화, TV드라마, 게임의 스토리텔링을 중심으로」(한양대 석사논문, 2012) 등이 있다.
10 강성애의 「TV멜로드라마에 나타난 불안증 연구－〈황금신부〉, 〈시크릿 가든〉, 〈보스를 지켜라〉, 〈영광의 재인〉을 중심으로」(중앙대 석사논문, 2013)는 정신분석학적 관점에서 〈시크릿 가든〉의 '김주원'을 분석한 경우이고, 유경수·홍옹기의 「드라마를 활용한 한국어 교수법의 실제－〈시크릿 가든〉을 중심으로」(『국어교육연구』 49, 국어교육학회, 2011)는 〈시크릿 가든〉을 대상으로 한국어 통합교육방법을 모색한 경우이다.

든〉을 친숙함에서의 일탈과 익숙한 것에 대한 재인의 유희로 분석하여 텔레비전드라마의 일상성과 친밀성의 특성 구명을 시도했다는 점에서 특히 주목할 만하다. 일상성에 대한 균열과 수수께끼의 해결, '몸'과 '얼굴'의 재현을 통한 존재의 변화에 대한 인식, 보이스 오버와 장면 전환을 통한 영상 관습의 수용 등을 세밀하게 분석한 점이 돋보이기 때문이다.

그러나 로맨틱코미디드라마의 여성 주인공을 경제적 타자로 대상화시킨 뒤에 신데렐라 캐릭터로 규정하는 과정이나, 그럼에도 불구하고 신데렐라 캐릭터의 정형성에서 탈피하여 새로운 모습을 보여준 차별성에 대한 분석은 아직 제대로 이루어지지 않았다. 선행 연구 성과를 바탕으로 〈시크릿 가든〉에 내재된 경제적 타자성의 실상과 판타지 장치의 극적 기능 분석 필요성이 제기되는 까닭이다. 이에 따라 이 글에서는 재벌가 사람들에 의해 경제적 타자로 규정된 여성이 신데렐라 캐릭터의 정형성에서 탈피하여 삶의 주체로 자리매김하는 양상을 검토한 뒤, 남녀 주인공의 경제적 격차에서 비롯한 물리적·심리적 거리감을 해소하고 운명적 사랑을 강조하기 위해 영혼 체인지라는 판타지 장치가 작동되는 과정을 분석하고자 한다. 이를 통해 대중적으로 잘 알려진 신데렐라 모티브를 활용하여 자본 주체에 의해 대상화된 경제적 타자의 실상을 보여주고, 영혼 체인지라는 판타지 장치를 통해 남녀 주인공의 운명적인 사랑을 강조하면서도, 자본의 논리에 따라 형성된 경제적 위계질서의 문제에 대한 낭만적 해결을 시도하지 않는 방식으로 변화된 사회상을 반영한 〈시크릿 가든〉의 특성이 밝혀질 것이다.

2. 신데렐라의 정형성을 거부하는 경제적 약자

선행 연구에 따르면, 〈시크릿 가든〉은 "남녀 주인공이 계층의 격차를 극복하고 사랑을 완성한다는 '신데렐라 스토리'를 기본 줄거리"[11]로 취한 "'백마 탄 왕자' 주원과 '신데렐라' 라임의 사랑 이야기"[12]이다. 그러나 〈시크릿 가든〉의 여성 주인공 길라임은 "계급상승의 불가능성에 대한 내재된 좌절과 결혼/연애의 불가능성에 대한 인식"[13]이 명확한 인물이다. 이는 곧 길라임이 신데렐라 캐릭터로 단순 규정할 수 없는 인물임을 의미한다. 따라서 신데렐라인 듯하지만, 신데렐라 캐릭터의 정형성에서 벗어난 여성이라는 점에서 그녀에 대한 새로운 접근이 필요하다. 여성이 감당하기 쉽지 않은 것으로 인식되는 액션배우이자 최초의 여성 무술감독을 꿈꾸는 길라임은 "남자의 사랑에 의존하지 않고도 얼마든지 자신의 전문 영역에서 인정받고 홀로 독립할 수 있는 커리어우먼"[14]으로 변화된 시대상을 대변한다. 무술 훈련을 통해 강인한 체력을 가진 길라임은 이제 더 이상 남성의 물리적 폭력에 노출된 사회적 약자로서의 여성으로 보기 어렵다. 오히려 그녀는 소매치기 남성을 추적하여 제압할 정도로 뛰어난 무술 실력을 자랑한다. 또한 경제적으로 여유 있는 생활을 하는 것은 아니지만 액션배우로서의 자부심[15]을 갖고 열심

---

11 박미란, 앞의 글, 156쪽.
12 박노현, 「텔레비전드라마와 상호텍스트성 - '텍스트 소환 기법'의 개념과 유형을 중심으로」, 『한국문학연구』 40, 동국대 한국문학연구소, 2011, 377~378쪽.
13 황미요조, 앞의 글, 249쪽.
14 신원선, 「한국 드라마를 통해 본 '신데렐라 콤플렉스' 비평의 문제점 - 〈꽃보다 남자〉를 중심으로」, 『한민족문화연구』 31, 한민족문화학회, 2009, 520쪽.
15 액션배우로서 길라임의 자부심은 액션스쿨 연수생 후배 교육을 시작하기 전에 강조하는 대사에 압축되어 있다. "우리가 하는 일은 부자가 되는 일도, 유명해지는 일도 아니다. 우리

히 생활한다.

매사에 당당한 길라임의 모습은 〈시크릿 가든〉 1회 도입 부분의 '백화점 VIP 라운지 사건'에 압축되어 있다. 길라임은 로엘백화점 VIP 라운지에서 일하는 친구 임아영을 만나러 갔다가 VVIP 고객들의 멸시 어린 시선을 받는다. VVIP 고객 가운데 한 명인 윤슬은 길라임 때문에 VIP 라운지가 순식간에 동네 마트가 되었다면서 직원 임아영의 책임을 추궁한다. 임아영은 고개를 조아리며 사과하고, 그 모습을 보다 못한 길라임은 별다른 저항 없이 자리에서 일어나 나간다. 이 장면은 VIP 라운지에 어울리지 않는 길라임의 허름한 행색에 시선을 집중하는 VVIP 고객들의 모습과 VIP 라운지 출입 자격을 확인하기 위해 다가 간 윤슬의 명품 구두와 길라임의 운동화를 대비시킨 쇼트로 연출된다. 이러한 쇼트 구성은 재력에 의해 타자화된 길라임을 바라보는 멸시 어린 시선은 물론, 신발을 매개로 구획된 윤슬과 길라임의 경제적 위계질서를 즉자적으로 드러낸다. 백화점에서의 소비 규모에 의해 출입 여부가 결정되는 위계 공간[16]으로서의 'VIP 라운지'가 길라임의 경제적 처지를 보여주는 기표로 기능하고 있는 것이다. 이처럼 1년에 1억 이상 구매하는

선배들은 너희에게 노하우를 줄 순 있어도 돈과 명예를 줄 수는 없다. 누군간 우리를 엑스트라라 부르고, 누군간 우릴 스턴트라 부르지만 우린 그 누가 뭐래도 액션배우다. 그 유일한 자부심이 우리가 가진 전부다. 하지만 그 자부심 때문에 우린 불구가 될 수도, 목숨을 잃을 수도 있다. 지금이라도 이 길이 확신이 서지 않는다면 당장 그만 둬도 좋다. 너희들에겐 내 말이 협박처럼 들리겠지만, 이건 진심이다."(2회, 강조는 인용자) 이 글에서 인용하는 〈시크릿 가든〉의 모든 대사는 영상물을 보면서 채록한 것임을 밝혀 둔다.

16 극 텍스트의 공간 구조는 하위 공간들이 갖는 은유와 환유의 메커니즘과 각 공간의 내용물들이 상징으로서의 기능 작용을 하기 때문에 의미의 조직망이 된다.(신현숙,『희곡의 구조』, 문학과지성사, 1990, 139~141쪽 참조) 〈시크릿 가든〉에서 고급 쇼핑 장소인 백화점의 고객이라 해도 소비 규모에 따라 등급이 나뉘고 있음을 상징적으로 보여주는 공간으로 설정된 'VIP 라운지'가 그렇다.

VVIP 고객만 출입할 수 있는 특화된 장소인 '백화점 VIP 라운지'에 자격 없는 길라임이 들어오면서 발생한 돌발 상황은 자본의 논리에 의해 형성된 경제적 위계질서의 실상을 고스란히 보여준다.

경제적 자본을 통해 사회적 자본과 문화적 자본, 그리고 상징적 자본[17]을 소유한 윤슬은 자신들만의 공간에 들어온 낯선 침입자를 응징하기 위한 목적으로 임아영의 명찰을 빼앗아 간다. 하지만 자본의 힘이 만들어준 경제적 위계를 지키려는 윤슬의 의도는 성공하지 못한다. 길라임이 백화점 VVIP 고객들에 의해 대상화되고 경제적으로 낮은 위계에 놓이면서도 결코 비굴하게 행동하지 않기 때문이다. 오히려 윤슬은 자본으로 제압되지 않는 길라임의 당당한 행동 때문에 당황하게 된다. 자본의 논리에 위축되지 않는 길라임의 모습은 '백화점 VIP 라운지 사건'과 연결되는 '소매치기 사건'에 압축되어 있다. 자기 때문에 곤란한 처지에 놓인 친구를 위해 윤슬이 가져간 임아영의 명찰을 찾아주려던 길라임은 백화점 현관 앞에서 윤슬의 친구가 가방을 소매치기 당하자 남다른 정의감으로 소매치기 일당을 뒤쫓아 제압하고 가방을 찾아온다. 그리고 윤슬에게 친구의 가방을 찾아줬으니 라운지에서의 일은 없었던 것으로 돌리고 명찰을 돌려 달라고 요구한다. 예상하지 못했던 길라임의 요구에 당황한 윤슬이 분해서 어쩔 줄 몰라 하는 것과 달리 가방을 소매치기 당했던 윤슬의 친구는 길라임에게 매료된다. 이처럼 1회 도입 부분에 배치된, '백화점 VIP 라운지 사건'과 '소매치기 사건'은 길라임

---

17 안드레아스 되르너·루드게라 포그트, 「문화사회학—부르디외, 심성사, 문명 이론」, 클라우스-미하엘 보그달 편, 문학이론연구회 역, 『새로운 문학 이론의 흐름』, 문학과지성사, 1994, 177쪽 참조.

이 재력을 기준으로 형성된 경제적 위계에 상관없이 매사에 당당하면서도 자기 주도적인 삶을 살아가는 캐릭터임을 명확하게 보여준다.

그러나 길라임은 김주원의 사랑의 대상이 되면서 이전과 다른 상황에 처하게 된다. 김주원을 알기 전에는 크게 문제가 되지 않았던 경제적 어려움이 그녀를 움츠러들게 만들었기 때문이다. 경제적 약자로서 길라임의 모습은 김주원이 그녀의 생활 여건을 이해하기 위해 노력하면 할수록 두드러지는데, 이러한 장면들에서 자본 주체와 경제적 타자의 관계를 확인할 수 있다. 자본 주체인 김주원은 애초 경제적 약자인 길라임을 위해 자신의 모든 것을 던질 정도로 열정적이고 낭만적인 사랑을 갈망하는 남성이 아니었다. 재벌가에서 태어나 자본의 생리를 체화하면서 성장한 그에게 가난한 사람은 사회 지도층으로서 관심을 가져야 하는 소외된 이웃에 지나지 않는다. 김주원에게 길라임은 백마 탄 왕자와 결혼하는 신데렐라가 아니라, 왕자를 사랑한 죄로 물거품이 되어 사라지는 인어공주일 뿐이다.[18] 이처럼 화재 사고 당시 자신의 목숨을 구해준 소방관이자 길라임의 아버지인 길익선의 마법에 걸리기 전까지 김주원은 자본의 생리를 체화한 재벌 3세로 세계를 오로지 자신의 음영으로만 지각하는 나르시시즘적인 주체였다.[19] 따라서 그는 "'백마 탄 왕자'의 전형에 가해진 변전의 결과"[20]로 보기 어려운 인물이라 할 수 있다.

정체성은 진정한 자아나 일종의 집합체처럼 이미 구성되어 있는 것

---

18 김주원에게 여자는 '결혼할 여자'와 '몇 번 놀다 치워버릴 여자'로 구분되는데, 그는 길라임의 좌표가 두 부류 사이 어디쯤일 터이니 없는 사람처럼 있다가 거품처럼 없어져야 한다고 강조한다.(5회) 길라임은 왕자님과 결혼하는 신데렐라가 아니라, 왕자를 사랑한 것 때문에 거품이 되어 사라져야 하는 인어공주라는 것이다.

19 한병철, 이재영 역, 『타자의 추방』, 문학과지성사, 2017, 37~38쪽 참조.

20 박미란, 앞의 글, 167쪽.

이 아니라 차이와 대립의 상관관계에 의해 구성[21]되는데, 자본 주체인 김주원은 경제적 타자로서 길라임의 정체성을 새롭게 구성하는데 결정적 역할을 한다. 우연을 가장한 필연[22]으로 김주원을 만나게 되면서 길라임이 자신의 경제적 궁핍을 새삼 자각하는 상황이 대표적이다. 그녀는 백화점 VVIP 고객의 지출 규모를 상상할 수 없기에 "대체 어떻게 된 사람들이길래 백화점에서 1억을 써, 그것도 1년에. 그 사람들이랑 나랑은 뭐가 얼마나 대단히 다른데?"(5회)라면서 놀란다. 이에 대해 김주원은 그녀에게 통장 잔고가 얼마인지 물은 뒤, 신자유주의 시대의 자본 증식과 소득 수준에 따른 차별 대우의 당위성을 강조한다.

그쪽은 자기 통장에 얼마나 있는지 알지만, 그쪽과 다른 그 사람들은 자기 통장에 얼마나 있는지 몰라. 매일 매분 매초마다 국내외 통장 잔고가 불어나니까. 여기까진 그래도 쉬워. 사회 경제 체제에서 노동조직에서의 부의 분배 방식과 수량의 다름에 따라 생기는 인간 집단이 뭔지 알아? 바로 계급이야. 그들이 1년에 1억씩 쓰면서 원하는 건 딱 두 가지야. 불평등과 차별. 군림하면서 지배할 수 없다면 차라리 철저히 차별받길 원한다고, 그게 그들의 순리고 상식이야.(5회)

백화점에서 1년에 1억 이상을 써야 'VIP 라운지' 출입 자격이 주어진

---

21 호르헤 라라인, 김범춘 외역, 『이데올로기와 문화정체성 – 모더니티와 제3세계의 현존』, 모티브북, 2009, 332~333쪽 참조.

22 길라임과 김주원의 인연은 김주원의 화재사고 당시 김주원을 구해주고 대신 사망한 길라임의 아버지 길익선의 마법에 의해 이루어진 것이기 때문에 우연을 가장한 필연이라 할 수 있다. 이러한 상황은 영혼 체인지라는 판타지 장치에 의해 만들어지는데, 이 부분은 3절에서 분석하도록 하겠다.

다는 김주원의 말은 소득불평등에 따른 사회양극화가 문화자본의 격차로 이어지고 있음을 의미한다.[23] 김주원은 봉건제에서나 가능했던 군림과 지배가 불가능하다면 자본의 논리로 정해진 경제적 위계질서에 따라 특별대우를 받겠다는 자본가 계급의 의식을 백화점 경영에 철저하게 반영한다. 소득 수준에 맞게 대우받고 싶다는 자본가 계급의 순리와 상식은 길라임을 주눅 들게 만든다. 평소 심각하게 생각하지 않았던 경제적 어려움을 새롭게 자각하면서 그녀의 인식에 변화가 일어난 것이다. 이로 인해 독립적이고 주체적인 성향의 여성이었던 길라임이 경제적인 어려움 때문에 자신의 의지와 상관없이 신데렐라의 정형성에 갇히는 상황이 발생한다.[24]

나르시시즘적인 주체 김주원과 신데렐라 캐릭터의 정형성에 갇힌 길라임의 경제적 격차로 인한 거리감은 길익선의 마법을 통해 해소된다. 누군가를 사랑한다는 것은 고립된 자기중심성에서 벗어나 타자성의 영역으로 들어가는 것을 가능[25]하게 한다. 길라임을 사랑하게 된 김주원은 이제 더 이상 그녀를 경제적 타자로 대상화시키지 않는다. 그는 길라임을 사랑하는 이유를 분석하려 하지 않고, 물려받은 재력을 유지하면

---

23 "외환위기 이후 소득 증가가 주로 자본가 계급에서 상대적으로 높게 이루어져 소유계급과 비소유계급 간 소득 양극화가 촉진되었으며, 근로 빈곤층이 늘어나면서, 계급 불평등을 심화시키는 결과로 이어졌"(신광영, 「2000년대 계급/계층 연구의 현황과 과제」, 『경제와사회』 100, 비판사회학회, 2013, 117쪽)는데, '영혼 체인지'라는 판타지 장치를 활용한 〈시크릿 가든〉이 현실성을 담보할 수 있었던 것도 이러한 소득불평등 현상을 극적 상황에 반영했기 때문이다.

24 한국 텔레비전드라마의 여성 캐릭터는 로맨스에 연루되는 순간 그녀의 외모나 성격, 직업이나 비전과 상관없이 신데렐라 틀에 구속되는 경향이 있다는 주장(이다운, 「한국 텔레비전드라마의 대중 서사 전략에 대한 비판적 고찰」, 충남대 박사논문, 2017, 112쪽 참조)이 설득력을 갖는 것도 그래서이다.

25 서용순, 「우리 시대의 사랑, 결혼, 가족」, 『철학논총』 67, 새한철학회, 2012, 179쪽 참조.

서 그녀를 사랑할 수 있는 방법을 고민하기 시작한다. "결혼은 인수합병 차원의 일생일대의 비즈니스"(10회)로 알고 "많은 사람들을 실망시키고 길라임을 얻느냐, 길라임을 잃고 든든한 사업 파트너가 될 다른 여자를 얻느냐"(12회)로 갈등하던 김주원은 마침내 길라임의 인어공주가 되기로 결심한다.

길라임은 경제 영역에서 남성 생계 부양자 모델이 기능하지 않고 '의존성의 여성화' 이데올로기가 제대로 작동하지 않는다는 것[26]을 상징적으로 보여주는 여성 캐릭터였다. 하지만 그녀는 김주원을 알게 된 이후, 경제적 타자로 대상화되었고, 그를 사랑하는 것만으로 갈등을 겪는 처지에 놓인다. 자신이 신데렐라가 될 수 없다는 것을 누구보다 잘 알고 있는 그녀의 갈등은 로엘백화점의 VVIP 중에서도 상위 10%에 해당하는 고객들만 초대받은 연말 파티 장소에서 해소된다. 자신의 초라한 행색 때문에 파티 장소에 들어가지 못하고 돌아서던 길라임은 '요정 할머니'를 자처하는 오스카의 도움으로 신데렐라처럼 변신하고서야 김주원을 만나게 된다. 연말 파티장에 나타난 길라임을 보고 놀란 김주원의 친구가 "너 제정신이야? 정말 그 소문이 다 사실이었던 거야?"라고 영어로 말한다. 길라임에 대한 소문을 알고 있던 김주원의 친구가 그녀를 대화에서 배제시키기 위해 영어로 질문을 던진 것이다. 이에 대해 길라임은 할리우드 영화 〈다크 블러드〉 오디션을 위해 암기했던 영어 대사, "네 목숨을 위해 그 입은 좀 닫아두는 게 좋겠어"로 응대한다.(14회) 한국사회에서 종종 문화적 위계를 결정짓는 도구로 이용되는 외국어를

---

26 황미요조, 「문화영역의 여성화와 여성혐오」, 『여/성이론』 32, 여이연, 2015, 65쪽.

통해 상류사회의 일원이 아닌 길라임을 타자화시키고자 했던 그들의 시도가 보기 좋게 실패로 끝난 것이다.

사랑은 세상을 타자의 시선으로 새롭게 창조하고 익숙한 것에서 벗어날 수 있게 해주는, 전적으로 다른 것이 시작되는 사건[27]이다. 길라임이 구경거리처럼 자신을 바라보는 사람들 앞에서 당당할 수 있었던 것은 김주원에 대한 사랑의 힘이 결정적이었다. 그녀가 예전의 당당했던 모습을 회복할 수 있었던 것은 김주원과 자신의 관계가 백마 탄 왕자와 신데렐라가 아니라 진심으로 사랑하는 사이임을 확인했기 때문이다. 길라임을 사랑하면서도 경제적 현실을 냉정하게 직시하던 김주원 또한 자신이 갖고 있는 자본의 힘이 아닌, 사랑의 진정성으로 그녀를 대하면서 성장한다. 이러한 과정을 통해 경제적 격차에 의해 위계가 형성되었던 길라임과 김주원의 관계에 변화가 일어난다. 이러한 변화는 길라임이 스스로를 움츠러들게 만들었던 경제적 타자에서 벗어나 운명적 사랑의 주체로 이동했음을 예고한다.

그러나 김주원과의 물리적·심리적 거리감 해소에도 불구하고 길라임은 김주원의 어머니 문분홍에 의해 여전히 타자의 위치를 강요받는다. 김주원에게 경제적 자본의 토대를 제공한 문분홍이 자신들의 영역으로 들어오려는 길라임을 격리시키기 위해 그녀의 경제적 타자성을 노골적으로 공격하기 때문이다. 재벌가에서 태어나 성장한 문분홍은 경제적으로 궁핍한 처지의 길라임을 "자신이 속한 공동체 또는 세계의 구성원으로 보기 어려운 속성, 즉 일종의 외래종의 특성이 있다고 생

---

27 한병철, 이재영 역, 앞의 책, 107쪽.

각"[28]하면서 혐오의 감정을 노골적으로 드러낸다. 집안과 학벌 모두 보잘것없는 길라임을 김주원으로부터 격리시키기 위해 수단방법을 가리지 않는 것도 그래서이다. 문분홍의 공격 방식은 '돈 봉투 내밀기'와 '물 뿌리기' 차원을 넘어서지 않을 정도로 상투적이다. 길라임의 집에서 김주원의 속옷을 발견하고 오해한 문분홍이 "이래서 부모 없이 큰 것들은 티가 나는 거야. 네 부모가 그렇게 가르치디? 먹고 살기 힘들면 남자 홀려 뜯어내라고?"(13회)라고 소리치면서 흥분하는 것도 낯설지 않은 장면이다. 길라임은 김주원이 돌아가신 부모님을 욕보이면서까지 만날 가치가 없는 사람이라고 맞서면서도 수치심을 느낀다.

앞에서도 언급했지만, 문분홍이 길라임을 자신들의 영역 밖으로 밀어내기 위해 사용한 방법은 전혀 새롭지 않다. 하지만 자본가 계급을 상징하는 존재로서 문분홍의 진면목은 길라임을 옹호하는 김주원과의 논쟁에서 확연하게 드러난다.

> 네가 지금 나랑 싸우는 거 같니? 넌 지금 너랑 싸우는 거야. 선택권은 너한테 있다는 얘기야. 그렇게 그 기집애가 소중하면 가. 네가 가진 돈, 지위, 권력, 그동안 네가 누리고 살았던 그 모든 것 다 깨끗하게 버리고 갈 수 있겠거든 가보라니까. 아이 생기면 허락하겠지? 세월이 약이겠지? 절대! 아이랑 너랑 둘만 들어오면 또 받아줄 수는 있겠지. 근데, 그 기집애는 영원히 우리 집 문턱 못 넘어. 나 죽어도 못 넘어. 내가 유언장에 그렇게 쓸 거거든. 그러니까 사랑만 먹고도 배부르면 그 길 가라고.(13회)

---

28 마사 누스바움, 조계원 역, 『혐오와 수치심』, 민음사, 2015, 305쪽.

문분홍은 김주원이 모든 것을 포기하면서까지 길라임을 선택하기 쉽지 않다는 것을 알고 돈과 지위 그리고 권력을 버리고 갈 수 있으면 그렇게 하라고 단언한다. 게다가 경제적 격차를 이유로 반대하다가도 아이가 생기면 어쩔 수 없이 받아들이면서 갈등이 해소되는 기존 신데렐라 스토리의 재벌가 어머니들과 달리, 문분홍은 2세를 출산해도 길라임을 절대로 들이지 말라는 유언장을 작성하면서까지 반대하겠다는 생각을 분명히 밝힌다. 결혼을 통해 자본의 힘으로 구획된 경계선이 무너지는 것을 용납하지 않겠다는 문분홍의 강력한 태도는 "현실 세계의 질서와 고정관념"[29]이 쉽게 전복될 수 없음을 암시한다.

자식에게 "넌 네 재산을 지키고 늘릴 의무가 있다"(12회)고 강조할 정도로 자본의 생리가 체화된 문분홍의 태도는 길라임이 김주원의 목숨을 구해주고 순직한 소방관 길익선의 딸이라는 것을 알게 된 뒤에도 달라지지 않는다. 그녀는 김주원에게 생긴 일은 단순히 개인적인 문제가 아니라, 자본의 원천인 "로엘그룹 3만 직원의 일"(13회)이라고 생각하면서 대응할 정도로 냉정한 자본가 계급을 상징하는 인물이기 때문이다. 그녀가 아무리 자식의 목숨을 구해준 사람의 딸이라 하더라도 절대 자신들의 영역에 들일 수 없다면서 김주원과 길라임의 사랑을 인정하지 않는 것도 그래서이다. 김주원을 매개로 유력 정치인이나 재벌가와 사돈관계를 맺음으로써 자신들이 갖고 있는 자본을 무한 증식하려는 의도를 숨기지 않는 문분홍에게 길라임은 반드시 제거해야 할 걸림돌일 뿐이다.

---

29 한혜원, 「디지털 스토리텔링을 통한 여성의 창작—로맨스 웹소설을 중심으로」, 『인간연구』 34, 가톨릭대 인간학연구소, 2017, 51쪽.

기존의 신데렐라 스토리의 재벌가 어머니와 달리, 자본가 계급을 상징하는 문분홍의 진면목은 김주원을 백화점 사장 자리에서 해임하기 위해 임시주주총회를 소집하는 상황에서도 확인할 수 있다. 길라임은 자기 때문에 김주원의 인생이 망가질 수 있다는 쇼크를 받고, 문분홍 앞에서 무장 해제된다.[30] 그리고 더 이상 만나지 않을 테니 김주원의 인생을 건드리지 말라고 애원한다. 자본가 계급의 질서를 무너뜨릴 경우, 아무리 하나밖에 없는 아들이라 해도 용서하지 않겠다는 문분홍의 단호한 태도는 경제적 타자인 길라임에 대한 협박을 넘어 "계급이동 가능성의 삭제"[31]를 알리는 자본 주체의 선언으로 해석할 수 있다. 하지만 문분홍의 경고는 제대로 효력을 발휘하지 못한다. 길라임은 신분 상승에 대한 욕망이 아니라, 사랑의 진정성으로 김주원을 보내주기로 결심하기 때문이다. 이 지점에서 길라임이 김주원과의 사랑을 포기하게 된 표면적인 이유는 혈연조차 외면할 정도로 냉정한 자본의 논리에 따른 문분홍의 반대이지만, 실질적으로는 진심으로 사랑하기 때문에 내린 그녀의 주체적인 선택임을 확인할 수 있다. 이는 곧 길라임이 자본 주체에 의해 경제적 타자로 규정된 상황에서도 신데렐라 캐릭터의 정형성에 갇히지 않았음을 의미한다.

이상에서 살펴본 바와 같이, 길라임의 삶은 김주원을 만나기 전과 후로 구분된다. 최초의 여성 무술감독이라는 꿈을 이루기 위해 열심히 살아가던 길라임이 김주원에 의해 사랑의 대상이 되면서 경제적 타자로 규정되고, 그로 인해 자신의 의지와 상관없이 신데렐라 취급을 받게 되

---

30 한병철, 김태환 역, 『심리정치 – 신자유주의의 통치술』, 문학과지성사, 2015, 51~55쪽 참조.
31 황미요조, 「비정규직 시대의 여성 로맨스 판타지」, 『여/성이론』 29, 여이연, 2013, 231쪽.

었기 때문이다. 하지만 길라임은 김주원을 변화시킬 정도로 주체성을 잃지 않고 당당하게 행동함으로써 신데렐라 캐릭터의 정형성에서 탈피한다. 이에 따라 김주원 또한 그녀를 신데렐라로 만들어주는 백마 탄 왕자가 아니라, 그녀의 인어공주가 되기로 결심하는 새로운 남성 캐릭터로 형상화된다. 길라임과 김주원이 자본의 논리에 의해 형성된 경제적 위계질서에서 벗어나 사랑을 이룰 수 있었던 것은 영혼 체인지라는 판타지 장치가 작동했기 때문이다. 초자연적 질서 또는 마술적 사고방식인 영혼 체인지를 통해 '나'와 '나 아닌 존재' 사이의 상호관계를 드러내고 탐색[32]함으로써 길라임과 김주원의 사랑을 운명의 차원으로 전이시킨 것이다. 그럼에도 불구하고 김주원과의 결혼 이후에도 끝까지 길라임을 인정하지 않는 문분홍의 완강한 태도에서 영혼 체인지가 자본의 논리를 전복시키지 못했음을 확인할 수 있다. 이는 곧 〈시크릿 가든〉의 판타지 장치가 로맨틱코미디 장르 안에서 제한적으로 활용되고 있음을 의미한다.

3. 판타지 장치로서 영혼 체인지의 극적 기능

남녀 주인공의 영혼이 바뀌는 극적 상황은 현대 의학이나 과학으로 설명할 수 없는 초자연적이고 비과학적인 현상이다. 하지만 현실과 다른 극적 논리가 작동하는 텔레비전드라마에서는 얼마든지 발생할 수

---

32 로즈메리 잭슨, 서강여성문학연구회 역, 『환상성-전복의 문학』, 문학동네, 2001, 75쪽.

있는, 일종의 사건이다.[33] 이에 따라 시청자는 현실 논리로 설명하기 어려운 극적 상황을 경험적 현실성이 아닌 정서적 현실성의 감성으로 이해한다.[34] 아무리 비현실적인 내용이라 하더라도 극적 상황의 논리에 따라 등장인물이 개연성 있게 행동하고 그로 인해 삶의 진실성이 담보된다면 시청자가 감정이입할 수 있다는 것이다. 〈시크릿 가든〉은 영혼 체인지라는 극적 장치를 개연성 있게 활용함으로써 시청자의 감정이입을 끌어내는 데 성공했다. 처음 영혼이 바뀌었을 때 길라임과 김주원의 언행은 영혼과 몸이 일치하지 않아 시청자의 웃음을 유발한다. 하지만 이들의 영혼 체인지가 생명이 위태로운 딸을 살리기 위한 아버지의 절절한 부성애에서 비롯한 마법이라는 것을 알게 된 시청자는 정서적 현실성의 감성으로 극적 상황에 몰입할 수 있게 된다. 이처럼 〈시크릿 가든〉의 영혼 체인지는 현실 논리로 설명할 수 없는 극적 상황에 개연성을 부여함으로써 극적 현실성을 담보하는 판타지 장치라 할 수 있다.[35]

---

33 영혼 체인지 모티브는 40대 왈가닥 주부와 20대 미녀 스튜어디스의 영혼이 바뀌면서 벌어지는 상황을 다룬 〈돌아와요 순애씨〉(SBS, 2006)에서 본격적으로 활용되었다. 〈돌아와요 순애씨〉가 세대가 다른 여성 간의 영혼 체인지였다면, 〈시크릿 가든〉(SBS, 2010)과 〈울랄라 부부〉(KBS2, 2012) 그리고 〈돌아와요 아저씨〉(SBS, 2016) 등은 남녀 간의 영혼 체인지를 통해 성차(性差)의 이해를 시도한 공통점이 있다.

34 윤석진, 「TV드라마의 현실성(reality) 확보 방식 고찰」, 『한국극예술연구』21, 한국극예술학회, 2005, 325~326쪽 참조.

35 길익선의 마법은 극작술의 측면에서 작품의 완성도에 균열을 일으키는 요인으로 작용하기도 한다. 길익선이 자신의 딸 길라임과 김주원의 만남에 대해 언급한 것은 화재사고로 엘리베이터에 갇힌 김주원을 구해주면서 살아 나가면 예쁜 딸을 소개시켜 주겠다고 말한 것이 전부이고, 당시 여고생이었던 길라임은 13년 후에 할리우드 영화의 액션배우로 출연하다가 사고를 당해 뇌사 상태에 빠진다. 이미 세상을 떠난 길익선이 생명이 위태로운 딸을 살리기 위해 김주원과의 영혼 체인지라는 마법을 걸었다면, 그는 신적인 존재라 할 수 있다. 만약 그렇다면 신적인 존재가 된 아버지 입장에서 혼자 남은 딸 길라임을 죽음의 위기에 빠뜨리지 않았을 것이라 추론이 가능하다. 딸을 위해서라면 굳이 마법을 걸어 놓을 필요가 없을 것이라는 의구심이 들 수밖에 없는 상황이다. 그렇다면 길익선의 마법은 화재사고 현장에서 김주원에게 딸을 소개시켜주겠다는 약속을 지키기 위한 것이 되어야 하는데, 이 경우 길익선이 길라임과 영혼이 바뀌어 당혹스러워하는 김주원을 보면서 "자네한텐 정말 미안하네. 이

〈시크릿 가든〉의 영혼 체인지는 자신과 세계에 대한 새로운 인식을 견인하는 극적 장치이다. 길라임과 김주원이 영혼 체인지를 통해 타인의 몸을 자신의 것으로 경험하고, 타인의 시선으로 자신을 바라보면서 정체성에 물음을 제기[36]하는 변화를 겪기 때문이다. 사유하는 존재로서의 인간은 육체라는 물리적 장치를 이용하여 다른 사람과 소통하는데, 정신과 육체의 합일을 통해 인간이라는 정체성이 완성되며, 이로써 주체로서의 지위를 가질 수 있게 된다.[37] 영혼 체인지로 인한 육체의 뒤바뀜이라는 '사건'[38]을 통해 성차와 경제력의 차이에서 비롯한 길라임과 김주원의 권력관계가 전복됨으로써 불가능할 것 같았던 '남/녀' 그리고 '재벌/서민' 사이의 소통을 가능하게 하고 궁극적으로 이들이 사랑의 주체가 될 수 있게 해준 것이다.

길라임과 김주원의 영혼 체인지는 모두 세 번에 걸쳐 단계적으로 발생한다.[39] 첫 번째 영혼 체인지는 5회 마지막에 길익선의 마법으로 발생하여 8회 마지막 장면에서 정상으로 돌아온다. 제주도 트래킹 중에 길을 잃고 찾아간 '신비가든'에서 받아온 '꽃술'을 따로 마시고 잠든 길

렇게라도 딸을 살리고 싶은 못난 부정을 자네가 이해해주게"(6회)라고 읊조리는 것과 일치하지 않는 문제가 발생한다. 영혼 체인지라는 판타지 장치의 작동 과정이 치밀하지 못했다는 방증이라 하겠다.

36　박미란, 앞의 글, 166~167쪽.

37　심귀연, 앞의 글, 204쪽.

38　여기서의 '사건'은 새로운 존재의 구도를 탄생시킴으로써 기존의 확실성을 파괴해 버리고, 전도와 지배 권력의 전복이 이루어지는 전환을 의미한다. 한병철, 김태환 역, 앞의 책, 109쪽.

39　세 번에 걸친 영혼 체인지는 각기 다른 기능을 하는 것으로 해석된다. 첫 번째 바뀜이 로맨틱코미디 장르 특유의 웃음을 유발한다면, 두 번째 바뀜은 길라임과 김주원을 둘러싼 갈등을 배가시킨다. 그리고 마지막 세 번째 바뀜은 적극적인 선택을 통해 죽음의 위기를 극복하는 단서가 된다. 이처럼 영혼 체인지라는 비과학적이고 초현실적인 설정은 일상성 자체를 무너뜨리지 않는 한도 내에서 극의 활력으로 기능한다는 것이다.(권은경, 앞의 글, 52~54쪽 참조) 그러나 세 번의 영혼 체인지는 극적 상황에 따라 각기 다른 기능을 하는 것이 아니라 길라임과 김주원의 사랑을 완성시키기 위해 유기적으로 연결된 장치로 해석하는 것이 타당하다.

라임과 김주원은 다음 날 아침 영혼이 바뀐 상태로 눈을 뜬다. 말도 안 되는 상황에 놀란 두 사람은 현대 과학이나 의학으로 해결할 수 없다는 판단 끝에 정상으로 돌아오기 전까지 다른 사람들에게 들키지 않고 생활하기로 약속한다. 개인 정보를 공유한 두 사람은 액션스쿨과 로엘백화점에서 서로의 일을 대신 하지만, 평소와 다른 언행 때문에 주변 사람들을 어리둥절하게 만든다.

남성의 몸을 한 길라임과 여성의 몸을 한 김주원이 서로의 몸을 통해 대상 세계를 인식하고 지각[40]하면서 근본적으로 해소되기 어려운 성차의 거리감을 좁히게 된다. 남성과 여성의 몸이 바뀌면서 나타날 수 있는 여러 가지 현상 가운데 하나로 김주원의 몸을 한 길라임이 벤치 위에 다소곳이 앉아 있는 반면, 길라임의 몸을 한 김주원이 다리를 벌리는 앉아 있는 상황이 6회에서 연출된다. 여성스러운 김주원과 남성스러운 길라임의 모습에서 한국사회의 고착된 성 관념을 확인할 수 있는 것처럼, 〈시크릿 가든〉의 판타지 장치로서 영혼 체인지는 "적극적이고 능동적인 상상력의 한 표현"[41]이라기보다 로맨틱코미디의 장르 속성을 강화하는 장치로 기능한다.

그럼에도 불구하고 길라임과 김주원의 영혼이 바뀜으로써 로맨틱코미디 장르의 관습적 표현들이 변주된다는 점을 주목할 필요가 있다. 김주원과 길라임의 관계가 심상치 않음을 알게 된 문분홍이 길라임을 불러내어 돈 봉투와 함께 헤어지겠다는 내용의 각서를 내밀고 지장을 찍으라고 요구하는 상황이 대표적이다. 길라임의 몸으로 문분홍 앞에 나

---

40 심귀연, 앞의 글, 217쪽.
41 최기숙, 『환상』, 연세대 출판부, 2007, 32쪽.

타난 김주원은 금액을 확인하고 "생각보다 스케일이 작으시네요. 혹시 달에 한 번씩 주시는 건가?"(8회)라면서 비아냥거린다. 예상치 못한 반응에 흥분한 문분홍이 뒷목을 잡으며 물을 뿌리기 위해 잔을 잡으려는 순간 길라임이 먼저 낚아채는 장면에서 일종의 클리셰라 할 수 있는 '돈 봉투 내밀기'와 '물 뿌리기'가 동시에 연출된다. 하지만 문분홍의 공격은 성공하지 못하는데, 이것은 영혼이 바뀜으로써 길라임의 경제적 타자성이 제대로 작동하지 않고 있음을 의미한다.

첫 번째 영혼 체인지는 8회 마지막 장면에서 정상으로 돌아오면서 마무리된다. 김주원 몸의 길라임은 직원들에게 성추행을 하고도 뻔뻔스럽게 행동하는 VVIP 고객에게 주먹을 날리고 경찰서 유치장에 갇히는 신세가 된다. 길라임 몸의 김주원은 백화점 매출을 걱정하여 사태 수습에 나서면서도 자신이 백화점 사장이라는 점을 생각하지 않는 그녀에게 서운함을 느끼면서 경찰서에서 나온다. 그 순간 천둥번개가 치면서 비가 내리고 두 사람의 영혼이 다시 바뀌게 된다. 첫 번째 영혼 체인지 상황은 상대방의 몸을 점유한 길라임과 김주원이 자신의 관점에 따라 행동할 경우 서로에게 피해가 될 수 있음을 깨닫는 과정[42]이다. 이는 곧 길라임과 김주원 사이를 가로막던 물리적 거리감의 해소에도 불구하고 심리적 거리감은 아직 해소되지 않았다는 것을 보여주면서 이후 상황 전개에 대한 시청자의 기대치를 높여준다.

두 번째 영혼 체인지는 문분홍이 임아영을 로엘백화점에서 해고시킨 것에 대해 따지기 위해 찾아간 평창동 집 대문 앞에서 발생한다. 14회

---

42 박미란, 앞의 글, 171쪽.

중간 지점에서 영혼이 바뀌어 15회 마지막 장면에서 정상으로 돌아온다. 길라임과 김주원은 첫 번째 영혼 체인지를 통해 서로에 대해 많은 것을 알게 되면서 가까워졌지만, 경제적 격차에서 비롯한 심리적 거리감까지 해소된 것은 아니었다. 게다가 문분홍은 김주원으로부터 길라임을 떼어놓기 위해 수단방법을 가리지 않는다. 문분홍에게 수모를 당한 길라임 또한 울분을 참지 못하고 김주원과 헤어지기로 결심한다. 물리적 거리감이 해소되었음에도 불구하고, 심리적 거리감은 오히려 더 멀어지게 된 것이다. 이처럼 두 사람의 관계에 문제가 생겼을 때 두 번째 영혼 체인지 현상이 나타나면서 길라임에 대한 문분홍의 공격은 힘을 발휘하지 못한다.

길라임은 영혼이 바뀌기 전에는 문분홍에 의해 철저하게 경제적 타자로 규정된다. 하지만 영혼이 바뀐 상태에서 그녀에게 덧씌워졌던 경제적 타자성은 아무 의미를 갖지 못한다. 문분홍에게 맞서 대범하게 행동하는 것은 길라임이 아닌, 길라임 몸의 김주원이었기 때문이다. 김주원이 자신을 진심으로 사랑한다는 것을 충분히 느끼고 있는 김주원 몸의 길라임은 그의 말에 맞장구치는 것으로 자신의 감정을 표현할 뿐이다. 영혼 체인지라는 판타지 장치가 두 사람 사이의 거리감을 해소시켜주었기 때문에 가능한 상황이라 할 수 있다. 이렇게 의기투합한 두 사람은 상대방의 일상을 대신 살아가면서 심리적 거리감을 좁혀 나간다. 길라임은 김주원이 폐소 공포증을 앓고 있다는 것을 알게 되고, 김주원은 액션스쿨 사물함에 걸린 길라임 아버지 사진을 보고 친근감을 느끼면서 서로의 상처와 추억을 공유하는 관계로 발전하게 된다. 이들의 상처가 나르시시즘적인 내면을 찢고 타자를 위한 열린 문[43]이 된 것이다.

두 번째 영혼 체인지는 15회 마지막 장면에서 김주원 몸의 길라임이 엘리베이터에 갇히는 사고가 발생했을 때 원래 상태로 돌아간다. 백화점 사장 자리를 노리던 박봉호 상무가 김주원의 폐소공포증에 관한 소문을 확인하기 위해 엘리베이터를 정지시키고, 이로 인해 김주원은 호흡 곤란에 빠지는 위험에 처하게 된다. 영혼이 정상으로 돌아온 상태에서 김주원의 상태를 인지한 길라임은 그토록 고대하던 할리우드 영화 오디션을 포기하고 김주원을 구하기 위해 백화점으로 달려간다. 이 사건은 길라임 때문에 김주원이 위험에 처했음을 알려주면서 위기감을 고조시키는 동시에 두 사람 사이의 심리적 거리감이 해소되었음을 보여준다.

세 번째 영혼 체인지는 김주원이 영화 촬영 도중 발생한 교통사고로 뇌사 상태에 빠진 길라임을 살리기 위해 영혼을 바꾸기로 결심하면서 발생한다. 뇌사 상태의 길라임을 차에 태운 김주원이 천둥번개와 함께 쏟아지는 빗속의 도로 위를 질주하는 17회 마지막 장면에서 발생하여 길익선이 준비한 꿈속의 식탁에서 두 사람이 약술을 마시고 깨어나는 18회 중간 부분에서 정상으로 돌아온다. 세 번째 영혼 체인지는 두 번의 경험으로 알게 된 초자연적 현상을 이용하여 길라임을 살리려는 김주원의 자발적 의지의 구현이라는 점에서 차별화되어 있다. 김주원은 길라임 대신 죽기로 결심하고 그녀에게 다음과 같은 내용의 편지를 남긴다.

지금에야 난 우리가 걸린 이 마법이 신의 선물이 아니었을까 생각해. 그러

---

43 한병철, 이재영 역, 앞의 책, 113쪽.

니까 뜻밖의 선물을 받은 사람처럼 행복하게 웃어줘. 마음으로 웃으면 그 웃음소리 내가 들을게. 난 그쪽이 생각하는 것보다 훨씬 능력 있는 사람이니까. 내 얼굴 이쁘게 면도해주고, 나 좋아하는 멋진 옷들도 입혀줘. 그 정도면 우리, 함께 있는 걸로 치자. 그 정도면 우리, 다른 연인들처럼 행복한 거라고 치자. (18회)

자신의 영혼을 죽여 길라임의 영혼을 살리지만, 길라임의 몸은 사라지고 자신의 몸만 남게 될 상황을 안타까워하며 써내려간 김주원의 편지에서 죽음을 불사하는 운명적인 사랑을 확인할 수 있다. 김주원은 '신의 선물'을 이용하여 길라임과의 영혼 체인지에 성공하고, 그 결과 길라임은 김주원 몸으로 뇌사 상태에서 깨어난다. 하지만 그녀는 자신의 몸으로 죽어가는 김주원을 지켜보면서 모든 것을 제 자리로 돌리겠다고 다짐한다.

우린 둘 중 누구 하난 물거품이 돼야 하나 봐. 그렇다면, 내가 할게. 내가 물거품 할게. 가슴 아파하지 마. 인어공주가 왕자를 사랑하는 순간, 인어공주는 거품이 될 운명이니까. 차라리 팔다리를 부러뜨리지. 어떻게 숨 쉬는 순간마다 심장이 찢어지게 만들어 넌. 난 다시 다 돌려놓을 거야. 비 오면 넌 다시 제자리로 돌아가, 부탁이야. (18회)

두 차례의 영혼 체인지로 물리적·심리적 거리감은 해소됐지만 길라임이 생사의 갈림길에 놓이는 사건이 발생하면서 이들의 사랑은 '신데렐라'가 아닌, '인어공주'로 끝날 위기에 처한다. 하지만 길라임이 김주원을 살리기 위해 영혼 체인지를 생각할 때, 길익선이 몽환적 분위기의 만찬에 두 사람을 초대하여 마법의 시작이고 끝인 '꽃술'을 따라주며 '진짜 마법'을 부리라고 조언한다. 길익선의 '꽃술'을 마신 두 사람의 영혼이 다시 바뀌고, 혼수상태였던 김주원도 의식을 되찾는다.

그러나 김주원의 기억이 13년 전에 발생했던 화재사고 당시에 멈춰져 길라임을 알아보지 못하는 돌발 상황이 발생하면서 위기 해결이 지연된다. 문분홍은 이런 상황을 이용하여 김주원으로부터 길라임을 다시 격리시키려 하고, 길라임은 둘 다 죽다 살아났기 때문에 헤어질 수 없다면서 "아드님 저 주십시오! 제가 책임지고 행복하게 해주겠습니다!"(18회)라고 요구하면서 문분홍을 기함시킨다. 이 상황은 길라임의 몸을 한 김주원이 아니라, 길라임 자신의 몸과 영혼으로 문분홍에게 요구한 것이라는 점에서 주목할 필요가 있다. 문분홍 앞에서 당당해진 길라임의 모습은 그녀가 세 단계의 영혼 체인지를 통해 자신을 억압하고 있던 경제적 타자의 위치에서 완전히 벗어났음을 의미하기 때문이다. 문분홍의 거짓말에 속아 길라임을 오해했던 김주원 또한 자신이 바꿔 쓰기 한, '인어공주' 결말[44]이 적힌 편지를 읽으며 모든 기억을 되찾고 그녀에게 길익선이 남긴 마지막 말을 전해주면서 정식으로 프러포즈를 한다. 그리고 길라임에 대한 김주원의 마음을 "낯선 것들이 주는 찰나의 미혹"(20

---

44 김주원의 인생을 망가뜨릴 수 없다는 생각에 헤어지기로 결심한 길라임은 물거품이 되어 사라진 '인어공주' 이야기를 편지로 적어 그가 읽던 책 『이상한 나라의 앨리스』에 끼워 넣고, 길라임을 살리기로 결심한 김주원은 '인어공주'의 결말을 다음과 같이 바꾼다. "그리고 인어공주는 물거품이 되어 사라지려는 찰나, 진실을 알게 된 왕자는 이웃나라 공주에게 "이게 최선입니까? 확실해요?"라며 파혼을 하고 인어공주에게 달려가지만, 인어공주는 물거품에 착안, 공기방울 세탁기를 개발해 재벌이 되었습니다. 한편, 묻지마 투자로 재산을 거털 낸 왕자는 인어공주의 '김비서'가 되어 오래오래, 진짜 그냥 오래 ~ 오래만 살았답니다."

회)으로 치부하는 문분홍의 반대에도 불구하고 두 사람은 혼인신고를 하고 마침내 정식 부부가 된다.

이상에서 살펴보았듯이, 세 단계에 걸쳐 발생한 영혼 체인지는 경제적 격차에서 비롯한 길라임과 김주원 사이의 거리감을 해소하고 두 사람이 사랑의 결실을 맺도록 해주는 극적 장치이다.[45] 영혼 체인지라는 판타지 장치가 비현실적인 스토리에 극적 현실성을 부여하면서 시청자의 감정이입을 끌어내는 장치로 기능한 것이다. 그런데 세 번째 바뀐 영혼이 정상으로 돌아왔을 때, 김주원의 기억이 왜 화재사고가 발생했던 21살 무렵에서 멈췄는지 살펴볼 필요가 있다. 김주원과 길라임의 인연이 거기서부터 시작되기 때문이다.

〈시크릿 가든〉은 마지막 20회에 김주원과 길라임의 인연을 에필로그 형식으로 배치한다. 소방관 길익선이 딸에게 남긴 마지막 말을 전해주기 위해 찾아간 장례식장에서 김주원이 오열하는 여고생 길라임에게 다가가지 못하고 밖에서 지켜본다. 그리고 문상객들이 모두 돌아간 뒤에 울다 지쳐 잠든 길라임을 내려다보던 김주원이 "미안하다, 미안해. 미안해, 미안하다"[46]라고 울먹이면서 그녀 옆에 쓰러져 누운 모습으로 모든 상황을 마무리한다. 이러한 에필로그를 통해 김주원이 자기 때문에 아버지를 잃은 여고생의 슬픔을 감내하지 못한 채 자기 방어 기제를 작동시켜 사고 당시의 기억을 지워버린 이유를 유추할 수 있다. 기억은 살아 있는 역동적 과정으로서 그 속에서 상이한 시간의 층위가 서로 간

---

45 길라임과 김주원의 사랑이 완성되는 것은 영혼 체인지를 통해 '함께 있음'의 의미를 깨달은 결과이기도 하다. 박미란, 앞의 글, 172쪽 참조.

46 김주원이 장례식장에서 길라임에게 했던, "미안하다, 미안해. 미안해, 미안하다"라는 사과는 20회 마지막 장면에서 나온다.

섭하고 영향을 미치면서 부단한 고쳐 쓰기와 재배치의 과정 속에서 형성되고 변화해 간다.[47] 세 번째 영혼 체인지 이후 혼수상태에서 깨어난 김주원의 기억이 13년 전 사고 당시에서 멈춘 것은 자기 때문에 죽은 소방관과 홀로 남은 길라임에 대한 죄의식으로 지워버린 기억을 회복해야만 그때 전하지 못한 길익선의 마지막 말[48]을 전하고, 길라임에게 용서를 구할 수 있기 때문이다. 그래야 두 사람의 영혼 체인지라는 판타지 장치가 작동하게 된 이유가 분명해지고, 동화 같은 판타지의 극적 현실성도 담보할 수 있게 되기 때문이다. 전체 20회 분량의 서사가 아버지 길익선의 장례식장에서 잠든 길라임 옆에 김주원이 조용히 눕는 장면으로 마무리되는 것도 그래서이다.[49]

길라임은 영혼이 세 번 바뀌는 동안 '앨리스'처럼 '이상한 나라'에서 신데렐라와 인어공주[50]의 경계를 넘나들면서 재벌가에 의해 규정된 경제적 타자에서 탈피하여 자신의 의지로 사랑을 완성하는 주체로 자리매김한다. 자본가 계급의 논리를 설파하던 김주원 또한 사랑의 진정성을

---

47 한병철, 김태환 역, 앞의 책, 95쪽 참조.
48 길익선이 김주원을 통해 길라임에게 남긴 마지막 말은 "얼른 나가서 우리 딸한테 일찍 못 가서 미안하다고, 사랑한다고, 아빠가 정말 많이 사랑한다고 전해줘"이다.
49 〈시크릿 가든〉의 결말에 대해 박미란은 "인물과 시청자 모두에게 수수께끼가 안정적으로 해결되는 지점"(박미란, 앞의 글, 163쪽)으로 분석하면서 수용자가 영혼 체인지라는 비현실성에서 비롯한 미정성을 해소하고 전체 의미를 완성해나가는 것으로 해석한 바 있다.
50 〈시크릿 가든〉에는 김주원의 서재 장면을 통해 다양한 장르의 책들을 노출시키는가 하면, 등장인물들의 대사를 빌려 잘 알려진 동화들을 언급한다. 이 가운데 『이상한 나라의 앨리스』와 『인어공주』 그리고 『신데렐라』 등의 동화는 길라임과 김주원의 내면 심리와 상황 변화를 암시하는 중요한 극적 장치로 활용된다. 이와 관련하여 박노현은 "상호텍스트성이라는 측면에서 〈시크릿 가든〉은 다양한 장르의 다채로운 텍스트를 소환해냄으로써 스스로의 영토를 확장해 나간다"(박노현, 「텔레비전드라마와 상호텍스트성 - '텍스트 소환 기법'의 개념과 유형을 중심으로」, 『한국문학연구』 40, 동국대 한국문학연구소, 2011, 379쪽)고 분석하였는데, '로맨스'와 '판타지'가 결합된 〈시크릿 가든〉의 장르적 특성을 고려할 때 '동화'와 '극적 상황'의 연관성에 대한 보다 깊이 있는 연구가 이루어질 필요가 있다.

깨닫고 재력으로 만들어진 자리에서 물러나 길라임과 함께 자신들의 사랑을 완성하는 주체가 된다.[51] 그 결과 길라임은 결혼 이후에 삼형제를 낳아 키우면서도 액션배우로서의 정체성을 잃지 않고 마침내 최초의 여성 무술감독이 되었으며, 김주원은 아이 셋을 키우는 고단한 삶의 주인공이 되었다. 하지만 문분홍은 끝까지 길라임을 받아들이지 않음으로써 이들의 결혼을 인정하지 않는다. 이처럼 〈시크릿 가든〉은 대중적으로 잘 알려진 신데렐라 모티브를 활용하여 자본 주체에 의해 대상화된 여성 캐릭터의 경제적 타자로서의 실상을 보여주는 동시에 영혼 체인지라는 판타지 장치로 운명적 사랑을 강조한다. 신데렐라 캐릭터에서 벗어난 여성 주인공과 백마 탄 왕자가 아닌 남성 주인공의 운명적 사랑을 형상화하면서도 자본의 논리에 의해 형성된 경제적 위계질서가 지배하는 문제적 현실에 대한 낭만적 해결을 시도하지 않는 방식으로 변화된 사회상을 반영한 점은 특기할 만하다.

4. 경제적 위계질서의 견고함과 신데렐라 스토리의 허구성

계층 상승의 기회가 차단될 정도로 심화된 경제적 양극화 현상으로 실

---

51 사랑의 주체로 살아가는 이들의 모습은 "누구에게나 한 번쯤은 마법 같은 순간이 온다. 그 순간은 사랑이 완성되는 순간이기도 하고, 사랑이 더 견고해지는 순간이기도 하며, 어쩌면 이제 막 오랜 꿈이 이루어지는 순간인지도 모른다. 여전히 우린 결혼식 사진 한 장 없다. 하지만 우린 매일매일 사랑하고, 사랑받으며 마법 같은 일상을 살아가고 있다. 사랑을 한다는 것은 어쩌면 정원을 가꾸는 일과 같은 일인지도 모른다. 당신들의 정원에도 예쁜 꽃이 피길, 시원한 바람이 불길, 찬란한 햇빛이 비추길, 그리고 가끔은 마법 같은 비가 내리길"(20회)이라는 길라임의 마지막 내레이션에 함축되어 있다.

제 현실에서 신데렐라가 탄생할 수 있는 가능성은 거의 없어졌다. 이와 함께 신데렐라 모티브를 활용한 텔레비전드라마가 낭만적 사랑과 경제적 신분 상승에 대한 대중의 욕망을 대리 충족시켜주면서 시청자의 현실 인식을 왜곡시킨다는 비판도 끊이지 않고 있다. 그럼에도 불구하고 일련의 로맨틱코미디드라마들은 변화된 시대상에 맞게 신데렐라 캐릭터를 변주시키면서 시청자의 이목을 집중시키는데 성공하였다. 하지만 신데렐라 스토리의 필수 요건으로 자리 잡은 여성 주인공의 경제적 타자성은 신자유주의 경제 체제에서 심화된 자본의 폐해를 완화시킬 수 있다는 점에서 상당히 문제적이다. 경제적으로 궁핍한 처지의 여성이 재벌가 사람들에 의해 경제적 타자로 규정당하는 과정에 반복적으로 노출되다 보면, 일련의 로맨틱코미디드라마에 내재된 경제적 타자성의 문제를 비판적으로 인식하기 어렵게 될 수 있기 때문이다.

〈시크릿 가든〉은 신데렐라 모티브를 활용하면서도 경제적 타자성의 문제를 영혼 체인지라는 판타지 장치와 결합시킴으로써 로맨틱코미디드라마의 새로운 전형을 만들어낸 판타지드라마이다. 재벌가 사람들에 의해 경제적 타자로 규정된 여성이 신데렐라 캐릭터의 정형성에서 탈피하여 삶의 주체로 자리매김하는 양상과 남녀 주인공의 경제적 격차에서 비롯한 물리적·심리적 거리감을 해소하고 운명적 사랑을 강조하기 위해 영혼 체인지라는 판타지 장치가 작동되는 과정을 분석한 결과 자본의 힘에 의해 경제적 타자로 대상화됐던 여성 주인공이 오히려 남성 주인공의 변화를 견인하면서 신데렐라 캐릭터의 정형성에서 탈피한 것을 확인할 수 있었다. 이와 더불어 경제적 타자성 문제를 영혼 체인지라는 판타지 장치로 풀어나가면서 자본의 논리로 형성된 경제적 위계

질서의 문제를 부각시킨 것도 파악할 수 있었다.

그러나 이 과정에서 영혼 체인지라는 판타지 장치의 문제점을 발견하기도 했다. 〈시크릿 가든〉에서 영혼 체인지는 남녀 주인공의 경제적 격차로 인한 거리감을 해소하면서 동화와 현실의 경계를 지운 판타지 장치로 기능한다. 하지만 김주원에게 걸어놓은, 영혼 체인지라는 길익선의 마법이 무엇을 위한 것인지 명료하지 않다는 점에서 균열이 일어나면서 아쉬움을 남겼다. 전체 20회 분량의 서사 전개 과정에서 영혼 체인지는 생명이 위태로운 길라임을 살리기 위한 것이라는 길익선의 고백에도 불구하고, 길라임과 김주원을 만나게 하기 위한 목적과 두 사람 사이의 경제적 격차를 해소하기 위한 것 사이에서 어정쩡하게 작동하고 있기 때문이다. 이는 곧 〈시크릿 가든〉의 영혼 체인지라는 판타지 장치가 억압적이고 불충분한 것으로 경험된 경제적 위계질서를 구조적이고 의미론적으로 해체[52]시키는 것이 아니라 남녀 주인공의 운명적 사랑을 강조하기 위한 차원에 머물고 있음을 의미한다.

그럼에도 불구하고, 최초의 여성 무술감독을 꿈꾸는 액션배우 길라임이 재벌 3세 김주원의 사랑의 대상이 되면서 경제적 타자로 규정당하는 상황에서도 주체성을 잃지 않고 당당한 캐릭터로 형상화된 것은 여타의 로맨틱코미디드라마와 다른 〈시크릿 가든〉만의 특성이다. 특히 김주원과 사랑의 결실을 맺는 해피엔딩에도 불구하고, 길라임이 자본가 계급을 상징하는 문분홍에 의해 끝까지 존재를 부정당하는 결말은 신데렐라 스토리의 낭만적 사랑이 만들어낸 시적 정의의 허구성을 부

---

52 로즈메리 잭슨, 서강여성문학연구회 역, 앞의 책, 237쪽 참조.

각시킨다는 점에서 주목할 만하다. 결론적으로 〈시크릿 가든〉은 대중적으로 잘 알려진 신데렐라 모티브를 활용하여 여성 주인공이 자본 주체에 의해 경제적 타자로 규정되는 실상을 주목하면서도 영혼 체인지라는 극적 장치로 운명적 사랑을 강조함으로써 판타지 장르의 전복적 특성까지는 담보하지 못한 로맨틱코미디드라마라 할 수 있다. 다만, 자본의 논리에 의해 형성된 경제적 위계질서가 지배하는 문제적 현실에 대해 낭만적 해결을 시도하지 않는 방식으로 변화된 시대상을 반영하여 신데렐라 스토리의 허구성을 암시함으로써 로맨틱코미디 장르의 결말을 변주시킨 점은 특기할 만하다.[*]

---

*   이 글은 「텔레비전드라마 〈시크릿 가든〉의 경제적 타자성과 판타지 장치」(『대중서사연구』 24(1), 대중서사학회, 2018)를 수정하여 재수록한 것임.

순서	드라마 제목 (및 원작)	극본/연출	연도	총 횟수	요일	방송사	주요 인물 (배우)	핵심 서사	판타지 요소
1	(납량특집드라마) M	이홍구/정세호	1994	10	월화	MBC	박마리/김주리, 송지석, 김은희 (심은하, 이창훈, 김지수)	낙태의 윤리성에 대한 고발 (판타지+공포+스릴러 +메디컬)	빙의, 초능력
2	별	이홍구/조중현	1996	12	월화	MBC	장혜미, 송마루, 강사라, 정훈 (고소영, 조민기, 이소라, 이민우)	외계인과 지구인의 사랑 (판타지+로맨스)	빙의, 상상존재 (외계인)
3	8월의 신부	이덕재/ 문정수 · 조남국	1996	16	수목	SBS	진경(전생)/ 가영(현생), 재민(전생)/ 남규(현생) (김지호, 정찬)	전생에 이루어지지 못한 연인이 환생을 통해 다시 만나 사랑하는 이야기 (판타지+로맨스)	환생
4	(옴니버스드라마) 환상여행	이웅주 · 김정욱/ 김균태 · 인정옥 외	1996 ~ 1998	68	일→수	MBC	(권해효, 최정윤, 박광정, 이두일 등)	짤막한 단편 이야기를 매회 두 편 정도 보여줌. (판타지+SF +호러) ※미국의 〈환상특급〉과 일본의 〈기묘한 이야기〉 모방	다양
5	사랑하니까	김수현/박철	1997 ~ 1998	50	주말/ 월화	HBS/ SBS	어지나, 어유나, 어세나, 어수선 (오현경, 이영애, 김규리, 장용)	홀아버지와 세 딸(의 사랑과 결혼) 이야기 (가족 멜로+판타지)	상상존재 (귀신)
6	천사의 키스	손영목/전산	1998 ~ 1999	18	월화	KBS2	한설화, 장태주, 이목헌 (유호정, 차승원, 조민기)	선과 악의 대결	상상존재 (천사, 악마), 초능력
7	고스트	강은경/ 김종학 · 민병천	1999	16	월화	SBS	장대협, 차달식, 지숭돈, 윤선영 (장동건, 김민종, 김상중, 명세빈)	열혈 형사와 도사가 악마의 힘을 얻은 살인마에 맞서는 이야기 (판타지+공포)	상상존재 (귀신, 악마), 초능력자 (도사)
8	천년지애	김기호 · 이선미/ 이관희 · 유재혁	2003	20	토일	SBS	남부여 공주 부여주, 아리 장군/강인철, 김유석/후지와 라 타쓰지 (성유리, 소지섭, 김남진)	시공을 초월한 부여 공주의 사랑 (판타지+로맨스)	시간 여행 (과거 →현재), 환생
9	(시트콤) 두근두근 체인지	신정구 · 조진국/ 노도철	2004	13	일	MBC	모두, 슬기, 미미 (조정린, 박슬기, 홍지영)	마술 샴푸로 머리를 감으면 4시간 동안 미녀로 변신할 수 있게 된 여고생 모두와 그녀의 친구들 이야기 (판타지+학원+코미디)	변신

순서	드라마 제목 (및 원작)		극본/연출	연도	총횟수	요일	방송사	주요 인물 (배우)	핵심 서사	판타지 요소
10	구미호 외전		황성연 · 이경미/ 진형욱 · 김형일	2004	16	월화	KBS2	윤시연, 강민우, 신무영, 채이 (김태희, 조현재, 전진, 한예슬)	인간과 구미호족 간의 대결과 그 속에 피어난 비극적 사랑 (판타지+로맨스+액션)	상상존재 (구미호), 초능력
11	(시트콤) 혼자가 아니야		박혜련 · 서은정 · 이영철 · 김태성 · 정성은	2004 ~ 2005	18	월	SBS	신동엽, 공형진, 변정수 (신동엽, 공형진, 변정수)	귀신이 빙의되는 한 남자의 로맨틱 성장 이야기 (판타지+코미디)	빙의, 상상존재 (귀신)
12	(시트콤) 안녕, 프란체스카	시즌 1	신정구/노도철	2005	12	월	MBC	프란체스카, 두일, 엘리자베스, 켠, 소피아, 안성댁 (심혜진, 이두일, 정려원, 이켠, 박슬기, 박희진)	루마니아에서 한국으로 온 뱀파이어들이 평범한 인간 가족으로 위장해 살아가는 이야기 (판타지+코미디)	상상존재 (뱀파이어)
		시즌 2	신정구/노도철	2005	17			프란체스카, 두일, 엘리자베스, 앙드레 (심혜진, 이두일, 정려원, 신해철)		
		시즌 3	김현희/조희진	2005 ~ 2006	23			프란체스카, 소피아, 이사벨, 다이애나, 다니엘 (심혜진, 박슬기, 김수미, 현영, 강두)		
13	환생—NEXT		주찬옥 · 구선경 · 고은님 · 서숙향 · 김현종 · 유정준 · 김도훈 · 박재범	2005	14	월화	MBC	이수현, 강정화, 민기범, 민기수 (박예진, 장신영, 류수영, 이종수)	시대를 바꿔가며 환생하게 되는 격랑의 한국사 속 비운의 연인들 이야기 (판타지+로맨스+역사/시대극)	환생
14	궁 (원작: 박소희 만화 〈궁〉)		인은아/황인뢰	2006	24	수목	MBC	신채경, 이신, 이율, 민효린 (윤은혜, 주지훈, 김정훈, 송지효)	대한민국이 왕실이 존재하는 입헌군주국이라는 전제 아래, 평범한 여고생이 세자와 정략결혼을 하면서 벌어지는 이야기 (판타지+로맨스)	대체 역사
15	돌아와요 순애씨		최순식/한정환	2006	16	수목	SBS	허순애, 한초은, 장현우, 윤일석 (심혜진, 박진희, 이재황, 윤다훈)	40대 주부가 항공사 기장인 남편과 불륜관계인 20대 스튜어디스와 영혼이 뒤바뀌면서 벌어지는 이야기 (판타지+멜로)	영혼 전оф

순서	드라마 제목 (및 원작)	극본/연출	연도	총 횟수	요일	방송사	주요 인물 (배우)	핵심 서사	판타지 요소
16	궁S	이재순·도영명/ 황인뢰·김수영	2007	20	수목	MBC	이후, 양순의, 이준, 신세령 (세븐, 허이재, 송용식, 박신혜)	대한민국이 여제 입헌군주국이라는 전제 아래, 평범한 소시민 출신의 주인공이 궁에 입궁한 이후 벌어지는 이야기 (판타지+로맨스)	대체 역사
17	마왕	김지우/박찬홍	2007	20	수목	KBS2	강오수, 서해인, 오승하 (엄태웅, 신민아, 주지훈)	소년시절 비극적인 사건으로 숙명적 대결을 펼치는 두 남자와 사이코메트리 능력을 가진 초능력자 여자에 관한 이야기	초능력자
18	태왕사신기	송지나·박경수/ 김종학·윤상호	2007	24	수목	MBC	담덕, 서기하, 수지니, 대장로 (배용준, 문소리, 이지아, 최민수)	광개토대왕이 역경과 고난을 딛고 왕이 되어가는 과정 (판타지+역사+무협)	신화 역사
19	누구세요?	배유미/ 신현창·노종찬	2008	17	수목	MBC	차승효, 손영인, 손일건 (윤계상, 고아라, 강남길)	냉혈 기업사냥꾼의 몸에 빙의한 아빠 영혼이 딸과 함께한 이승에서의 마지막 49일 (판타지+휴먼+멜로)	빙의, 상상존재 (귀신)
20	과거를 묻지 마세요	정용기·김영삼/ 김홍동	2008	16	토일	OCN	곽선영, 박형사, 장선희, 서기우 (김원희, 김승수, 김유미, 정유석)	우연한 계기로 남자의 과거를 보는 초능력을 갖게 된 여성 이야기 (판타지+수사+로맨스)	초능력자
21	(납량특집드라마) 혼	인은아·고은님· 박영숙/ 강대선·김상호	2009	10	수목	MBC	신류, 윤하나, 이혜원 (이서진, 임주은, 이진)	억울하게 살해된 혼이 빙의한 여고생의 힘을 이용해 악을 응징하던 범죄 프로파일러가 결국 악마로 변해가는 이야기 (판타지+공포)	빙의, 상상존재 (귀신)
22	구미호 −여우누이뎐	오선형·정도윤/ 이건준·이재상	2010	16	월화	KBS2	구미호/구산댁, 윤두수, 연이, 윤초옥 (한은정, 장현성, 김유정, 서신애)	구미호의 모성과 인간의 부성, 그 딜레마가 빚어낸 안타까운 사랑 (판타지+공포+멜로)	상상존재 (구미호, 반인반수)
23	내 여자친구는 구미호	홍미란·홍정은/ 부성철	2010	16	수목	SBS	차대웅, 구미호, 박동주, 은혜인 (이승기, 신민아, 노민우, 박수진)	철없는 대학생과 인간이 되고 싶은 구미호의 사랑 (판타지+멜로+코미디)	상상존재 (구미호), 초능력
24	시크릿 가든	김은숙/ 신우철·권혁찬	2010 ~ 2011	20	토일	SBS	길라임, 김주원, 오스카, 윤슬 (하지원, 현빈, 윤상현, 김사랑)	영혼이 바뀐 남녀의 사랑 (판타지+멜로)	영혼 전환

순서	드라마 제목 (및 원작)		극본/연출	연도	총 횟수	요일	방송사	주요 인물 (배우)	핵심 서사	판타지 요소
25	마이 프린세스		장영실/ 권석장·강대선	2011	16	수목	MBC	박해영, 이설, 오윤주, 남정우 (송승헌, 김태희, 박예진, 류수영)	하루아침에 공주가 된 여대생 이야기 (판타지+멜로)	대체 역사
26	49일		소현경/ 조영광·박용순	2011	20	수목	SBS	송이경, 한강, 스케줄러, 신지현 (이요원, 조현재, 정일우, 남규리)	혼수상태에 빠진 한 여인이 49일 안에 살아남기 위해 고군분투하는 이야기 (판타지+로맨스+휴먼)	빙의, 상상존재 (영혼, 스케줄러)
27	뱀파이어 검사	시즌 1	양진아·한정훈· 이승훈·강은선/ 김병수	2011	12	일	OCN	민태연, 유정인, 황순범, 장철오 (연정훈, 이영아, 이원종, 장현성)	죽은 자의 피를 맛보면 살해 당시의 마지막 상황이 보이는 뱀파이어 검사 이야기 (판타지+수사)	상상존재 (뱀파이어), 초능력
		시즌 2	한정훈·강은선/ 유선동	2012	11			민태연, 유정인, 황순범, 조정현 (연정훈, 이영아, 이원종, 이경영)	정의를 위해 자신의 욕망을 억누르는 뱀파이어 검사와 피를 향한 욕망을 멈추지 않는 미지의 뱀파이어 간의 대결	
28	빠담빠담… 그와 그녀의 심장박동소리		노희경/김규태	2011 ~ 2012	20	월화	JTBC	양강칠, 정지나, 이국수 (정우성, 한지민, 김범)	살인 누명을 쓰고 16년 만에 출소한 남자와, 그가 사랑해서는 안 되는 여자의 기적 같은 사랑 (판타지+로맨스)	상상존재 (천사)
29	(시트콤) 뱀파이어 아이돌		이성은 외/ 이근욱 외	2011 ~ 2012	79	월 ~ 금	MBN	왕자, 민경, 동엽, 수미 (이정, 강민경, 신동엽, 김수미)	미지의 행성에서 날아온 꽃미남 뱀파이어들의 지구 생활 적응기 (판타지+코미디)	상상존재 (뱀파이어)
30	해를 품은 달 (원작: 정은궐 소설 〈해를 품은 달〉)		진수완/ 김도훈·이성준	2012	20	수목	MBC	연우, 이훤, 양명 (한가인, 김수현, 정일우)	조선 시대 가상의 왕 이원과 비밀에 싸인 무녀 월의 사랑 (판타지+로맨스)	가상 역사 (가상의 조선), 초자연적 현상
31	프로포즈 대작전 (원작 : 일본 후지TV 드라마 〈프로포즈 대작전〉)		윤지련/김우선	2012	16	수목	TV조선	강백호, 함이슬, 권진원 (유승호, 박은빈, 이현진)	첫사랑을 지키기 위해 과거로 돌아가 고군분투하는 남자 이야기 (판타지+로맨스)	시간 여행 (현재 → 과거)
32	(시트콤) 선녀가 필요해		신광호 외/ 고찬수 외	2012	100	월 ~ 금	KBS2	채화, 왕모, 차세주, 차세동 (황우슬혜, 심혜진, 차인표, 이두일)	지상에 내려온 선녀 모녀 이야기 (판타지+코미디)	상상존재 (선녀)

순서	드라마 제목 (및 원작)	극본/연출	연도	총 횟수	요일	방송사	주요 인물 (배우)	핵심 서사	판타지 요소
33	히어로	구동회/ 김정민·김홍선	2012	9	일	OCN	김흑철, 윤이온, 김훈 (양동근, 한채아, 손병호)	근미래의 파산한 대한민국을 배경으로 부정부패가 만연한 가상 도시 무영시에서 우연히 초능력을 얻은 남자가 부정부패에 맞서 싸우는 이야기	초능력자, 가상 공간
34	더킹 투하츠	홍진아/ 이재규·정대윤·송지원	2012	20	수목	MBC	김항아, 이재하, 김봉구 (하지원, 이승기, 윤제문)	대한민국이 입헌군주제라는 가상 아래, 북한 특수부대 교관된 남한 왕자의 사랑 (판타지+로맨스 +휴먼+블랙코미디)	대체 역사
35	옥탑방 왕세자	이희명/ 신윤섭·안길호	2012	20	수목	SBS	이각/용태용, 박하/부용, 홍세나/화용 (박유천, 한지민, 정유미)	21세기로 온 조선 시대 왕세자가 전생에서 못 이룬 사랑을 이루는 과정 (판타지+로맨스+추리)	시간 여행 (과거→ 현재), 환생
36	인현왕후의 남자	송재정·김윤주/ 김병수	2012	16	수목	tvN	김봉도, 최희진 (지현우, 유인나)	조선 시대 선비와 현대 여배우의 시간을 초월한 사랑 (판타지+로맨스 +코미디)	시간 여행 (과거→ 현재)
37	닥터 진 (원작: 무라카미 모토카 만화 〈타임슬립 닥터 진〉)	한지훈·전현진/ 한희·오현종	2012	22	토일	MBC	진혁, 이하응, 영래아씨 (송승헌, 이범수, 박민영)	21세기 대한민국 최고 의사가 19세기 말(1860년대)로 시간 이동해 의사로서 고군분투하는 이야기 (판타지+의학 +로맨스)	시간 여행 (현재→ 과거)
38	아이러브 이태리	문지영/김도혁	2012	16	월화	tvN	이태리, 황민수, 최승재 (박예진, 김기범, 양진우)	하루아침에 14살 소년에서 25살 성인으로 변해버린 남자와 매력적인 재벌 상속녀의 100일간의 러브스토리 (판타지+로맨스)	변신
39	빅	홍정은·홍미란/ 지병현·김성윤	2012	16	월화	KBS2	서윤재, 길다란, 장마리, 강경준 (공유, 이민정, 수지, 신원호)	18살 고등학생과 30살 성인 남자의 영혼이 바뀌면서 벌어지는 이야기 (판타지+로맨스)	영혼 전환
40	신의	송지나/ 김종학·신용휘	2012	24	월화	SBS	최영, 유은수, 기철, 공민왕 (이민호, 김희선, 유오성, 류덕환)	고려 시대 무사와 현대 여의사의 시공을 초월한 사랑과 진정한 왕을 만들어내는 과정 (판타지+로맨스+역사)	시간 여행 (현재→ 과거)

순서	드라마 제목 (및 원작)	극본/연출	연도	총 횟수	요일	방송사	주요 인물 (배우)	핵심 서사	판타지 요소
41	아랑 사또전	정윤정/ 김상호·정대윤	2012	20	수목	MBC	은오, 아랑, 주왈, 옥황상제 (이준기, 신민아, 연우진, 유승호)	억울하게 죽은 처녀귀신 아랑과 귀신 보는 능력을 지닌 사또가 만나 펼치는 이야기 (판타지+로맨스 +역사+코미디)	초능력자, 상상존재 (귀신), 설화적 상상 공간 (천상세계)
42	(시트콤) 천 번째 남자	김균태/ 강철우·최화진	2012	8	금	MBC	구미진, 김웅석, 구미선 (강예원, 이천희, 전미선)	남자 1000명의 간을 먹어야 사람이 될 수 있는 구미호가 자신을 진심으로 사랑하는 마지막 1명의 남자의 간을 얻으려는 과정 (판타지+로맨스+코미디)	상상존재 (구미호)
43	울랄라 부부	최순식/ 이정섭·전우성	2012	18	월화	KBS2	고수남, 나여옥, 장현우, 빅토리아 (신현준, 김정은, 한재석, 한채아)	남편의 불륜으로 이혼한 30대 부부가 우연한 사고로 서로 영혼이 바뀌며 벌어지는 이야기 (판타지+가족+코미디)	영혼 전환
44	전우치	조명주·박대영/ 강일수·박진석	2012 ~ 2013	24	수목	KBS2	전우치/이치, 홍무연, 마강림/정대용, 이혜령 (차태현, 유이, 이희준, 백진희)	친구의 배신으로 아버지처럼 여겼던 홍길동과 사랑한 여인을 잃고 복수를 꿈꾸게 된 율도국 도사 전우치 이야기 (판타지+무협+로맨스)	초능력자 (도술가), 설화적 상상 공간 (율도국)
45	나인—아홉 번의 시간 여행	송재정·김윤주/ 김병수	2013	20	월화	tvN	박선우, 주민영, 박정우 (이진욱, 조윤희, 전노민)	20년 전 과거로 돌아갈 수 있는 신비의 향 9개를 얻게 되면서 펼쳐지는 이야기 (판타지+추리+로맨스)	시간 여행 (현재 → 과거)
46	구가의 서	강은경/ 신우철·김정현	2013	24	월화	MBC	최강치, 담여울, 조관웅 (이승기, 수지, 이성재)	지리산 수호신의 아들이자 반인반수인 최강치의 사랑과 삶 (판타지+로맨스+무협)	환생, 상상존재 (반인반수)
47	너의 목소리가 들려	박혜련/조수원	2013	18	수목	SBS	장혜성, 박수하, 차관우, 서도연 (이보영, 이종석, 윤상현, 이다희)	속물 국선변호사와 사람의 마음을 읽는 초능력을 지닌 남자가 만나 벌어지는 이야기 (판타지+로맨스 +법정+스릴러)	초능력자
48	(옴니버스드라마) 환상거탑	김기호/이성원	2013	8	수	tvN	민철, 미선, 간수 (강성진, 이하린, 남성진)	여러 소재를 다룬 판타지 옴니버스드라마 (판타지+추리+스릴러)	환생, 아바타 등

순서	드라마 제목 (및 원작)		극본/연출	연도	총 횟수	요일	방송사	주요 인물 (배우)	핵심 서사	판타지 요소
49	후아유		문지영 · 반기리/ 조현탁	2013	16	월화	tvN	양시온, 차건우 (소이현, 택연)	영혼을 보는 눈을 가진 여자와 직접 본 것만 믿는 남자가 펼치는 이야기 (판타지+수사)	초능력자
50	주군의 태양		홍정은 · 홍미란/ 진혁	2013	17	수목	SBS	주중원, 태공실, 강우, 태이령 (소지섭, 공효진, 서인국, 김유리)	영혼을 보는 여자와 계산적인 남자가 만나 영혼들을 위령하는 이야기 (판타지+로맨스 +코미디)	초능력자
51	미래의 선택		홍진아/ 유종선 · 권계홍	2013	16	월화	KBS2	나미래, 김신, 박세주, 큰미래 (윤은혜, 이동건, 정용화, 최명길)	미래의 내가 찾아와 다른 운명을 개척하게 되는 여자 이야기 (판타지+로맨스)	시간 여행 (미래→ 현재)
52	별에서 온 그대		박지은/장태유	2013 ~ 2014	21	수목	SBS	천송이, 도민준, 이휘경, 유세미 (전지현, 김수현, 박해진, 유인나)	400년 전 지구에 떨어진 외계인과 톱스타 여배우의 사랑 (판타지+로맨스)	환생, 상상존재 (외계인), 초능력
53	귀신 보는 형사 처용	시즌 1	홍승현/강철우	2014	10	일	OCN	윤처용, 하선우, 한나영 (오지호, 오지은, 전효성)	귀신 보는 형사가 미스터리 사건을 해결해나가는 이야기 (판타지+추리+수사)	초능력자
		시즌 2		2015	10			윤처용, 한나영, 정하윤 (오지호, 전효성, 하연주)		
54	신의 선물—14일		최란/이동훈	2014	16	월화	SBS	김수현, 기동찬, 한지훈, 한샛별 (이보영, 조승우, 김태우, 김유빈)	죽은 딸을 되살리기 위해 시간 여행을 떠나는 엄마 이야기 (판타지+휴먼 +스릴러)	시간 여행 (현재→ 과거)
55	꽃할배 수사대		문선희 · 유남경/ 김진영	2014	12	금	tvN	이준혁, 한원빈, 전강석 (이순재, 변희봉, 장광)	하루아침에 70대 노인으로 변한 20대 엘리트 경찰과 젊은 형사들이 원래의 몸을 되찾기 위해 고군분투하는 이야기 (판타지+코미디)	변신
56	하이스쿨 —러브온		이재연/ 성준해 · 이은미 · 서주완	2014	20	금	KBS2	신우현, 이슬비, 황성열 (남우현, 김새론, 이성열)	위기에 빠진 남학생을 구하려다 인간이 된 천사와 열혈 청춘들이 펼쳐가는 사랑과 성장 이야기 (판타지+로맨스+성장)	상상존재 (천사)

순서	드라마 제목 (및 원작)	극본/연출	연도	총 횟수	요일	방송사	주요 인물 (배우)	핵심 서사	판타지 요소
57	야경꾼일지	유동윤·방지영·김선희/이주환·윤지훈	2014	24	월화	MBC	이린, 도하, 무석, 박수련 (정일우, 고성희, 유노윤호, 서예지)	조선 시대 귀신을 부정하는 자, 귀신을 이용하려는 자, 귀신을 물리치려는 자, 세 개 세력의 대결 (판타지+역사+로맨스+무협)	상상존재 (귀신)
58	잉여공주	지은이·박란·김지수/백승룡	2014	10	목	tvN	김하니, 이현명, 권시경, 윤진아 (조보아, 온주완, 송재림, 박지수)	사랑 찾아 서울에 온 인어공주의 로맨스 (판타지+로맨스)	상상존재 (인어)
59	아이언맨	김규완/김용수·김종연	2014	18	수목	KBS2	주홍빈, 손세동, 주장원, 김태희 (이동욱, 신세경, 김갑수, 한은정)	마음의 상처 때문에 몸에 칼이 돋는 남자와 그를 진짜 사람으로 성장시키는 여자의 사랑 이야기 (판타지+로맨스)	초능력자
60	미스터 백 (원작:이조영 웹소설 〈올드맨〉)	최윤정/이상엽	2014	16	수목	MBC	최고봉, 은하수, 최대한, 홍지윤 (신하균, 장나라, 이준, 박예진)	70대 재벌 회장이 우연한 사고로 30대로 젊어져 처음으로 진정한 사랑을 느끼는 이야기 (판타지+코미디+로맨스)	변신
61	블러드	박재범/기민수·이재훈	2015	20	월화	KBS2	박지상, 유리타, 이재욱 (안재현, 구혜선, 지진희)	뱀파이어 의사의 활약과 사랑 (판타지+메디컬+로맨스)	상상존재 (뱀파이어)
62	냄새를 보는 소녀 (원작: 만취 웹툰 〈냄새를 보는 소녀〉)	이희명/백수찬·오충환	2015	16	수목	SBS	최무각, 오초림, 권재희, 염미 (박유천, 신세경, 남궁민, 윤진서)	무감각적인 남자와 초감각적인 여자의 사랑 (판타지+미스터리+로맨틱코미디)	초능력자
63	초인시대	유병재·조홍준·오류미/김민경	2015	8	금	tvN	병재, 창환, 이경 (유병재, 김창환, 이이경)	25세 생일 초능력이 생긴 공대 복학생들의 취업과 사랑 이야기 (판타지+코미디+로맨스)	초능력자
64	오렌지 마말레이드 (원작: 석우 웹툰 〈오렌지 마말레이드〉)	문소산/이형민·최성범	2015	12	금	KBS2	정재민, 백마리, 한시후 (여진구, 설현, 이종현)	뱀파이어 여학생과 인간 남학생의 사랑 (판타지+로맨스)	상상존재 (뱀파이어)

순서	드라마 제목 (및 원작)	극본/연출	연도	총 횟수	요일	방송사	주요 인물 (배우)	핵심 서사	판타지 요소
65	오 나의 귀신님	양희승 · 양서윤/ 유제원	2015	16	금토	tvN	나봉선, 강선우, 최성재, 신순애 (박보영, 조정석, 임주환, 김슬기)	음탕한 처녀 귀신이 빙의된 소심한 주방 보조와 스타 셰프의 로맨스 (판타지+로맨스)	빙의, 상상존재 (귀신, 악귀)
66	밤을 걷는 선비 (원작: 조주희 · 한승희 만화 〈밤을 걷는 선비〉)	장현주/이성준	2015	20	수목	MBC	김성열, 조양선, 이윤, 귀, 최혜령 (이준기, 이유비, 최강창민, 이수혁, 김소은)	남장을 하고 책쾌 일을 하며 살아가는 여인이 음식골에 사는 신비로운 선비를 만나게 되고, 그가 뱀파이어라는 사실을 알게 되면서 벌어지는 이야기 (판타지+로맨스+역사)	상상존재 (뱀파이어)
67	시그널	김은희/김원석	2016	16	금토	tvN	박혜영, 차수현, 이재한 (이제훈, 김혜수, 조진웅)	과거로부터 걸려온 간절한 신호(무전)로 연결된 현재와 과거의 형사들이 오래된 미제 사건들을 다시 파헤치는 이야기 (판타지+스릴러)	시간 교섭
68	돌아와요 아저씨 (원작: 아사다 지로 소설 〈쓰바키야마 과장의 7일간〉)	노혜영 · 현주연/ 신윤섭 · 이남철	2016	16	수목	SBS	한기탁, 한홍난, 이해조, 신다혜 (김수로, 오연서, 정지훈, 이민정)	죽음에서 잠깐이라도 다시 돌아온다는 전제하에 역송체험을 하게 되는 두 남녀의 모습을 그린 드라마 (판타지+휴먼+코미디)	영혼 전환
69	뱀파이어 탐정	유영선/김가람	2016	12	일	OCN	윤산, 용구형, 한겨울, 요나 (이준, 오정세, 이세영, 이청아)	뱀파이어가 된 사설탐정이 다양한 사건을 해결하며 자신을 둘러싼 미스터리를 파헤치는 이야기 (판타지+미스터리)	상상존재 (뱀파이어)
70	마녀보감	양혁문 · 노선재/ 조현탁 · 심나연	2016	20	금토	JTBC	허준, 연희, 최현서, 홍주 (윤시윤, 김새론, 이성재, 염정아)	저주로 백발마녀가 된 비운의 공주와 마음속 성난 불꽃을 감춘 열혈 청춘 허준의 사랑과 성장 이야기 (판타지+역사 +로맨스)	상상존재 (마녀)
71	싸우자 귀신아 (원작: 임인스 웹툰 〈싸우자 귀신아〉)	이대일/박준화	2016	16	월화	tvN	박봉팔, 김현지, 주혜성 (태연, 김소현, 권율)	귀신을 잡아 돈을 버는 복학생 퇴마사와 수능을 못 봐 한이 된 여고생 귀신이 동고동락하며 귀신을 쫓는 이야기 (판타지+공포 +코미디)	초능력자, 상상존재 (귀신)

순서	드라마 제목 (및 원작)		극본/연출	연도	총 횟수	요일	방송사	주요 인물 (배우)	핵심 서사	판타지 요소
72	W		송재정/정대윤	2016	16	수목	MBC	강철, 오연주, 오성무 (이종석, 한효주, 김의성)	현실 세계의 초짜 여의사와 인기 절정 웹툰 〈W〉의 남주인공이 벌이는 로맨틱 서스펜스 (판타지+스릴러+로맨스)	디지털 가상 공간 (웹툰)
73	달의 연인– 보보경심 려 (원작 : 동화 소설 〈보보경심〉)		조윤영/김규태	2016	20	월화	SBS	왕소, 해수, 왕욱, 왕요 (이준기, 이지은, 강하늘, 홍종현)	21세기 여인의 영혼이 미끄러져 들어간 고려 소녀와 고려 왕자의 천 년의 시공간을 초월한 사랑 (판타지+로맨스+역사)	시간 여행 (현재 → 과거), 빙의
74	푸른 바다의 전설		박지은/진혁	2016 ~ 2017	20	수목	SBS	심청, 허준재, 조남두 (전지현, 이민호, 이희준)	현재와 조선 시대를 넘나드는 인어와 인간 남자의 사랑 (판타지+로맨스)	환생, 상상존재 (인어)
75	쓸쓸하고 찬란하神 도깨비		김은숙/이응복	2016 ~ 2017	16	금토	tvN	김신, 저승사자, 지은탁, 써니 (공유, 이동욱, 김고은, 유인나)	불멸의 삶을 끝내기 위해 인간 신부가 필요한 도깨비와 도깨비 신부라 주장하는 '죽었어야 할 운명'의 소녀가 펼치는 신비로운 이야기 (판타지+로맨스+미스터리)	불사와 환생, 상상존재 (도깨비, 저승사자)
76	사임당, 빛의 일기		박은령/윤상호	2017	30	수목	SBS	신사임당, 이겸, 휘음당 최씨 (이영애, 송승헌, 오윤아)	한국 미술사를 전공한 대학 강사가 우연히 발견한 사임당 일기와 의문의 미인도에 얽힌 비밀을 풀어나가는 이야기 (판타지+역사)	시간 여행 (현재 → 과거), 환생
77	세 가지 색 판타지	1회 우주의 별이	김지현/김지현	2017	6 (3)	목	MBC/ 네이버	우주, 별이 (김준면, 지우)	사고로 죽은 여고생이 저승사자가 되어 이승의 스타의 죽음을 막기 위해 고군분투하는 이야기 (판타지+로맨스)	상상존재 (저승사자, 귀신)
		2회 생동성 연애	박은영·박희권 /박상훈					소인성, 왕소라 (윤시윤, 조수향)	노량진 고시촌을 배경으로 한 이 시대 청춘들의 이야기	초능력
		3회 반지의 여왕	김아정/권성창					모난희, 박세건 (김슬기, 안효섭)	가문의 비밀을 간직한 황금반지 이야기	변신

순서	드라마 제목 (및 원작)·	극본/연출	연도	총 횟수	요일	방송사	주요 인물 (배우)	핵심 서사	판타지 요소
78	내일 그대와	허성혜/유제원	2017	16	금토	tvN	송마린, 유소준 (신민아, 이제훈)	미래의 아내와 자신에게 닥칠 사고를 알고 있는 시간 여행자가 현실을 바꿈으로써 미래를 바꾸는 이야기 (판타지+로맨스)	시간 여행 (현재 ↔ 미래)
79	힘쎈여자 도봉순	백미경/이형민	2017	16	금토	JTBC	도봉순, 안민혁, 인국두 (박보영, 박형식, 지수)	선천적으로 엄청난 괴력을 타고난 여자의 별난 로맨스 (판타지+로맨스)	초능력자
80	터널	이은미/신용휘	2017	16	토일	OCN	박광호, 김선재, 신재이 (최진혁, 윤현민, 이유영)	1980년대 여성 연쇄 살인 사건의 범인을 찾던 형사가 2016년으로 타임슬립해 30년 전 사건을 해결해 나가는 이야기 (판타지+수사)	시간 여행 (과거 → 현재)
81	시카고 타자기	진수완/김철규	2017	16	금토	tvN	한세주, 유진오, 전설 (유아인, 임수정, 고경표)	의문의 오래된 타자기와 얽힌 세 남녀의 미스터리와 로맨스 (판타지+미스터리 +로맨스)	환생, 상상존재 (유령)
82	써클 —이어진 두 세계	류문상·김진희· 유혜미·박은미/ 민진기	2017	12	월화	tvN	우진, 준혁 (여진구, 김강우)	2017년 의문의 사건을 쫓는 평범한 대학생과 2037년 미래도시에서 벌어진 의문의 사건을 쫓는 열혈 형사 이야기 (판타지/SF+미스터리)	상상존재 (외계인), 가상 공간 (미래도시)
83	하백의 신부 2017 (원작: 윤미경 만화 〈하백의 신부〉)	정윤정/김병수	2017	16	월화	tvN	소아, 하백, 후예, 무라 (신세경, 남주혁, 임주환, 정수정)	인간 세상에 내려온 물의 신(神) '하백'과 대대손손 신의 종으로 살 팔자인 여의사의 로맨스 (판타지+로맨스 +코미디)	상상존재 (신)
84	다시 만난 세계	이희명/백수찬	2017	40 (20)	수목	SBS	성해성, 정정원, 차민준 (여진구, 이연희/채연, 안재현)	19세 소년이 어느 날 갑자기 사망한 뒤 12년 만에 19세 모습 그대로 다시 나타나 벌어지는 이야기 (판타지+로맨스)	환생
85	죽어야 사는 남자	김선희/ 고동선·최정규	2017	24 (12)	수목	MBC	사이드파드 알리 백작, 이지영A, 이지영B, 강호림 (최민수, 강예원, 이소연, 신성록)	1970년대 중동에 위치한 가상의 왕국에서 백작이 된 남자가 한국에 와 딸을 찾는 이야기 (판타지+코미디+가족)	가상 공간 (중동의 왕국)

순서	드라마 제목 (및 원작)	극본/연출	연도	총 횟수	요일	방송사	주요 인물 (배우)	핵심 서사	판타지 요소
86	맨홀 —이상한나라의필	이재곤/ 박만영·유영은	2017	16	수목	KBS2	봉필, 강수진, 윤진숙, 조석태 (김재중, 유이, 정혜성, 차선우)	일주일 뒤에 예고되어 있는 결혼을 막기 위해 과거와 현재를 오가는 이야기 (판타지+로맨스)	시간 여행 (과거 ↔ 현재)
87	명불허전	김은희/홍종찬	2017	16	토일	tvN	허임, 최연경 (김남길, 김아중)	조선 최고의 한의사와 현대 외과의가 펼치는 이야기 (판타지+역사 +의학+로맨스 +코미디)	시간 여행 (과거 → 현재)
88	당신이 잠든 사이에	박혜련/오충환	2017	32 (16)	수목	SBS	정재찬, 남홍주 (이종석, 배수지)	누군가에게 닥칠 불행을 꿈으로 미리 볼 수 있는 여자와 그 꿈이 현실이 되는 것을 막기 위해 고군분투하는 검사 이야기 (판타지+로맨스 +코미디)	초능력자
89	고백부부 (원작 : 홍승표· 김혜연 웹툰 〈한번 더 해요〉)	권혜주/하병훈	2017	12	금토	KBS2	마진주, 최반도 (장나라, 손호준)	오해로 인해 이혼한 부부가 대학 시절로 시간 여행을 하면서 겪는 이야기 (판타지+로맨스 +코미디)	시간 여행 (현재 → 과거)
90	블랙	처란/ 김홍선·고재현	2017	18	토일	OCN	블랙, 강하람, 윤수완, 오만수 (송승헌, 고아라, 이엘, 김동준)	저승사자와 죽음을 볼 수 있는 여자가 천계의 룰을 어기고 사람의 생명을 구하고자 고군분투하는 이야기 (판타지+미스터리)	초능력자, 상상존재 (저승사자)
91	멜로홀릭 (원작 : 팀 겟네임 웹툰 〈멜로홀릭〉)	박소영/송현욱	2017	10	월화	OCN	유은호, 한예리/한주리 (유노윤호, 경수진)	여자의 맨 살에 손이 닿으면 속마음을 파악할 수 있는 초능력자와 두 얼굴의 여자의 로맨스 (판타지+로맨스)	초능력자
92	투깝스	변상순/오현종	2017 ~ 2018	32 (16)	월화	MBC	차동탁, 송지안, 공수창 (조정석, 이혜리, 김선호)	사기꾼의 영혼이 빙의한 강력계 형사와 여기자가 펼치는 수사 로맨스 (판타지+스릴러 +로맨스)	빙의
93	흑기사	김인영/한상우	2017 ~ 2018	20	수목	KBS2	문수호, 정해라, 샤론, 장백희 (김래원, 신세경, 서지혜, 장미희)	사랑하는 여자를 위해 위험한 운명을 받아들이는 순정파 남자의 이야기 (판타지+로맨스)	불사, 환생

순서	드라마 제목 (및 원작)	극본/연출	연도	총 횟수	요일	방송사	주요 인물 (배우)	핵심 서사	판타지 요소
94	화유기	홍정은·홍미란/ 박홍균·김병수· 김정현	2017 ~ 2018	20	토일	tvN	손오공, 우마왕, 진선미 (이승기, 차승원, 오연서)	퇴폐적 악동 요괴 손오공과 고상한 신사 요괴 우마왕이 어두운 세상에서 빛을 찾아가는 여정 (판타지+무협+로맨스)	상상존재 (요괴), 초능력
95	애간장 (원작 : 김희란· 김병관 웹툰 〈애간장〉)	박가연/민연홍	2018	10	월화	OCN	큰 강신우, 작은 강신우, 한지수 (이정신, 서지훈, 이열음)	어설펐던 첫사랑과의 과거를 바꾸고픈 남자가 10년 전으로 돌아가 그 자신과 삼각관계에 빠지는 이야기 (판타지+로맨스)	시간 여행 (현재→ 과거)
96	작은 신의 아이들	한우리/강신효	2018	16	토일	OCN	천재인, 김단, 주하민, 백아현 (강지환, 김옥빈, 심희섭, 이엘리야)	엘리트 형사와 보지 말아야 할 것을 보는 여형사가 전대미문의 집단 죽음에 얽힌 비밀을 추적하는 이야기 (판타지+수사)	초능력자
97	그 남자 오수	정유선/남기훈	2018	16	월화	OCN	오수, 서유리 (이종현, 김소은)	사람들의 연애 감정을 읽을 수 있고 그 연애 감정을 잇거나 끊어줄 수 있는 현대판 큐피트 남자와 연애 허당녀의 로맨스 (판타지+로맨스)	초능력자
98	우리가 만난 기적	백미경/ 이형민·조웅	2018	18	월화	KBS2	A송현철, 선혜진, 조연화, B송현철 (김명민, 김현주, 라미란, 고창석)	평범한 한 남자가 이름, 나이, 생일이 같지만 정반대의 삶을 살아온 다른 남자의 인생을 대신 살게 된 이야기 (판타지+휴먼+가족)	빙의
99	멈추고 싶은 순간 ―어바웃 타임	추혜미/김형식	2018	16	월화	tvN	이도하, 최미카엘라 (이상윤, 이성경)	수명 시계를 보는 능력을 지닌 여자와 운명에 얽힌 남자의 로맨스 (판타지+로맨스)	초능력자
100	라이프 온 마스 (원작 : 영국 BBC 드라마 〈Life on Mars〉)	이대일/이정효	2018	16	토일	OCN	한태주, 강동철, 윤나영 (정경호, 박성웅, 고아성)	기억을 찾으려는 2018년 형사가 1988년 형사와 만나 벌이는 수사극 (판타지+수사)	시간 여행 (현재→ 과거)
101	마녀의 사랑	손은혜/박찬율	2018	12	수목	MBN	강초홍, 마성태, 맹예순, 조앵두 (윤소희, 현우, 김영옥, 고수희)	마녀들의 이야기 (판타지+코미디 +로맨스)	상상존재 (마녀)

순서	드라마 제목 (및 원작)	극본/연출	연도	총 횟수	요일	방송사	주요 인물 (배우)	핵심 서사	판타지 요소
102	아는 와이프	양희승/이상엽	2018	16	수목	tvN	차주혁, 서우진, 윤종후, 이혜원 (지성, 한지민, 장승조, 강한나)	한 번의 선택으로 달라진 현재를 살게 된 남자의 운명적인 러브스토리 (판타지+로맨스)	시간 여행 (현재→ 과거)
103	러블리 호러블리	박민주/ 강민경 · 지병현	2018	32 (16)	월화	KBS2	유필립, 오을순, 이성중, 신윤아 (박시후, 송지효, 이기광, 함은정)	운명을 공유하는 한 남녀가 톱스타와 드라마 작가로 만나면서 벌어지는 기이한 이야기 (판타지+로맨스 +코미디)	상상존재 (귀신)
104	오늘의 탐정	한지완/ 이재훈 · 강수연	2018	32 (16)	수목	KBS2	이다일, 정여울, 선우혜 (최다니엘, 박은빈, 이지아)	귀신 탐정과 열혈 조수가 의문의 여인과 마주치며 기괴한 사건 속으로 빠져드는 이야기 (판타지+공포+스릴러)	상상존재 (귀신)
105	손 the guest	권소라 · 서재원/ 김홍선	2018	16	수목	OCN	윤화평, 최윤, 강길영 (김동욱, 김재욱, 정은채)	기이한 힘에 의해 벌어지는 범죄에 맞서는 영매와 사제, 형사 이야기 (판타지 +미스터리+수사)	빙의, 초능력자 (영매), 상상존재 (악령)
106	뷰티 인사이드	임메아리/ 송현욱 · 남기훈	2018	16	월화	JTBC	한세계, 서도재, 강사라, 류은호 (서현진, 이민기, 이다희, 안재현)	한 달에 일주일 다른 사람으로 변하는 여자와 그녀를 만나 사랑에 빠지는 남자의 로맨스 (판타지+로맨스)	변신
107	나인룸	정성희/지영수	2018	16	토일	tvN	을지해이, 장화사, 기유진 (김희선, 김해숙, 김영광)	희대의 악녀 사형수와 안하무인 변호사의 영혼이 바뀌어 펼쳐지는 복수극 (판타지+복수 +스릴러)	영혼 전환
108	시간이 멈추는 그때	지호진/곽봉철	2018	12	수목	KBS W	문준우, 김선아, 명운 (김현중, 안지현, 인교진)	시간을 멈추는 초능력자가 점차 사랑과 삶의 의미를 찾는 이야기 (판타지+로맨스)	초능력자
109	계룡선녀전 (원작: 돌배 웹툰 〈계룡선녀전〉)	유경선/김윤철	2018	16	월화	tvN	젊은/늙은 선옥남, 정이현, 김금 (문채원/고두심, 윤현민, 서지훈)	699년 동안 계룡산에서 나무꾼의 환생을 기다리며 바리스타가 된 선녀가 두 남자를 만나면서 벌어지는 이야기 (판타지+로맨스)	환생, 상상존재 (선녀)

순서	드라마 제목 (및 원작)	극본/연출	연도	총 횟수	요일	방송사	주요 인물 (배우)	핵심 서사	판타지 요소
110	죽어도 좋아 (원작 : 골드키위새 웹툰 〈죽어도 좋아〉)	임서라/ 이은진 · 최윤석	2018	32 (16)	수목	KBS2	백진상, 이루다, 강준호, 유시백 (강지환, 백진희, 공명, 박솔미)	매일 반복되는 똑같은 하루에 갇힌 여자가 무사히 내일을 맞이하기 위해 악덕 상사를 개과천선시키는 이야기 (판타지+로맨스)	타임루프
111	황후의 품격	김순옥/ 주동민 외	2018 ~ 2019	52 (26)	수목	SBS	오써니, 나왕식, 이혁, 민유라 (장나라, 최진혁, 신성록, 이엘리야)	황후가 된 뮤지컬 배우가 궁의 절대 권력과 맞서 싸우며 진정한 사랑과 행복을 찾는 이야기 (판타지+추리+로맨스)	대체 역사
112	프리스트	문만세 외/ 김종현 · 류승진	2018 ~ 2019	16	토일	OCN	오수민, 함은호, 문기선 (연우진, 정유미, 박용우)	악령으로부터 사람들을 지키기 위해 힘을 합친 의사와 엑소시스트/신부 이야기 (판타지+공포+의학)	상상존재 (악령)
113	커피야 부탁해	서보라 · 이아연/ 박수철	2018	12	토일	채널A	임현우, 이슬비, 오고운 (용준형, 김민영, 채서진)	마법의 커피를 마신 뒤 미녀가 되어 짝사랑을 이루려는 평범녀와 사랑 따윈 믿지 않는 훈남 웹툰 작가의.로맨스 (판타지+로맨스 +코미디)	변신
114	알함브라 궁전의 추억	송재정/안길호	2018 ~ 2019	16	토일	tvN	유진우, 정희주, 차형석 (현빈, 박신혜, 박훈)	투자회사 대표가 출장을 간 스페인 그라나다에서 호스텔 여주인과 기묘한 사건에 휘말리는 이야기 (판타지+로맨스)	디지털 가상 공간 (게임)
115	봄이 오나 봄	이혜선/ 김상호 · 박승우	2019	32 (16)	수목	MBC	김보미, 이봄, 이형석, 박윤철 (이유리, 엄지원, 이종혁, 최병모)	자신밖에 모르는 앵커와 가족에게 헌신하는 국회의원 사모님의 영혼이 바뀌면서 진정한 자아를 찾는 이야기 (판타지+코미다+성장)	영혼 전환
116	아이템 (원작 : 민형 · 김준석 웹툰 〈아이템〉)	정이도/ 김성욱 · 박미연	2019	32 (16)	월화	MBC	강곤, 신소영, 조세황, 한유나 (주지훈, 진세연, 김강우, 김유리)	특별한 초능력을 가진 물건들을 둘러싼 음모와 비밀을 파헤쳐 나가는 검사와 프로파일러 이야기 (판타지+미스터리 +수사)	초능력

순서	드라마 제목 (및 원작)	극본/연출	연도	총 횟수	요일	방송사	주요 인물 (배우)	핵심 서사	판타지 요소
117	빙의	박희강/최도훈	2019	16	수목	OCN	강필성, 홍서정, 오수혁, 선양우 (송새벽, 고준희, 연정훈, 조한선)	영이 맑은 불량 형사와 강한 영적 기운을 가진 영매가 사람의 몸에 빙의해 범죄를 저지르는 사악한 영혼을 쫓는 이야기 (판타지+스릴러+수사)	빙의
118	사이코메트리 그녀석	양진아/김병수	2019	16	월화	tvN	이안, 윤재인, 강성모, 은지수 (박진영, 신예은, 김권, 다솜)	비밀을 마음속에 감춘 여자와 상대의 비밀을 읽어내는 사이코메트리 능력을 지닌 남자의 로맨스 (판타지+로맨스 +스릴러)	초능력자
119	어비스	문수연/유제원	2019	16	월화	tvN	고세연, 차민, 오영ө (박보영, 안효섭, 이성재)	영혼 소생 구슬 '어비스'를 통해 생전과 180도 다른 비주얼로 부활한 두 남녀가 자신을 죽인 살인자를 쫓는 이야기 (판타지+스릴러)	부활, 변신
120	단, 하나의 사랑	최윤교/ 이정섭·유영은	2019	32 (16)	수목	KBS2	이연서, 김단, 지강우, 금나나 (신혜선, 김명수, 이동건, 김보미)	사랑을 믿지 않는 발레리나와 큐피트를 자처한 사고뭉치 천사의 로맨스 (판타지+로맨스)	상상존재 (천사)
121	아스달 연대기	김영현·박상연/ 김원석	2019	18	토일	tvN	타곤, 은섬/사야, 탄야, 태알하 (장동건, 송중기, 김지원, 김옥빈)	태고의 땅 '아스'를 배경으로 한 고대 시대 영웅들의 서사시 (판타지+역사+로맨스)	신화 역사
122	퍼퓸	최현옥/ 김상휘·유관모	2019	32 (16)	월화	KBS2	서이도, 민예린, 민재희 (신성록, 고원희, 하재숙)	40세 가정주부가 자살 직전 택배로 온 마법의 향수를 뿌리고 23세 패션모델 몸으로 되돌아가는 이야기 (판타지+로맨스)	변신
123	조선생존기	박민우/장용우	2019	16	토일	TV 조선	한정록, 이혜진, 임꺽정 (서지석, 경수진, 송원석)	2019년의 청년과 1562년의 청년 '임꺽정'이 만나 펼치는 유쾌한 이야기 (판타지+역사+액션)	시간 여행 (현재→ 과거)
124	호텔 델루나	홍정은·홍미란/ 오충환·김정현	2019	16	토일	tvN	장만월, 구찬성 (이지은, 여진구)	호텔 델루나에서 일어나는 특별한 이야기 (판타지+공포+로맨스)	불사, 상상존재 (귀신)

순서	드라마 제목 (및 원작)	극본/연출	연도	총 횟수	요일	방송사	주요 인물 (배우)	핵심 서사	판타지 요소
125	악마가 너의 이름을 부를 때	노혜영·고내리/ 민진기	2019	16	수목	tvN	하림, 모태강, 김이경, 지서영 (정경호, 박성웅, 이설, 이엘)	악마에게 영혼을 판 스타 작곡가가 계약 만료를 앞두고 영혼을 담보로 일생일대의 게임을 펼치는 이야기 (판타지+코미디)	상상존재 (악마)
126	웰컴2라이프	유희경/ 김근홍·심소연	2019	32 (16)	월화	MBC	이재상, 라시온, 구동택 (정지훈, 임지연, 곽시양)	이기적인 변호사가 사고로 평행 세계에 빨려 들어가 강직한 검사로 개과천선하는 이야기 (판타지+멜로 +수사+코미디)	시간 여행 (현실→ 평행세계)

- 드라마 순서는 첫 방영 날짜 순서를 따랐다.
- 총 횟수에서 두 가지가 표기된 경우, 괄호 앞의 숫자는 1일 2회로 나누어 방영된 횟수이다. 중간 광고를 삽입하기 위해 기존 60~70분 분량을 2회로 나누어 방영하였기 때문에 2회가 기존 1회와 같은 분량으로 이는 괄호 안에 표기하였다.
- 단막극 및 특집극, 어린이드라마, 웹드라마(〈어쩌다18〉, 〈킹덤〉 등)는 위 판타지드라마 목록에서 제외하였다. 이 세 가지 유형은 각 장르들이 가지는 특수성(변별성)을 고려할 때 추후 별도로 분석해야 할 필요성이 있다.

참고문헌

총론 —— 한국 텔레비전드라마 속 판타지의 유형과 의의

김희경, 『판타지, 현대 도시를 걷다』, 스토리하우스, 2014.

대중서사장르연구회, 『대중서사장르의 모든 것 5. 환상물』, 이론과실천, 2016.

로즈메리 잭슨, 서강여성문학연구회 역, 『환상성-전복의 문학』, 문학동네, 2004.

주창윤, 『텔레비전드라마-장르·미학·해독』, 문경, 2005.

최기숙, 『환상』, 연세대 출판부, 2010.

츠베탕 토도로프, 최애영 역, 『환상문학서설』, 일월서각, 2013.

캐스린 흄, 한창엽 역, 『환상과 미메시스』, 푸른나무, 2000.

텔레비전드라마연구회, 『텔레비전드라마, 역사를 전유하다』, 소명출판, 2014.

한병철, 김태환 역, 『투명사회』, 문학과지성사, 2014.

강성애, 「TV드라마에 나타난 계급의 영속성과 자본의 신격화 연구-〈쓸쓸하고 찬란하神 도깨비〉를 중심으로」, 『한국극예술연구』 63, 한국극예술학회, 2019.

고선희, 「텔레비전 장르드라마 〈시그널〉의 시간과 역사관」, 『한국언어문학』 99, 한국언어문학회, 2016.

권양현, 「텔레비전 수사드라마에 나타난 캐릭터 유형의 변화 양상 연구-〈싸인〉, 〈유령〉을 중심으로」, 『한국극예술연구』 42, 한국극예술학회, 2013.

김다혜, 「한국 텔레비전드라마의 시간 여행 모티프 연구」, 이화여대 석사논문, 2013.

김소은, 「TV드라마 〈태왕사신기〉의 신화성 및 환상성 연구」, 『드라마연구』 42, 한국드라마학회, 2014.

류철균·서성은, 「영상 서사에 나타난 대체 역사 주제 연구」, 『어문학』 99, 한국어문학회, 2008.

박노현, 「텔레비전드라마의 '王政'과 '復古'-미니시리즈의 타임슬립과 복고 선호 양상을 중심으로」, 『한국학연구』 30, 인하대 한국학연구소, 2013.

_____, 「텔레비전드라마와 환상(성)-'환상적인 것'의 개념과 유형을 중심으로」, 『한국문학연구』 47, 동국대 한국문학연구소, 2014.

_____, 「한국 텔레비전드라마의 환상성-1990년대 이후의 미니시리즈를 중심으로」, 『한국학연구』 35, 인하대 한국학연구소, 2014.

박명진, 「텔레비전드라마 〈나인〉에 나타난 시간 여행의 의미 연구」, 『어문론집』 59, 중앙어문학회, 2014.

_____, 「타임머신/시간 여행 모티브 드라마에 나타난 자기계발 이데올로기-텔레비전드라마 〈미래의 선택〉을 중심으로」, 『한국극예술연구』 47, 한국극예술학회, 2015.

_____, 「'기계/기술적 대상'에 대한 공포와 판타지의 정치적 무의식-TV드라마 〈환상거

탑〉의 경우를 중심으로」, 『한국극예술연구』 52, 한국극예술학회, 2016.

박미란, 「텔레비전드라마의 친밀성, 일탈과 재인의 유희－〈시크릿 가든〉을 중심으로」, 『한국극예술연구』 36, 한국극예술학회, 2012.

박종훈, 「초월적 존재의 재현과 의미구성－tvN 드라마 〈쓸쓸하고 찬란하神 도깨비〉에 대한 기호학 분석」, 성균관대 석사논문, 2018.

박진규, 「대중문화 콘텐츠 속 초자연적 존재 판타지의 정치적 의미－〈오 나의 귀신님〉과 〈싸우자 귀신아〉 사례를 중심으로」, 『한국콘텐츠학회논문지』 17(10), 한국콘텐츠학회, 2017.

박진희, 「텔레비전드라마 〈시크릿 가든〉의 판타지 연구」, 동국대 석사논문, 2013.

백경선, 「초능력자 남성 주인공과 멜로드라마 캐릭터의 확장－텔레비전드라마 〈너의 목소리가 들려〉와 〈별에서 온 그대〉를 중심으로」, 『한국극예술연구』 61, 한국극예술학회, 2018.

백소연, 「TV드라마 〈태왕사신기〉에 나타난 역사성 배제와 판타지 구축의 전략」, 『한국극예술연구』 43, 한국극예술학회, 2014.

_____, 「OCN 수사드라마에 나타난 '환상'의 의미－〈뱀파이어 검사〉와 〈귀신 보는 형사 처용〉을 중심으로」, 『한국극예술연구』 55, 한국극예술학회, 2017.

_____, 「텔레비전드라마 〈W〉에 나타난 서사적 삶에 대한 열망과 상상의 쾌락」, 『한국극예술연구』 60, 한국극예술학회, 2018.

윤석진, 「판타지드라마 〈오렌지 마말레이드〉에 구현된 '불안/혐오/경청'의 타자」, 『한국언어문화』 63, 한국언어문화학회, 2017.

_____, 「텔레비전드라마 〈시크릿 가든〉의 경제적 타자성과 판타지 장치」, 『대중서사연구』 45, 대중서사학회, 2018.

이명현, 「드라마 〈도깨비〉의 융합적 상상력과 판타지－도깨비 캐릭터를 중심으로」, 『문학과영상』 18(2), 문학과영상학회, 2017.

이승현, 「텔레비전드라마의 국민국가에 대한 전근대적 '판타지'－〈더킹 투하츠〉를 중심으로」, 『한국극예술연구』 59, 한국극예술학회, 2018.

이신영, 「차원 이동 모티프 드라마 〈W〉 연구」, 중앙대 석사논문, 2017.

이여진, 「TV 판타지드라마의 장르혼합 양상 연구－〈너의 목소리가 들려〉와 〈주군의 태양〉을 중심으로」, 중앙대 석사논문, 2014.

이영미, 「타임슬립과 현재를 바꾸고 싶은 욕망」, 『황해문화』 83, 새얼문화재단, 2014.

이영수, 「시간초월 접촉 모티프 영상서사의 추리 분기구조 연구－tvN 드라마 〈시그널〉을 중심으로」, 『인문콘텐츠』 41, 인문콘텐츠학회, 2016.

이예지, 「변동하는 사회, 공진화하는 텔레비전 멜로드라마－판타지 멜로드라마 〈별에서 온 그대〉, 〈푸른 바다의 전설〉, 〈쓸쓸하고 찬란하神 도깨비〉의 텍스트 분석을 중심으로」, 서강대 석사논문, 2017.

정명문, 「'악귀'로 표출된 텔레비전 판타지드라마 연구―〈아랑 사또전〉, 〈오! 나의 귀신님〉
    을 중심으로」, 『한국극예술연구』 63, 한국극예술학회, 2019.
한윤주, 「퓨전사극에서 나타나는 타임슬립 연구―TV드라마 〈인현왕후의 남자〉를 중심으
    로」, 인하대 석사논문, 2015.

곽준혁, 「피로사회―'피로사회'인가, '피곤사회'인가?」, 『네이버북캐스트』, http://naver.m
    e/FWLpzFwE, 2014.2.10.
김태연, 「초능력자와 결합한 수사물의 양상 연구」, 텔레비전드라마연구회 발표 자료,
    2018.1.22.
배선애, 「판타지를 결합한 수사물의 진화―TV드라마 〈시그널〉을 중심으로」, 텔레비전드라
    마연구회 발표 자료, 2018.1.22.
정덕현, 「타임리프 판타지, 왜 어떤 건 설레고 어떤 건 식상할까」, 『엔터미디어』, 'http://w
    ww.entermedia.co.kr/news/news_view.html?idx=6192', 2017.2.2.

제1부 ── 상상의 쾌락과 현실 개조의 욕망

제1장 ― 멜로드라마 남성 주인공, 초능력을 캐스팅하다

박혜련 극본, 조수원 연출, 〈너의 목소리가 들려〉, SBS, 2013.6.5~8.1(18회).
박지은 극본, 장태유 연출, 〈별에서 온 그대〉, SBS, 2013.12.18~2014.2.27(21회).

로즈메리 잭슨, 서강여성문학연구회 역, 『환상성―전복의 문학』, 문학동네, 2004.
리차드 러쉬튼・개리 베틴슨, 이형식 역, 『영화이론이란 무엇인가』, 명인문화사, 2013.
유지나 외, 『멜로드라마란 무엇인가』, 민음사, 1999.
윤석진, 『한국 멜로드라마의 근대적 상상력―멜로드라마, 스캔들 혹은 로맨스』, 푸른사상,
    2004.
이영미, 『한국인의 자화상 드라마』, 생각의나무, 2008.
주창윤, 『영상 이미지의 구조』, 나남, 2015.
진경아, 『매체 미학과 영상 이미지』, 커뮤니케이션북스, 2014.
최기숙, 『환상』, 연세대 출판부, 2010.
츠베탕 토도로프, 최애영 역, 『환상문학서설』, 일월서각, 2013.
캐스린 흄, 한창엽 역, 『환상과 미메시스』, 푸른나무, 2000.
홍석경, 『세계화와 디지털 문화 시대의 한류』, 한울아카데미, 2013.

김모세・서종석, 「〈별에서 온 그대〉에 나타난 욕망의 형이상학―르네 지라르의 욕망이론을

중심으로」, 『기호학연구』 46, 한국기호학회, 2016.

박명진, 「'기계/기술적 대상'에 대한 공포와 판타지의 정치적 무의식—TV드라마 〈환상거
　　탑〉의 경우를 중심으로」, 『한국극예술연구』 52, 한국극예술학회, 2016.

박은아, 「TV드라마 속 남성 캐릭터 연구—〈별에서 온 그대〉 인물을 중심으로」, 동국대 석사
　　논문, 2016.

백경선, 「한국 텔레비전드라마에 나타난 판타지의 유형과 의의」, 『한국문예비평연구』 58,
　　한국현대문예비평학회, 2018.

이여진, 「TV 판타지드라마의 장르혼합 양상 연구—〈너의 목소리가 들려〉와 〈주군의 태양〉
　　을 중심으로」, 중앙대 석사논문, 2014.

조용상·김혜정, 「중국 내 한류 드라마의 스토리와 캐릭터 분석—〈별에서 온 그대〉, 〈태양의
　　후예〉를 중심으로」, 『글로컬창의문화연구』 7, 글로컬창의산업연구센터, 2016.

최지운, 「로맨스드라마 속 남자주인공의 재력 획득 방법 분류 및 함의 연구」, 『영상문화콘텐
　　츠연구』 13, 동국대 영상문화콘텐츠연구원, 2017.

정덕현, 「슈퍼히어로, 어쩌다 소시민이 됐을까」, 『이투데이』, 'http://www.etoday.co.kr/
　　news/section/newsview.php?idxno=845842', 2013.12.31.

황효진, 「〈시크릿 가든〉부터 〈W〉까지, 이종석의 판타지」, 『아이즈(ize)』, 'http://ize.co.k
　　r/articleView.html?no=2016080800077249790', 2016.8.11.

제2장 — 〈W〉에 나타난 서사적 삶에 대한 열망과 상상의 쾌락

송재정 극본, 정대윤·박승우 연출, 〈W〉, MBC, 2016.7.20~9.14(16회).

김용석, 『서사철학』, 휴머니스트, 2009.
로즈메리 잭슨, 서강여성문학연구회 역, 『환상성—전복의 문학』, 문학동네, 2004.
리처드 세넷, 유병선 역, 『뉴캐피털리즘』, 위즈덤하우스, 2009.
엄기호, 『나는 세상을 리셋하고 싶습니다』, 창비, 2016.
장하성, 『한국의 자본주의』, 헤이북스, 2014.
지그문트 바우만, 이일수 역, 『액체근대』, 강, 2009.
최기숙, 『환상』, 연세대 출판부, 2003.
츠베탕 토도로프, 최애영 역, 『환상문학서설』, 일월서각, 2013.
캐스린 흄, 한창엽 역, 『환상과 미메시스』, 푸른나무, 2000.

고선희, 「한국의 문화 디지털 방송 추진기 텔레비전드라마의 스토리텔링 특성」, 『한국사상
　　과 문화』 77, 한국사상문화학회, 2015.
김예지, 「일상툰의 대중화와 감정 재현에 관한 연구」, 서울대 석사논문, 2016.

김정연·이하나, 「웹툰에 적용된 최근 IT기술의 동향에 관한 연구」, 『한국디자인문화학회지』 22, 한국디자인문화학회, 2016.

박노현, 「한국 텔레비전드라마의 환상성-1990년대 이후의 미니시리즈를 중심으로」, 『한국학연구』 35, 인하대 한국학연구소, 2014.

박유희, 「한국 환상서사의 매체 통합적 장르 논의를 위한 서설」, 『한민족문화연구』 51, 한민족문화학회, 2015.

손병우, 「상투적인 TV에서 찾는 함의」, 『언론정보연구』 52(1), 서울대 언론정보연구소, 2015.

이다운, 「멜로드라마의 관습적 장르 규정에 대한 비판적 고찰」, 『현대문학이론연구』 45, 현대문학이론학회, 2011.

이신영, 「차원 이동 모티프 드라마 〈W〉 연구」, 중앙대 석사논문, 2017.

이지행, 「한국 판타지드라마의 현재-초인과 타인슬립 모티프의 명암」, 『문화과학』 90, 문화과학사, 2017.

한상정, 「감성만화의 이미지 서사의 주 특성으로서의 연극성(théâtralité)」, 『미학·예술학연구』 26, 한국미학예술학회, 2007.

_____, 「'장식성'의 반복적 출현에 대한 소고-순정만화와 타 장르(포스터, 일러스트, 서정화, 소조망가)를 중심으로」, 『만화애니메이션 연구』 12, 한국만화애니메이션학회, 2007.

김윤정, 「아직도 궁금한 게 많은〈더블유〉, 송재정 작가가 답했다」, 『오마이뉴스』, 'http://omn.kr/l61f', 2016.9.21.

김지원, 「〈미생〉 윤태호 작가…… 웹툰vs현실 그린 드라마에 자문」, 『경향신문』, 'https://news.khan.kr/UYqJ', 2016.7.17.

조현주, 「[W에게 묻다①] 웹툰 'W'는 어디서 볼 수 있는 건가요?」, 『텐아시아』, 'https://www.hankyung.com/news/article/2016072131824', 2016.7.21.

MBC 드라마 〈W〉 공식 홈페이지, 'http://www.imbc.com/broad/tv/drama/w/cast/cast2.html' 및 'http://www.imbc.com/broad/tv/drama/w/concept/index.html'.

tvN 드라마 〈미생〉 공식 홈페이지, 'http://program.tving.com/tvn/misaeng/14/Board/View?b_seq=8&page=1&p_size=10'.

제3장 - 〈더킹 투하츠〉, 국민국가라는 전근대적 '판타지'

홍진아 극본, 이재규 연출, 〈더킹 투하츠〉, MBC, 2012.3.21~5.24(20회).

나병철, 『환상과 리얼리티』, 문예출판사, 2010.

한양대 연극영화과 편, 『영화예술의 이해』, 한양대 출판부, 2000.

가라타니 고진, 조영일 역, 『네이션과 미학』, 비, 2009.

로즈메리 잭슨, 서강여성문학연구회 역, 『환상성-전복의 문학』, 문학동네, 2001.

루이스 자네티, 김학용 역, 『영화 형식과 이해』, 한두실, 1991.

벤 싱어, 이위정 역, 『멜로드라마와 모더니티』, 문학동네, 2001.

츠베탕 토도로프, 최애영 역, 『환상문학서설』, 일월서각, 2013.

Hellekson, Karen, *The Alternate History : Refiguring historical time*, Ohio : The Kent State University Press, 2001.

김명수, 「1915~1921년도 구황실(李王家) 재정의 구성과 그 성격에 관한 고찰」, 『장서각』 35, 한국학중앙연구원, 2016.

김형석, 「역대정부별 북한인식과 대북정책 상관성에 관한 연구」, 경기대 박사논문, 2011.

류철균·서성은, 「영상 서사에 나타난 대체 역사 주제 연구」, 『어문학』 99, 한국어문학회, 2008.

박노현, 「텔레비전드라마와 환상(성)」, 『한국문학연구』 47, 동국대 한국문학연구소, 2014.

_____, 「한국 텔레비전드라마의 환상성-1990년대 이후의 미니시리즈를 중심으로」, 『한국학연구』 35, 인하대 한국학연구소, 2014.

박명진, 「'기계/기술적 대상'에 대한 공포와 판타지의 정치적 무의식」, 『한국극예술연구』 52, 한국극예술학회, 2016.

_____, 「타임머신/시간 여행 모티브 드라마에 나타난 자기계발 이데올로기」, 『한국극예술연구』 47, 한국극예술학회, 2015.

_____, 「텔레비전드라마 〈나인〉에 나타난 시간 여행의 의미 연구」, 『어문론집』 59, 중앙어문학회, 2014.

백소연, 「OCN 수사드라마에 나타난 '환상'의 의미」, 『한국극예술연구』 55, 한국극예술학회, 2017.

이숙, 「한국 대체 역사소설 연구」, 전북대 박사논문, 2013.

이왕무, 「대한제국 황실의 분해와 왕공족의 탄생」, 『한국사학보』 64, 고려사학회, 2016.

정세영·김용호, 「대북인식의 변화와 연속성」, 『한국과 국제정치』 85, 경남대 극동문제연구소, 2014.

최연식, 「박정희의 '민족' 창조와 동원된 국민통합」, 『한국정치외교사논총』 28(2), 한국정치외교사학회, 2007.

제2부 ─── 안전망 해체의 불안과 개인의 위기

제1장 ─ OCN 수사드라마에 나타난 '환상'의 의미

양진아 · 한정훈 · 박형진 극본, 김병수 연출, 〈뱀파이어 검사〉 시즌1, OCN, 2011.10.2~
    12.18(16회).
한정훈 · 이승훈 · 강은선 극본, 유선동 연출, 〈뱀파이어 검사〉 시즌2, OCN, 2012.9.9~
    11.18(11회).
홍승현 극본, 강철우 연출, 〈귀신 보는 형사 처용〉 시즌1, OCN, 2014.2.9~4.6(10회).
홍승현 · 문기람 · 김용철 극본, 강철우 연출, 〈귀신 보는 형사 처용〉 시즌2, OCN, 2015.8.23~
    10.18(10회).

나병철, 『환상과 리얼리티』, 문예출판사, 2010.
로즈메리 잭슨, 서강여성문학연구회 역, 『환상성─전복의 문학』, 문학동네, 2004.
마사 누스바움, 박용준 역, 『시적 정의』, 궁리, 2013.
최기숙, 『환상』, 연세대 출판부, 2010.
캐스린 흄, 한창엽 역, 『환상과 미메시스』, 푸른나무, 2000.

강명주 · 이찬욱, 「〈귀신 보는 형사, 처용〉에 再現된 處容說話의 變奏樣相 硏究」, 『어문논집』
    60, 중앙어문학회, 2014.
권양현, 「텔레비전 수사드라마에 나타난 캐릭터 유형의 변화 양상 연구─〈싸인〉, 〈유령〉을
    중심으로」, 『극예술연구』 42, 한국극예술학회, 2013.
정여울, 「〈CSI〉엔 없지만 〈별순검〉엔 있는 것」, 『플랫폼』 8, 인천문화재단, 2008.

제2장 ─ 〈미래의 선택〉, 타임머신/시간 여행의 서사적 욕망과 자기계발 이데올로기

홍진아 극본, 유종선 연출, 〈미래의 선택〉, KBS2, 2013.10.14~12.3(16회).

강내희, 『신자유주의 금융화와 문화정치경제』, 문화과학사, 2014.
고장원, 『SF로 광고도 만드나요?』, 들녘, 2003.
김용석, 『서사철학』, 휴머니스트, 2009.
김용호, 『와우』, 박영률출판사, 1996.
문강형준, 『파국의 지형학』, 자음과모음, 2011.
_____, 『혁명은 TV에 나오지 않는다』, 이매진, 2012.
서동진, 『자유의 의지, 자기계발의 의지─신자유주의 한국사회에서 자기계발하는 주체의 탄생』,
    돌베개, 2009.
윤진, 『호모 드라마쿠스』, 살림, 2008.

이성욱, 『20세기 문화이미지』, 문화과학사, 2004.

이원석, 『거대한 사기극―자기계발서 권하는 사회의 허와 실』, 북바이북, 2013.

마치오 카쿠, 박병철 역, 『평행우주』, 김영사, 2006.

더글라스 켈너, 김수정·정종희 역, 『미디어 문화』, 새물결, 1997.

로즈메리 잭슨, 서강여성문학연구회 역, 『환상성―전복의 문학』, 문학동네, 2001.

슬라보예 지젝, 이수련 역, 『이데올로기라는 숭고한 대상』, 인간사랑, 2002.

알랭 바디우, 박정태 역, 『세기』, 이학사, 2014.

조르주 디디-위베르만, 김홍기 역, 『반딧불의 잔존』, 길, 2012.

존 피스크·존 하틀리, 이익성·이은호 역, 『TV 읽기』, 현대미학사, 1997.

지그문트 바우만, 이일수 역, 『액체근대』, 강, 2010.

츠베탕 토도로프, 최애영 역, 『환상문학서설』, 일월서각, 2013.

캐스린 흄, 한창엽 역, 『환상과 미메시스』, 푸른나무, 2000.

테리 이글턴, 김성균 역, 『낙관하지 않는 희망』, 우물이있는집, 2016.

폴 비릴리오, 김경온 역, 『소멸의 미학』, 연세대 출판부, 2008.

프랑코 베라르디 '비포', 서창현 역, 『노동하는 영혼』, 갈무리, 2012.

한병철, 김태환 역, 『투명사회』, 문학과지성사, 2014.

김상훈, 「시간 여행 SF 약사(略史)」, 폴 앤더슨, 김상훈 역, 『타임패트롤』, 행복한책읽기, 2008.

남영숙, 「TV 신데렐라 드라마 장르 연구―1994년부터 2001년까지 주요 화제작을 중심으로」, 이화여대 석사논문, 2002.

박소은, 「'소녀의 시간 여행'의 일본문화적 의미」, 중앙대 석사논문, 2014.

박은하, 「21세기 tv드라마의 신데렐라 양상 연구―〈시크릿 가든〉과 〈청담동 엘리스〉를 중심으로」, 중앙대 석사논문, 2014.

서곡숙, 「시간 여행 영화의 쾌락―시간, 죽음, 두려움으로부터의 해방」, 『영상예술연구』 18, 영상예술학회, 2011.

이정환, 「타임슬립 소재의 영상화에 관한 연구」, 국민대 석사논문, 2012.

이창우, 「신자유주의 시대 한국영화에 나타나는 그로테스크의 정치학」, 중앙대 박사논문, 2015.

최영진·김민중, 「시간 여행 영화의 비선형적 사유―〈도니 다코〉를 중심으로」, 『문학과 영상』 11(3), 문학과영상학회, 2010.

마우리찌오 랏짜라또, 「비물질노동」, 질 들뢰즈·안또니오 네그리 외, 김상운·서창현·자율평론번역모임 역, 『비물질노동과 다중』, 갈무리, 2014.

이안 앵, 메리 엘렌 브라운 편, 김선남 역, 「멜로드라마에 나타나는 정체성―텔레비전 픽션과 여성의 판타지」, 『텔레비전과 여성문화―대중문화의 정치학』, 한울, 2002.

조르조 아감벤, 「장치란 무엇인가?」, 조르조 아감벤·양창렬, 양창렬 역, 『장치란 무엇인가? 장치학을 위한 서론』, 난장, 2010.

KBS2 드라마 〈미래의 선택〉 공식 홈페이지, 'http://www.kbs.co.kr/end_program/dra
　　ma/mirae/about/plan/index.html'.

제3장 – 〈나인〉에 나타난 시간 여행 모티브와 가족 복원 프로젝트
송재정・김윤주 극본, 김병수 연출, 〈나인〉, tvN, 2013.3.11~5.14(20회).
차윤・송재정, 『나인』 1・2, 21세기북스, 2013.
기욤 뮈소, 전미연 역, 『당신, 거기 있어 줄래요?』, 밝은세상, 2013.

고장원, 『SF로 광고도 만드나요?』, 들녘, 2003.
김용호, 『와우』, 박영률출판사, 1996.
김현미, 『글로벌 시대의 문화번역』, 또하나의문화, 2005.
마정미, 『문화 번역』, 커뮤니케이션북스, 2014.
박성봉, 『대중예술의 미학』, 동연, 1995.
백욱인, 『번안 사회』, 휴머니스트, 2018.
윤진, 『호모 드라마쿠스』, 살림, 2008.
이태광, 『한국문화의 음란한 판타지』, 이후, 2002.
아즈마 히로키, 장이지 역, 『게임적 리얼리즘의 탄생』, 현실문화, 2012.
W. J. T. 미첼, 김전유경 역, 『그림은 무엇을 원하는가』, 그린비, 2012.
데이비드 건켈, 문순표 외역, 『리믹솔로지에 대하여』, 포스트카드, 2018.
데이비드 하비, 구동회・박영민 역, 『포스트모더니티의 조건』, 한울, 1994.
로즈메리 잭슨, 서강여성문학연구회 역, 『환상성 – 전복의 문학』, 문학동네, 2001.
로타르 미코스, 정민영 외역, 『영화와 텔레비전 분석 교과서』, 커뮤니케이션북스, 2015.
마이클 라이언・더글라스 켈너, 백문임・조만영 역, 『카메라 폴리티카』上, 시각과언어, 1996.
　　　　　　　　　　　　　　　　　　　　　　, 『카메라 폴리티카』下, 시각과언어, 1997.
미하일 바흐친, 김근식 역, 『도스또예프스끼의 詩學』, 정음사, 1988.
발터 벤야민, 최성만 역, 『역사의 개념에 대하여』, 길, 2009.
슬라보예 지젝, 김종주 역, 『환상의 돌림병』, 인간사랑, 2002.
슬라보예 지젝, 이수련 역, 『이데올로기라는 숭고한 대상』, 인간사랑, 2002.
시르쿠 알토넨, 정병언・최성희 역, 『무대의 시간공유』, 동인, 2013.
야니 스트브라카키스, 이병주 역, 『라캉과 정치』, 은행나무, 2006.
제이 데이비드 볼터・리처드 그루신, 이재현 역, 『재매개 – 뉴미디어의 계보학』, 커뮤니케이
　　　　션북스, 2011.
츠베탕 토도로프, 최애영 역, 『환상문학서설』, 일월서각, 2013.
프랑코 베라르디 '비포', 강서진 역, 『미래 이후』, 난장, 2013.
프레드릭 제임슨, 조성훈 역, 『지정학적 미학』, 현대미학사, 2007.

Kittler, Friedrich A., trans. Erik Butler, *The Truth of the Technological World*, Stanford California : Stanford University Press, 2013

Certeau, Michel de, 山田登世子 譯, 『日常的實踐のポイエティーク』, 國文社, 2005.

강내희, 「미래할인의 관행과 일상문화의 변화」, 『경제와사회』 92, 비판사회학회, 2011.

구수경, 「환상성, 현실 의 탐색을 위한 우회의 서사」, 구보학회 편, 『환상성과 문학의 미래』, 깊은샘, 2009.

김빛나리, 「中・韓・日 '타임슬립(時空穿越)' 역사드라마 연구」, 연세대 석사논문, 2013.

김상훈, 「시간 여행 SF 약사(略史)」, 폴 앤더슨, 김상훈 역, 『타임패트롤』, 행복한책읽기, 2008.

로버트 로마니신, 「전제적인 눈과 그 그림자」, 데이비드 마이클 레빈 편, 정성철・백문임 역, 『모더니티와 시각의 헤게모니』, 시각과언어, 2004.

류철균・서성은, 「영상 서사에 나타난 대체 역사 주제 연구」, 『어문학』 99, 한국어문학회, 2008.

박노현, 「텔레비전 드라마의 '王政'과 '復古' ─ 미니시리즈의 타임슬립과 복고 선호 양상을 중심으로」, 『한국학연구』 30, 인하대 한국학연구소, 2013.

박소은, 「'소녀의 시간 여행'의 일본문화적 의미」, 중앙대 석사논문, 2014.

서곡숙, 「시간 여행 영화의 쾌락 ─ 시간, 죽음, 두려움으로부터의 해방」, 『영상예술연구』 18, 영상예술학회, 2011.

유현주, 「도플갱어 ─ 주체의 분열과 복제, 그리고 언캐니」, 『독일언어문학』 49, 한국독일언 어문학회, 2010.

이숙, 「한국 대체 역사소설 연구」, 전북대 박사논문, 2013.

이정환, 「타임슬립 소재의 영상화에 관한 연구」, 국민대 석사논문, 2012.

이해미, 「SNS 분석을 기반으로 한 온라인 구전 효과 연구 ─ 드라마 〈나인 ─ 아홉 번의 시간 여행〉 사례 중심으로」, 서강대 석사논문, 2013.

최영진・김민중, 「시간 여행 영화의 비선형적 사유 ─〈도니 다코〉를 중심으로」, 『문학과 영상』 11(3), 문학과영상학회, 2010.

이수아, 「'나인', 기욤뮈소 소설 표절? tvN "모티브만 따와…… 법적문제 없다"」, 『TV리포트』, http://www.tvreport.co.kr/?c=news&m=newsview&idx=416407, 2013.11.1.

임영진, 「'나인' 송재정 작가 머릿속엔 뭐가 들었을까」, 『Chosun.com』, http://news.chosun.com/site/data/html_dir/2013/05/15/2013051501073.html, 2013.5.15.

tvN 드라마 〈나인〉 공식 홈페이지, 'http://program.interest.me/tvn/9/9/Board/View'.

제3부 —— 경계의 모호함과 타자와의 소통

제1장 – 〈오렌지 마말레이드〉, 뱀파이어의 반전, '불안/혐오/경청'의 타자

석우 원작, 문소산 극본, 이형민 · 최성범 연출, 〈오렌지 마말레이드〉, KBS2, 2015.5.15~
　　7.24(12회).

김두식, 『불편해도 괜찮아』, 창비, 2010.
김희경, 『판타지, 현대 도시를 걷다』, 스토리하우스, 2014.
레나타 살레츨, 박광호 역, 『불안들』, 후마니타스, 2015.
리타 펠스키, 김영찬 · 심진경 역, 『근대성과 페미니즘』, 거름, 1998.
마사 누스바움, 조계원 역, 『혐오와 수치심』, 민음사, 2015.
우에노 치즈코, 나일등 역, 『여성 혐오를 혐오한다』, 은행나무, 2012.
최문규, 『죽음의 얼굴』, 21세기북스, 2014.
클로드 르쿠퇴, 이선형 역, 『뱀파이어의 역사』, 푸른미디어, 2002.
한병철, 김태환 역, 『피로사회』, 문학과지성사, 2012.
한병철, 이재영 역, 『타자의 추방』, 문학과지성사, 2017.

권양현, 「TV드라마 〈마을―아치아라의 비밀〉에 나타난 애도의 정치적 상상력」, 『한국문예
　　비평연구』 54, 한국현대문예비평학회, 2017.
김용환, 「공감과 연민의 감정의 도덕적 함의」, 『철학』 76, 한국철학회, 2003.
민은경, 「타인의 고통과 공감의 원리」, 『철학사상』 27, 서울대 철학사상연구소, 2008.
박상완, 「텔레비전드라마 〈오렌지 마말레이드〉에 나타난 타자의 의미와 주체의 불안」, 『한
　　국극예술연구』 56, 한국극예술학회, 2017.
백소연, 「OCN 수사드라마에 나타난 '환상'의 의미―〈뱀파이어 검사〉와 〈귀신 보는 형사 처
　　용〉을 중심으로」, 『한국극예술연구』 55, 한국극예술학회, 2017.
송아름, 「인간이 지닌 공포의 근원과 텔레비전드라마의 '이미지'―'서스펜스 호러 사극' 〈구
　　미호―여우누이뎐〉을 중심으로」, 『한국극예술연구』 41, 한국극예술학회, 2013.
신지은, 「공포의 매혹―기괴한 것으로서의 타자성에 대하여」, 『문화와 사회』 11, 한국문화
　　사회학회, 2011.
이미림, 「2000년대 다문화 소설에 나타난 이주 노동자의 재현 양상」, 『우리문학연구』 35,
　　우리문학회, 2012.
정수남, 「공포, 개인화 그리고 축소된 주체―2000년대 이후 한국사회의 일상성」, 『정신문화
　　연구』 33(4), 한국학중앙연구원, 2010.
주현식, 「드라마의 텍스트적 육체성―최인훈의 〈봄이 오면 山에 들에〉를 중심으로」, 『한국
　　문학이론과 비평』 48, 한국문학이론과비평학회, 2010.

다음백과사전, 「차별금지법」, 'http://100.daum.net/encyclopedia/view/47XXXXXXb465'.
오원석, 「"지옥에 온 것을 환영"……G20에 등장한 놀라운 좀비들」, 『중앙일보』,
　　　'http://v.media.daum.net/v/20170709085741532', 2017.7.9.

제2장- 악귀 판타지, 부정적 타자의 전면화

정윤정 극본, 김상호・정대윤 연출, 〈아랑 사또전〉, MBC, 2012.8.15～10.18(20회).
양희승・양서윤 극본, 유제원 연출, 〈오! 나의 귀신님〉, tvN, 2015.7.3～8.22(16회).

권석만 외, 김종욱 편, 『욕망, 삶의 동력인가 괴로움의 뿌리인가』, 운주사, 2008.
김현, 『폭력의 구조/시칠리아의 암소』, 문학과지성사, 1999.
로즈메리 잭슨, 서강여성문학연구회 역, 『환상성-전복의 문학』, 문학동네, 2001.
롤프 데겐, 박규호 역, 『악의 종말』, 현문미디어, 2010.
리처드 커니, 이지영 역, 『이방인, 신, 괴물』, 개마고원, 2004.
마사 누스바움, 조계원 역, 『혐오와 수치심』, 민음사, 2015.
묘심화, 『빙의』, 찬섬, 2002.
문성원, 『타자와 욕망-에마뉘엘 레비나스의 『전체성과 무한』 읽기와 쓰기』, 현암사, 2017.
미셸 푸코, 김상운 역, 『사회를 보호해야 한다』, 난장, 2015.
바바라 크리드, 손희정 역, 『여성괴물, 억압과 위반 사이』, 여이연, 2008.
박형신・정수남, 『감정은 사회를 어떻게 움직이는가』, 한길사, 2015.
엄기호, 『단속사회』, 창비, 2014.
자크 데리다, 진태원 역, 『마르크스의 유령들』, 그린비, 2014.
제프리 버튼 러셀, 김영범 역, 『데블』, 르네상스, 2006.
주디스 이브 립턴・데이비드 바래시, 고빛샘 역, 『화풀이 본능』, 명랑한지성, 2011.
찰스 프레드 앨퍼드, 이만우 역, 『인간은 왜 악에 굴복하는가』, 황금가지, 2004.
최기숙, 『환상』, 연세대 출판부, 2003.
츠베탕 토도로프, 최애영 역, 『환상문학서설』, 일월서각, 2013.
캐스린 흄, 한창엽 역, 『환상과 미메시스』, 푸른나무, 2000.
테리 이글턴, 오수원 역, 『악』, 이매진, 2015.
한병철, 김태환 역, 『심리정치-신자유주의의 통치술』, 문학과지성사, 2015.

김명자, 「세시풍속을 통해 본 윤달의 의미」, 『고문화』 45, 한국대학박물관협회, 1996.
김민영, 「환상서사에 나타난 시각적 정신병리 구현 양상 연구」, 『한국극예술연구』 61, 한국
　　　극예술학회, 2018.
김석, 「애도의 부재와 욕망의 좌절」, 『민주주의와 인권』 12(1), 전남대 5・18연구소, 2012.
김아름, 「아랑설화의 현대적 변용 연구-드라마 〈아랑 사또전〉과 영화〈아랑〉을 중심으로」,

한국교원대 석사논문, 2014.

김종곤, 「세월호 트라우마와 죽은 자와의 연대」, 『진보평론』 61, 메이데이, 2014.

김진숙, 「국내 입양 후 파양된 청소년의 경험에 대한 현상학적 연구」, 『청소년시설환경』 13(1), 한국청소년시설학회, 2015

문선영, 「전설에서 공포로, 한국적 공포물 드라마의 탄생」, 『우리문학연구』 45, 우리문학회, 2015.

박상완, 「텔레비전 역사드라마의 야담수용과정연구」, 『인문학연구』 91, 충남대 인문과학연구소, 2013.

박진규, 「대중문화 콘텐츠 속 초자연적 존재 판타지의 정치적 의미-〈오 나의 귀신님〉과 〈싸우자 귀신아〉 사례를 중심으로」, 『한국콘텐츠학회논문지』 17(10), 콘텐츠학회, 2017.

백소연, 「OCN 수사드라마에 나타난 '환상'의 의미」, 『한국극예술연구』 55, 한국극예술학회, 2017.

손영은, 「설화 〈아랑의 설원〉과 드라마 〈아랑 사또전〉의 서사적 차이와 의미-원한과 해원의 의미 분석을 중심으로」, 『겨레어문학』 51, 겨레어문학회, 2013.

송지은・황순택・전미주, 「분노수준과 분노표현 양식의 관계」, 『한국심리학회지-학교』 6(2), 한국심리학회, 2009.

오세연, 「분노범죄의 발생원인과 대응방안에 관한 연구」, 『한국공안행정학회보』 66, 한국공안행정학회, 2017.

위하미, 「문화콘텐츠 스토리텔링 수업방법연구-드라마 〈아랑 사또전〉을 중심으로」, 동국대 석사논문, 2014.

이소영, 「기억의 규제와 '규제를 통한 기억하기'」, 『법학연구』 21(4), 경상대 법학연구소, 2013.

이정희, 「한국 국내입양의 실태와 개선방안에 관한 연구」, 대신대 석사논문, 2009.

임재해, 「귀신설화에 포착된 인간과 귀신의 만남 양상과 귀신인식」, 『구비문학연구』 25, 구비문학학회, 2007.

정정훈, 「사회적 배제와 대중들의 공포」, 『문화과학』 78, 문화과학사, 2014.

조현설, 「원귀의 해원 형식과 구조의 안팎」, 『한국고전여성문학연구』 7, 한국고전여성문학회, 2003.

진은영, 「기억과 망각의 아고니즘」, 『시대와 철학』 21(1), 한국철학사상연구회, 2010.

천은숙, 「TV드라마 콘텐츠의 게임형 스토리텔링적 접근-아랑 사또전을 중심으로」, 『한성어문학』 36, 한성대 한성어문학회, 2017.

하은하, 「아랑설화에서 드라마 〈아랑 사또전〉에 이르는 신원 대리자의 특징과 그 의미」, 『고전문학교육』 28, 한국고전문학교육학회, 2014.

홍사현, 「망각으로부터의 기억의 발생-니체의 기억개념연구」, 『철학논집』 42, 서강대 철학연구소, 2015.

황인순, 「아랑설화의 현대적 변용 양상 연구-드라마 「아랑 사또전」을 중심으로」, 『여성문학연구』 29, 여성문학회, 2013.

제3장-〈시크릿 가든〉, 로맨틱코미디의 비밀, 경제적 타자성과 판타지 장치

김은숙 극본, 신우철·권혁찬 연출, 〈시크릿 가든〉, SBS, 2010.11.13~2011.1.16 (20회).

로즈메리 잭슨, 서강여성문학연구회 역, 『환상성-전복의 문학』, 문학동네, 2001.
마사 누스바움, 조계원 역, 『혐오와 수치심』, 민음사, 2015.
신현숙, 『희곡의 구조』, 문학과지성사, 1990.
최기숙, 『환상』, 연세대 출판부, 2007.
클라우스-미하엘 보그달 편저, 문학이론연구회 역, 『새로운 문학 이론의 흐름』, 문학과지성사, 1994.
한병철, 김태환 역, 『심리정치-신자유주의의 통치술』, 문학과지성사, 2015.
한병철, 이재영 역, 『타자의 추방』, 문학과지성사, 2017.
호르헤 라라인, 김범춘 외역, 『이데올로기와 문화정체성-모더니티와 제3세계의 현존』, 모티브북, 2009.

강성애, 「TV멜로드라마에 나타난 불안증 연구-〈황금신부〉, 〈시크릿 가든〉, 〈보스를 지켜라〉, 〈영광의재인〉을 중심으로」, 중앙대 석사논문, 2013.
권은경, 「대중문화의 환상성 연구-영화, TV드라마, 게임의 스토리텔링을 중심으로」, 한양대 석사논문, 2012.
김예인, 「멜로드라마 속 상호텍스트성의 변화 양상에 관한 연구-〈환상의 커플〉, 〈시크릿 가든〉, 〈오로라 공주〉 텍스트를 중심으로」, 서강대 석사논문, 2014.
김지혜, 「김은숙 드라마의 스토리텔링이 갖는 환상성 연구-〈파리의 연인〉(2004), 〈시크릿 가든〉(2010), 〈상속자들〉(2013)을 중심으로」, 『문학과 영상』 15(3), 문학과영상학회, 2014.
남영숙, 「TV '신데렐라' 드라마 장르 연구-1994년부터 2001년까지 주요 화제작을 중심으로」, 이화여대 석사논문, 2001.
박노현, 「'덮어쓰기'와 '불러오기', 상호텍스트성-'텍스트 소환 기법'의 개념과 유형을 중심으로」, 『한국문학연구』 40, 동국대 한국문학연구소, 2011.
_____, 「텔레비전드라마와 상호텍스트적 스토리텔링-미니시리즈 〈시크릿 가든〉과 〈신사의 품격〉을 중심으로」, 『상허학보』 38, 상허학회, 2013.
박미란, 「텔레비전드라마의 친밀성, 일탈과 재인의 유희-〈시크릿 가든〉을 중심으로」, 『한국극예술연구』 36, 한국극예술학회, 2012.
박은하, 「21세기 tv드라마의 신데렐라 양상 연구-〈시크릿 가든〉과 〈청담동 앨리스〉를 중심으로」, 중앙대 석사논문, 2014.

박준하, 「'신데렐라' 드라마 수용자에 관한 연구-〈파리의 연인〉을 중심으로」, 성균관대 석사논문, 2004.

서용순, 「우리 시대의 사랑, 결혼, 가족」, 『철학논총』 67, 새한철학회, 2012.

신광영, 「2000년대 계급/계층 연구의 현황과 과제」, 『경제와사회』 100, 비판사회학회, 2013.

신원선, 「한국 드라마를 통해 본 '신데렐라 콤플렉스' 비평의 문제점-〈꽃보다 남자〉를 중심으로」, 『한민족문화연구』 31, 한민족문화학회, 2009.

심귀연, 「가부장적 구조 속에서 본 타자화된 여성」, 『철학논총』 59, 새한철학회, 2010.

윤석진, 「TV드라마의 현실성(reality) 확보 방식 고찰」, 『한국극예술연구』 21, 한국극예술학회, 2005.

이다운, 「한국 텔레비전드라마의 대중 서사 전략에 대한 비판적 고찰」, 충남대 박사논문, 2017.

한혜원, 「디지털 스토리텔링을 통한 여성의 창작-로맨스 웹소설을 중심으로」, 『인간연구』 34, 가톨릭대 인간학연구소, 2017.

황미요조, 「문화영역의 여성화와 여성혐오」, 『여/성이론』 32, 여이연, 2015.

_____, 「비정규직 시대의 여성 로맨스 판타지」, 『여/성이론』 29, 여이연, 2013.

조아름, 「시청자 울리고 웃기는 사랑스러운 로코퀸 4」, 『한국일보』, 'http://v.entertain.media.daum.net/v/20160529162634121', 2016.5.29.

진현철, 「시크릿가든 안 끝났나 보다, '주원앓이' 현빈 신드롬」, 『뉴시스』, 'https://entertain.v.daum.net/v/20110118111819533', 2011.1.18.